Bitter/Schumacher

Handelsrecht

Handelsrecht

mit UN-Kaufrecht

von

Dr. Georg Bitter

o. Professor an der Universität Mannheim

und

Dr. Florian Schumacher

Rechtsanwalt in Mannheim

3., neu bearbeitete Auflage 2018

Verlag Franz Vahlen München

www.vahlen.de

ISBN 3 8006 5779 7

© 2018 Verlag Franz Vahlen GmbH
Wilhelmstraße 9, 80801 München
Druck und Bindung: Druckhaus Nomos
In den Lissen 12, 76547 Sinzheim

Satz: Druckerei C. H. Beck Nördlingen

Umschlaggestaltung: Martina Busch, Grafikdesign, Homburg Kirrberg
Gedruckt auf säurefreiem, alterungsbeständigem Papier
(hergestellt aus chlorfrei gebleichtem Zellstoff)

Vorwort

Die neue Reihe der „Lern- und Fallbücher" hat in den ersten beiden Auflagen eine erfreulich gute Aufnahme bei den Leserinnen und Lesern gefunden. Damit hat das hier verfolgte Konzept, juristische Inhalte in einer didaktischen, an den Bedürfnissen der Studierenden orientierten Weise zu vermitteln, großen Erfolg, der uns freut und Ansporn für weitere Auflagen ist.

Wie die praktische Lehrerfahrung aus unseren Veranstaltungen an der Universität Mannheim sowie der Mannheim Business School zeigt, schätzen Studierende eine fallbezogene Lehrweise sehr, weil die Stoffvermittlung anhand von Fällen deutlich anschaulicher ist und so die juristischen Inhalte besser lern- und merkbar werden. Zugleich ist es jedoch erforderlich, die verschiedenen Fälle in einen theoretischen Gesamtzusammenhang zu stellen, um die systematischen Verknüpfungen erkennbar werden zu lassen. Mit der Reihe der „Lern- und Fallbücher" ist das Konzept der integrativen Vermittlung abstrakter Inhalte anhand konkreter Fälle in Buchform umgesetzt worden, um es einem größeren Publikum zugänglich zu machen.

Dementsprechend ist dieses Buch aufgebaut: In seinem ersten Teil wird der Stoff in Form eines knapp gehaltenen Lehrbuchs zunächst abstrakt dargestellt, dabei jedoch schon durch kleinere Beispiele anschaulich gemacht. Die wichtigsten Gegenstände des Handelsrechts werden für Studierende, aber auch für Praktiker, die sich in den aktuellen Stand einarbeiten wollen, kurz und prägnant erläutert. Dabei wird nach dem Motto „Weniger ist manchmal mehr" bewusst darauf verzichtet, den Leser mit zu vielen Einzelheiten und Details zu überfrachten. Stattdessen werden die wesentlichen Inhalte im Anschluss an die abstrakte Darstellung anhand konkreter, vollständig gutachtlich aufbereiteter Fälle und Lösungen anschaulich gemacht und zugleich vertieft. Auf diese Weise können sich die Studierenden oder interessierte Praktiker den Stoff vollständig und abwechslungsreich erarbeiten und damit besser merken.

Das Handelsrecht gehört in Teilen zum Pflichtstoff für die erste und zweite juristische Prüfung und wird deshalb an allen Universitäten in Vorlesungen für mittlere Semester gelehrt. Verlangt werden in der Staatsprüfung insbesondere Kenntnisse zum Kaufmannsbegriff, zur Publizität des Handelsregisters, zur kaufmännischen Stellvertretung sowie zu den Handelsgeschäften, vor allem zum Handelskauf.

Über den handelsrechtlichen Pflichtstoff geht das vorliegende Buch mit einer Einbeziehung des Vertriebsrechts (Handelsmakler, Handelsvertreter, Vertragshändler, Franchisenehmer, Kommissionär, Kommissionsagent) sowie des Rechts des internationalen Handelskaufs (UN-Kaufrecht) hinaus und ist daher auch für Vertiefungsveranstaltungen zum Handelsrecht als begleitende Lektüre geeignet. Ferner wird das sowohl in der Bankpraxis als auch im Handel bedeutsame, aber rechtlich nicht leicht zu erfassende Kontokorrent ausführlich anhand von Fällen dargestellt. Um das Buch trotz der Einbeziehung dieser drei Bereiche schlank halten zu können, bieten wir die Fälle und Lösungen zum Vertriebs-, UN-Kaufrecht und zum Kontokorrent als Datei zum Download an, ein Bonus für alle an einer breiteren Kenntnis des Handelsrechts interessierten Studierenden und Praktiker.

Die vorliegende 3. Auflage berücksichtigt aktuelle Literatur und Rechtsprechung, insbesondere eine Vielzahl an jüngeren Urteilen des Bundesgerichtshofs. Umfangreich war die Entwicklung vor allem im Bereich des Vertriebsrechts. Hier sind insbesondere die Ausführungen zum Ausgleichsanspruch des Handelsvertreters, Vertragshändlers und Kommissionsagenten nach § 89b HGB (analog) erweitert worden (→ § 7 Rn. 70-71b, 81a, 97a, 98a, 102b, 140a), aber auch zur ordentlichen Kündigung im Handelsvertreterrecht gemäß § 89 HGB (→ § 9 Rn. 60a) sowie zum Anspruch auf Abrechnung und Buchauszug aus § 87c HGB (Fall Nr. 34 – Provision, Abwandlung 3). Zum UN-Kaufrecht ist in den zurückliegenden vier Jahren ebenfalls eine Vielzahl an Urteilen ergangen, welche wir überwiegend nur in den Fußnoten nachgetragen haben; ein kurzer Abschnitt zur Aufrechnung wurde jedoch neu eingefügt (→ § 10 Rn. 29a).

Auch im Pflichtstoffbereich des Handelsrechts ist das Buch erweitert worden, etwa im Bereich der Kaufmannseigenschaft (→ § 2 Rn. 10a, 12, 17, 34a), bei der Rechtsscheinhaftung (→ § 2 Rn. 42 f.; → § 3 Rn. 17a, 17b) sowie der Publizität des Handelsregisters (→ § 4 Rn. 9, 11 f., 16, 22a, 22b, 23a, 37). Hier hat uns insbesondere eine Anfang 2018 in Baden-Württemberg im Staatsexamen gestellte Klausur inspiriert, unsere Ausführungen zur sog. „Rosinentheorie" auszuweiten (→ § 4 Rn. 39 ff.). Zu der in Praxis und Klausur besonders bedeutsamen Mängelrüge gemäß § 377 HGB wurden mehrere als Konsolidierung der Rechtsprechung einzuordnende BGH-Urteile eingearbeitet (→ § 7 Rn. 80a, 99), zu § 353 HGB ferner ein brandneues, Anfang Juli 2018 publiziertes und für die amtliche Sammlung BGHZ vorgesehenes Urteil (→ § 7 Rn. 59b–59d). Die Verlagerung des bisherigen § 478 BGB aus dem Verbrauchsgüterkauf- ins allgemeine Kaufrecht (§ 445a BGB) hat schließlich eine Überarbeitung und Umbenennung von Fall Nr. 28 (jetzt: „Lieferkette") bedingt. Auch an vielen anderen Stellen ist das Buch aktualisiert und weiter verbessert worden.

Wir würden uns freuen, wenn das hier verfolgte Konzept, den Stoff mit vielen Beispielen, Fällen und Lösungen anschaulich aufzubereiten, bei der Leserschaft auch weiterhin auf wohlwollende Zustimmung stößt. Für Anregungen zu diesem Buch sind wir erreichbar über handelsrecht@georg-bitter.de. Dem Lehrstuhlteam danken die Verfasser für die Unterstützung bei der Aktualisierung der Fußnotenbelege sowie Frau Marisa Doppler für das sehr gründliche Korrekturlesen des Manuskripts.

Mannheim, im Juli 2018

Prof. Dr. Georg Bitter   RA Dr. Florian Schumacher

Inhaltsverzeichnis

Vorwort V
Abkürzungsverzeichnis XV
Literaturverzeichnis XIX

Teil 1. Kurzlehrbuch

§ 1. Einführung 1
  I. Begriff und Funktion des Handelsrechts 1
  II. Handelsrecht in der Fallprüfung 3
  III. Geschichte des Handelsrechts 4

§ 2. Kaufmannseigenschaft (§§ 1 ff. HGB) 5
  I. Kaufmann kraft Handelsgewerbes 5
    1. „Ist-Kaufmann" = Kaufmann per Gesetz (§ 1 HGB) 5
      a) Gewerbebetrieb 6
      b) Erforderlichkeit eines in kaufmännischer Weise eingerichteten
        Geschäftsbetriebs 8
      c) Betreiber des Handelsgewerbes 9
    2. „Kann-Kaufmann" = Kaufmann kraft freiwilliger Eintragung 10
      a) Kleingewerbetreibende (§ 2 HGB) 10
      b) Land- und forstwirtschaftliches Unternehmen (§ 3 HGB) 10
      c) Vermögensverwaltende Personengesellschaften 11
  II. Handelsgesellschaften und Formkaufleute (§ 6 HGB) 12
  III. Kaufmann kraft Eintragung = Fiktivkaufmann (§ 5 HGB) 15
  IV. Scheinkaufmann kraft tatsächlichen Verhaltens 15

§ 3. Firmenrecht (§§ 17 ff. HGB) 18
  I. Die Firma als Name 18
  II. Sach-, Personal- und Phantasiefirmen 19
  III. Firmengrundsätze 19
  IV. Gebrauch unzulässiger Firmen – Firmenschutz 23
  V. Angaben auf Geschäftsbriefen 23
  VI. Einheit von Unternehmen und Firma 24

§ 4. Handelsregister 24
  I. Allgemeine Grundlagen 24
  II. Publizität des Handelsregisters (§ 15 HGB) 26
    1. Wirkung richtiger Eintragungen und Bekanntmachungen
      (§ 15 II HGB) 26
    2. Positive Publizität 27
    3. Negative Publizität 30

§ 5. Haftung bei Übertragung eines kaufmännischen Unternehmens 35
  I. Übertragung eines kaufmännischen Unternehmens 35
    1. Übertragung von Unternehmen und Unternehmensträgern 35
    2. Der Wechsel des Unternehmensträgers als Rechtsproblem 36

II. Unternehmensübertragung mit Firmenfortführung (§ 25 HGB) 39
    1. Haftung des Erwerbers gegenüber den Altgläubigern 40
    2. Schutz der Altschuldner bei Zahlung an den Erwerber 43
III. Wechsel des Unternehmensträgers von Todes wegen (§ 27 HGB) 46
IV. Einbringung in eine neu gegründete oHG/KG (§ 28 HGB) 47

§ 6. Stellvertretung und Hilfspersonen im Handelsrecht 50
    I. Die handelsrechtliche Stellvertretung 50
        1. Prokura (§§ 48 ff. HGB) 50
            a) Erteilung der Prokura 51
            b) Umfang der Prokura 52
            c) Missbrauch der Vertretungsmacht 55
            d) Erlöschen der Prokura 57
        2. Handlungsvollmacht (§ 54 HGB) 58
            a) Erteilung der Handlungsvollmacht 58
            b) Gesetzlich vermuteter Umfang der Handlungsvollmacht 59
            c) Beschränkung des gesetzlich vermuteten Umfangs der Handlungs-
               vollmacht 60
            d) Erlöschen der Handlungsvollmacht 61
        3. Ladenangestellter (§ 56 HGB) 61
            a) Voraussetzungen der Vertretungsmacht aus § 56 HGB 61
            b) Umfang der Vertretungsmacht 62
            c) Keine Bösgläubigkeit des Dritten 62
    II. Hilfspersonen im Handelsrecht 62

§ 7. Handelsgeschäfte 63
    I. Allgemeine Vorschriften 63
        1. Begriff des Handelsgeschäfts 63
        2. Besonderheiten beim Vertragsschluss 65
            a) Schweigen auf Geschäftsbesorgungsanträge (§ 362 HGB) 65
            b) Lehre vom kaufmännischen Bestätigungsschreiben 66
            c) Anfechtbarkeit des Schweigens? 68
        3. Besonderheiten bei der Bürgschaft 69
        4. Besonderheiten bei Verfügungsgeschäften 70
            a) Erweiterter gutgläubiger Erwerb (§ 366 HGB) 71
            b) Wirkungsbegrenzung beim Abtretungsverbot (§ 354a HGB) 72
        5. Sonstige Sonderregelungen im HGB 74
            a) Handelsbräuche (§ 346 HGB) 74
            b) Sorgfaltsmaßstab im Handelsverkehr (§ 347 HGB) 74
            c) Keine Herabsetzung von Vertragsstrafen (§ 348 HGB) 75
            d) Sonderregel zur Formfreiheit (§ 350 HGB) 75
            e) Verzinsung kaufmännischer Forderungen (§§ 352, 353, 354 II
               HGB) 76
            f) Kaufmännisches Zurückbehaltungsrecht (§§ 369 ff. HGB) 77
        6. Besonderheiten bei der Anwendung der §§ 305 ff. BGB 77
    II. Handelskauf 78
        1. Regelungen außerhalb des Gewährleistungsrechts 78
        2. Ausschluss von Gewährleistungsrechten wegen unterlassener Rüge 80
            a) Voraussetzungen des § 377 HGB 81

aa) Handelskauf im Sinne eines beiderseitigen Handelsgeschäfts 81
bb) Ablieferung der Ware 81
cc) Mangelhaftigkeit der Ware 81
dd) Unterlassung der gebotenen Rüge 82
    aaa) Differenzierung zwischen offenen und verdeckten
        Mängeln 82
    bbb) Anforderungen an die Rüge 83
ee) Keine Arglist des Verkäufers 85
b) Sonderfälle: Verkaufskette, Durchlieferung, Finanzierungsleasing ... 85
c) Rechtsfolge des § 377 HGB 87

§ 8. Das Kontokorrent (§§ 355 ff. HGB) 89
  I. Einführung 89
  II. Voraussetzungen 90
    1. Geschäftsverbindung 90
    2. Kaufmannseigenschaft 90
    3. Beidseitigkeit der Ansprüche und Leistungen 91
    4. Kontokorrentabrede 91
      a) Einstellung 91
      b) Verrechnung 91
      c) Saldierung 92
  III. Rechtsfolgen 92
    1. Wirkung der Einstellung ins Kontokorrent 92
    2. Wirkung der Verrechnung und Feststellung 93
    3. Saldoanerkenntnis: Rechtsnatur und Auswirkungen 94
      a) Rechtsnatur des Saldoanerkenntnisses 94
      b) Wirkungen des Saldoanerkenntnisses 95
  IV. Pfändung im Rahmen des Kontokorrents 96
    1. Pfändung einer Einzelforderung 96
    2. Pfändung des Saldos 96
      a) Pfändung des Zustellungssaldos 96
      b) Pfändung des zukünftigen Saldos 97
    3. Besonderheiten beim Girokonto 98
      a) Pfändbarkeit des Anspruchs auf Auszahlung von Tagesguthaben 98
      b) Pfändung des Kontokorrentkredits 99
        aa) Pfändungsmöglichkeit vor Abruf 99
        bb) Pfändungsmöglichkeit nach Abruf 100
    4. Verhältnis der Pfändungen 101
  V. Beendigung des Kontokorrents 102

§ 9. Vertriebsrecht 102
  I. Allgemeine Grundlagen 102
  II. Handelsmakler und Handelsvertreter 103
    1. Gemeinsamkeiten 103
    2. Handelsmakler 103
      a) Voraussetzungen des Provisionsanspruchs 104
      b) Anspruchsgegner des Provisionsanspruchs 105
      c) Haftung des Maklers für Pflichtverletzungen 106
      d) Bedeutung der Schlussnote nach § 94 HGB 106

3. Handelsvertreter 107
   a) Der Handelsvertretervertrag 108
   b) Die wesentlichen Pflichten der Parteien 109
   c) Der Provisionsanspruch des Handelsvertreters 111
      aa) Erste Bedingung: Vertrag zwischen Unternehmer und Drittem ... 111
      bb) Zweite Bedingung: Ausführung des Vertrags durch den
          Unternehmer 115
      cc) Dritte Bedingung: Keine Nichtausführung durch den Dritten 115
      dd) Umfang des Provisionsanspruchs 116
   d) Hilfsansprüche zwecks Ermöglichung und Sicherung der
      Provisionsanspruchsdurchsetzung 116
   e) Wettbewerbsverbote für Handelsvertreter und Unternehmer 117
   f) Vertragsbeendigung durch Kündigung 117
      aa) Ordentliche Kündigung bei Kettenverträgen 118
      bb) Ordentliche Kündigung bei Laufzeit über fünf Jahre 119
   g) Ausgleichsanspruch des Handelsvertreters (§ 89b HGB) 120
      aa) Voraussetzungen des Ausgleichsanspruchs 120
      bb) Ausschluss des Ausgleichsanspruchs 122
      cc) Höhe des Ausgleichsanspruchs 124
      dd) Vertragliche Begrenzungen des Anspruchs/Ausschlussfrist 125
III. Vertragshändler und Franchisenehmer 125
   1. Gemeinsamkeiten 125
   2. Vertragshändler 126
      a) Zweistufigkeit der Vertragskonstruktion 128
      b) Pflichten der Parteien 128
      c) Ausgleichsanspruch analog § 89b HGB 129
   3. Franchisenehmer 131
IV. Kommissionär und Kommissionsagent 132
   1. Gemeinsamkeiten 133
   2. Kommissionär 134
      a) Rechtsnatur des Kommissionsvertrages 134
      b) Pflichten des Kommissionärs 135
      c) Der Provisionsanspruch des Kommissionärs (§ 396 I HGB) 135
      d) Aufwendungsersatzanspruch des Kommissionärs (§§ 396 II HGB,
         675, 670 BGB) 136
      e) Kommittentenschutz in Insolvenz und Zwangsvollstreckung
         (§ 392 II HGB) 136
      f) Wirkung des § 392 II HGB in verschiedenen Aufrechnungs-
         konstellationen 137
         aa) Aufrechnung durch den Dritten 137
         bb) Aufrechnung durch den Kommissionär 138
      g) Auswirkungen des § 392 II HGB auf Verfügungen des
         Kommissionärs 139
      h) Analogie zu § 392 II HGB bei Surrogaten? 140
      i) Der Eigentumserwerb bei der Einkaufskommission 141
      k) Besonderheiten im Schadensrecht 142
      l) Bereicherungsrechtliche Besonderheiten bei Verfügungen über
         fremdes Gut 143
   3. Kommissionsagent 144

§ 10. Recht des grenzüberschreitenden Handelskaufs 145
  I. Grundlagen 145
    1. International Commercial Terms (Incoterms) 146
    2. United Nations Convention on Contracts for the International Sale of
       Goods (CISG) – UN-Kaufrecht 146
  II. Anwendungsvoraussetzungen des UN-Kaufrechts 148
    1. Kaufvertrag über Ware (Art. 1 I CISG) 148
    2. Parteiniederlassungen in verschiedenen Staaten (Art. 1 I, II CISG) 150
    3. Hinreichende Beziehung zu Vertragsstaat(en) (Art. 1 I lit. a, b CISG) ... 151
    4. Kein Anwendungsausschluss (Art. 2, 6 CISG) 151
  III. Regelungsbereich des UN-Kaufrechts 152
  IV. Allgemeine Bestimmungen des UN-Kaufrechts 153
  V. Vertragsschlussregelungen 156
    1. Angebot 156
    2. Annahme 157
  VI. Rechte und Pflichten der Parteien im UN-Kaufrecht 158
    1. Rechtsbehelfe des Käufers bei einer Pflichtverletzung des Verkäufers .. 159
      a) Allgemeine Rechtsbehelfsvoraussetzungen 159
        aa) Pflichtverletzung durch den Verkäufer 159
          aaa) Richtiger Lieferort 159
          bbb) Richtige Lieferzeit 160
          ccc) Vertragsgemäßheit der Ware 160
        bb) Keine Befreiung des Verkäufers nach Art. 80 CISG 163
      b) Besondere Rechtsbehelfsvoraussetzungen 163
        aa) Anspruch auf (Nach-)Erfüllung 163
          aaa) Keine vorherige Wahl eines unvereinbaren Rechtsbehelfs ... 163
          bbb) Anspruch auf Ersatzlieferung 164
          ccc) Anspruch auf Nachbesserung 165
          ddd) Alternativität von Ersatzlieferung und Nachbesserung 166
          eee) Begrenzung des Anspruchs auf Erfüllung in Natur 166
        bb) Vertragsaufhebung 167
          aaa) Wesentliche Vertragsverletzung oder Nachfristsetzung 167
          bbb) Frist zur Vertragsaufhebung 168
          ccc) Möglichkeit einer Rückgabe der Ware (Art. 82 CISG) 168
          ddd) Erklärung der Vertragsaufhebung 168
        cc) Kaufpreisminderung 169
        dd) Anspruch auf Schadensersatz 170
          aaa) Ausschluss der Schadensersatzpflicht nach Art. 79 CISG 170
          bbb) Umfang des Schadensersatzes ohne gleichzeitige
              Vertragsaufhebung 171
          ccc) Umfang des Schadensersatzes bei gleichzeitiger
              Vertragsaufhebung 173
          ddd) Schadensminderungsobliegenheit (Art. 77 CISG) 173
    2. Rechtsbehelfe des Verkäufers bei einer Pflichtverletzung des Käufers .. 174
      a) Allgemeine Rechtsbehelfsvoraussetzungen 174
      b) Besondere Rechtsbehelfsvoraussetzungen 176
    3. Anspruch auf (Fälligkeits-)Zinsen 176
    4. Pflichten und Rechte bezüglich der Erhaltung der Ware 177

Teil 2. Fälle und Lösungen

§ 11. Fälle zur Kaufmannseigenschaft 179
Fall Nr. 1 – Holzhandel 179
Fall Nr. 2 – Altstadtkneipe I 180
Fall Nr. 3 – Altstadtkneipe II 181
Fall Nr. 4 – Rechtsanwalts-GmbH 182
Fall Nr. 5 – Der vertrauensselige Nichtkaufmann 184

§ 12. Fälle zum Firmenrecht 188
Fall Nr. 6 – Auskunft (un)limited 188
Fall Nr. 7 – Nachlässigkeit 190
Fall Nr. 8 – ESO Tankstelle 193

§ 13. Fälle zum Handelsregister 195
Fall Nr. 9 – Böse Überraschung 195
Fall Nr. 10 – Der ungetreue Prokurist I 197
Fall Nr. 11 – Der ungetreue Prokurist II 199
Fall Nr. 12 – „Rosinentheorie" 199

§ 14. Fälle zur Haftung bei Übertragung eines kaufmännischen Unternehmens 202
Fall Nr. 13 – Partyservice 202
Fall Nr. 14 – Metallwarenfabrik 203
Fall Nr. 15 – Der ratlose Schuldner 205
Fall Nr. 16 – Syntec KG 207

§ 15. Fälle zu Stellvertretung und Hilfspersonen 208
Fall Nr. 17 – Restkaufgeldgrundschuld 208
Fall Nr. 18 – Missbrauch der Vertretungsmacht 210
Fall Nr. 19 – Handlungsvollmacht 213
Fall Nr. 20 – Ladenangestellter 214

§ 16. Fälle zu allgemeinen Vorschriften über Handelsgeschäfte 216
Fall Nr. 21 – Pommes frites 216
Fall Nr. 22 – Partnerschaftsvermittlung 218
Fall Nr. 23 – Der eigenmächtige Einzelhändler 220
Fall Nr. 24 – Der eigenmächtige Vermittlungsvertreter 223

§ 17. Fälle zum Handelskauf 226
Fall Nr. 25a – Erbsen 226
Fall Nr. 25b – Kaviar 227
Fall Nr. 25c – Computer 229
Fall Nr. 26 – Betonpumpe 230
Fall Nr. 27 – Solarmodul 233
Fall Nr. 28 – Lieferkette 237
Fall Nr. 29 – Doppelmangel 239

Hinweis zu den Fällen und Lösungen in der Download-Datei 242

§ 18. Fälle zum Kontokorrent 243

Fall Nr. 30 – Verlängerter Eigentumsvorbehalt und Kontokorrent 243
Fall Nr. 31 – Tilgung beim Kontokorrent 247
Fall Nr. 32 – Ersatzaussonderung 248
Fall Nr. 33 – Sicherheiten im Kontokorrent 252

§ 19. Fälle zum Handelsvertreter und Vertragshändler 254

Fall Nr. 34 – Provision 254
Fall Nr. 35 – Wettbewerbsverbot 273
Fall Nr. 36 – Rasches Ende 277
Fall Nr. 37 – Ausgleichende Gerechtigkeit 281
Fall Nr. 38 – Vertragshändler 285

§ 20. Fälle zum Kommissionär 291

Fall Nr. 39 – Krawatten-Krawall 291
Fall Nr. 40 – Der kleine Unterschied 294
Fall Nr. 41 – Halskette I 296
Fall Nr. 42 – Halskette II 297
Fall Nr. 43 – Kommode in Kommission 298
Fall Nr. 44 – Bild in Flammen 305

§ 21. Fälle zu Anwendbarkeit und Regelungsbereich des UN-Kaufrechts 311

Fall Nr. 45 – Kaufvertrag 311
Fall Nr. 46 – Kanada oder Kalifornien? 315
Fall Nr. 47 – Rechtswahl mit Tücken 316
Fall Nr. 48 – Todesfall beim Abnehmer des Käufers 318

§ 22. Fälle zu den Vertragsschlussregelungen des UN-Kaufrechts 319

Fall Nr. 49 – „Kostenloser" Flugzeugmotor 319
Fall Nr. 50 – Battle of forms 321

§ 23. Fälle zu Rechten und Pflichten der Parteien im UN-Kaufrecht 324

Fall Nr. 51 – Neuseeländische Muscheln 324
Fall Nr. 52 – Gefrorener Käse 325
Fall Nr. 53 – Stahlbleche 327
Fall Nr. 54 – Verspätetes Akkreditiv 329
Fall Nr. 55 – Kobaltsulfat I 331
Fall Nr. 56 – Kobaltsulfat II 333
Fall Nr. 57 – Kobaltsulfat III 334
Fall Nr. 58 – Schuhe 335
Fall Nr. 59 – Fassadenelemente 336
Fall Nr. 60 – Weintrauben 338
Fall Nr. 61 – Rebwachs 340

Stichwortverzeichnis 343

Abkürzungsverzeichnis

a.A.	anderer Ansicht/am Anfang
a.a.O.	am angegebenen Ort
AcP	Archiv für die civilistische Praxis (juristische Fachzeitschrift)
ADHGB	Allgemeines Deutsches Handelsgesetzbuch
a.E.	am Ende
AEUV	Vertrag über die Arbeitsweise der Europäischen Union
a.F.	alter Fassung
AG	Aktiengesellschaft
AGB	Allgemeine Geschäftsbedingungen
AktG	Aktiengesetz
Alt.	Alternative
Aufl.	Auflage
BAG	Bundesarbeitsgericht
BayObLG	Bayerisches Oberstes Landesgericht
BGB	Bürgerliches Gesetzbuch
BGB AT	Bürgerliches Gesetzbuch Allgemeiner Teil
BGBl.	Bundesgesetzblatt
BGH	Bundesgerichtshof
BGHZ	Entscheidungen des Bundesgerichtshofs in Zivilsachen
BT-Drs.	Bundestagsdrucksache
BVerfG	Bundesverfassungsgericht
bzw.	beziehungsweise
CFR	cost and freight (= Kosten und Fracht)
c.i.c.	culpa in contrahendo
CIF	cost, insurance, freight (= Kosten, Versicherung, Fracht)
CIP	carriage and insurance paid (= frachtfrei versichert)
CISG	Convention on Contracts for the International Sale of Goods (= UN-Kaufrecht)
CPT	carriage paid to (= frachtfrei)
DAP	delivered at place (= geliefert Ort)
DAT	delivered at terminal (= geliefert Terminal)
DB	Der Betrieb (juristische Fachzeitschrift)
DDP	delivered duty paid (= geliefert verzollt)
ders.	derselbe
d.h.	das heißt
EAG	Einheitliches Gesetz über den Abschluss von internationalen Kaufverträgen über bewegliche Sachen
eG	eingetragene Genossenschaft
EGBGB	Einführungsgesetz zum Bürgerlichen Gesetzbuch
EGV	Vertrag über die Gründung der Europäischen Gemeinschaft
EKG	Einheitliches Gesetz über den internationalen Kauf beweglicher Sachen
et al.	et alii/et aliae (= und andere)
EuGH	Europäischer Gerichtshof
EuGHE	Entscheidungen des Europäischen Gerichtshofs
EUR	Euro (Währung)
EuZW	Europäische Zeitschrift für Wirtschaftsrecht (juristische Fachzeitschrift)
e.V.	eingetragener Verein
EWiR	Entscheidungen zum Wirtschaftsrecht (juristische Fachzeitschrift)
EXW	ex works (= ab Werk)
EZB	Europäische Zentralbank
f.	und die folgende

FamFG	Gesetz über das Verfahren in Familiensachen und in den Angelegenheiten der freiwilligen Gerichtsbarkeit
FAS	free alongside ship (= frei Längsseite Schiff)
FCA	free carrier (= frei Frachtführer)
ff.	und die folgenden
Fn.	Fußnote
FOB	free on board (= frei an Bord)
FS	Festschrift
GenG	Genossenschaftsgesetz
GesR	Gesellschaftsrecht
ggf.	gegebenenfalls
GmbH	Gesellschaft mit beschränkter Haftung
GmbHG	Gesetz betreffend die Gesellschaften mit beschränkter Haftung
GmbHR	GmbHRundschau (juristische Fachzeitschrift)
GVG	Gerichtsverfassungsgesetz
GWR	Gesellschafts- und Wirtschaftsrecht (juristische Fachzeitschrift)
HandelsR	Handelsrecht
HGB	Handelsgesetzbuch
h.L.	herrschende Lehre (= überwiegende Ansicht in der Rechtslehre)
h.M.	herrschende Meinung (= überwiegende Ansicht in Rechtslehre und Rechtsprechung)
Hrsg.	Herausgeber
Hs.	Halbsatz
ICC	International Chamber of Commerce (Internationale Handelskammer)
i.d.R.	in der Regel
i.H.v.	in Höhe von
Incoterms	International Commercial Terms
IPR	Internationales Privatrecht
i.S.v.	im Sinne von
i.V.m.	in Verbindung mit
JA	Juristische Arbeitsblätter (juristische Fachzeitschrift)
Jb.J.ZivRWiss.	Jahrbuch Junger Zivilrechtswissenschaftler (juristischer Tagungsband)
JZ	Juristenzeitung (juristische Fachzeitschrift)
KG	Kommanditgesellschaft
kg	Kilogramm
KG Berlin	Kammergericht Berlin
KGaA	Kommanditgesellschaft auf Aktien
LG	Landgericht
lit.	littera (Buchstabe)
LS	Leitsatz
m. Anm.	mit Anmerkung
MarkenG	Gesetz über den Schutz von Marken und sonstigen Kennzeichen
Mio.	Million/en
m.w.N.	mit weiteren Nachweisen
NJW	Neue Juristische Wochenschrift (juristische Fachzeitschrift)
NJW-RR	NJW-Rechtsprechungsreport (juristische Fachzeitschrift)
Nr.	Nummer
NZG	Neue Zeitschrift für Gesellschaftsrecht (juristische Fachzeitschrift)
oHG	offene Handelsgesellschaft
OLG	Oberlandesgericht
PartGG	Gesetz über Partnerschaftsgesellschaften Angehöriger Freier Berufe
ppa	per procura (bei Prokuristen üblicher Zeichnungszusatz)
RGZ	Entscheidungen des Reichsgerichts in Zivilsachen
Rn.	Randnummer
S.	Seite/Satz
s.o.	siehe oben
sog.	so genannte/s/n
str.	streitig

t	Tonne/n
Tz.	Textziffer
u.a.	unter anderem
u.E.	unseres Erachtens
UNCITRAL	United Nations Commission on International Trade Law
UNIDROIT	Institut international pour l'unification du droit privé
usw.	und so weiter
UWG	Gesetz gegen den unlauteren Wettbewerb
Var.	Variante
vgl.	vergleiche
WM	Wertpapiermitteilungen – Zeitschrift für Wirtschafts- und Bankrecht (juristische Fachzeitschrift)
z.B.	zum Beispiel
ZHR	Zeitschrift für das gesamte Handels- und Wirtschaftsrecht (juristische Fachzeitschrift)
Ziff.	Ziffer
ZIP	Zeitschrift für Wirtschaftsrecht (juristische Fachzeitschrift)
ZPO	Zivilprozessordnung

Literaturverzeichnis

Bamberger/Roth/*Bearbeiter* ..   *Bamberger/Roth*, Kommentar zum Bürgerlichen Gesetzbuch (BGB), Band 1 (§§ 1–610, CISG), 3. Aufl. 2012

Baumbach/Hopt/*Bearbeiter* ..   *Baumbach/Hopt*, Handelsgesetzbuch, 38. Aufl. 2018

Bitter/Röder, BGB AT ....   *Bitter/Röder*, BGB Allgemeiner Teil – Rechtsgeschäftslehre, Lern- und Fallbuch, 4. Aufl. 2018

Bitter/Heim, GesR ....   *Bitter/Heim*, Gesellschaftsrecht, Lern- und Fallbuch, 4. Aufl. 2018

Bitter, Rechtsträgerschaft ....   *Bitter*, Rechtsträgerschaft für fremde Rechnung, 2006

Brox/Henssler, HandelsR .....   *Brox/Henssler*, Handelsrecht, 22. Aufl. 2016

Canaris, HandelsR ....   *Canaris*, Handelsrecht, 24. Aufl. 2006

Ebenroth/Boujong/Joost/
Strohn/*Bearbeiter* ....   *Ebenroth/Boujong/Joost/Strohn*, Handelsgesetzbuch,
Band 1, 3. Aufl. 2014 (§§ 1–342e)
Band 2, 3. Aufl. 2015 (§§ 343–475h, Transport-, Bank- und Börsenrecht)

Ehrenberg/*Bearbeiter* ....   *Ehrenberg*, Handbuch des gesamten Handelsrechts, Band 4, Abt. 1, 1917

Hübner, HandelsR ....   *Hübner*, Handelsrecht, 5. Aufl. 2004

Jung, HandelsR ....   *Jung*, Handelsrecht, 11. Aufl. 2016

Koller/Kindler/Roth/Morck/
Bearbeiter ....   *Koller/Kindler/Roth/Morck*, Handelsgesetzbuch, 8. Aufl. 2015

Lettl, HandelsR ....   *Lettl*, Handelsrecht, 4. Aufl. 2018

Medicus/Petersen ....   *Medicus/Petersen*, Bürgerliches Recht, 26. Aufl. 2017

MüKoBGB/*Bearbeiter* ....   *Säcker/Rixecker/Oetker/Limperg* (Hrsg.), Münchener Kommentar zum Bürgerlichen Gesetzbuch, 7. Aufl. 2015–2018

MüKoHGB/*Bearbeiter* ....   *Schmidt, K.* (Hrsg.), Münchener Kommentar zum Handelsgesetzbuch
Band 1 (§§ 1–104a HGB), 4. Aufl. 2016
Band 3 (§§ 161–237 HGB), 3. Aufl. 2012
Band 5 (§§ 343–406 HGB. CISG), 4. Aufl. 2018

MüKoInsO/*Bearbeiter* ....   *Kirchhof/Stürner/Eidenmüller* (Hrsg.), Münchener Kommentar zur Insolvenzordnung, Band 1 (§§ 1–79), 3. Aufl. 2013

Oetker, HandelsR ....   *Oetker*, Handelsrecht, 7. Aufl. 2015

Palandt/*Bearbeiter* ....   *Palandt*, Bürgerliches Gesetzbuch, 77. Aufl. 2018

Schimansky/Bunte/Lwowski   *Schimansky/Bunte/Lwowski*, Bankrechts-Handbuch, Band 1, 5. Aufl. 2017

Schlechtriem/Schroeter ....   *Schlechtriem/Schroeter*, Internationales UN-Kaufrecht, 6. Aufl. 2016

Schlechtriem/Schwenzer/
Bearbeiter ....   *Schlechtriem/Schwenzer*, Kommentar zum Einheitlichen UN-Kaufrecht – CISG, 6. Aufl. 2013

K. Schmidt, HandelsR ....   *Schmidt, K.*, Handelsrecht, 6. Aufl. 2014

Scholz/*Bearbeiter* ....   *Scholz*, GmbHG, Band 1, 12. Aufl. 2018

Staub/*Bearbeiter* ....   *Canaris/Habersack/Schäfer* (Hrsg.), Staub, Großkommentar zum Handelsgesetzbuch
Band 2 (§§ 48–104), 5. Aufl. 2008
Band 8 (§§ 343–372), 5. Aufl. 2018
Band 9 (§§ 373–376; 383–406), 5. Aufl. 2013

Staudinger/*Bearbeiter* ....   *Staudinger, J. v.*, Kommentar zum Bürgerlichen Gesetzbuch
Band zu §§ 164–240 (Allgemeiner Teil 5), 2014
Band zu §§ 249–254 (Schadensersatzrecht), 2017
Band zum Wiener UN-Kaufrecht (CISG), 2018

Teil 1. Kurzlehrbuch

Dieses Lern- und Fallbuch will den Pflichtstoff des Handelsrechts so aufbereiten, dass er auch für diejenigen Leser, die lediglich über einige Grundkenntnisse des Bürgerlichen Rechts verfügen, verständlich ist. Zu diesem Zweck wird zunächst eine kurze Einführung in die Materie des Handelsrechts gegeben (§ 1). Sodann wird der für das Handelsrecht zentrale Begriff des Kaufmanns erläutert (§ 2). Daran anknüpfend werden die einzelnen Teilbereiche des Handelsrechts (z.B. Recht des Handelsregisters, Recht der Handelsgeschäfte) dargestellt (§§ 3 ff.). Schließlich werden das Kontokorrent (§ 8), das Vertriebsrecht (§ 9) und das UN-Kaufrecht (§ 10) ausführlicher behandelt; damit stößt das Lern- und Fallbuch in den Wahlbereich des Handelsrechts vor.

Verweise innerhalb dieses Buches sind durch einen Pfeil „→" kenntlich gemacht.

§ 1. Einführung

Wer sich mit dem Handelsrecht befasst, muss sich bestimmter Grundlagen bewusst sein.* Diese betreffen **1**

– den Begriff und die Funktion des Handelsrechts (→ Rn. 2 ff.),
– die Bedeutung des Handelsrechts für die Fallprüfung (→ Rn. 8) und
– die wesentlichen Eckpfeiler der Geschichte des Handelsrechts (→ Rn. 9 ff.).

I. Begriff und Funktion des Handelsrechts

Die zentrale Rechtsquelle des Handelsrechts, das Handelsgesetzbuch (HGB), versteht das Handelsrecht traditionell als das **Sonderprivatrecht der Kaufleute**. Damit ist zweierlei gesagt: Zum einen ist das Handelsrecht ganz überwiegend *Privat*recht. Nur sehr vereinzelt finden sich öffentlich-rechtliche Normen, die aufgrund Sachzusammenhangs zum Handelsrecht gezählt werden (z.B. §§ 8 ff. HGB). Zum anderen ist das Handelsrecht **Sonderrecht der Kaufleute**, so dass handelsrechtliche Normen nur auf bestimmte Privatpersonen, eben auf Kaufleute (vgl. §§ 1 ff. HGB), anwendbar sind. Kaufleuten wird unterstellt, dass sie geschäftserfahrener als Privatleute sind und deshalb nicht in gleichem Maße eines Schutzes durch das Gesetz bedürfen wie diese. Die gewöhnlichen, insbesondere im Bürgerlichen Gesetzbuch (BGB) enthaltenen Rechtsregeln werden deshalb für Kaufleute modifiziert (= Sonderprivatrecht), wobei diese Modifizierung zumeist in einer Verschärfung der Anforderungen an Kaufleute liegt. Das Handelsrecht steht damit systematisch im Gegensatz zum Verbraucherschutzrecht des BGB, welches ebenfalls ein Sonderprivatrecht ist, aber genau umgekehrt an die geringere Geschäftskundigkeit von Verbrauchern im Vergleich zu Unternehmern anknüpft und dem Verbraucher daher einen weitergehenden Schutz – insbesondere durch Information und Widerrufsrechte – zukommen lässt. **2**

---

* Vgl. die einführenden Kapitel bei *K. Schmidt*, HandelsR, §§ 1 bis 3 (S. 3 ff.); *Canaris*, HandelsR, § 1 (S. 1 ff.); *Hübner*, HandelsR, § 1 A (S. 1 ff.); *Brox/Henssler*, HandelsR, § 1 (S. 1 ff.).

3   Um sich zu Beginn einen Überblick verschaffen zu können, in welcher Hinsicht das Handelsrecht die allgemeinen Regeln des bürgerlichen Rechts modifiziert, seien einige der handelsrechtlichen Sonderregeln vorab kurz genannt und sodann im weiteren Verlauf dieses Buches näher erläutert sowie anhand von Fällen plastisch gemacht:

– Ein Kaufmann kann mündlich eine Bürgschaft übernehmen (§ 350 HGB), während die private Bürgschaft nur in schriftlicher Form gültig ist (§ 766 BGB).

– Der private Bürge hat die Einrede der Vorausklage (§ 771 BGB), kann also die Befriedigung des Gläubigers verweigern, solange dieser nicht eine Zwangsvollstreckung gegen den Hauptschuldner ohne Erfolg versucht hat. Diese Einrede steht dem bürgenden Kaufmann nicht zu (§ 349 HGB). Er kann deshalb parallel zum nicht zahlenden Hauptschuldner in Anspruch genommen werden (= selbstschuldnerische Bürgschaft).

– Ein Kaufmann hat empfangene Waren bei mangelhafter oder Fehllieferung (*aliud*) sowie bei der Lieferung einer zu geringen Menge unverzüglich zu rügen, um seine sich aus §§ 434 ff. BGB ergebenden Gewährleistungsrechte nicht zu verlieren (§ 377 HGB). Einen privaten Käufer trifft diese Obliegenheit nicht.

– Die Sorgfaltspflicht eines Kaufmanns (§ 347 HGB) ist höher als die einer Privatperson (§ 276 BGB).

– Der gesetzliche Zins für Kaufleute (§ 352 HGB) ist höher als der von einer Privatperson geschuldete gesetzliche Zins (§ 246 BGB).

– Der Kaufmann schuldet Fälligkeitszinsen (§ 353 HGB), der Privatmann nicht.

– Schweigen gilt beim Kaufmann in bestimmten Fällen als Annahme des Vertragsangebots (insbes. § 362 HGB), bei Privatpersonen nicht.

– Während bei Privatpersonen eine verwirkte Vertragsstrafe gemäß § 343 BGB vom Richter herabgesetzt werden kann, wenn sie unverhältnismäßig hoch ist, gilt dies für Kaufleute nicht (§ 348 HGB).[1]

– Wer von einem Kaufmann eine diesem nicht gehörende bewegliche Sache erwirbt, kann diese nicht nur dann gutgläubig erwerben, wenn er an das Eigentum des Veräußerers glaubt (§§ 932 ff. BGB), sondern auch dann, wenn sich sein guter Glaube auf die Verfügungsbefugnis des Kaufmanns i.S.v. § 185 BGB bezieht (§ 366 HGB).[2]

4   Die traditionelle Beschränkung des Anwendungsbereichs handelsgesetzlicher Normen auf Kaufleute ist in den vergangenen Jahrzehnten zunehmend in die Kritik gekommen. Als Hauptkritikpunkt wird vorgebracht, dass – wie noch aufgezeigt werden wird (→ § 2 Rn. 7 ff.) – der Kaufmannsbegriff die Angehörigen der sog. freien Berufe (z.B. Rechtsanwälte, Steuerberater, Wirtschaftsprüfer) nicht umfasst, so dass die handelsgesetzlichen Sondervorschriften auf diese Berufsgruppen keine Anwendung finden. Dies wird als nicht sachgerecht empfunden, und es ist in der Tat

---

[1] Zu Einschränkungen für in Allgemeinen Geschäftsbedingungen (AGB) enthaltene Vertragsstrafenklauseln vgl. aber *BGH* NJW 1997, 3233.

[2] Bei § 366 HGB handelt es sich zwar auch um „Sonderprivatrecht" der Kaufleute. Allerdings knüpft die Vorschrift nicht an den Gedanken der größeren Geschäftserfahrenheit des Kaufmanns, sondern an die Überlegung an, dass der Kaufmann üblicherweise fremdes Gut mit Verfügungsbefugnis veräußert und deshalb die Anforderungen an den gutgläubigen Erwerb entsprechend anzupassen sind. Dies betrifft insbesondere Fälle, in denen Waren von einem Großhändler unter Eigentumsvorbehalt an einen Einzelhändler geliefert werden und dabei dem Einzelhändler von dem Großhändler Verfügungsbefugnis erteilt wird, damit der Einzelhändler die Ware weiterverkaufen und seine Kaufpreisschuld bei dem Großhändler begleichen kann.

schwer begründbar, warum beispielsweise ein Gemüsegroßhändler (= Kaufmann i.S.v. §§ 1 ff. HGB) eine Bürgschaft mündlich übernehmen können soll (§ 350 HGB), während die Bürgschaftserklärung eines Rechtsanwalts (≠ Kaufmann i.S.v. §§ 1 ff. HGB, da Freiberufler) nur in schriftlicher Form gültig sein soll (§ 766 BGB).

Vor diesem Hintergrund fordert eine lauter werdende Stimme in der Rechtslite- 5
ratur eine Fortentwicklung des Handelsrechts vom Sonderprivatrecht der Kaufleute zum Außenprivatrecht aller Unternehmer (insbesondere auch der Freiberufler).[3] Die Anschauung, die dieser Forderung zugrunde liegt, hat das geltende Recht zum Teil bereits beeinflusst. So stellen einige in jüngerer Zeit entstandene Normkomplexe, die inhaltlich dem Handelsrecht zuzuordnen sind, nicht mehr auf den Kaufmannsbegriff ab, sondern erstrecken die Anwendbarkeit ihrer Sonderregeln auf alle Sachverhalte, die nicht der privaten, sondern der unternehmerischen Sphäre der Handelnden zuzuordnen sind.

Als Beispiele seien genannt: 6
– Die Schutzvorschriften der §§ 305 II, III, 308, 309 BGB finden keine Anwendung auf Allgemeine Geschäftsbedingungen, die gegenüber einem Unternehmer i.S.v. § 14 BGB, also gegenüber einem gewerblich oder selbstständig beruflich Handelnden, verwendet werden (§ 310 I BGB); ob der Unternehmer Kaufmann i.S.v. §§ 1 ff. HGB ist, spielt keine Rolle.
– Bei der Anwendung der §§ 305 ff. BGB auf Verträge zwischen einem Unternehmer i.S.v. § 14 BGB und einem Verbraucher i.S.v. § 13 BGB sind bestimmte Modifikationen zugunsten des Verbrauchers zu berücksichtigen (§ 310 III BGB); auch insofern ist unerheblich, ob der Unternehmer Kaufmann i.S.v. §§ 1 ff. HGB ist.
– Auch für die Anwendbarkeit des UN-Kaufrechts (CISG) ist ohne Belang, ob die Parteien eines Kaufvertrags Kaufleute oder Nichtkaufleute sind (Art. 1 III CISG); vielmehr hängt die Anwendbarkeit des UN-Kaufrechts (CISG) davon ab, dass die gekauften Waren für unternehmerische Zwecke, also nicht für den persönlichen Gebrauch oder den Gebrauch in der Familie oder im Haushalt, erworben werden (Art. 2 lit. a CISG).

Auf der Basis des geltenden Rechts muss freilich zur Kenntnis genommen werden, 7
dass sich der deutsche Gesetzgeber – anders als etwa der österreichische – bislang nicht zum Erlass eines Unternehmensgesetzbuchs (UGB) anstelle des Handelsgesetzbuchs (HGB) hat entschließen können, weshalb das in diesem Buch dargestellte handelsrechtliche Sonderprivatrecht – überzeugend oder nicht – im Grundsatz auf den Normadressatenkreis der §§ 1 ff. HGB beschränkt ist. Im Einzelfall ist aber auch über eine analoge Anwendung handelsrechtlicher Normen auf Nichtkaufleute nachzudenken, insbesondere soweit es um nicht gesetzlich geregelte Handelsbräuche geht oder um die Einbeziehung von Kleinunternehmen in Regelungen, die nicht an die besondere Geschäftserfahrenheit von (Voll-)Kaufleuten anknüpfen.

II. Handelsrecht in der Fallprüfung

Der Funktion des Handelsrechts als Sonderrecht der Kaufleute bzw. Unternehmer 8
entsprechend sind bei der Lösung handelsrechtlicher Fälle typischerweise zunächst bürgerlichrechtliche Normen anzuwenden, und dann ist zu untersuchen, ob das

---

[3] Die Fortentwicklung vom Sonderprivatrecht der Kaufleute zum Außenprivatrecht der Unternehmen wird insbesondere seit jeher gefordert von K. Schmidt, HandelsR, jetzt 6. Aufl. 2014, § 2 (S. 48 ff.).

vom Bürgerlichen Recht vorgegebene Ergebnis durch handelsrechtliche Normen modifiziert wird. Vom Bearbeiter wird also – neben der Beherrschung des Bürgerlichen Rechts – **dreierlei verlangt**:

- die Kenntnis derjenigen Systemstellen im bürgerlichrechtlichen Prüfungsaufbau, an denen handelsrechtliche Vorschriften modifizierend eingreifen können,[4]
- die Fähigkeit, zu bestimmen, ob in dem zu prüfenden Fall handelsrechtliche Vorschriften anwendbar sind,[5] und
- die Fähigkeit, die in dem zu prüfenden Fall einschlägigen handelsrechtlichen Vorschriften fehlerfrei anwenden zu können.[6]

III. Geschichte des Handelsrechts

9   Das gegenwärtige Handelsrecht kann sich nur erschließen, wer zumindest über ein Grundwissen der Geschichte des Handelsrechts verfügt. Der Grund hierfür ist nicht zuletzt, dass auch in der gegenwärtigen handelsrechtlichen Lehrbuchliteratur **regelmäßig historisch argumentiert** wird.[7]

10   Vor der Deutschen Reichseinheit 1871 verhinderte die Existenz vieler deutscher Einzelstaaten, dass Gesetze mit einheitlichem Geltungsanspruch für alle deutschen Staaten von einer Zentralgewalt erlassen wurden. In den deutschen Einzelstaaten galt unterschiedliches Recht. Diese Rechtszersplitterung war im Handelsrecht besonders hinderlich, da Handel sich nicht nur innerhalb von politischen Grenzen abspielt, sondern diese regelmäßig überschreitet. Deshalb wurde 1861 das **Allgemeine Deutsche Handelsgesetzbuch (ADHGB)** ausgearbeitet und auf dem Wege der Parallelgesetzgebung von den allermeisten deutschen Einzelstaaten je für sich erlassen. Nach der Reichseinheit 1871 galt das Allgemeine Deutsche Handelsgesetzbuch (ADHGB) als Reichsrecht zunächst fort.

11   Ab 1894 wurde begonnen, an dem Nachfolgegesetz für das Allgemeine Deutsche Handelsgesetzbuch (ADHGB), dem **Handelsgesetzbuch (HGB)**, zu arbeiten. Hintergrund war, dass die erste einheitliche Kodifizierung des Bürgerlichen Rechts, das Bürgerliche Gesetzbuch (BGB), am 1.1.1900 in Kraft treten sollte und man die Anpassung des Handelsrechts an das BGB für notwendig hielt. Als problematisch

---

[4] In der Schönfelder-Gesetzessammlung wird zum Teil durch Fußnoten bei den Vorschriften des BGB auf handelsrechtliche Sonderregelungen ausdrücklich hingewiesen (z.B. Hinweis auf § 350 HGB in der Fußnote bei § 766 BGB). Wo solche Fußnoten fehlen und sofern die geltenden Prüfungsordnungen dies erlauben, kann es sich empfehlen, handschriftlich Paragraphenhinweise in den Gesetzestext des BGB einzutragen (z.B. Hinweis auf § 366 HGB bei §§ 932 ff. BGB).

[5] Da handelsrechtliche Vorschriften i.d.R. nur auf Kaufleute anwendbar sind, setzt dies vor allem den sicheren Umgang mit den Kaufmannstatbeständen der §§ 1 ff. HGB (dazu → § 2 Rn. 1 ff.) und mit der Lehre vom Scheinkaufmann (dazu → § 2 Rn. 38 ff.) voraus.

[6] Dafür sind neben der Beherrschung der juristischen Auslegungsmethodik Grundkenntnisse zu den handelsrechtlichen Vorschriften erforderlich (dazu → §§ 3 bis 10).

[7] So ist z.B. bei *K. Schmidt*, HandelsR, § 29 Rn. 75 (S. 954) zur Auslegung des Begriffes „unverzüglich" in § 377 I HGB zu lesen: „,Unverzüglich' bedeutet nach der herrschenden Auffassung dasselbe wie bei § 121 BGB: ‚ohne schuldhaftes Zögern'. Das Verschulden des Käufers ist nun allerdings ein unsicheres, der Verkäuferperspektive wenig gerecht werdendes Merkmal. Für Objektivierung kann der von *Canaris* im Zusammenhang mit § 362 HGB herausgearbeitete *Risikogedanke* für objektive Merkmale sorgen […]. Ein Verschuldensmoment des § 121 BGB ist neben dem Merkmal ‚nach ordnungsmäßigem Geschäftsgang' entbehrlich. Schon das ADHGB, das naturgemäß nicht auf § 121 BGB Bezug nehmen konnte, sprach von ‚unverzüglich' und meinte ‚alsbald'."

sollte sich später erweisen, dass die Arbeiten am BGB im Jahre 1894 noch nicht abgeschlossen waren, so dass die gewünschte Abstimmung zwischen BGB und HGB nicht immer zufriedenstellend erreicht werden konnte. Das HGB trat am 1. 1. 1900 – gleichzeitig mit dem BGB – in Kraft.

Das HGB gilt bis heute. Es hat seit 1900 allerdings zahlreiche Reformen erfahren. **12** Die aus heutiger Sicht wichtigste erfolgte durch das **Handelsrechtsreformgesetz vom 22. 6. 1998.**[8] Dieses brachte insbesondere eine grundlegende Reform des Kaufmannsbegriffs (§§ 1 ff. HGB) mit sich.

§ 2. Kaufmannseigenschaft (§§ 1 ff. HGB)

Ausgangspunkt fast aller[9] handelsrechtlichen Sonderregeln ist der in den §§ 1 ff. **1** HGB enthaltene Kaufmannsbegriff.* Hier sind zwei große Gruppen von Kaufleuten zu unterscheiden, nämlich

– Kaufleute kraft Handelsgewerbes (→ Rn. 2 ff.) und
– Kaufleute kraft Rechtsform (→ Rn. 28 ff.).

I. Kaufmann kraft Handelsgewerbes

Innerhalb der Gruppe der Kaufleute kraft Handelsgewerbes ist zwischen **2**

– „Ist-Kaufleuten", die per Gesetz zwingend Kaufleute sind (→ Rn. 3 ff.), und
– „Kann-Kaufleuten", die die Kaufmannseigenschaft kraft (freiwilliger) Eintragung in das Handelsregister erlangen (→ Rn. 20 ff.),
zu differenzieren.

1. „Ist-Kaufmann" = Kaufmann per Gesetz (§ 1 HGB)

Seit der Modernisierung des HGB durch das Handelsrechtsreformgesetz vom **3** 22. 6. 1998 ist gemäß § 1 I HGB jeder Kaufmann, der ein (beliebiges) Handelsgewerbe betreibt.[10] Der Begriff des Handelsgewerbes ist in § 1 II HGB definiert. Liegen dessen Voraussetzungen vor, so ist der entsprechende Gewerbetreibende per

---

[8] Gesetz zur Neuregelung des Kaufmanns- und Firmenrechts und zur Änderung anderer handels- und gesellschaftsrechtlicher Vorschriften (BGBl. Teil I Nr. 38 vom 26. 6. 1998, S. 1474 ff.).

[9] Anderes gilt – wie in § 1 Rn. 6 bereits erwähnt – z.B. für § 310 I und III BGB, wo nicht an den Begriff des „Kaufmanns", sondern an den des „Unternehmers" (vgl. § 14 BGB) angeknüpft wird. Auch das UN-Kaufrecht (CISG) stellt nicht auf die Kaufmannseigenschaft der Vertragsparteien ab (Art. 1 III CISG), sondern darauf, dass Ware nicht für den persönlichen Gebrauch oder den Gebrauch in der Familie oder im Haushalt gekauft wird (Art. 2 lit. a CISG).

* Vgl. zum Kaufmannsbegriff *K. Schmidt*, HandelsR, §§ 9 und 10 (S. 343 ff.); *Canaris*, HandelsR, §§ 2 und 3 (S. 19 ff.); *Hübner*, HandelsR, § 1 B (S. 8 ff.); *Brox/Henssler*, HandelsR, §§ 2 bis 4 (S. 14 ff.).

[10] Zuvor gab es in § 1 II HGB a.F. einen Katalog von im Einzelnen aufgeführten Grundhandelsgewerben, die die Kaufmannseigenschaft begründeten (danach war z.B. ein Händler von beweglichen Waren Kaufmann, nicht aber ein Bauunternehmer). Trotz der Modernisierung durch das Handelsrechtsreformgesetz vom 22. 6. 1998 ist – wie gesagt (→ § 1 Rn. 4 f.) – die Orientierung am „Handels"-Recht und „Kauf"-Mannsbegriff antiquiert; vgl. *K. Schmidt*, HandelsR, § 9 Rn. 1 ff. (S. 343 ff.).

Gesetz Kaufmann („**Ist-Kaufmann**"). Die an den Kaufmannsbegriff anknüpfenden Regeln kommen in diesem Fall auch dann zur Anwendung, wenn der Gewerbetreibende seiner Pflicht zur Eintragung im Handelsregister (§ 29 HGB) nicht nachkommt. Jene Eintragung ist nämlich nicht rechtsbegründend, sondern rein deklaratorisch (→ § 4 Rn. 5). Die Prüfungspunkte für den „Ist-Kaufmann" ergeben sich aus § 1 II HGB:

– Gewerbebetrieb (→ Rn. 4 ff.)
– Erforderlichkeit eines in kaufmännischer Weise eingerichteten Geschäftsbetriebs (→ Rn. 14 ff.).

a) Gewerbebetrieb

4   Gewerbebetrieb i.S.v. § 1 II HGB ist die organisierte Einheit sachlicher und personeller Mittel, mit deren Hilfe der Inhaber des Betriebs eine

– erkennbar planmäßige, auf Dauer angelegte,
– selbstständige und nicht freiberufliche, wissenschaftliche oder künstlerische,
– anbietende Tätigkeit an einem Markt
– mit Gewinnerzielungsabsicht (str.)

ausübt.

5   Nur eine **erkennbar planmäßige, auf Dauer angelegte** Tätigkeit kann ein Gewerbe begründen.[11] Zum Teil wird auch formuliert, die Tätigkeit müsse auf den Abschluss einer Vielzahl von Geschäften gerichtet sein.[12] Ein Gewerbe betreibt deshalb nicht, wer als Werksangehöriger eines Automobilherstellers jährlich seinen Jahreswagen weiterverkauft, wer wegen einer Haushaltsauflösung Gegenstände auf einem Flohmarkt anbietet oder wer gelegentlich an der Börse spekuliert. Nicht notwendig ist hingegen, dass die Tätigkeit ununterbrochen ausgeübt wird, dass sie auf unbestimmte Dauer angelegt ist oder dass sie die Haupteinnahmequelle darstellt. Deshalb sind beispielsweise ein gastronomischer Saisonbetrieb, ein Verkaufsstand während einer Fußballweltmeisterschaft und ein von einem Rechtsanwalt nebenberuflich betriebenes Antiquariat durchaus Gewerbebetriebe.

6   Die Tätigkeit muss **selbstständig** sein.[13] Damit ist nicht wirtschaftliche, sondern rechtliche Selbstständigkeit gemeint. Das Merkmal dient der Abgrenzung zu Arbeitnehmern und Beamten, die nicht Kaufleute sind. Bei der Prüfung des Merkmals kann § 84 I 2 HGB herangezogen werden. Erforderlich ist eine Gesamtbetrachtung aller Umstände des Einzelfalls. Dabei sprechen für die Selbstständigkeit insbesondere eine nur eingeschränkte Weisungsgebundenheit, eine weitgehende Freiheit bei der Bestimmung der Arbeitszeiten, das Tragen eines unternehmerischen Risikos und das Vorhandensein von selbst ausgesuchtem eigenem Personal. Gegen die Selbstständigkeit sprechen etwa genaue Vorgaben in Bezug auf Tätigkeitsort und Arbeitszeiten, die Eingliederung in die betriebliche Organisationsstruktur, die Vorgabe fester Urlaubszeiten und eine Genehmigungspflicht für Nebentätigkeiten.

7   Eine Ausnahme gilt traditionellerweise für **freiberufliche, wissenschaftliche und künstlerische Tätigkeiten**. Diese Tätigkeiten werden, auch wenn sie selbstständig ausgeübt werden, nicht als selbstständige Tätigkeiten im Sinne des Gewerbebegriffes angesehen. Die Ausnahme lässt sich nur historisch aus dem Standesrecht rechtfertigen. Die Berufsstände der Freiberufler entwickelten sich nämlich getrennt vom

---

[11] Hierzu *K. Schmidt*, HandelsR, § 9 Rn. 36 (S. 358 f.).
[12] *Canaris*, HandelsR, § 2 Rn. 6 (S. 20 f.).
[13] Hierzu *K. Schmidt*, HandelsR, § 9 Rn. 18 ff. (S. 349 ff.).

Handelsstand und unterliegen bis heute besonderen Regeln. Freiberuflich in diesem Sinne sind insbesondere Ärzte, Rechtsanwälte, Steuerberater, Wirtschaftsprüfer, Architekten und Vermessungsingenieure tätig, nicht aber Apotheker. Dabei wird die ausgeübte Tätigkeit stark durch die Persönlichkeit des Freiberuflers und seine geistigen Fähigkeiten geprägt und weniger durch den wirtschaftlichen Geschäftsbetrieb, wie es bei einem Gewerbe der Fall ist. In bestimmten, einen Berufsstand regelnden Gesetzen wie der Bundesrechtsanwaltsordnung oder der Bundesärzteordnung ist der Ausschluss aus dem Gewerbebegriff ausdrücklich angeordnet.[14] Ansonsten dient die Aufzählung freier Berufe in § 1 II 2 PartGG als Orientierungshilfe, auch wenn sie für die Bestimmung des Kaufmannsbegriffs nach §§ 1 ff. HGB nicht unmittelbar maßgeblich und daher insbesondere nicht abschließend ist.[15]

Rechtspolitisch kann die Ausklammerung der Freiberufler aus dem Kaufmannsbegriff nicht überzeugen (→ § 1 Rn. 4). Sie ist letztlich wohl auch weniger dadurch motiviert, dass sich die Freiberufler nicht den handelsrechtlichen Sonderregeln – etwa der Rügelast des § 377 HGB oder den schärferen Zinsregeln der §§ 352 f. HGB – unterwerfen wollen. Vielmehr zielt der Widerstand der freien Berufe gegen die Einbeziehung in den Gewerbebegriff auf die Abwehr einer Gewerbesteuerpflicht.[16] **8**

Ausnahmsweise unterliegen jedoch auch Freiberufler handelsrechtlichen Normen, nämlich bei einer Organisation in der Form der Kapitalgesellschaft (dazu Fall Nr. 4), bei Mischtätigkeiten, deren Schwerpunkt im gewerblichen Bereich liegt (Beispiele: Sanatorien oder Seniorenheime mit ärztlicher Betreuung, von Künstlern betriebenes Theater, von Anwälten betriebenes Repetitorium oder eine Fachanwaltsakademie), bei gewillkürter Gleichstellung (z.B. in AGB) sowie bei einem Auftreten als Scheinkaufmann (dazu → Rn. 38 ff. mit Fall Nr. 5). Eine analoge Anwendung der *gesetzlichen* Sonderregeln des HGB kommt hingegen mangels Regelungslücke in aller Regel nicht in Betracht, weil sich der deutsche Gesetzgeber nicht zu einem für alle Unternehmen geltenden Gesetzbuch durchringen konnte (→ § 1 Rn. 7). **9**

Ein Gewerbe betreibt nur, wer eine Tätigkeit **an einem Markt anbietet.**[17] Das setzt zunächst das Auftreten an einem Markt voraus. An einem Markt tritt auf, wer nach außen erkennbar am Abschluss von Rechtsgeschäften interessiert ist. Deshalb reicht beispielsweise die bloße Verwaltung eigener Vermögenswerte wie etwa das Halten eines GmbH-Anteils nicht aus. Weiter ist erforderlich, dass der Marktauftritt anbietender Natur ist. Wer Leistungen nur nachfragt, ist Verbraucher und betreibt somit kein Gewerbe. **10**

Beispiel: Reine Nachfrager sind sog. Einkaufsgemeinschaften = Zusammenschlüsse von Unternehmen, die gegenüber Lieferanten gemeinsam auftreten, um aufgrund der gebündelten Nachfragemacht bessere Einkaufskonditionen erzielen zu können. **10a**

Nach der herkömmlichen, immer noch verbreiteten Ansicht muss eine Tätigkeit mit **Gewinnerzielungsabsicht** betrieben werden, um ein Gewerbe begründen zu können.[18] Eine im Vordringen befindliche Auffassung hat dieses Erfordernis hingegen ersatzlos aufgegeben.[19] Das für den Rechtsverkehr erkennbare Erscheinungsbild einer Tätigkeit ist nämlich nicht von der rein intern bleibenden Absicht (zur Ge- **11**

---

[14] Siehe die Beispiele bei *Oetker*, HandelsR, § 2 Rn. 14.
[15] Vgl. § 1 II 2 PartGG: „Ausübung eines Freien Berufs *im Sinne dieses Gesetzes* ist …“.
[16] *Oetker*, HandelsR, § 2 Rn. 13.
[17] Hierzu *K. Schmidt*, HandelsR, § 9 Rn. 26 ff. (S. 353 ff.).
[18] *Baumann*, AcP 184 (1984), 45, 50 ff.
[19] *K. Schmidt*, HandelsR, § 9 Rn. 37 ff. (S. 359 f.).

winnerzielung) abhängig. Der Meinungsstreit spielt in der Praxis vor allem bei öffentlichen Versorgungsunternehmen eine Rolle, da häufig zweifelhaft ist, ob diese mit Gewinnerzielungsabsicht betrieben werden. Allerdings ergibt sich dann ohnehin häufig die Kaufmannseigenschaft aus der Rechtsform (als GmbH oder AG). Unstreitig ist jedenfalls ohne Belang, ob im Einzelfall – trotz vorhandener Absicht – kein Gewinn erzielt wird, weil der Geschäftserfolg ausbleibt. Und insoweit wird man im Grundsatz bei allen an einem Markt ausgeübten Tätigkeiten davon auszugehen haben, dass ein ggf. erzielter Gewinn dem Unternehmer willkommen ist.

12   Nach heute h.M. ist die früher überwiegend geforderte **Zulässigkeit der Tätigkeit für den Gewerbebegriff nicht zwingend erforderlich.**[20] Die Trennung des Handelsrechts von den öffentlich-rechtlichen Zulässigkeitsvorschriften kommt in § 7 HGB zum Ausdruck. Jene Vorschrift wird dahingehend verstanden, dass die Eintragung im Handelsregister nur von den handelsrechtlichen Vorgaben der §§ 1 ff. HGB abhängig gemacht wird, während das Registergericht die Einhaltung öffentlich-rechtlicher Vorschriften, die eine Gewerbetätigkeit beschränken, grundsätzlich weder prüfen muss noch prüfen darf.[21] Wegen der Trennung beider Regelungsbereiche sind die handelsrechtlichen Sondervorschriften aber im Grundsatz auch dann anwendbar, wenn ein Gewerbe unerlaubt betrieben wird. Auch wertungsmäßig könnte es nicht überzeugen, wenn sich ein Unternehmer etwa der handelsrechtlichen Rügepflicht des § 377 HGB, den schärferen Zinsregeln der §§ 352 f. HGB oder der Formfreiheit einer Bürgschaft (§ 350 HGB) durch einen Hinweis darauf entziehen könnte, dass die von ihm ausgeübte Tätigkeit dem Gesetz (§ 134 BGB) oder den Sitten (§ 138 BGB) widerspricht. Der Rechtsverkehr sollte hier nicht allein nach den Regeln über den Scheinkaufmann (→ Rn. 38 ff.),[22] sondern unabhängig von einem Gutglaubenstatbestand kraft unmittelbarer Anwendung des Handelsrechts geschützt werden.

13   Gleichwohl können aber auch nicht alle Sondervorschriften für Kaufleute bei gesetz- oder sittenwidrigen Tätigkeiten angewendet werden. Vielmehr kommt es auf den Sinn und den Zweck der Regelung an. So dürfe die Ernennung eines professionellen Bankräubers oder Drogenhändlers zum Handelsrichter gemäß § 109 GVG kaum in Betracht zu ziehen sein.[23] Auch die Verpflichtung derartiger „Kaufleute" zur Führung von Handelsbüchern über ihre Bankraube und Drogengeschäfte „nach den Grundsätzen ordnungsgemäßer Buchführung" gemäß §§ 238 ff. HGB mutet merkwürdig an.

b) Erforderlichkeit eines in kaufmännischer Weise eingerichteten Geschäftsbetriebs

14   Ein in kaufmännischer Weise eingerichteter Geschäftsbetrieb ist durch seine Organisation, welche in der Einstellung kaufmännischen Personals oder der Aufgliederung in Geschäfts- und Zuständigkeitsbereiche zum Ausdruck kommen kann, vor allem aber durch eine kaufmännische (doppelte) Buchführung charakterisiert. Im Rahmen der Prüfung des § 1 II HGB kommt es nicht darauf an, ob der fragliche Gewerbebetrieb diese Charakteristika tatsächlich aufweist, sondern darauf, ob er sie aufweisen sollte. Letzteres hängt nach § 1 II HGB kumulativ von „**Art**" und „**Umfang**" des Unternehmens ab. Mit „Art" des Unternehmens sind qualitative Kriterien gemeint, z.B.: Natur und Vielfalt der erbrachten Leistungen und der Geschäftsbeziehungen, Art des Kundenkreises. Beim „Umfang" des Unternehmens geht es um dessen Größe, also um quantitative Kriterien, z.B.: Größe des Anlage- und Betriebs-

---

[20] *K. Schmidt*, HandelsR, § 9 Rn. 35 (S. 357 f.).
[21] *BGH* ZIP 2017, 2000 f. (Rn. 8 f.).
[22] In diesem Sinne *Brox/Henssler*, HandelsR, Rn. 27 (S. 16).
[23] Beispiel von *Brox/Henssler*, HandelsR, Rn. 27 (S. 16).

kapitals, Umsatzvolumen, Zahl der Beschäftigten. Entscheidend ist, ob nach einer Gesamtschau zum einen der qualitativen und zum anderen der quantitativen Kriterien ein in kaufmännischer Weise eingerichteter Geschäftsbetrieb sowohl nach „Art" als auch nach „Umfang" des Gewerbebetriebs erforderlich erscheint. Fehlt es an dieser Erforderlichkeit entweder in qualitativer oder in quantitativer Hinsicht, liegt ein Kleingewerbetreibender vor (→ Rn. 21 ff.).

Dabei ist in der Praxis wie auch in der Klausurlösung die Vermutungs- und Be- **15** weislastregelung von Bedeutung, die sich aus der negativen Formulierung des § 1 II HGB mit seiner doppelten Verneinung ergibt. Danach ist im Grundsatz jeder Betrieb, der die Merkmale eines Gewerbes aufweist (→ Rn. 4 ff.), ein Handelsgewerbe. Nach positiver Feststellung jener Merkmale kann der Inhaber jenes Gewerbes der Anwendbarkeit des Handelsrechts nur noch dadurch entgehen, dass er den fehlenden vollkaufmännischen Umfang darlegt und beweist (vgl. den Wortlaut „es sei denn …"). Ergeben sich folglich aus dem Klausursachverhalt keine hinreichenden Anhaltspunkte für ein Kleingewerbe, ist im Zweifel von der Kaufmannseigenschaft auszugehen. Gleiches gilt in der Praxis, wenn der Inhaber nichts zur fehlenden Erforderlichkeit kaufmännischer Einrichtungen vorträgt, nachdem der Prozessgegner das Vorliegen eines Gewerbes dargelegt und ggf. bewiesen hat.

⇨ *Fall Nr. 1 – Holzhandel*

Eine Ausnahme gilt gemäß § 3 I HGB für **Betriebe der Land- und Forstwirtschaft.** **16** Diese können die „Ist-Kaufmann"-Eigenschaft i.S.v. § 1 HGB nicht begründen. Entscheidend ist dabei, dass der Kern des Unternehmens aus einem land- oder forstwirtschaftlichen Geschäftsbetrieb besteht, während der Mitverkauf gewisser Drittprodukte (etwa in einer Gärtnerei, Baumschule oder einem Hofladen) nicht schon die Kaufmannseigenschaft begründet, wenn dieser Mitverkauf dem Unternehmen – insbesondere wegen seines verhältnismäßig geringen Umfangs – nicht das Gepräge gibt. Land- und forstwirtschaftliche Unternehmen können aber nach § 3 II HGB Kann-Kaufleute sein (→ Rn. 24 ff.).

c) Betreiber des Handelsgewerbes

Betreiber des Handelsgewerbes ist der Inhaber des unternehmerischen Geschäftsbe- **17** triebs, also der Unternehmensträger, der eine natürliche oder juristische Person sowie eine (teil-)rechtsfähige Personenhandelsgesellschaft sein kann (→ § 3 Rn. 4). Ist eine Gesellschaft Betreiberin, so kommt die Kaufmannseigenschaft grundsätzlich nur ihr und nicht auch ihren Gesellschaftern und Geschäftsführern zu (→ Rn. 34). Ist der Inhaber eine natürliche Person oder folgt man der Rechtsprechung, die in Abweichung von der vorgenannten Regel auch die persönlich haftenden Gesellschafter einer oHG oder KG neben der Gesellschaft als „Betreiber" ansieht (→ Rn. 34)[24], ist für das „betreiben" i.S.v. § 1 I HGB unerheblich, ob der Inhaber oder persönlich haftende Gesellschafter auch selbst in Person in „seinem" Gewerbebetrieb tätig wird. Man kann sich auch komplett durch Prokuristen und andere Bevollmächtigte vertreten lassen.

Der Unternehmensträger muss nicht notwendig rechtlicher Inhaber des Anlage- **18** vermögens, etwa Eigentümer des Betriebsgrundstücks und des Maschinenparks, sein. Vielmehr kann auch der Pächter oder Nießbraucher eines Unternehmens Kaufmann sein.

Ob der Inhaber des Gewerbebetriebs für eigene oder fremde Rechnung handelt, ist **19** unerheblich. Führt etwa jemand als Treuhänder das Unternehmen für Rechnung eines

---

[24] Dazu auch *Bitter/Heim*, GesR, § 6 Rn. 5.

im Rechtsverkehr nicht in Erscheinung tretenden Hintermanns, des Treugebers, so ist der Treuhänder als Betreiber Kaufmann, nicht hingegen der Treugeber, an den der Gewinn oder Verlust des Unternehmens aufgrund des Treuhandverhältnisses weitergereicht wird. Erst recht unerheblich ist, wenn nur einzelne Handelsgeschäfte – etwa als Kommissionär – für Rechnung eines Hintermanns abgeschlossen werden.

2. „Kann-Kaufmann" = Kaufmann kraft freiwilliger Eintragung

20 Zu den Marktteilnehmern, die nicht bereits per Gesetz, sondern nur dann Kaufleute sind, wenn sie sich freiwillig in das Handelsregister eintragen lassen (sog. „Kann-Kaufleute"), gehören:
– Kleingewerbetreibende (→ Rn. 21 ff.),
– land- und forstwirtschaftliche Unternehmen (→ Rn. 24 ff.) und
– vermögensverwaltende Personengesellschaften (→ Rn. 27).

a) Kleingewerbetreibende (§ 2 HGB)

21 Wenn das Gewerbe nach Art oder Umfang keinen in kaufmännischer Weise eingerichteten Geschäftsbetrieb erfordert (Kleingewerbetreibender), ist der Geschäftsinhaber kein Kaufmann per Gesetz (vgl. § 1 II HGB). Er ist nur berechtigt, nicht aber verpflichtet, sich im Handelsregister eintragen zu lassen (§ 2 S. 2 HGB). Lässt er sich eintragen, dann wird er dadurch Kaufmann (§ 2 S. 1 HGB). Er hat die Möglichkeit, sich später auch wieder aus dem Handelsregister löschen zu lassen (§ 2 S. 3 HGB). Man kann ihn deshalb salopp als **„Kann-Kaufmann mit Rückfahrkarte"** bezeichnen. Zu prüfen sind:
– Gewerbebetrieb (→ Rn. 4 ff.)
– Eintragung im Handelsregister
  ⇨ *Fälle Nr. 2 und 3 – Altstadtkneipe I und II*

22 Auch unabhängig von der Eintragung gemäß § 2 HGB sind gewisse handelsrechtliche Vorschriften auf die Kleingewerbetreibenden anwendbar. So gelten etwa die in §§ 84 ff. HGB bzw. §§ 93 ff. HGB enthaltenen gesetzlichen Regeln des Handelsvertreter- und Handelsmaklerrechts kraft ausdrücklicher gesetzlicher Anordnung auch für kleingewerbliche Handelsvertreter und -makler (vgl. §§ 84 IV, 93 III HGB). Ähnliche Vorschriften zur Einbeziehung der Kleingewerbetreibenden gibt es für das Kommissions-, Fracht-, Speditions- und Lagergeschäft, wobei in diesen Fällen zudem auch die allgemeinen Vorschriften über Handelsgeschäfte in §§ 343 ff. HGB mit Ausnahme der §§ 348 bis 350 HGB zur Anwendung kommen (vgl. §§ 383 II, 407 III 2, 453 III 2, 467 III 2 HGB).

23 Die handelsrechtlichen Vorschriften gelten ferner für einen Kleingewerbetreibenden, der im Rechtsverkehr den unzutreffenden Eindruck eines kaufmännischen Betriebs erweckt (sog. Scheinkaufmann; → Rn. 38 ff.). Im Übrigen erscheint eine analoge Anwendung handelsrechtlicher Vorschriften auf Kleinunternehmer nicht ausgeschlossen (→ § 1 Rn. 7).

b) Land- und forstwirtschaftliches Unternehmen (§ 3 HGB)

24 Ein land- oder forstwirtschaftliches Unternehmen ist nicht schon per Gesetz Kaufmann (§ 3 I HGB; → Rn. 16). Es besteht allerdings die Möglichkeit der Eintragung, wenn das Unternehmen nach Art und Umfang einen in kaufmännischer Weise eingerichteten Geschäftsbetrieb erfordert (§ 3 II HGB). Erfolgt die Eintragung, kann sie – anders als bei den Kleingewerbetreibenden des § 2 HGB (→ Rn. 21) – nicht wieder

rückgängig gemacht werden (§ 3 II HGB). Man kann also salopp von einem „**Kann-Kaufmann ohne Rückfahrkarte**" sprechen. Zu prüfen sind:

- land- oder forstwirtschaftliches Unternehmen (→ Rn. 25)
- Erforderlichkeit eines in kaufmännischer Weise eingerichteten Geschäftsbetriebs (→ Rn. 14)
- Eintragung im Handelsregister

Landwirtschaft im Sinne des § 3 HGB bedeutet die Erzeugung und Verwertung 25 organischer Rohstoffe durch Bearbeitung und Ausnutzung von Grund und Boden (Ackerbau, Obst- und Weinanbau) einschließlich der Tierhaltung und Tierzucht mit selbst erzeugtem Futter, **Forstwirtschaft** die Gewinnung von Waldprodukten durch Auf- und Abforstung und ihre Verwertung. Wird hingegen der bloße Handel mit land- und forstwirtschaftlichen Produkten betrieben (Gemüsemarkt, Holzhandel etc.), gehört dies nicht mehr zur Land- und Forstwirtschaft. Gemäß § 3 III HGB wird ferner auch das Nebengewerbe eines Land- und Forstwirtes in die Sonderregelung einbezogen, weshalb auch insoweit nicht schon per Gesetz ein kaufmännisches Unternehmen mit Eintragungspflicht besteht. Beispiele hierfür sind ein mit der Tierhaltung verbundener Molkerei- und Schlachtbetrieb, eine das angebaute Obst verarbeitende Brennerei oder ein das Holz des Forstwirts verarbeitendes Sägewerk.

Handelt es sich um ein Kleinunternehmen der Land- und Forstwirtschaft, welches 26 keinen in kaufmännischer Weise eingerichteten Geschäftsbetrieb erfordert, kommt eine Eintragung nach § 3 HGB nicht in Betracht. Umstritten ist aber, ob gleichwohl eine Eintragung als Kleingewerbe gemäß § 2 HGB (→ Rn. 21 ff.) möglich ist. Verbreitet wird dies unter Hinweis auf den Wortlaut des § 3 I HGB für möglich gehalten, weil danach nur § 1 HGB für unanwendbar erklärt wird und folglich § 2 HGB weiter herangezogen werden könne.[25] Diese Ansicht hat zweifellos den Vorteil, dass bei der Anmeldung zum Handelsregister der vollkaufmännische Umfang nicht geprüft werden muss, weil die Eintragung in jedem Fall nach § 3 oder § 2 möglich ist.[26] Völlig zweifelsfrei erscheint diese Argumentation allerdings nicht, weil § 2 in § 3 II HGB nur mit der Maßgabe für anwendbar erklärt wird, dass eine freiwillige Löschung nicht mehr möglich ist. Dass der Gesetzgeber § 2 HGB daneben bei Kleinunternehmen ohne Einschränkung für anwendbar gehalten haben soll, ohne dies kund zu tun, erscheint nicht unbedingt naheliegend.[27]

c) Vermögensverwaltende Personengesellschaften

Durch das Handelsrechtsreformgesetz vom 22. 6. 1998 ist für eine Personenge- 27 sellschaft, die nur eigenes Vermögen verwaltet und die damit mangels anbietender Tätigkeit an einem Markt kein Gewerbe i.S.v. § 1 HGB betreibt (→ Rn. 10), durch § 105 II HGB die Möglichkeit geschaffen worden, sich freiwillig als offene Handelsgesellschaft (oHG) bzw. als Kommanditgesellschaft (KG; vgl. § 161 II HGB) eintragen zu lassen.[28] Die Regeln des § 2 S. 2 und 3 HGB finden gemäß § 105 II 2

---

[25] *K. Schmidt*, HandelsR, § 10 Rn. 82 (S. 392) m.w.N.
[26] Dazu *K. Schmidt*, HandelsR, § 10 Rn. 82 (S. 392); *K. Schmidt*, NJW 1998, 2161, 2163.
[27] Gegen die Anwendung des § 2 HGB daher *Oetker*, HandelsR, § 2 Rn. 48 f. m.w.N.
[28] § 105 II HGB eröffnet demgegenüber nicht die Möglichkeit, eine Rechtsanwaltskanzlei in der Rechtsform der oHG oder der (GmbH & Co.) KG zu betreiben. Rechtsanwaltliche Tätigkeit ist freiberuflich und deshalb nicht gewerbebegründend; daran ändert § 105 II HGB nichts, vgl. *BGH* ZIP 2011, 1664; *Hennsler*, NZG 2011, 1121 ff.; kritisch *K. Schmidt*, HandelsR, § 10 Rn. 111 (S. 401); die gegen das genannte *BGH*-Urteil erhobene Verfassungsbeschwerde blieb erfolglos, vgl. *BVerfG* NZG 2012, 343.

HGB entsprechende Anwendung, so dass man auch hier von einem **„Kann-Kaufmann mit Rückfahrkarte"** sprechen kann. Zu prüfen sind:
– offene Handelsgesellschaft (oHG) oder Kommanditgesellschaft (KG)
– Verwaltung eigenen Vermögens
– Eintragung im Handelsregister

II. Handelsgesellschaften und Formkaufleute (§ 6 HGB)

28   Einige Privatrechtssubjekte sind gemäß § 6 HGB schon kraft ihrer Rechtsform als Kaufleute einzustufen, wobei allerdings für die Feststellung der Rechtsform bei den Personengesellschaften in der Regel zu prüfen ist, ob ein Handelsgewerbe betrieben wird. Die beiden Absätze des § 6 HGB, welcher die Kaufmannseigenschaft von Gesellschaften regelt, überschneiden sich dabei in ihrem Anwendungsbereich, wenn man nicht § 6 II HGB für juristische Personen als *lex specialis* im Verhältnis zu § 6 I HGB ansieht.

29   Gemäß § 6 I HGB finden die für Kaufleute geltenden Vorschriften auch auf die Handelsgesellschaften Anwendung. Dabei sind im HGB selbst die *Personen*handelsgesellschaften **offene Handelsgesellschaft (oHG; §§ 105 ff. HGB) und Kommanditgesellschaft (KG; §§ 161 ff. HGB)** geregelt. Der Unterschied beider Gesellschaftsformen liegt darin, dass bei der oHG sämtliche Gesellschafter unbeschränkt persönlich für die Gesellschaftsverbindlichkeiten haften, während bei der KG für einzelne Gesellschafter – die sog. Kommanditisten – die Haftung im Außenverhältnis gegenüber den Gläubigern auf die im Handelsregister publizierte Haftsumme beschränkt ist.[29] Bei beiden Arten von Personengesellschaften muss grundsätzlich geprüft werden, ob sie ein Handelsgewerbe i.S.v. § 1 HGB betreiben. Nur dadurch (vgl. §§ 105 I, 161 I HGB) oder durch Eintragung als oHG oder KG im Handelsregister (vgl. §§ 105 II, 161 II HGB) können sie zur oHG bzw. KG und damit zur Handelsgesellschaft werden.[30] Der Übergang von der Gesellschaft bürgerlichen Rechts (§§ 705 ff. BGB) zur offenen Handelsgesellschaft ist damit durch die gleichen Merkmale geprägt wie der Übergang vom „Normalbürger" zum Kaufmann: Im Grundsatz muss ein Handelsgewerbe mit vollkaufmännischem Umfang i.S.v. § 1 II HGB betrieben werden (→ Rn. 3 ff.). Ist das Unternehmen mehrerer Gesellschafter kleingewerblich, erlangt es den Status als Handelsgesellschaft erst durch die (fakultative) Eintragung (→ Rn. 21 ff.). Gleiches gilt, wenn es (mit vollkaufmännischem Umfang) im Bereich der Land- und Forstwirtschaft tätig ist (→ Rn. 24 ff.).

30   Anderes gilt für die außerhalb des HGB geregelten Handelsgesellschaften – insbesondere **die Aktiengesellschaft (AG), die Kommanditgesellschaft auf Aktien (KGaA) und die Gesellschaft mit beschränkter Haftung (GmbH)** – sowie für die eingetragene Genossenschaft (eG), deren Kaufmannseigenschaft sich aus dem Gesetz ergibt. Ob sie ein Handelsgewerbe oder überhaupt ein Gewerbe betreiben, ist irrelevant, weshalb sie auch als Formkaufleute bezeichnet werden. Bei diesen Gesellschaftsformen erledigt sich daher eine genauere Prüfung anhand der oben (→ Rn. 3 ff.) dargestellten Kriterien für die Kaufmannseigenschaft. So ist etwa die als AG organisierte Rechtsanwaltskanzlei ebenso Kaufmann wie der als GmbH organisierte Bauernhof.

---

[29] Details bei *Bitter/Heim*, GesR, § 6 (oHG) und § 7 (KG).

[30] Vgl. den in BGHZ 202, 92 = ZIP 2014, 2030 (Rn. 8) betonten Grundsatz, dort Rn. 10 ff. jedoch auch zur Eintragungsfähigkeit einer Steuerberatungsgesellschaft mit untergeordneter Treuhandtätigkeit wegen der Sonderregel in § 49 II Steuerberatungsgesetz; weiterführend *Hennsler/Markworth*, NZG 2015, 1 ff.; *Juretzek*, DStR 2015, 431 ff.

Für die nachfolgend aufgeführten Gesellschaftsformen folgt aus der jeweils ange- **31** gebenen Vorschrift die Einordnung als „Handelsgesellschaft":

– für die Aktiengesellschaft (AG) aus § 3 I AktG,
– für die Kommanditgesellschaft auf Aktien (KGaA) aus §§ 278 III, 3 I AktG,
– für die europäische Aktiengesellschaft (SE) aus Art. 10 SE-VO i.V.m. § 3 AktG und
– für die Gesellschaft mit beschränkter Haftung (GmbH) aus § 13 III GmbHG.

Aus der gesetzlichen Einordnung als „Handelsgesellschaft", die von der Art **32** und dem Umfang des betriebenen Geschäfts völlig unabhängig ist, folgt gemäß § 6 I HGB die Kaufmannseigenschaft. Die eingetragene Genossenschaft (eG) ist zwar nicht kraft gesetzlicher Anordnung Handelsgesellschaft. Daher findet § 6 I HGB keine Anwendung. Aber § 17 II GenG bestimmt unmittelbar, dass die Genossenschaften als Kaufleute im Sinne des HGB gelten. Voraussetzung für die Erlangung der Kaufmannseigenschaft ist aber jeweils die Eintragung der Gesellschaft im Handels- bzw. Genossenschaftsregister, durch die die Gesellschaft als juristische Person überhaupt erst entsteht (= konstitutive Handelsregistereintragung; → § 4 Rn. 6).

Eine Sondervorschrift für juristische Personen enthält § 6 II HGB. Darin werden **33** „Vereine" geregelt, denen das Gesetz ohne Rücksicht auf den Gegenstand des Unternehmens die Eigenschaft eines Kaufmanns beilegt. Der „Verein" wird hier nur als die Grundform aller körperschaftlich strukturierten Verbände angesprochen,[31] weshalb auch die Kapitalgesellschaften (AG, KGaA, SE, GmbH) und eingetragenen Genossenschaften (eG) erfasst werden. Sähe man § 6 II HGB als *lex specialis* im Verhältnis zu § 6 I HGB an, ergäbe sich die Kaufmannseigenschaft jener Verbände nur aus § 6 II HGB in Verbindung mit der jeweiligen Vorschrift des Spezialgesetzes. Zumeist wird § 6 II HGB aber nur als Klarstellung verstanden, dass die Kaufmannseigenschaft jener juristischen Personen davon unabhängig ist, ob gemäß § 1 II HGB ein Gewerbe vorliegt und dieses vollkaufmännischen Umfang hat. Bei diesem Verständnis ergibt sich bei den Kapitalgesellschaften die Kaufmannseigenschaft aus beiden Absätzen des § 6 HGB.[32]

Die Kaufmannseigenschaft kommt gemäß § 6 HGB dem Unternehmensträger **34** als „Betreiber" des Unternehmens, hier also der Gesellschaft zu (vgl. auch → Rn. 17ff.), grundsätzlich aber nicht den Gesellschaftern als den Inhabern der Anteile am Unternehmen sowie den Geschäftsführern oder Vorständen als den Unternehmensleitern. Nach der herrschenden, insbesondere von der Rechtsprechung vertretenen Ansicht sind allerdings die gemäß § 128 HGB persönlich haftenden Gesellschafter einer oHG oder KG neben der Gesellschaft „Betreiber" des Unternehmens und damit ebenfalls Kaufleute (→ Rn. 17).[33] Zweifelsfrei erscheint diese Ansicht allerdings nicht, weil sie die Selbstständigkeit der Gesellschaft vernachlässigt und damit unzulässig die Gesellschafts- mit der Gesellschaftersphäre vermischt.[34]

---

[31] Zum Verein als Urform privatrechtlicher Körperschaften siehe *Bitter/Heim*, GesR, § 2 Rn. 1 ff.

[32] *Oetker*, HandelsR, § 2 Rn. 70 f.; *K. Schmidt*, HandelsR, § 10 Rn. 14 ff. (S. 366 f.); nur auf § 6 I HGB hinweisend *Jung*, HandelsR, § 7 Rn. 34 f.

[33] BGHZ 34, 293, 296 f.; BGHZ 45, 282, 284 ff.; vgl. auch *BGH* NJW 1980, 1572, 1574; dazu *Bitter/Heim*, GesR, § 6 Rn. 5.

[34] Dazu *K. Schmidt*, HandelsR, § 4 Rn. 57 (S. 127 f.); Baumbach/Hopt/*Roth*, § 105 Rn. 19.

34a   Teile der Literatur stellen hingegen auf den Einzelfall ab, indem sie nach dem Zweck der jeweiligen – nur für Kaufleute geltenden – Norm fragen und danach über deren (analoge) Anwendung entscheiden.[35] Die Frage der (auf die Gesellschaft beschränkten) Kaufmannseigenschaft wird also von der Normanwendungsfrage getrennt. Das Ergebnis dieser Normzweckbetrachtung fällt allerdings unterschiedlich aus, was insbesondere in dem praxis- und klausurrelevanten **Fall einer formlosen Gesellschafter-/Geschäftsführerbürgschaft** deutlich wird. Ist die Bürgschaftserteilung für den Gesellschafter kein Privatgeschäft (vgl. §§ 343 f. HGB; → § 7 Rn. 3 ff.), gelangt die Rechtsprechung bei den persönlich haftenden Gesellschaftern einer oHG oder KG zur Wirksamkeit des Bürgschaftsversprechens, weil **§ 350 HGB** die Anwendung der bürgerlichrechtlichen Formvorschrift des § 766 BGB wegen der (angeblichen) Kaufmannseigenschaft der Gesellschafter ausschließt (→ § 1 Rn. 3; näher → § 7 Rn. 32 ff.). Anders sieht es hingegen beim GmbH-Gesellschafter aus, den der *BGH* generell, also auch bei einer Mehrheits- oder Alleininhaberschaft der Gesellschaftsanteile und/oder paralleler Geschäftsführerstellung als Nichtkaufmann ansieht und daran anknüpfend die Anwendung der handelsrechtlichen Normen – hier § 350 HGB – ausschließt.[36] Die auf die Normzweckbetrachtung abstellende Literatur gelangt demgegenüber zu sehr unterschiedlichen Ergebnissen: Während etwa *Karsten Schmidt* dafür eintritt, *geschäftsführende* Gesellschafter – obwohl nicht selbst Träger des Unternehmens – entgegen der Rechtsprechung allgemein, also auch bei juristischen Personen (insbesondere der GmbH) einem Kaufmann gleichzustellen,[37] fordert *Canaris* – was bei *Karsten Schmidt* nicht eindeutig klar wird[38] – für die analoge Anwendung des § 350 HGB auf GmbH-Geschäftsführer explizit zusätzlich die Stellung als Allein- oder Mehrheitsgesellschafter.[39] Auf persönlich haftende Gesellschafter einer oHG oder KG wollen beide § 350 HGB hingegen auch ohne Geschäftsführungsbefugnis und wohl auch ohne Mehrheitsbeteiligung (analog) anwenden.[40] Trotz des zumindest mit *Karsten Schmidt* übereinstimmenden Ausgangspunkts (Normzweckbetrachtung) gelangen *Roth* und *Hopt* in jeder Hinsicht zum gegenteiligen Ergebnis und wollen § 350 HGB weder auf GmbH-Gesellschafter noch auf persönlich haftende Gesellschafter einer oHG oder KG anwenden.[41] Angesichts dieses sehr differenzierten Meinungsbildes lässt sich in einer Klausur jedes Ergebnis gut vertreten. Es sei allerdings dringend empfohlen, die Position der Rechtsprechung in jedem Fall zur Kenntnis zu nehmen und nur mit guter Begründung davon abzuweichen.

⇨ *Fall Nr. 4 – Rechtsanwalts-GmbH*

---

[35] Baumbach/Hopt/*Roth*, § 105 Rn. 19 ff.; *K. Schmidt*, HandelsR, § 18 Rn. 35.

[36] BGHZ 132, 119, 122; BGHZ 165, 43, 47 f. = ZIP 2006, 68, 69 (Rn. 15) m.w.N.; dazu auch *Bitter*, ZInsO 2018, 625, 632.

[37] *K. Schmidt*, HandelsR, § 18 Rn. 35 ff.; früher schon *K. Schmidt*, ZIP 1986, 1510, 1515.

[38] *K. Schmidt*, HandelsR, § 18 Rn. 35 ff. spricht vom *geschäftsführenden* Gesellschafter, bildet aber zumeist Beispielsfälle mit Alleingesellschaftern; bei MüKoHGB/*K. Schmidt*, § 350 Rn. 10 ist teils vom „geschäftsführenden Gesellschafter", teils vom „geschäftsführenden Alleingesellschafter" die Rede.

[39] *Canaris*, HandelsR, § 24 Rn. 13.

[40] Für eine Analogie *K. Schmidt*, ZIP 1986, 1510, 1515; für eine direkte Anwendung hingegen *Canaris*, HandelsR, § 24 Rn. 12 im Hinblick auf die von ihm – mit dem *BGH* – bejahte Kaufmannseigenschaft der persönlich haftenden Gesellschafter (*Canaris*, HandelsR, § 2 Rn. 20).

[41] Baumbach/Hopt/*Roth*, § 105 Rn. 22 a.E.; Baumbach/Hopt/*Hopt*, § 350 Rn. 7.

III. Kaufmann kraft Eintragung = Fiktivkaufmann (§ 5 HGB)

Ist ein Rechtsträger[42] im Handelsregister eingetragen, so untersteht er gemäß § 5 **35**
HGB dem Handelsrecht und kann nicht geltend machen, dass das von ihm betriebene Geschäft kein Handelsgewerbe sei, also insbesondere nach Art oder Umfang keinen in kaufmännischer Weise eingerichteten Geschäftsbetrieb i.S.v. § 1 II HGB erfordere. Der Rechtsverkehr kann sich also im Fall der Eintragung auf die Anwendbarkeit der Sonderregeln des Handelsrechts verlassen. Voraussetzungen der Norm sind:

– Eintragung im Handelsregister
– Gewerbebetrieb (dazu → Rn. 4 ff.), str.

Seit der Neufassung der Kaufmanns-Tatbestände durch das Handelsrechtsreform- **36**
gesetz vom 22. 6. 1998 **läuft die Vorschrift praktisch leer.** Früher waren Kleingewerbe nach §§ 2, 4 HGB a.F. nicht eintragungsfähig. Hier half § 5 HGB, weil er die Anwendbarkeit der handelsrechtlichen Sonderregeln für den Fall sicherte, dass ein solches kleingewerbliches Unternehmen dennoch – zu Unrecht – eingetragen war. Heute besteht für Kleingewerbe ohnehin die Möglichkeit der Eintragung nach § 2 HGB, so dass es des § 5 HGB bei einem eingetragenen Kleingewerbetreibenden zur Sicherung der Anwendbarkeit der handelsrechtlichen Sonderregeln nicht mehr bedarf.[43]

Umstritten ist, ob § 5 HGB auf Fälle angewendet werden kann, in denen ein Be- **37**
trieb eingetragen, dieser aber – insbesondere wegen einer freiberuflichen Tätigkeit (→ Rn. 7) – nicht Gewerbebetrieb i.S.v. § 1 HGB ist.[44] Die Streitfrage hat in der Praxis keine große Bedeutung, weil man bei einer nach dem Wortlaut des § 5 HGB naheliegenden Ablehnung seiner Anwendung[45] über die nachfolgend darzustellenden Grundsätze des Scheinkaufmanns kraft tatsächlichen Verhaltens zumeist zum gleichen Ergebnis gelangt. Auch nach jenen Grundsätzen kann nämlich jemand, der im Rechtsverkehr als Kaufmann in Erscheinung tritt, später in aller Regel – von Fällen fehlender Gutgläubigkeit des Dritten abgesehen – nicht geltend machen, er sei gar kein Kaufmann.

IV. Scheinkaufmann kraft tatsächlichen Verhaltens

Der „Scheinkaufmann kraft tatsächlichen Verhaltens" ist gesetzlich nicht gere- **38**
gelt.[46] Bei dieser Rechtsfigur geht es um einen Anwendungsfall der allgemeinen Rechtsscheinhaftung.[47] Danach muss sich ein im Rechtsverkehr auftretendes Rechts-

---

[42] Rechtsträger ist der Oberbegriff für alle natürlichen und juristischen Personen und Personenvereinigungen, die Träger von Rechten und Pflichten sein können.
[43] *K. Schmidt*, HandelsR, § 10 Rn. 27 (S. 371 f.); a.A. *Canaris*, HandelsR, § 3 Rn. 48 ff. (S. 39 f.): § 5 HGB und nicht § 2 HGB komme zur Anwendung, wenn der Kleingewerbetreibende keine bewusste Wahl getroffen, sondern irrtümlich angenommen habe, unter § 1 II HGB zu fallen und damit zur Eintragung nach § 29 HGB verpflichtet gewesen zu sein; vgl. zu dieser Kontroverse *Schulze-Osterloh*, ZIP 2007, 2390 ff.
[44] Dafür *K. Schmidt*, HandelsR, § 10 Rn. 29 ff. (S. 373 ff.); dagegen *Canaris*, HandelsR, § 3 Rn. 56 (S. 41).
[45] Gemäß § 5 kann nicht geltend gemacht werden, dass das „Gewerbe kein Handelsgewerbe sei"; ein „Gewerbe" wird also vom Wortlaut vorausgesetzt.
[46] Zum Scheinkaufmann eingehend *Canaris*, HandelsR, § 6 Rn. 7 ff. (S. 72 ff.); *K. Schmidt*, HandelsR, § 10 Rn. 113 ff. (S. 402 ff.).
[47] BGHZ 22, 234, 238 f.

subjekt einen von ihm veranlassten Rechtsschein (= Schein des Bestehens eines bestimmten Rechtsverhältnisses) zurechnen lassen, auf den sich ein Geschäftsgegner verlassen hat (vgl. aus dem Stellvertretungsrecht z.B. die Anscheinsvollmacht[48]). Derjenige, der aufgrund seines Verhaltens beim Geschäftsgegner den Rechtsschein erweckt, Kaufmann zu sein, kann sich später nicht auf die fehlende Kaufmannseigenschaft und damit auf die fehlende Anwendbarkeit der handelsrechtlichen Sonderregeln berufen. Zu prüfen sind:

- Rechtsschein des Kaufmanns
- Zurechenbarkeit des Rechtsscheins
- Entschließung des Geschäftsgegners im Vertrauen auf die Kaufmannseigenschaft
- Gutgläubigkeit des Geschäftsgegners

39   Es muss der **Rechtsschein des Kaufmanns** bestehen. Ob dies der Fall ist, bestimmt sich aus der objektivierten Sicht des Geschäftsgegners, der sich im konkreten Fall auf die Anwendbarkeit handelsrechtlicher Vorschriften beruft. Maßgeblich ist also – ebenso wie bei der Auslegung von Willenserklärungen nach §§ 133, 157 BGB[49] – der objektive Empfängerhorizont. Bei der Beurteilung, ob nach dem objektiven Empfängerhorizont der Rechtsschein des Kaufmanns besteht, ist Vorsicht geboten. Erforderlich ist ein Verhalten, das nur durch die (unrichtige) Annahme, es mit einem Kaufmann zu tun zu haben, erklärbar wird, z.B.: Firmierung mit dem Zusatz „eingetragener Kaufmann", „e.K.", „e.Kfm.", „e.Kfr." oder „AG" oder „GmbH" (vgl. § 19 I HGB); Zeichnung eines Bevollmächtigten mit „ppa" oder „per Prokura" (vgl. § 48 I HGB).

40   Die **Zurechenbarkeit des Rechtsscheins** ist immer dann zu problematisieren, wenn der Nichtkaufmann den Rechtsschein des Kaufmanns nicht durch eigenes Verhalten gesetzt hat. In diesem Fall stellt sich die Frage, unter welchen Voraussetzungen der Nichtkaufmann sich das rechtsscheinsetzende Verhalten eines Dritten zurechnen lassen muss. Erforderlich ist, dass der Nichtkaufmann das Verhalten des Dritten hätte erkennen und verhindern können. Das setzt voraus, dass er mit dem Verhalten hätte rechnen müssen und dass es ihm möglich und zumutbar gewesen wäre, das Verhalten zu unterbinden. Hat der Nichtkaufmann den Rechtsschein durch eigenes Verhalten gesetzt, so ist die Zurechenbarkeit des Rechtsscheins nur dann zu problematisieren, wenn der Nichtkaufmann nicht voll geschäftsfähig i.S.v. §§ 104 ff. BGB ist. Ob die Zurechnung in einem solchen Fall erfolgen kann, ist umstritten.[50]

41   Der Nichtkaufmann wird nur bei einer **Entschließung des Geschäftsgegners im Vertrauen auf die Kaufmannseigenschaft** wie ein Kaufmann behandelt. Dabei sind an das Vertrauen und seine Kausalität keine zu strengen Anforderungen zu stellen. Es genügt, wenn der Dritte davon ausgeht, es sei alles in Ordnung, und wenn bei Kenntnis des wahren Sachverhalts typischerweise mit einer anderen Entscheidung zu rechnen wäre.[51] Umstritten ist, ob der Geschäftsgegner diese Voraussetzungen zu beweisen hat[52] oder ob eine Beweislastumkehr zu Lasten des Nichtkaufmanns

---

[48] Vgl. zur Anscheinsvollmacht *Bitter/Röder*, BGB AT, § 10 Rn. 162 ff.

[49] Vgl. hierzu *Bitter/Röder*, BGB AT, § 7 Rn. 16 ff.

[50] Nach *Canaris*, HandelsR, § 6 Rn. 70 (S. 92) gilt der allgemeine Grundsatz, dass der Schutz des nicht voll Geschäftsfähigen stets Vorrang vor dem Vertrauensschutz im Handelsrecht habe. Nach *K. Schmidt*, HandelsR, § 10 Rn. 136 (S. 409) gibt es einen solchen allgemeinen Grundsatz nicht.

[51] *K. Schmidt*, HandelsR, § 10 Rn. 139 f. (S. 410).

[52] So BGHZ 17, 14; *BGH* NJW 1966, 1915; Baumbach/Hopt/*Hopt*, § 5 Rn. 13.

eingreift.[53] An einer Entschließung im Vertrauen auf die Kaufmannseigenschaft fehlt es jedenfalls, wenn der Rechtsschein erst zu einem Zeitpunkt gesetzt wird, zu dem sich der Dritte bereits rechtsgeschäftlich gebunden oder er sonst disponiert hat.[54] Ferner ist das Vertrauen – wie unten zu § 15 HGB erläutert (→ § 4 Rn. 21 f., 35) – im reinen Deliktsbereich nicht relevant. Das Gleiche gilt im öffentlichen Recht oder Strafrecht. Der Scheinkaufmann muss also z.B. keine Handelsbücher führen.

An der **Gutgläubigkeit des Geschäftsgegners** fehlt es nicht nur dann, wenn dieser **42** positive Kenntnis davon hat, dass er es mit einem Nichtkaufmann zu tun hat. Auch grob fahrlässige Unkenntnis macht den Geschäftsgegner bösgläubig. Umstritten ist die Frage, ob auch die einfach fahrlässige Unkenntnis des Geschäftsgegners dessen Bösgläubigkeit begründet. Wer sich am bürgerlichen Recht orientiert (insbesondere an § 173 BGB), wird die Frage bejahen.[55] Andererseits zeigt § 15 HGB, dass die Bösgläubigkeit im Handelsverkehr durchaus anders bestimmt werden kann. Der hohe Maßstab jener Norm (nur Kenntnis schadet) kann zwar außerhalb des Handelsregisters nicht gelten, weil er durch die besondere Verlässlichkeit der Registereintragung bestimmt ist (→ § 4 Rn. 23). Gleichwohl rechtfertigt sich ein im Vergleich zum bürgerlichen Recht gesteigerter, auf grobe Fahrlässigkeit abstellender Maßstab aus dem Bedürfnis nach einer Leichtigkeit des Handelsverkehrs. Wer fehlerhaft mit Kaufmannsbezeichnung firmiert, setzt damit ein massives Vertrauenssignal, dem gegenüber besondere Nachforschungspflichten des Vertrauenden regelmäßig unangebracht sind.[56]

Die **Rechtsfolge** unterscheidet sich von jener des § 5 HGB: Der Scheinkaufmann **43** ist kein Kaufmann, sondern muss sich nur gegenüber jenen Personen, denen gegenüber er den Schein erzeugt hat und die darauf vertraut haben, so behandeln lassen, als ob er Kaufmann sei. Der Schein wirkt damit nur im Verhältnis der Parteien untereinander,[57] nur bei Gutgläubigkeit und auch nur zugunsten des Dritten, nicht aber umgekehrt – etwa bei den Zinsregelungen der §§ 352 f. HGB – zugunsten des Scheinkaufmanns. Der Geschäftspartner des Scheinkaufmanns hat folglich – wie beim Rechtsschein des Handelsregisters nach § 15 HGB (→ § 4 Rn. 23a, 37) – ein **Wahlrecht**, ob er sich auf die tatsächliche Rechtslage (fehlende Kaufmannseigenschaft) oder die scheinbare Rechtslage (bestehende Kaufmannseigenschaft) beruft. Dies kann im Einzelfall zu ähnlichen Problemen führen, wie sie für § 15 HGB unter dem Stichwort der *Rosinentheorie* diskutiert werden, wenn sich der Geschäftspartner teils auf die wahre, teils auf die scheinbare Rechtslage beruft, etwa für seine Forderungen gemäß § 353 HGB vom Scheinkaufmann Fälligkeitszinsen fordert (→ § 7 Rn. 59), die entsprechende Verzinsung von dessen Gegenansprüchen hingegen ablehnt. Die insoweit zu § 15 HGB entwickelten Gedanken (→ § 4 Rn. 38 ff.) gelten beim Scheinkaufmann entsprechend.

Hat eine Person den Schein erzeugt, Kaufmann zu sein, treten richtigerweise auch **44** zwingende Schutzregeln – wie etwa die Formvorschrift des § 766 BGB bei der Bürg-

---

[53] So *Canaris*, HandelsR, § 6 Rn. 77 (S. 93).

[54] Siehe zu § 15 HGB auch → § 4 Rn. 22a, 22b.

[55] So *Canaris*, HandelsR, § 6 Rn. 71 (S. 92) mit Verweis auf §§ 173, 405 BGB; zu § 173 BGB siehe *Bitter/Röder*, BGB AT, § 10 Rn. 138.

[56] So mit Recht *K. Schmidt*, HandelsR, § 10 Rn. 138 (S. 410); zum gleichen Maßstab bei der Rechtsscheinhaftung wegen fehlenden/unrichtigen haftungsbeschränkenden Rechtsformzusatzes → § 3 Rn. 17b.

[57] Im Rahmen des § 366 HGB (→ § 7 Rn. 39 ff.) wirkt der Schein nicht gegen den außenstehenden Eigentümer der Sache (→ § 7 Rn. 43).

schaft – zurück, weshalb § 350 HGB auch auf den Scheinkaufmann anwendbar ist (str.).[58]

⇨ *Fall Nr. 5 – Der vertrauensselige Nichtkaufmann*

§ 3. Firmenrecht (§§ 17 ff. HGB)

1   Grundnorm des Firmenrechts* ist § 17 HGB, welcher besagt:

> „(1) Die Firma eines Kaufmanns ist der Name, unter dem er im Handel seine Geschäfte betreibt und die Unterschrift abgibt.
>
> (2) Ein Kaufmann kann unter seiner Firma klagen und verklagt werden.“

I. Die Firma als Name

2   Wenn man laienhaft sagt: „Ich gehe in die Firma“, dann hat das, wie aus § 17 HGB abgelesen werden kann, mit dem handelsrechtlichen Begriff der Firma nichts zu tun. Die handelsrechtliche **Firma ist nur ein Name**, nicht aber das Unternehmen als solches. Die folgenden Begriffe sind streng zu unterscheiden:

3   „**Unternehmen**“ meint die organisierte Einheit sachlicher und personeller Mittel (z.B. Grundstücke, Kraftfahrzeuge, Produktionsmittel, Angestellte), mit deren Hilfe der Inhaber des Unternehmens am Wirtschaftsverkehr teilnimmt. Stellt sich die Teilnahme am Wirtschaftsverkehr als erkennbar planmäßige, auf Dauer angelegte, selbstständige und nicht freiberufliche, wissenschaftliche oder künstlerische, anbietende Tätigkeit an einem Markt (mit Gewinnerzielungsabsicht, str.) dar, ist das Unternehmen ein Gewerbebetrieb (→ § 2 Rn. 4 ff.). Erfordert das Unternehmen zudem einen in kaufmännischer Weise eingerichteten Geschäftsbetrieb (→ § 2 Rn. 14), ist das Unternehmen ein Handelsgewerbe. Das Unternehmen ist als solches nicht rechtsfähig. Es ist ein Rechtsobjekt, das einem (rechtsfähigen) Rechtssubjekt zugeordnet ist.

4   „**Unternehmensträger**“ ist das Rechtssubjekt, dem das Unternehmen zugeordnet ist. Da der Unternehmensträger somit rechtsfähig sein muss, kommen nur natürliche und juristische Personen sowie (teil-)rechtsfähige Personenvereinigungen in Betracht. Unter den Voraussetzungen der §§ 1 ff. HGB ist der Unternehmensträger Kaufmann (→ § 2 Rn. 1 ff.).

5   „**Firma**“ ist der Name, den der kaufmännische Unternehmensträger (Einzelkaufmann oder Gesellschaft) im Wirtschaftsverkehr verwendet.[59] Die Firma dient der Identifizierung des Unternehmens. Sie ist nicht mit der Marke zu verwechseln. So ist „Mercedes-Benz“ z.B. eine Marke, „Daimler AG“ hingegen die Firma des Unternehmens, das Inhaber dieser Marke ist. Von der Firma zu unterscheiden sind ferner **Geschäftsbezeichnungen**, die nicht den Unternehmensträger, sondern das Unternehmen als solches oder ein einzelnes Geschäftslokal bezeichnen.[60] So kann etwa die „Neustädter Hotel- und Gaststättenbetriebs GmbH“ ein „Panorama-Hotel“, ein „Hotel Pfalzblick“ und die „Neustädter Winzerstuben“ betreiben. Diese drei Ge-

---

[58] Wie hier *K. Schmidt*, HandelsR, § 10 Rn. 141 (S. 411); differenzierend *Oetker*, HandelsR, § 2 Rn. 66.

* Vgl. zum Firmenrecht *K. Schmidt*, HandelsR, § 12 (S. 419 ff.); *Canaris*, HandelsR, §§ 10 und 11 (S. 181 ff.); *Hübner*, HandelsR, § 3 A und B (S. 70 ff.); *Brox/Henssler*, HandelsR, § 7 (S. 60 ff.).

[59] Dazu BGHZ 22, 234, 237.

[60] Zur Abgrenzung zwischen Firma und „Etablissementsbezeichnung“ BGHZ 22, 234, 237.

schäftsbezeichnungen sind dann keine Firmen und ihre Bildung unterliegt damit auch nicht dem Firmenrecht.

Die Firma dient der Identifizierung des Unternehmensträgers und soll ihn von 6 anderen unterscheidbar machen (**Kennzeichnungsfunktion**). Eine im Geschäftsverkehr gut eingeführte Firma verleiht dem Unternehmen einen über die Einzelgegenstände hinausgehenden Wert (sog. Firmenwert; Goodwill), der bei der Veräußerung eine wesentliche Rolle spielen kann.

Früher war mit der Firma oft auch eine Information über den Gegenstand des 7 Unternehmens verbunden, doch ist diese Auskunftsfunktion seit der Zulassung reiner Phantasiebezeichnungen (→ Rn. 8) deutlich beschränkt. Firmen wie „Evonik Industries AG" oder „innogy SE" lassen nicht erkennen, in welchem Gebiet das Unternehmen tätig ist und dies ist auch firmenrechtlich nicht erforderlich.

II. Sach-, Personal- und Phantasiefirmen

Vor dem Handelsrechtsreformgesetz vom 22. 6. 1998 war das Firmenrecht sehr 8 streng. Aktiengesellschaften durften nur Sachfirmen (z.B. Hamburger Erdölhandels AG) benutzen, bei Einzelkaufleuten musste die Firma Vor- und Zuname enthalten (z.B. Winfried Obermeier Eisenwaren), bei Personengesellschaften musste der Name mindestens eines Gesellschafters enthalten sein (z.B. Petersen & Co. Schiffsbedarf KG), eine GmbH durfte eine Personal- oder Sachfirma (z.B. Bonner Verkehrsbetriebe GmbH oder Malerbetrieb Jürgen Jeske GmbH), aber keine Phantasiefirma (z.B. Intrac GmbH) haben. Durch das Handelsrechtsreformgesetz vom 22. 6. 1998 wurden diese Vorschriften grundlegend reformiert, um deutsche Unternehmen nicht länger in das enge „Korsett" des strengen Firmenrechts zu zwingen. Nach neuem Firmenrecht sind **generell Personal-, Sach- oder Phantasiefirmen zulässig**. Im Hinblick auf die Namensfunktion der Firma ist allerdings erforderlich, dass es sich um eine wörtliche und artikulierbare Bezeichnung handelt,[61] die keine Bildzeichen enthält.[62] Verwendbar ist dabei nicht nur die deutsche Sprache, sondern es können auch fremdsprachige, insbesondere englische und französische Bezeichnungen gewählt werden, soweit diese aufgrund ihrer Schreib- und Sprechweise auch für einen Deutschen artikulierbar sind (z.B. „Evonik Industries AG" oder „La Cuisine GmbH", nicht aber „Подарок KG".

III. Firmengrundsätze

Der Unternehmer ist damit aber nicht völlig frei in der Wahl der Firma. Es sind 9 vielmehr für die Bildung der Firma eines Kaufmanns nach §§ 17 ff. HGB bestimmte **Firmengrundsätze** zu beachten:

- Kennzeichnungsfähigkeit (§ 18 I HGB)
- Unterscheidungskraft (§ 18 I HGB)
- Firmenwahrheit = keine Irreführung (§ 18 II HGB)

---

[61] Artikulierbarkeit in diesem Sinne setzt nicht voraus, dass die Firma „als Wort" aussprechbar ist. Die phonetische Aussprechbarkeit genügt. Deshalb ist die Firma „HM&A GmbH & Co. KG" („HM&A" = phonetisch: „Ha Em und A") zulässig (*BGH* ZIP 2009, 168 ff.).

[62] Nach *BayObLG* NJW 2001, 2337 ist deshalb z.B. eine Firma, die das Zeichen „@" enthält („D@B-GmbH") nicht eintragungsfähig; a.A. *LG Berlin* NZG 2004, 532.

– Rechtsformzusatz bei allen Unternehmensträgern (§ 19 HGB)
– Firmenausschließlichkeit = Firmenunterscheidbarkeit (§ 30 I HGB)

10   Die beiden Grundsätze des § 18 I HGB, die **Kennzeichnungsfähigkeit** und die **Unterscheidungskraft**, liegen eng beieinander. Die Kennzeichnungsfähigkeit stellt mehr darauf ab, ob die Firma für sich genommen einprägsam und merkbar ist, die Unterscheidungskraft darauf, ob dies in Abgrenzung zu anderen Firmen der Fall ist. Den Grundsätzen ist z.B. nicht Genüge getan bei sinnloser Aneinanderreihung gleichförmiger Buchstaben („A.A.A.A.A. GmbH")[63], bei einer nur aus Ziffern und dem Rechtsformzusatz bestehenden Firma („23 GmbH")[64], bei schlichter Gattungsangabe („Handelsgesellschaft mbH", „Lebensmittelmarkt oHG")[65] oder bei verbreiteten Familiennamen („Malerbetrieb Müller e.K."). Da jedoch stets die Merkbarkeit im Einzelfall entscheidend ist, können bei Verwendung einer Fremdsprache durchaus auch Gattungsbezeichnungen einprägsam sein (z.B. „La Cuisine GmbH" für ein Küchenstudio oder „Padarak e.K." für einen Geschenkladen[66]).

⇨ *Fall Nr. 6 – Auskunft (un)limited*

11   In § 18 II HGB ist der Grundsatz der **Firmenwahrheit** (= Verbot der Irreführung) normiert. Er enthält das allgemeine und umfassende Verbot, eine Firma so zu wählen, dass durch sie oder ihre Teile das Publikum oder andere Interessierte über Art, Umfang oder sonstige Verhältnisse des Handelsgeschäfts irregeführt werden.[67] Verboten sind somit Bezeichnungen wie „Brotfabrik" für eine Bäckerei, „Hamburger Kaffeelager" für ein einfaches Genussmittelgeschäft oder „Euro-Spirituosen" für einen kleinen Getränkehandel. Dasselbe gilt für die Bezeichnung „Fahrzeugwerk" für ein kleines, noch in Gründung befindliches Unternehmen[68] oder die Verwendung der Worte „Gruppe" oder „Group" in der Firma einer Gesellschaft, die nicht Teil eines Zusammenschlusses mehrerer Gesellschaften ist.[69] Ebenso unzulässig ist die Verwendung des Namens einer mit dem Unternehmen nicht verbundenen Person, die den angesprochenen Verkehrskreisen bekannt und für diese von Relevanz ist (z.B. „Angela Merkel Vermögensberatungs-GmbH"), sowie eines Zusatzes in der Firma, der auf eine andere als die tatsächlich vorliegende Rechtsform hindeutet.[70]

12   Mit dem Grundsatz der Firmenwahrheit zu vereinbaren ist hingegen die (alleinige) Aufnahme des Namens eines Kommanditisten in die Firma einer KG.[71] Dasselbe

---

[63] *OLG Frankfurt* NJW 2002, 2400.

[64] *KG Berlin* NZG 2013, 1153 = ZIP 2013, 1769, wo allerdings (fehlerhaft) neben § 18 HGB auch auf § 30 HGB abgestellt wird.

[65] Nach *BayObLG* DB 2003, 2382 ist auch die Bezeichnung „Profi-Handwerker GmbH" nicht ausreichend. Demgegenüber besitzt die Bezeichnung „Autodienst-Berlin" nach Ansicht des *KG Berlin* GmbHR 2008, 146 ausreichende Kennzeichnungsfähigkeit; kritisch hierzu der Kommentar von *Schulte*, GmbHR 2008, R 33 f.

[66] Die deutsche Aussprache des russischen Подарок (Geschenk) wird hier sogar als Phantasiebezeichnung wahrgenommen.

[67] Baumbach/Hopt/*Hopt*, § 18 Rn. 9.

[68] *OLG Jena* NZG 2011, 1191.

[69] *OLG Jena* ZIP 2014, 375 (betreffend die Firma einer Unternehmergesellschaft haftungsbeschränkt i.S.v. § 4a GmbHG); *OLG Schleswig* NZG 2012, 34 (betreffend die Firma eines Einzelkaufmanns).

[70] Dies ist nach dem Urteil des *LG Bremen* GmbHR 2004, 186 nicht bei einer Firmierung als „X & Co. GmbH" der Fall. Eine Verwechslungsgefahr mit einer GmbH & Co. KG liege nicht vor. Ein verständiger Verkehrsteilnehmer werde der Firmierung nur den Hinweis entnehmen, dass die GmbH mehr als einen Gesellschafter hat.

[71] *OLG Saarbrücken* ZIP 2006, 1772.

gilt für die Verwendung des Namens einer fiktiven Person, wenn die betroffen Verkehrskreise den Namen nicht einer bestimmten existenten Person zuordnen,[72] sowie für die Verwendung des Namens einer den angesprochenen Verkehrskreisen nicht bekannten Person.[73] Zulässig ist auch die Firma „OBAG GmbH"; trotz der Endsilbe „AG" im Firmenbestandteil „OBAG" lässt die Firma hinreichend deutlich erkennen, dass es sich bei dem Rechtsträger um eine GmbH und nicht um eine AG handelt.[74] Da § 18 II HGB (nur) auf solche geschäftlichen Verhältnisse abstellt, welche für die angesprochenen Verkehrskreise „wesentlich" sind, kann allgemein nicht schon jede geringfügige Möglichkeit eines Fehlverständnisses ausreichen, um eine Firma unzulässig zu machen.

Die **Erforderlichkeit des Rechtsformzusatzes** bei allen Unternehmensträgern trägt **13** dem Umstand Rechnung, dass nach heutigem Firmenrecht nicht mehr allein anhand der Bildung der Firma (z.B. Sach- oder Personalfirma) erkennbar ist, welche Art Rechtsträger hinter der Firma steht. Daher muss nun der Einzelkaufmann oder die Einzelkauffrau den kennzeichnenden Zusatz „e.K.", „e.Kfm." oder „e.Kfr." verwenden (§ 19 I Nr. 1 HGB); bei den Handelsgesellschaften des HGB sind die Bezeichnungen als „offene Handelsgesellschaft", „Kommanditgesellschaft" bzw. die Abkürzungen „oHG", „KG" zwingend (§ 19 I Nr. 2 und 3 HGB). Eine Aktiengesellschaft (§ 4 AktG), eine Kommanditgesellschaft auf Aktien (§ 279 AktG) und eine Gesellschaft mit beschränkter Haftung (§ 4 GmbHG) hatten schon immer die Gesellschaftsbezeichnung bzw. eine übliche Abkürzung (AG, KGaA, GmbH[75]) in der Firma zu führen.

⇨ *Zusatzfrage zu Fall Nr. 27 – Solarmodul*

Haftet in einer oHG oder KG keine natürliche Person als unmittelbarer oder mit- **14** telbarer Gesellschafter persönlich für die Gesellschaftsverbindlichkeiten, ist gemäß § 19 II HGB in jedem Fall – auch bei Firmenfortführung – eine die Haftungsbeschränkung kennzeichnende Bezeichnung in die Firma aufzunehmen. Hauptfall in der Praxis ist insoweit die GmbH & Co. KG, also eine KG, bei welcher als einziger persönlich haftender Gesellschafter eine GmbH fungiert.

Fehlt der haftungsbeschränkende Zusatz (insbes. AG und GmbH) bei **schriftli-** **15** **chen** Vertragsschlüssen, kann eine persönliche Haftung des handelnden Vertreters[76] aus Rechtsscheinsgrundsätzen eingreifen,[77] weil im Schriftverkehr die vollständige Firmenbezeichnung einschließlich Rechtsformzusatz anzugeben ist (§ 37a HGB; → Rn. 20) und deshalb auch grundsätzlich angegeben wird. Bei mündlichen Ver-

---

[72] *OLG Jena* NZG 2010, 1354 (für die Firma einer GmbH); *OLG München* ZIP 2012, 2393 (für die Firma eines Einzelkaufmanns).

[73] Vgl. *OLG Düsseldorf* NZG 2017, 350 f. (Rn. 7): Verwendung des Namens eines Nichtgesellschafters führt nur dann zur Irreführung, wenn der Person im Zusammenhang mit einem bestimmten Tätigkeitsbereich ein gewisses Vertrauen entgegen gebracht wird; ähnlich *OLG Rostock* GmbHR 2015, 37 f.

[74] Offen gelassen von *OLG Dresden* NZG 2010, 1237.

[75] Nach § 4 S. 2 GmbHG kann der Rechtsformzusatz einer GmbH auch „gGmbH" lauten, wenn die Gesellschaft ausschließlich und unmittelbar steuerbegünstigte Zwecke nach den §§ 51 bis 68 der Abgabenordnung verfolgt; überholt insoweit *OLG München* ZIP 2007, 771 zu § 4 GmbHG a.F.: Gefahr, dass die Gesellschaft im Rechtsverkehr als Sonderform der GmbH angesehen wird.

[76] Nach *BGH* ZIP 2007, 908 löst das Weglassen des haftungsbeschränkenden Zusatzes hingegen grundsätzlich keine persönliche Haftung der Gesellschafter oder der Gesellschaftsorgane aus; a.A. *Altmeppen*, ZIP 2007, 889, 893 ff.

[77] Vgl. hierzu Scholz/*Cziupka*, § 4 Rn. 79 ff.; *Bitter*, ZInsO 2018, 625, 633 ff.; *Klein*, NJW 2015, 3607 ff., *Beurskens*, NZG 2016, 681 ff.; *ders.*, NJW 2017, 1265 ff.; *Beck*, ZIP 2017, 1748 ff.

tragsschlüssen begründet die Nichterwähnung der Haftungsbeschränkung hingegen in aller Regel kein Vertrauen, weil der Geschäftsverkehr insoweit dazu neigt, Firmenbezeichnungen in einer die Merkbarkeit und Aussprechbarkeit erleichternden Weise zu verkürzen.[78] Ausnahmen sind aber denkbar.[79]

16 Zu prüfen ist die Rechtsscheinhaftung wegen Fortlassen des haftungsbeschränkenden Rechtsformzusatzes nach den allgemeinen Regeln (→ § 2 Rn. 38 ff.):[80]
– Rechtsschein unbeschränkter Haftung (→ Rn. 15)
– Zurechenbarkeit des Rechtsscheins
– Entschließung des Geschäftsgegners im Vertrauen auf die unbeschränkte Haftung
– Gutgläubigkeit des Geschäftsgegners (→ Rn. 17b)

17 Die Rechtsscheinhaftung greift nach der Rechtsprechung auch ein, wenn für eine Unternehmergesellschaft (haftungsbeschränkt) i.S.v. § 5a GmbHG der Rechtsformzusatz „GmbH" verwendet wird.[81] In diesem Fall wird nämlich – ebenso wie bei der Firmierung einer GmbH als AG[82] – die Einhaltung höherer Anforderungen an die Kapitalaufbringung vorgespiegelt als sie tatsächlich erfüllt wurden. Sehr fraglich ist in derartigen Fällen allerdings der Umfang der Rechtsscheinhaftung.[83] Beschränkt man ihn – was naheliegt – auf die Differenz zwischen dem tatsächlichen und dem scheinbaren Stammkapital,[84] muss man sich auch über die Haftungsabwicklung Gedanken machen. Naheliegend erscheint insoweit der Rückgriff auf die Grundsätze der ebenfalls betragsmäßig begrenzten Außenhaftung des Kommanditisten (§§ 171, 172 HGB).[85]

17a Für die **Zurechenbarkeit** des Rechtsscheins und die Entschließung des Geschäftsgegners im **Vertrauen** auf den gesetzten Rechtsschein gelten die Ausführungen zum Scheinkaufmann entsprechend (→ § 2 Rn. 40 f.).

17b Oftmals nicht näher diskutiert wird der **Maßstab der Gutgläubigkeit**, welcher auf Seiten des auf die fehlende oder andersartige Haftungsbeschränkung vertrauenden Geschäftsgegners anzulegen ist.[86] Insoweit besteht u.E. kein Grund, die Sache an-

---

[78] *Bitter*, ZInsO 2018, 625, 634.

[79] Vgl. etwa *OLG Saarbrücken* GmbHR 2009, 209, 210 f. (mündliche Benennung der Firmenbezeichnung ohne haftungsbeschränkten Zusatz auf telefonische Bitte um vollständige und richtige Angabe einer Rechnungsanschrift); *OLG Naumburg* NJW-RR 1997, 1324 und *LG Wuppertal* NJW-RR 2002, 178 (Geschäftsführer weist sich mit einer Visitenkarte aus, auf der lediglich der Kern der Firma ohne den Zusatz „GmbH" vermerkt ist); dazu auch *Bitter*, ZInsO 2018, 625, 634.

[80] Näher *Bitter*, ZInsO 2018, 625, 633 ff.

[81] *BGH* ZIP 2012, 1659; nach *LG Düsseldorf* GmbHR 2014, 33 soll eine Rechtsscheinhaftung hingegen nicht eingreifen, wenn für eine Unternehmergesellschaft (haftungsbeschränkt) i.S.v. § 5a GmbHG allein der Rechtsformzusatz „UG" ohne den weiteren Bestandteil „(haftungsbeschränkt)" verwendet wird; insgesamt kritisch gegenüber der h.M. *Altmeppen*, NJW 2012, 2833 ff.; dogmatische Kritik bei Scholz/*Cziupka*, § 4 Rn. 84.

[82] Offen gelassen von *OLG Stuttgart* ZIP 2013, 2154, 2156 (unter Ziff. II. 4.), weil im konkreten Fall für eine nicht existente AG gehandelt wurde und dann § 179 BGB analog eingreift.

[83] Dazu Scholz/*Cziupka*, § 4 Rn. 84; offen gelassen von *BGH* ZIP 2012, 1659, 1662 (Rn. 26) mit der (zweifelhaften) Begründung, im konkreten Fall der als GmbH firmierenden UG seien weniger als € 25.000 eingeklagt und eine Haftung gegenüber weiteren Gläubigern der Gesellschaft sei nicht ersichtlich.

[84] Vgl. hierzu *Beck*, ZIP 2017, 1748, 1749 f.

[85] Scholz/*Bitter*, § 13 Rn. 15; *Bitter*, ZInsO 2018, 625, 635; zur Kommanditistenhaftung siehe *Bitter/Heim*, GesR, § 7 Rn. 6 ff.

[86] Vgl. z.B. Scholz/*Cziupka*, § 4 Rn. 81 ff.; aus den Formulierungen in BGHZ 64, 11, 18 f. = NJW 1975, 1166, 1168 und *BGH* NJW 1981, 2569, 2570 („weder gekannt hat noch hätte

ders zu sehen als beim Scheinkaufmann, für den der Maßstab freilich umstritten ist (→ § 2 Rn. 42). Wer entgegen handelsrechtlichen Vorgaben fehlerhaft ohne den (richtigen) haftungsbeschränkenden Rechtsformzusatz firmiert, setzt – wie bei einer fehlerhaften Firmierung als Kaufmann (→ § 2 Rn. 39) – ein massives Vertrauenssignal, dem gegenüber besondere Nachforschungspflichten des Vertrauenden regelmäßig unangebracht sind.[87] Deshalb sollten nur grobe Fahrlässigkeit und Kenntnis des Geschäftsgegners schaden.

⇨ *Fall Nr. 7 – Nachlässigkeit*

Nach dem Grundsatz der **Firmenausschließlichkeit** (= Firmenunterscheidbarkeit) **18** aus § 30 I HGB muss sich jede neue Firma eines Kaufmanns von allen an demselben Ort oder in derselben Gemeinde bereits bestehenden und in das Handelsregister oder in das Genossenschaftsregister eingetragenen Firmen deutlich unterscheiden.[88]

IV. Gebrauch unzulässiger Firmen – Firmenschutz

Gebraucht ein Kaufmann eine nach den vorgenannten Vorschriften unzulässige **19** Firma, kann er gemäß **§ 37 I HGB** vom Registergericht zur Unterlassung des Firmengebrauchs durch Festsetzung von Zwangsgeld angehalten werden (registerrechtliches Firmenmissbrauchsverfahren). Außerdem können ihn Konkurrenten gemäß **§ 37 II HGB** gerichtlich auf Unterlassung in Anspruch nehmen. Daneben kommen Ansprüche aus dem Namensrecht (§§ 12, 823, 1004 BGB), aus dem Markenrecht (§ 15 MarkenG), aus dem Recht der unerlaubten Handlung (§§ 823 I, 1004 BGB) oder aus dem Recht des unlauteren Wettbewerbs (§§ 3, 8 ff. UWG) in Betracht.

⇨ *Fall Nr. 8 – ESO Tankstelle*

V. Angaben auf Geschäftsbriefen

Auf allen Geschäftsbriefen des Kaufmanns, die an einen bestimmten Empfänger **20** gerichtet sind, müssen seine Firma, der Rechtsformzusatz des § 19 HGB (→ Rn. 13), der Ort seiner Handelsniederlassung, das Registergericht und die Nummer, unter der die Firma in das Handelsregister eingetragen ist, angegeben werden (**§ 37a HGB**). Gleiche Pflichten bestehen für die Handelsgesellschaften des HGB – offene Handelsgesellschaft (oHG) und Kommanditgesellschaft (KG) – gemäß §§ 125a, 161 II, 177a HGB, für die Aktiengesellschaft (AG) gemäß § 80 AktG, für die Gesellschaft mit beschränkter Haftung (GmbH) gemäß § 35a GmbHG und für die Genossenschaft gemäß § 25a GenG.

---

erkennen müssen" bzw. „kannte oder kennen mußte") wird nicht hinreichend klar, ob – wie in § 173 BGB – auch einfache Fahrlässigkeit schaden soll; auf Kenntnis stellt *K. Schmidt*, HandelsR, § 4 Rn. 131 (S. 155) mit Bezug auf *BGH* NJW 1978, 2030 ab, ohne klarzustellen, ob auch ein Kennenmüssen schädlich ist.

[87] So mit Recht *K. Schmidt*, HandelsR, § 10 Rn. 138 (S. 410) zum Scheinkaufmann.

[88] Dabei soll es nach *OLG Hamm* NZG 2013, 997 ausreichen, wenn sich Firmen allein durch die Verwendung aufsteigender Ziffern unterscheiden (z.B. „Elektrohandel Robert Fischer I GmbH", „Elektrohandel Robert Fischer II GmbH" usw.).

VI. Einheit von Unternehmen und Firma

21 Von den Firmengrundsätzen, die bei der Festlegung des Namens zu beachten sind (→ Rn. 9 ff.), muss die Einheit von Unternehmen und Firma unterschieden werden, die freilich mit dem Verbot der Irreführung des Geschäftsverkehrs in Verbindung steht. Da die Firma als Name den Unternehmensträger und das von ihm geführte Unternehmen identifizierbar machen soll (→ Rn. 6), gehören beide untrennbar zusammen und es ist gemäß § 23 HGB nicht zulässig, die Firma ohne das Handelsgeschäft, für welches es geführt wird, zu veräußern (sog. **Firmenbeständigkeit**). Auch hier ist allerdings die bereits erwähnte Unterscheidung zwischen Firma und Marke zu beachten (→ Rn. 5). Eine Marke (z.B. Jaguar, Land Rover) kann auch ohne den Betrieb veräußert werden, nicht aber die Firma (z.B. Jaguar Land Rover Deutschland GmbH).

22 Weiterhin gilt der Grundsatz „ein Unternehmen – eine Firma" (**Firmeneinheit**).[89] Da eine Handelsgesellschaft nur ein Unternehmen führen kann, hat sie danach auch nur eine Firma. Der Einzelkaufmann als natürliche Person kann demgegenüber durchaus Träger verschiedener Unternehmen – etwa eines Holzhandels und einer Brauerei – sein. Er darf (und muss) dann für beide Unternehmen verschiedene Firmen führen, wenn sie organisatorisch getrennt sind (einschließlich gesonderter Buchführung und Personalwirtschaft). Bei fehlender Trennung können nur verschiedene Geschäftsbezeichnungen bei einheitlicher Firma verwendet werden (Beispiel → Rn. 5).

§ 4. Handelsregister

1 Das Handelsregister* gibt Auskunft über Tatsachen und Rechtsverhältnisse, die für Dritte im Rechtsverkehr mit einem Unternehmen/Kaufmann von Bedeutung sind. Es sichert einen einfachen und kostengünstigen Zugriff auf die insbesondere für Vertragsschlüsse relevanten Unternehmensdaten, den es in dieser Form in den angelsächsischen Staaten – insbesondere in den USA – nicht gibt.[90]

I. Allgemeine Grundlagen

2 Das Handelsregister wird bei den Amtsgerichten (Registergerichten) geführt. Das Handelsregister enthält nur die wichtigsten Informationen, es dient nicht als „PR-Instrument" der Kaufleute. Ins Handelsregister eingetragen werden können nur die **eintragungsfähigen Tatsachen**. Das sind im Grundsatz nur diejenigen Tatsachen, bei denen das Gesetz ausdrücklich bestimmt, dass sie eingetragen werden können. Nur in seltenen Fällen hat die Rechtsprechung über die gesetzlich geregelten Fälle hinaus die Möglichkeit für eine Eintragung anerkannt, etwa bei der – im Gesetz immerhin vorgesehenen – Ausdehnung der Prokura nach § 49 II HGB auf die Veräußerung und Belastung von Grundstücken[91] und bei der Befreiung des Alleingesellschafter-Geschäftsführers von dem Verbot des Insichgeschäfts nach § 181 BGB.[92] Zumeist

---

[89] Näher *K. Schmidt*, HandelsR, § 12 Rn. 66 ff. (S. 439 ff.).

* Vgl. zum Handelsregister *K. Schmidt*, HandelsR, §§ 13 und 14 (S. 466 ff.); *Canaris*, HandelsR, §§ 4 bis 6 (S. 54 ff.); *Hübner*, HandelsR, § 2 (S. 48 ff.); *Brox/Henssler*, HandelsR, §§ 5 und 6 (S. 36 ff.).

[90] Dazu *Ries*, ZIP 2013, 866, 867 und 869.

[91] *BayObLG* NJW 1971, 810 = BB 1971, 844.

[92] BGHZ 87, 59, 60 f. sieht darin sogar eine eintragungspflichtige Tatsache.

wird der Antrag auf Eintragung im Handelsregister demgegenüber abgelehnt, wenn die konkrete Eintragung nicht im Gesetz vorgesehen ist (→ Rn. 4).[93]

In aller Regel sind die eintragungsfähigen Tatsachen gleichzeitig auch **eintra- 3 gungspflichtig**. So „ist" z.B. nach § 53 I HGB die Erteilung der Prokura (→ § 6 Rn. 4 ff.) vom Inhaber des Handelsgeschäfts zur Eintragung in das Handelsregister anzumelden, ebenso das Erlöschen der Prokura (§ 53 II HGB). Gemäß § 29 HGB ist der Kaufmann verpflichtet, seine Firma ins Handelsregister eintragen zu lassen. Eintragungspflichtige Tatsachen finden sich für die offene Handelsgesellschaft (oHG) z.B. in §§ 106 f. HGB. Ausnahmsweise bestimmt das Gesetz, dass Tatsachen eingetragen werden können, aber nicht eingetragen werden müssen (z.B. §§ 25 II, 28 II HGB[94]).

Enthält das Gesetz keine Bestimmung darüber, dass eine bestimmte Tatsache ein- 4 zutragen ist oder eingetragen werden kann, handelt es sich grundsätzlich um eine **eintragungsunfähige Tatsache** (zu Ausnahmen → Rn. 2).[95] So kann z.B. ein Einzelkaufmann – im Gegensatz zur Gesellschaft mit beschränkter Haftung (GmbH) oder Aktiengesellschaft (AG) – kein haftendes Eigenkapital eintragen lassen. Für einen Kommanditisten kann gemäß § 162 I HGB zwar die Höhe der Haftsumme (das Gesetz spricht von „Einlage"), nicht aber der Umstand eingetragen werden, dass die Einlage tatsächlich geleistet wurde.

Begrifflich sind deklaratorische und konstitutive Eintragungen zu unterscheiden:

Deklaratorische Eintragungen sind solche, bei denen die Rechtswirkung von der 5 Eintragung nicht abhängig ist. So hat z.B. ein Angestellter, dem Prokura (§ 48 HGB) vom Geschäftsinhaber erteilt worden ist, ab der Erteilung Vertretungsmacht in dem in § 49 HGB genannten Umfang. Die spätere Eintragung der Prokura im Handelsregister (§ 53 I HGB) sorgt nur noch für eine Klarstellung nach außen. Sie wird deshalb deklaratorisch (= rechtsbestätigend) genannt. Deklaratorisch ist auch die Eintragung eines Kaufmanns i.S.v. § 1 HGB. Erfordert das Unternehmen nach Art und Umfang einen in kaufmännischer Weise eingerichteten Geschäftsbetrieb, ist der Inhaber schon kraft Gesetzes Kaufmann (→ § 2 Rn. 3 ff.). Die spätere Eintragung bestätigt diese Rechtslage nur.

Konstitutive Eintragungen sind hingegen solche, bei denen die Rechtswirkung erst 6 mit der Eintragung beginnt. Dies ist z.B. bei den Kaufleuten der §§ 2, 3 HGB der Fall. Der Kleingewerbetreibende oder das land- und forstwirtschaftliche Unternehmen wird erst zum Kaufmann, sobald die Eintragung im Handelsregister erfolgt ist (→ § 2 Rn. 21 ff.). Ebenso ist die Eintragung einer Gesellschaft mit beschränkter Haftung (GmbH) oder einer Aktiengesellschaft (AG) im Handelsregister konstitutiv (= rechtsbegründend); diese entstehen erst mit der Eintragung (§§ 11 I GmbHG, 41 I 1 AktG).[96]

Die Eintragungen im Handelsregister erfolgen in den **Abteilungen A und B**. In 7 Abteilung A werden die Tatsachen über Einzelkaufleute und die Personengesellschaften des HGB – die offene Handelsgesellschaft (oHG) und die Kommanditge-

---

[93] Die restriktive Linie betonend *BGH* ZIP 2017, 1067 (Rn. 14), jedoch mit der Ausnahme einer Eintragungsfähigkeit von Doktortiteln aufgrund Gewohnheitsrechts (Rn. 21 ff.); die Eintragungsfähigkeit eines – angesichts seiner Tragweite für den Rechtsverkehr bedeutsamen – Nießbrauchs an einem Kommanditanteil bejahend *OLG Oldenburg* ZIP 2015, 1173 ff.

[94] Zu §§ 25 II, 28 II HGB → § 5.

[95] So kann etwa nach *OLG München* ZIP 2012, 672 eine Person nicht als „Sprecher der Geschäftsführung" eingetragen werden, ferner nach *OLG München* ZIP 2012, 2149 nicht die Heilung einer verdeckten Sacheinlage.

[96] Dazu *Bitter/Heim*, GesR, § 3 Rn. 13 f (AG), § 4 Rn. 7 (GmbH).

sellschaft (KG) –, in Abteilung B die Angaben über Körperschaften – insbesondere Aktiengesellschaft (AG) und Gesellschaft mit beschränkter Haftung (GmbH) – eingetragen.

8 Das Registergericht wird in aller Regel[97] nur auf **Antrag** tätig, wobei für die Anträge die Form des § 12 HGB (elektronische Einreichung einer öffentlich beglaubigten Erklärung) zu beachten ist. Bis zum 31. 12. 2006 galt, dass das Gericht die Eintragungen im Handelsregister durch den Bundesanzeiger und durch mindestens ein anderes Blatt (z.B. eine Tageszeitung am Ort) bekanntzumachen hatte (§ 10 HGB a.F.). Aufgrund der seit 1. 1. 2007 geltenden Fassung von § 10 HGB erfolgt die Bekanntmachung nun elektronisch auf www.handelsregisterbekanntmachungen.de. Auf der hiermit verbundenen Internetseite www.handelsregister.de kann jedermann Einsicht in das **elektronische Handelsregister** nehmen.[98] Insbesondere kommt es – anders als beim Grundbuch – nicht auf ein besonderes Interesse an der Einsichtnahme an (§ 9 HGB). Um den Zugriff der Unternehmen auf die gespeicherten Daten nochmals zu verbessern, wurden ab Juni 2017 die Unternehmensregister aller EU-Mitgliedstaaten miteinander vernetzt. Über die Plattform *Business Registers Interconnection System (BRIS)*[99] können Informationen über Unternehmen, die in den Mitgliedstaaten (sowie Island, Liechtenstein oder Norwegen) registriert sind, abgefragt werden.

II. Publizität des Handelsregisters (§ 15 HGB)

9 Das Handelsregister dient der Verlautbarung aller für den Rechtsverkehr wesentlichen Tatsachen und Rechtsverhältnisse. Es ist das Publizitätsmittel, das die offenzulegenden Informationen zu den *zentralen* Unternehmensdaten für den Rechtsverkehr bereithält und ihm zugänglich macht (sog. **Informations- und Publizitätsfunktion**).[100] Dem Rechtsverkehr wird hierdurch auch die Möglichkeit der Beweisführung eröffnet (**Beweisfunktion**), und zwar nicht nur für die Gegenwart, sondern auch für die Vergangenheit, indem früher eingetragene Tatsachen nicht etwa ersatzlos entfernt werden, sondern als gelöscht markiert im Register verbleiben.[101] Drittens und für die Praxis sowie die Klausurbearbeitung besonders wichtig dient das Handelsregister auch dem Schutz des Rechtsverkehrs (**Schutzfunktion**): Das Vertrauen derjenigen Personen, die sich auf die Richtigkeit des Handelsregisters verlassen, wird gemäß § 15 HGB geschützt (Publizität des Handelsregisters).

1. Wirkung richtiger Eintragungen und Bekanntmachungen (§ 15 II HGB)

10 Zwar nicht in Klausuren, wohl aber **in der Praxis ist § 15 II HGB der Regelfall.** Danach muss ein Dritter die (richtig) eingetragenen und bekanntgemachten Tatsachen grundsätzlich gegen sich gelten lassen. Ist also z.B. im Handelsregister das Erlöschen der Prokura eines vormaligen Prokuristen ordnungsgemäß eingetragen und bekanntgemacht worden und schließt der ehemalige Prokurist einen Monat später

---

[97] Eine Ausnahme ist z.B. die Löschung nach §§ 393 ff. des Gesetzes über das Verfahren in Familiensachen und in den Angelegenheiten der freiwilligen Gerichtsbarkeit (FamFG).

[98] Vgl. zum elektronischen Handelsregister *Paefgen*, ZIP 2008, 1653 ff.; *Mödl/Schmidt*, ZIP 2008, 2332 ff.

[99] https://e-justice.europa.eu/content_business_registers_at_european_level-105-de.do?init=true.

[100] *BGH* ZIP 2015, 1064 (Rn. 18).

[101] Dazu *BGH* ZIP 2015, 1064 (Rn. 19 ff.) mit Ablehnung der gänzlichen Entfernung des früheren männlichen Vornamens nach einer Geschlechtsumwandlung des Geschäftsführers.

noch ein Geschäft im Namen des Kaufmanns mit einem Dritten ab, dann kann sich der Dritte nicht mehr auf die vormalige Vertretungsmacht berufen.

Eine in der Praxis weniger bedeutsame Ausnahme von dem Grundsatz, dass ein **11** Dritter eingetragene Tatsachen gegen sich gelten lassen muss, wird in § 15 II 2 HGB für Rechtshandlungen angeordnet, „die innerhalb von fünfzehn Tagen nach der Bekanntmachung vorgenommen werden, sofern der Dritte beweist, dass er die Tatsache weder kannte noch kennen musste". Da ein Kennenmüssen bereits bei einfacher Fahrlässigkeit vorliegt (vgl. die Legaldefinition in § 122 II BGB), wird dieser ohnehin nur für eine kurze Zeitspanne mögliche Gegenbeweis selten gelingen.[102] Zu denken ist etwa an Geschäftsvorfälle mit einem geringen finanziellen Volumen, angesichts dessen eine (erneute) Einsichtnahme in das Handelsregister unmittelbar vor dem Vertragsschluss nicht erwartet werden kann, oder an Fälle, in denen eine Einsichtnahme erfolgte, sich die Vertragsunterzeichnung dann aber (unvorhergesehen) um einige Tage verzögert und sodann nicht noch einmal das Handelsregister konsultiert wird.

Beispiel: K verhandelt seit mehreren Wochen mit dem Prokuristen P des V über den Ankauf **11a** einer großen Werkzeugmaschine. Für den 15.3. wird die Vertragsunterzeichnung angesetzt, weshalb K am 14.3. das Handelsregister einsieht und dort P eingetragen findet. Am Morgen des 15.3. wird der Termin wegen eines rechtlich noch zu klärenden Details verschoben und der Vertrag erst am 20.3. unterzeichnet. Der für V handelnde P erwähnt dabei nicht, dass am 18.3. seine Abberufung als Prokurist im Handelsregister eingetragen wurde. In diesem Fall handelte K nicht sorgfaltswidrig, wenn er nicht erneut Einsicht ins Handelsregister genommen hat. Angesichts der länger laufenden Vertragsverhandlungen hätte er vielmehr von V erwarten können, unmittelbar über den für den Vertragsschluss wesentlichen Umstand informiert zu werden.

Wichtiger als § 15 II 2 HGB ist eine andere Einschränkung, die sich aus einer te- **12** leologischen Reduktion des § 15 II HGB ergibt: Die Norm beseitigt nur den aus dem Handelsregister sich ergebenden (falschen) Schein, wirkt aber nicht gegenüber einem unabhängig vom Handelsregister gesetzten besonderen Rechtsschein, der stärker wirkt als die Bekanntmachung und Eintragung.[103] Ist etwa einem Prokuristen eine Vollmachtsurkunde ausgehändigt worden, kann sich aus dieser auch nach einem eingetragenen Widerruf der Prokura der Rechtsschein der Bevollmächtigung gemäß § 172 II BGB ergeben. Ein weiteres Beispiel ist die persönliche Haftung wegen Fortlassen des haftungsbeschränkenden Rechtsformzusatzes (→ § 3 Rn. 15 ff.): Wer im (schriftlichen) Rechtsverkehr unzulässig ohne den Zusatz GmbH auftritt, kann den Geschäftsgegner nicht darauf verweisen, das Unternehmen sei aber doch als GmbH ordnungsgemäß im Handelsregister eingetragen.[104]

Während § 15 II HGB von richtigen Eintragungen und Bekanntmachungen han- **13** delt, geht es in § 15 I und III HGB um die „kranken" und in Klausuren häufiger anzutreffenden Fälle, in denen die im Handelsregister verlautbarten Tatbestände nicht mit der Wirklichkeit übereinstimmen:

2. Positive Publizität

In § 15 III HGB ist die sog. positive Publizität geregelt: **14**

„Ist eine einzutragende Tatsache unrichtig bekanntgemacht, so kann sich ein Dritter demjenigen gegenüber, in dessen Angelegenheiten die Tatsache einzutragen war, auf die bekanntgemachte Tatsache berufen, es sei denn, dass er die Unrichtigkeit kannte."

---

[102] Baumbach/Hopt/*Hopt*, § 15 Rn. 14: Für Kaufleute spielt Abs. 2 von Extremfällen abgesehen keine Rolle.
[103] Baumbach/Hopt/*Hopt*, § 15 Rn. 15.
[104] *BGH* NJW 1990, 2678, 2679 (juris-Rn. 14): Vorrang des § 4 GmbHG vor § 15 II HGB.

15   Bei § 15 III HGB handelt es sich um eine Rechtsscheinsnorm, da sich ein Dritter
      auf den Rechtsschein einer unrichtigen Bekanntmachung berufen kann. Zu prüfen
      sind:

      – eintragungspflichtige Tatsache
      – unrichtige Bekanntmachung
      – Zurechenbarkeit der Bekanntmachung, str. („in dessen Angelegenheiten")
      – Handeln im Geschäfts- oder Prozessverkehr (abstraktes Vertrauen)
      – guter Glaube = keine Kenntnis des Dritten von der Unrichtigkeit

16   Voraussetzung ist zunächst, dass es um eine „einzutragende", also um eine **ein-
      tragungspflichtige Tatsache** geht (vgl. zum Begriff → Rn. 2). Wird eine Tatsache
      eingetragen, die nur eintragungs*fähig*, aber nicht zugleich eintragungs*pflichtig* ist,
      greift § 15 III HGB – anders als eine allgemeine Haftung aus veranlasstem Rechts-
      schein – nicht ein; erst recht gilt dies für zu Unrecht erfolgte Eintragungen, die also
      nicht einmal eintragungs*fähig* waren.[105]

17   Erforderlich ist als Grundlage des Rechtsscheins weiter die **unrichtige Bekannt-
      machung** der eintragungspflichtigen Tatsache. Auf die Unrichtigkeit oder Richtigkeit
      der Eintragung im Handelsregister kommt es nicht an. § 15 III HGB greift somit
      ein, wenn eine unrichtige Bekanntmachung von einer richtigen Eintragung ab-
      weicht, wenn eine Eintragung überhaupt fehlt[106] oder wenn sowohl Eintragung als
      auch Bekanntmachung unrichtig sind. Nicht interessengerecht wäre es hingegen,
      § 15 III HGB auf reine Bekanntmachungsfehler, also Abweichungen der Bekannt-
      machung von der Eintragung, zu beschränken, weil der Rechtsverkehr dann gerade
      in dem besonders schwerwiegenden Fall der doppelten Unrichtigkeit (von Eintra-
      gung und Bekanntmachung) nicht geschützt wäre.[107]

18   In Sonderfällen sieht das Gesetz zwar die Eintragung einer Tatsache im Handels-
      register, nicht aber die Bekanntmachung vor. So sind z.B. bei der Kommanditgesell-
      schaft (KG) die Kommanditisten und der Betrag ihrer Einlage zur Eintragung im
      Handelsregister anzumelden (§ 162 I HGB). Bei der Bekanntmachung der Ein-
      tragung der Gesellschaft sind hingegen keine Angaben zu den Kommanditisten zu
      machen (§ 162 II HGB). Seit dem Jahr 2001 schließt das Gesetz deshalb ausdrück-
      lich die Anwendbarkeit des § 15 HGB in diesem Zusammenhang aus (§ 162 II Hs. 2
      HGB). Im Gegensatz zur früheren Rechtslage könnte sich der Rechtsverkehr also
      nicht mehr auf § 15 HGB berufen, wenn ein Kommanditist insgesamt fälschlich
      oder fälschlich mit einer zu hohen Haftsumme (= Einlage) im Handelsregister ein-
      getragen wird. Ob die alleinige Anknüpfung des § 15 III HGB an die Bekanntma-
      chung rechtspolitisch überzeugend ist, wird bezweifelt.[108] Zum Teil wird deshalb
      die analoge Anwendung von § 15 III HGB auf die Fälle unrichtiger Eintragung
      gefordert.[109] Die h.L. lehnt die Analogie zwar ab, gelangt aber auf der Basis der
      allgemeinen Grundsätze der Rechtsscheinhaftung, nach denen auch das Vertrauen

---

[105] Siehe zum Ganzen *BGH* ZIP 2017, 14, 15 f. (Rn. 13 ff.) für die – zu Unrecht erfolgte –
Eintragung einer aus einem Formwechsel einer GmbH entstandenen GbR und ihrer Gesellschafter.

[106] Beispiel: Kaufmann K erteilt seinem Mitarbeiter A Prokura, meldet aber versehentlich
die Eintragung seines Mitarbeiters B als Prokuristen beim Handelsregister an. Aufgrund eines
Fehlers beim Registergericht wird B zwar nicht als Prokurist in das Handelsregister eingetragen, es wird aber bekannt gemacht, dass dem B Prokura erteilt worden sei.

[107] Siehe die Abgrenzung gegenüber der Publizitätsrichtlinie 68/151/EWG, die auf reine Bekanntmachungsfehler abstellt, bei *OLG Brandenburg* ZIP 2012, 2103, 2104.

[108] Vgl. etwa *K. Schmidt*, ZIP 2002, 413.

[109] Baumbach/Hopt/*Hopt*, § 15 Rn. 18.

in die falsche Eintragung zu schützen ist, oftmals zum selben Ergebnis.[110] Ein gewisser Unterschied liegt freilich in den Anforderungen an die Gutgläubigkeit des Dritten, dem nur auf der Basis des § 15 III HGB allein positive Kenntnis schadet (→ Rn. 23).

§ 15 III HGB wirkt nach der h.M. nur zu Lasten dessen, der sich die **Bekanntma-** 19 **chung zurechnen** lassen muss.[111] Da es nur auf die Zurechnung der Bekanntmachung, nicht auf die Zurechnung von deren Unrichtigkeit ankommt, ist ausreichend, dass der Betroffene einen Eintragungsantrag selbst gestellt hat oder sich einen solchen (z.B. als Gesellschafter) zurechnen lassen muss (Veranlasserprinzip). Auf die Unrichtigkeit des gestellten Antrags kommt es hingegen nicht an. Vielmehr hat der Antragsteller zu überprüfen, ob sein Antrag vom Handelsregister zutreffend umgesetzt wurde und ggf. eine Richtigstellung anzuregen.

Die Voraussetzung der Zurechenbarkeit der Bekanntmachung soll in erster Linie 20 die Anwendung des § 15 III HGB zu Lasten gänzlich Unbeteiligter vermeiden. Wird etwa ein Markus Berger ohne sein Zutun anstelle von Marcus Berger als persönlich haftender Gesellschafter der A & B KG bekanntgemacht oder erfolgt die Eintragung und Bekanntmachung aus einem Versehen des Registers bei einem ganz anderen Unternehmensträger, für welchen keinerlei Eintragungsantrag gestellt wurde, kann nicht mehr im Sinne des § 15 III HGB von „dessen Angelegenheiten" gesprochen werden, in denen die Tatsache einzutragen war. Vielmehr ist erforderlich, dass überhaupt ein – wenn auch anderer (richtiger) – Eintragungsantrag gestellt wurde, damit eine davon betroffene Person Anlass hatte, die Richtigkeit der Eintragung zu überprüfen.

Neben dem Rechtsschein und der Zurechnung wird bei der allgemeinen Rechts- 21 scheinhaftung stets eine Entschließung des Dritten im Vertrauen auf den gesetzten Rechtsschein geprüft (→ § 2 Rn. 38, § 3 Rn. 16). Werden daran schon allgemein keine hohen Anforderungen gestellt (→ § 2 Rn. 41), gilt dies in noch weitreichenderer Weise für die gesetzliche Handelsregisterpublizität, welche nach h.M. einen **abstrakten Vertrauensschutz** begründet: Der Dritte muss weder das Register eingesehen noch von der Bekanntmachung erfahren haben.[112] Ist allerdings die Bildung von Vertrauen überhaupt nicht – auch nicht abstrakt – möglich, befürwortet die h.M. eine teleologische Reduktion des § 15 III HGB. Sie beschränkt daher die **Anwendung auf den Geschäfts- und Prozessverkehr** und wendet ihn bei rein deliktischen Ansprüchen nicht an.

Beispiel: Passant P wird im Straßenverkehr von einem Lieferwagen der Mannheimer Spedi- 22 tions-KG angefahren, als deren persönlich haftender Gesellschafter aufgrund eines Versehens des Registergerichts K eingetragen ist, obwohl K der KG richtigerweise nur als Kommanditist beigetreten und dies auch zur Eintragung angemeldet worden war. Die Heranziehung des § 15 III HGB scheidet hier unabhängig von der Sonderproblematik einer Anwendung auf den Kommanditisten (→ Rn. 18) schon deshalb aus, weil P bei dem Unfall auch nicht abstrakt auf die volle persönliche Haftung des K vertraut haben kann. Niemand lässt sich nämlich im Vertrauen auf eine Haftung (bestimmter Personen) überfahren.

Auch im Geschäfts- und Prozessverkehr sind allerdings Fälle denkbar, in denen 22a der Dritte auch nicht abstrakt im Vertrauen auf den gesetzten Rechtsschein gehandelt haben kann, dies nämlich immer dann, wenn der Rechtsschein zeitlich erst *nach*

---

[110] Vgl. MüKoHGB/*Krebs*, § 15 Rn. 89, 101 ff. m.w.N.
[111] *OLG Brandenburg* ZIP 2012, 2103, 2104 f. (Fälschung als Grundlage einer Eintragung); *Canaris*, HandelsR, § 5 Rn. 51 (S. 67 ff.); die h.M. kritisierend *K. Schmidt*, HandelsR, § 14 Rn. 84 ff. (S. 505 ff.); kritisch auch *Wilhelm*, ZIP 2010, 713 ff.
[112] Baumbach/Hopt/*Hopt*, § 15 Rn. 21.

dem relevanten rechtsgeschäftlichen oder prozessualen Handeln des Dritten gesetzt worden ist.[113]

22b　　**Beispiel:** Verkäufer V schließt am 1.2. einen Kaufvertrag mit der X-KG. Am 15.2. tritt K der Gesellschaft als Kommanditist bei, wird aber am 1.3. unrichtig als persönlich haftender Gesellschafter in das Handelsregister eingetragen. V kann den K nicht gemäß § 15 III HGB i.V.m. § 128 HGB unbeschränkt für die Kaufpreisschuld in Anspruch nehmen, weil sich V beim Vertragsschluss am 1.2. auch nicht abstrakt auf die zu diesem Zeitpunkt noch gar nicht existente fehlerhafte Eintragung verlassen haben kann. Anders sähe die Sachlage freilich aus, wenn die Lieferung der Kaufsache erst nach dem 1.3. erfolgen sollte. Dann kann V im (abstrakten) Vertrauen auf die Mithaftung des K auf eine Leistung Zug um Zug (§§ 320, 321 BGB) verzichtet haben.

23　　Schließlich darf der Dritte **keine Kenntnis von der Unrichtigkeit** der bekanntgemachten Tatsache haben. Dies darf nicht in dem Sinne missverstanden werden, als ob § 15 III HGB voraussetze, dass der Dritte die Bekanntmachung gekannt und auf ihre Richtigkeit vertraut habe (→ Rn. 21). Voraussetzung ist vielmehr allein, dass der Dritte nicht positiv weiß, dass die bekanntgemachte Tatsache unrichtig ist. In dieser Beschränkung der Bösgläubigkeit auf die positive Kenntnis liegt der Unterschied zu den Rechtsscheinstatbeständen des bürgerlichen Rechts (vgl. § 173 BGB) sowie auch zu den allgemeinen im Handelsverkehr anerkannten Rechtsscheinsgrundsätzen, insbesondere beim Scheinkaufmann (→ § 2 Rn. 38 ff.) und bei der Rechtsscheinhaftung wegen fehlenden Rechtsformzusatzes (→ § 3 Rn. 15 ff.). Die erhöhten Anforderungen an die Bösgläubigkeit rechtfertigen sich – nicht anders als im Grundstücksrecht (§ 892 BGB) – aus der höheren Verlässlichkeit des Rechtsscheinsträgers: Eintragungen im Handelsregister sind – ebenso wie im Grundbuch – in aller Regel richtig, weshalb sich der Rechtsverkehr darauf in stärkerem Umfang verlassen kann.

23a　　In der **Rechtsfolge** *kann* sich ein Dritter demjenigen gegenüber, dem die fehlerhafte Bekanntmachung und/oder Eintragung zurechenbar ist, auf die Tatsache berufen. Er *muss* es aber nicht. Der Dritte hat also – wie beim Scheinkaufmann (→ § 2 Rn. 43) – ein **Wahlrecht**, ob er sich auf die wahre oder die im Handelsregister publizierte Rechtslage beruft. Der Rechtsschein des § 15 III HGB wirkt damit nur für, nicht aber gegen den gutgläubigen Dritten.[114]

⇨ *Fall Nr. 9 – Böse Überraschung*

3. Negative Publizität

24　　Manche ausländische Rechtsordnungen beschränken sich auf die vorgenannte positive Publizität und schützen nur den guten Glauben des Rechtsverkehrs an die im Handelsregister eingetragenen bzw. bekanntgemachten Tatsachen. Das deutsche Recht geht mit der in **§ 15 I HGB** geregelten negativen Publizität noch einen Schritt weiter. Die Vorschrift schützt den Rechtsverkehr auch dann, wenn Tatsachen *nicht* eingetragen sind (daher *negative* Publizität), die nach dem HGB eintragungspflichtig sind:

„Solange eine in das Handelsregister einzutragende Tatsache nicht eingetragen und bekanntgemacht ist, kann sie von demjenigen, in dessen Angelegenheiten sie einzutragen war, einem Dritten nicht entgegengesetzt werden, es sei denn, dass sie diesem bekannt war."

25　　Zu prüfen sind:
– eintragungspflichtige Tatsache
– fehlende Eintragung im Handelsregister oder/und fehlende Bekanntmachung

---

[113] Siehe zum Scheinkaufmann auch → § 2 Rn. 41.
[114] Baumbach/Hopt/*Hopt*, § 15 Rn. 22.

– in den Angelegenheiten des Betroffenen (Zurechnung)
– Handeln im Geschäfts- oder Prozessverkehr (abstraktes Vertrauen)
– guter Glaube = keine Kenntnis des Dritten

Aus dem Wortlaut des § 15 I HGB („einzutragende Tatsache") ergibt sich, dass **26**
die negative Publizitätswirkung nur bei **eintragungspflichtigen Tatsachen** (→ Rn. 2)
greifen kann. Aus logischen Gründen kommt die Anwendung des § 15 I HGB in
erster Linie[115] nur auf solche eintragungspflichtigen Tatsachen in Betracht, deren
(hypothetische) Eintragung in das Handelsregister deklaratorisch (→ Rn. 5) wirken
würde. Ist eine Tatsache, deren Eintragung konstitutiv (→ Rn. 6) wirken würde,
nicht eingetragen, so entfaltet die Tatsache mangels Eintragung keine Wirkung. In
einem solchen Fall bedarf es der Publizitätswirkung des § 15 I HGB deshalb nicht.

Voraussetzung des § 15 I HGB ist, dass **Eintragung im Handelsregister oder/und** **27**
Bekanntmachung fehlen. Entscheidend für diese Rechtsscheingrundlage ist allein
das Schweigen des Registers oder/und des Bekanntmachungsmediums. Dementsprechend ist es nicht erforderlich, dass gerade die dem Dritten günstige Tatsache im
Handelsregister eingetragen ist. Dies ist vor allem in den Fällen fehlender Voreintragung zu beachten.[116] Damit sind Fälle gemeint, in denen eine eintragungspflichtige
Tatsache nicht eingetragen worden ist, diese Tatsache später wegfällt und der
Wegfall ebenfalls eintragungspflichtig ist und ebenfalls nicht im Handelsregister
eingetragen wird. Hier könnte man versucht sein, § 15 I HGB für unanwendbar zu
halten, weil das Handelsregister nach der fehlenden Ein- und Austragung gewisser-
maßen wieder der wahren Rechtslage entspricht. Diese Sichtweise ist jedoch mit
§ 15 I HGB nicht zu vereinbaren. § 15 I HGB schützt das Vertrauen in das Schweigen des Handelsregisters (oder/und des Bekanntmachungsmediums). Ist dem Handelsregister (oder/und dem Bekanntmachungsmedium) der Wegfall einer nicht eingetragenen eintragungspflichtigen Tatsache nicht zu entnehmen, so greift § 15 I
HGB in Bezug auf den Wegfall der Tatsache ein. Derjenige, in dessen Angelegenheiten der Wegfall der Tatsache einzutragen war, kann sich also auf den Wegfall der
Tatsache nicht berufen.

Beispiel: C tritt als dritter Gesellschafter der zuvor nur aus A und B bestehenden Mannheimer **28**
Möbelhaus-oHG bei, ohne dass dies zum Handelsregister angemeldet würde. Als sich A und B
fünf Jahre später mit C zerstreiten und dieser wieder austritt, wird auch dies nicht eingetragen.
C kann in diesem Fall sein gemäß § 143 II HGB eintragungspflichtiges Ausscheiden einem Dritten nicht entgegenhalten, welcher anschließend mit der oHG einen Vertrag schließt. Er haftet
folglich gemäß § 128 HGB, obwohl das Register nach dem Ausscheiden des C insoweit „richtig"
ist, als es C nicht als Gesellschafter ausweist.[117]

Der Grund für den Vertrauensschutz in Fällen fehlender Ein- und Austragung **29**
liegt insbesondere darin begründet, dass der Rechtsverkehr auch auf andere Weise
als durch die Eintragung im Handelsregister von der eintragungspflichtigen Tatsache erfahren haben kann.[118] Ist jemand z.B. über 10 oder 20 Jahre als Prokurist

---

[115] Theoretisch mag die Vorschrift auch bei konstitutiv wirkenden Eintragungen für die
Zeit zwischen Eintragung und Bekanntmachung Bedeutung haben (so MüKoHGB/*Krebs*,
§ 15 Rn. 34), wenn man insoweit von einer „einzutragenden" Tatsache i.S.v. § 15 I HGB ausgeht bzw. die Vorschrift auf konstitutive Eintragungen zumindest analog anwendet. In aller
Regel werden Eintragung und Bekanntmachung in Zeiten des elektronischen Handelsregisters
aber ohnehin (nahezu) gleichzeitig erfolgen, sodass sich die Frage nicht stellt.
[116] Hierzu ausführlich *K. Schmidt*, HandelsR, § 14 Rn. 27 ff. (S. 486 ff.).
[117] Weiteres Beispiel bei *OLG Köln* ZIP 2015, 1831 f.: fehlende Voreintragung einer Ge-
schäftsführerbestellung.
[118] *OLG Köln* ZIP 2015, 1831 f. m.w.N.

für ein Unternehmen im Rechtsverkehr aufgetreten, wollen die Geschäftspartner vom Erlöschen der Prokura auch dann über das Handelsregister informiert werden, wenn seinerzeit die Eintragung der Prokura unterlassen wurde. Bei fehlender Voreintragung geht das nur, indem nun nachträglich die Prokura ein- und sofort wieder ausgetragen wird.

30   Eine Ausnahme von der strengen Regel des § 15 I HGB wird auf der Basis einer teleologischen Reduktion nur in solchen Fällen zugelassen, in denen sich auch abstrakt kein Vertrauen hat bilden können (vgl. allgemein → Rn. 35), weil die voreinzutragende Tatsache bei einem kurzfristigen Vorgang rein intern geblieben ist.

31   **Beispiel:** Die Gesellschafter der Mannheimer Möbelhaus-oHG (→ Rn. 28) zerstreiten sich noch am selben Wochenende, an dem der Beitrittsvertrag des C unterzeichnet wurde. Niemand außer A, B und C hatte von den Vorgängen erfahren, die deshalb auch gar nicht mehr zum Handelsregister angemeldet werden.

⇨ *Fälle Nr. 10 und 11 – Der ungetreue Prokurist I und II*

32   Als problematisch erweist sich auch bei der negativen Publizität die Regelung des § 162 II HGB, nach welcher bei der Bekanntmachung der Eintragung keine Angaben zu den Kommanditisten zu machen sind und § 15 HGB insoweit nicht anzuwenden ist (→ Rn. 18). Da sich jedoch § 15 I HGB – anders als § 15 III HGB – neben der Bekanntmachung auch auf die – hier fehlende – Eintragung bezieht, lässt sich der Schutz des Rechtsverkehrs bei fehlender Eintragung nicht nur über eine analoge Anwendung der Vorschrift erzielen. Vielmehr interpretiert die h.L. § 162 II HGB eng dahingehend, dass § 15 I HGB allein für *Bekanntmachungsfehler*, die es mangels Bekanntmachung eigentlich ja gar nicht geben dürfte, nicht gilt, wohl aber für *Eintragungsfehler*.[119] Dann kann sich ein Kommanditist gemäß § 15 I HGB beispielsweise nicht darauf berufen, dass er aus der KG ausgeschieden ist, wenn dies im Handelsregister nicht eingetragen wurde.

33   Die fehlende Eintragung bzw. Bekanntmachung wirkt nur gegenüber demjenigen, **in dessen Angelegenheiten** sie hätte erfolgen müssen, dem es also oblag, die Eintragung und Bekanntmachung sicherzustellen. Es kommt nicht darauf an, aus welchem Grund die Eintragung unterblieben ist, weil jeder, für den die Eintragung einer Tatsache im Handelsregister günstig ist, auch für ihre Eintragung – ggf. durch Dritte – zu sorgen hat. Eine Einschränkung der Zurechnung wie bei § 15 III HGB (→ Rn. 19 f.) gibt es also bei der negativen Publizität nicht.

34   **Beispiel:** Dem ausgeschiedenen Gesellschafter einer oHG ist die fehlende Eintragung seines Ausscheidens auch dann zurechenbar, wenn er die verbleibenden Gesellschafter um eine entsprechende Anmeldung gebeten, diese sie aber versäumt hatten. Er hat die Umsetzung zu kontrollieren und notfalls durch Klage gegen die verbleibenden Gesellschafter für seine Austragung zu sorgen.

35   Ebenso wie § 15 III HGB ist auch § 15 I HGB ein abstrakter Vertrauenstatbestand, weshalb im Gegensatz zur allgemeinen Rechtsscheinhaftung keine Entschließung des Dritten im (aktuellen) Vertrauen auf die fehlende Eintragung oder/und Bekanntmachung erforderlich ist. Wie bei § 15 III HGB ist aber eine Einschränkung zu machen, wenn sich Vertrauen auch nicht abstrakt bilden kann, also außerhalb des **Geschäfts- und Prozessverkehrs** im reinen Deliktsbereich (→ Rn. 21).

36   Der Gutglaubenstatbestand ist bei der negativen Publizität ebenso ausgestaltet wie bei der positiven. Nur bei positiver **Kenntnis des Dritten** von der nicht eingetragenen oder/und nicht bekanntgemachten Tatsache greift § 15 I HGB folglich nicht ein.

---

[119] MüKoHGB/*Grunewald*, § 162 Rn. 13 m.w.N.

Die **Rechtsfolge des** § 15 I HGB ist im Gesetz klar ausgesprochen: Die nicht ein- 37
getragene eintragungspflichtige Tatsache kann dem gutgläubigen Dritten nicht entgegengehalten werden. Die Tatsache bleibt damit außer Betracht, wenn sie für den
Dritten nachteilig ist. Ist die tatsächlich vorhandene, aber nicht eingetragene Tatsache hingegen für den Dritten von Vorteil, kann er sich selbstverständlich trotz fehlender Eintragung auf die wahre Rechtslage, also die Tatsache, berufen. Ihm steht –
wie bei § 15 III HGB (→ Rn. 23a) und beim Scheinkaufmann (→ § 2 Rn. 43) – ein
Wahlrecht zu. § 15 I HGB wirkt niemals zugunsten des Eintragungspflichtigen, der
aus seinem Fehler – der fehlenden Eintragung – keinen Vorteil ziehen kann. Die negative Publizität ist damit ebenso wie die positive – plakativ formuliert – eine „Ein-
bahnstraße" zugunsten des Dritten.

Problematisch sind allerdings diejenigen Fälle, in denen ein und dieselbe Tatsache 38
für den Dritten je nach Zusammenhang sowohl von Nachteil als auch von Vorteil
ist. Zum Teil wird argumentiert, dass der Dritte in diesen Fällen eine generelle Entscheidung darüber treffen müsse, ob er sich auf § 15 I HGB, also den scheinbaren
Sachverhalt, berufen oder die wahre Sachlage gelten lassen möchte.[120] Die h.M.
geht hingegen davon aus, dass in diesen Fällen je nach Zusammenhang § 15 I HGB
zur Anwendung kommt bzw. auf die wahre Sachlage abzustellen ist.[121] Der Dritte
könne sich – salopp gesprochen – „die Rosinen rauspicken". Die Problematik und
die gegenteiligen Standpunkte werden deutlich in unserem

⇨ *Fall Nr. 12 – „Rosinentheorie".*

Die Reichweite dieser sog. **„Rosinentheorie"**, nach welcher sich der Dritte auf 39
den jeweils für ihn günstigeren Tatbestand – die wahre Sachlage oder die im Handelsregister publizierte – berufen kann, ist jedoch noch nicht abschließend ausgelo-
tet. Eindeutig sollte sein, dass sich das Wahlrecht nicht auf ein und dasselbe Tatbestandsmerkmal beziehen kann, welches dann bejaht würde, soweit es dem Dritten
nützt, aber zugleich verneint, soweit es ihm schadet.

Beispiel: Hersteller H liefert eine mangelhafte Betonpumpe an Bauunternehmer B, dem durch 40
den Defekt der Pumpe ein Mangelfolgeschaden i.H.v. € 10.000 entsteht. Beim Vertragsschluss
wurde B durch den bereits zuvor entlassenen Prokuristen P vertreten. Der Widerruf der Prokura
war nicht im Handelsregister eingetragen. Verlangt H von B Zahlung des Kaufpreises, kann er
sich für den wirksamen Vertragsschluss auf die negative Publizität des § 15 I HGB berufen. Will
B sodann mit dem Anspruch auf Schadensersatz aus §§ 437 Nr. 3, 434, 280 BGB aufrechnen,
kann H dem nicht die wahre Rechtslage entgegenhalten, nach welcher ein Kaufvertrag mangels
Vertretungsmacht des P nicht zustande gekommen ist. Der Kaufvertrag als für den Kaufpreis-
und Schadensersatzanspruch jeweils relevantes Tatbestandsmerkmal kann nur einheitlich bejaht oder verneint werden. Gleiches gilt für alle gegenseitigen Verträge im Rahmen des § 320
BGB, weil es nicht Sinn und Zweck des § 15 I HGB ist, einseitig durchsetzbare Verträge zu
schaffen.

Viel schwieriger liegen die Dinge, wenn es um den parallelen Abschluss mehrerer 41
Verträge (→ Rn. 42) oder um die Ausübung von durch einen Vertrag begründeten
Gestaltungsrechten geht (→ Rn. 43 ff.).

Schließt etwa der im vorstehenden Beispielsfall genannte, bereits entlassene Pro- 42
kurist für B **zeitgleich zwei Verträge** und wird der eine Vertrag von B schlecht erfüllt, der andere vom Vertragspartner, so ist zweifelhaft, ob sich der Vertragspartner
für seine (Gewährleistungs-)Ansprüche auf den (nur) gemäß § 15 I HGB wirksamen
Vertragsschluss berufen, im Gegenzug aber die (Gewährleistungs-)Ansprüche des B

---

[120] *Canaris*, HandelsR, § 5 Rn. 26 (S. 59 f.).
[121] BGHZ 65, 309; *K. Schmidt*, HandelsR, § 14 Rn. 57 ff. (S. 496 ff.).

mit dem Hinweis darauf abwehren kann, der Vertrag sei nach der wahren Rechtslage (fehlende Vertretungsmacht des P) gar nicht zustande gekommen. Hier lässt sich auf der einen Seite argumentieren, es handele sich um zwei verschiedene Verträge und damit nicht um das gleiche Tatbestandsmerkmal. Auf der anderen Seite kann es – je nach den Umständen des Einzelfalls – auch als treuwidrig erscheinen, wenn sich der Vertragspartner von zwei parallel verhandelten und abgeschlossenen Verträgen nach § 15 I HGB nur den für ihn günstigeren als wirksam herauspicken will.

43　　Noch deutlicher wird die Treuwidrigkeit, wenn Prokurist P in einem Vertrag zugunsten des B beispielsweise ein einwöchiges freies **Rücktrittsrecht** herausverhandelt, dieses sodann innerhalb der einen Woche ausübt und sich der Vertragspartner nun für den wirksamen Vertragsschluss auf die (scheinbare) Vertretungsmacht des P beruft, die wirksame Ausübung des Rücktrittsrechts aber mit Hinweis auf die in Wahrheit fehlende Vertretungsmacht des P bestreitet. Zu denken ist ferner an Fälle, in denen sich P i.S.v. § 119 I BGB beim Vertragsschluss irrt, der Vertragspartner dann aber nach § 15 I HGB nur den für ihn günstigen Vertragsschluss, nicht hingegen die für ihn ungünstige **Ausübung des Anfechtungsrechts** durch P gelten lassen will. Oder wie sähe die Rechtslage aus, wenn P für B Waren bestellt und nach deren Ablieferung gemäß § 377 HGB[122] einen Mangel rügt und in diesem Fall der Vertragspartner gemäß § 15 I HGB zwar den Kaufvertrag, nicht aber die **Mängelrüge** als wirksam behandelt wissen will. Im letztgenannten Fall wäre die Reichweite der Rosinentheorie freilich nur relevant, wenn die wirksame Ausübung einer Mängelrüge überhaupt die Vertretungsmacht des Rügenden voraussetzen würde (→ § 7 Rn. 85 f.).

44　　Zu einem Problem werden derartige Fälle in der (Klausur-)Praxis nur, wenn der eintragungspflichtige Kaufmann den Rücktritt, die Anfechtung oder die Rüge nicht innerhalb der relevanten Rücktritts-, Anfechtungs- bzw. Rügefrist i.S.v. § 177 I BGB wirksam[123] genehmigt[124] oder persönlich wiederholt (vgl. zur Mängelrüge → § 7 Rn. 85a). Nur dann kommt es nämlich auf die Wirksamkeit der vorangegangenen, fristgemäßen Erklärung des (tatsächlich) vollmachtlosen Vertreters an.

45　　Für die Anwendbarkeit der Rosinentheorie ließe sich dann vorbringen, dass es um eine vom Vertragsschluss zu trennende *zweite* Willenserklärung (bzw. bei der Mängelrüge um eine geschäftsähnliche Handlung in Form einer sog. Vorstellungs- oder Tatsachenmitteilung[125]) gehe, die zudem zu einem anderen Zeitpunkt abgegeben worden sei als die zum Vertragsschluss führende Willenserklärung. Beide Erklärungen seien daher im Rahmen des § 15 I HGB getrennt voneinander zu beurteilen, weshalb der Geschäftspartner das Wahlrecht unterschiedlich ausüben könne. Doch erschiene eine solche Sichtweise u.E. zu formal: Da besagte Gestaltungsrechte oder die Mängelrüge eine Konsequenz genau jenes Vertrages sind, den der Geschäftspartner gemäß § 15 I HGB für wirksam behandelt wissen will, erscheint es widersprüchlich, wenn er das Handeln derselben Person – im Beispiel P – hinsichtlich jener Gestaltungsrechte oder der Mängelrüge zurückweist. Ein solches Verhalten wäre u.E. treuwidrig (§ 242 BGB).

---

[122] Zu § 377 HGB → § 7 Rn. 72 ff.

[123] Zu den Grenzen der Genehmigungsfähigkeit einseitiger Rechtsgeschäfte im Hinblick auf §§ 174, 180 BGB siehe *Bitter/Röder*, BGB AT, § 10 Rn. 244 ff.; zur streitigen Anwendbarkeit des § 174 BGB auf die Mängelrüge → § 7 Rn. 85.

[124] Trotz § 184 I BGB wirkt die Genehmigung bei fristgebundenen Erklärungen nicht zurück (→ § 7 Rn. 85a mit Nachweisen).

[125] Dazu → § 7 Rn. 85; Ebenroth/Boujong/Joost/Strohn/*Müller*, § 377 Rn. 172 m.w.N.

§ 5. Haftung bei Übertragung eines kaufmännischen Unternehmens

Der Inhaber eines kaufmännischen Unternehmens kann sein Unternehmen durch 1
einen Unternehmenskauf- oder Pachtvertrag oder durch ein ähnliches Rechtsgeschäft
unter Lebenden übertragen.* Praktisch besonders bedeutsam ist der Unternehmenskaufvertrag.

I. Übertragung eines kaufmännischen Unternehmens

Wie bereits erläutert, ist das Unternehmen eine organisatorische Einheit aus sach- 2
lichen und personellen Mitteln (→ § 3 Rn. 3). Soll diese Einheit verkauft werden, so
bieten sich für den Unternehmenskaufvertrag zwei Gestaltungsmöglichkeiten an,
von denen die eine – der *asset deal* – wegen des mit ihr verbundenen Wechsels der
Unternehmensträgerschaft besondere rechtliche Probleme mit sich bringt, die andere
– der *share deal* – hingegen nichts an der Zuordnung der Rechtsverhältnisse zum
verbleibenden Rechtsträger ändert:

1. Übertragung von Unternehmen und Unternehmensträgern

Beim *asset deal* werden die einzelnen zum Unternehmen gehörenden Sachen, 3
Rechte usw. (z.B. Unternehmensgrundstück mit Gebäuden, Maschinen, Patentrech-
te) als Einheit verkauft und sodann auf einen neuen Unternehmensträger übertragen. Es kommt also zu einer Trennung des Unternehmens von seinem bisherigen
Unternehmensträger (vgl. zu den Begriffen → § 3 Rn. 3 f.).

Da ein Unternehmen keine Sache i.S.v. § 90 BGB ist, kommen die §§ 433 ff. 4
BGB auf das Kaufgeschäft des *asset deals* nicht direkt, sondern erst über die
Verweisung in § 453 I Alt. 2 BGB („sonstige Gegenstände") zur Anwendung. Das
Erfüllungs- oder Verfügungsgeschäft kann hingegen – anders als der Kauf – nicht
einheitlich gefasst, das Unternehmen nicht in seiner Gänze übereignet werden.
Wegen der fehlenden Sacheigenschaft des Unternehmens gibt es nämlich kein Eigentum oder sonstiges Recht an *dem Unternehmen* als solchem. Der Unternehmens-
verkäufer kann seine Verpflichtung zur Übertragung des Unternehmens aus dem
asset deal deshalb nur dadurch erfüllen, dass er die einzelnen Unternehmensgegen-
stände (z.B. Grundstücke, bewegliche Sachen, Rechte) nach den jeweils dafür einschlägigen Vorschriften (z.B. §§ 873, 925 BGB, §§ 929 ff. BGB, §§ 398 ff., 413 BGB)
überträgt.

Beim *share deal* sind Gegenstand des Kaufvertrages hingegen nicht das Unter- 5
nehmen und auch nicht die einzelnen Gegenstände des Unternehmens, sondern Gesellschaftsanteile am Unternehmensträger. Das Unternehmen bleibt also demselben
Unternehmensträger, beispielsweise einer Gesellschaft mit beschränkter Haftung
(GmbH), zugeordnet. Dieser Unternehmensträger wird aber auf einen anderen übertragen. Der *share deal* ist ein Rechtskauf, so dass die §§ 433 ff. BGB über die Ver-

---

* Zur Haftung bei Unternehmensfortführung vgl. kontrovers *K. Schmidt*, HandelsR, § 8
(S. 293 ff.) sowie *ders.*, ZGR 2014, 844 ff. einerseits und *Canaris*, HandelsR, § 7 (S. 97 ff.)
andererseits; siehe auch *Hübner*, HandelsR, § 3 C (S. 85 ff.); *Brox/Henssler*, HandelsR, § 8
(S. 71 ff.); mit rechtsvergleichendem Ansatz *J. W. Flume*, ZHR 170 (2006), 737 ff.

weisung in § 453 I Alt. 1 BGB („Rechte") Anwendung finden. Die Erfüllung des *share deals* erfolgt durch die Übertragung der Gesellschaftsanteile (z.B. bei der GmbH nach §§ 398 ff., 413 BGB, § 15 GmbHG).

6   Da beim *share deal* der Unternehmensträger nicht wechselt, das Unternehmen also mit allen seinen Rechtsverhältnissen beim bisherigen Unternehmensträger bleibt, besteht kein Bedürfnis nach besonderen Regelungen über die Haftung für Altverbindlichkeiten, den Schutz von Altschuldnern oder gar den Übergang von Rechtsverhältnissen.

7   **Beispiel:** Die X-GmbH betreibt einen Schuhhandel. Der Alleingesellschafter V der X-GmbH veräußert sämtliche Geschäftsanteile an der Gesellschaft an K. Für die Altverbindlichkeiten der Gesellschaft (= Verbindlichkeiten der X-GmbH aus der Zeit vor ihrer Veräußerung an K) haftet weiterhin die X-GmbH. Altschuldner der X-GmbH (= Schuldner der X-GmbH, deren Verbindlichkeiten aus der Zeit vor der Veräußerung der Gesellschaft an K herrühren) haben die von ihnen geschuldeten Leistungen weiterhin an die X-GmbH zu erbringen. Sämtliche unternehmensbezogenen Rechtsverhältnisse bleiben bei der X-GmbH.

8   Anders verhält es sich beim *asset deal*. Hier stellt sich die Frage, ob der Unternehmenserwerber für die Altverbindlichkeiten des Unternehmensveräußerers haftet, ob Altschuldner von ihren Verbindlichkeiten frei werden, wenn sie an den Unternehmenserwerber leisten, und ob sogar ganze Rechtsverhältnisse vom alten auf den neuen Unternehmensträger übergehen können.

9   **Beispiel:** Im vorstehenden Beispiel des Schuhhandels der X-GmbH verkauft nicht V seine Geschäftsanteile, sondern die X-GmbH verkauft die zu dem Unternehmen des Schuhhandels gehörenden Sachen und Rechte an K. K wird damit zum neuen Träger des zuvor von der X-GmbH gehaltenen Unternehmens. Fraglich ist, ob in diesem Fall weiterhin nur die (nunmehr unternehmenslose) X-GmbH für ihre Altverbindlichkeiten (= Verbindlichkeiten aus der Zeit vor der Unternehmensveräußerung an K) haftet oder ob die Gläubiger sich auch an K halten können. Fraglich ist darüber hinaus, ob Altschuldner der X-GmbH (= Schuldner der X-GmbH, deren Verbindlichkeiten aus der Zeit vor der Veräußerung des Unternehmens an K herrühren) von ihrer Schuld frei werden, wenn sie an den nunmehr unternehmenstragenden K leisten. Schließlich ist zweifelhaft, ob und unter welchen Voraussetzungen ein Mietvertrag über das Geschäftslokal des Schuhladens von der X-GmbH auf K übergehen kann.

10   Vor diesem Hintergrund regeln die **§§ 25 bis 28 HGB** für den Fall, dass es auf Grundlage eines Unternehmenskaufvertrags in Form eines *asset deals* oder eines ähnlichen Rechtsgeschäfts zur Übertragung eines Unternehmens auf einen neuen Unternehmensträger kommt, die Haftung des Erwerbers gegenüber den Altgläubigern (= Gläubiger des Unternehmens vor dessen Übertragung) sowie die Stellung der Altschuldner (= Schuldner des Unternehmens vor dessen Übertragung). Von dem Übergang unternehmensbezogener Rechtsverhältnisse (z.B. Mietverträge) ist hingegen im Wortlaut der Vorschriften keine Rede (dazu → Rn. 14 ff.). Die systematische Einordnung der Regelung im Firmenrecht des HGB erscheint unbefriedigend, weil es nicht nur um Fragen der Firmenfortführung, sondern generell um Fragen der Haftung sowie der Zuordnung von Rechtsverhältnissen bei der Fortführung von übertragenen Unternehmen geht.

2. Der Wechsel des Unternehmensträgers als Rechtsproblem

11   Der Regelungsgehalt der §§ 25 und 28 HGB und die hinter diesen Vorschriften stehende Ratio erschließt sich Studierenden ebenso wenig wie dem interessierten Praktiker bei der (ersten) Lektüre der Vorschriften. Daher kann es nicht verwundern, dass sich ein erheblicher dogmatischer Streit um die richtige Erfassung dieser Regelungen rankt und eine Vielzahl von Überlegungen zum Geltungsgrund jener

Vorschriften entwickelt wurde.[126] Jeweils geht es darum zu erklären, warum bei dem Übergang eines Unternehmens von einem auf einen anderen Unternehmensträger – im Fall des § 25 HGB durch Übertragung, im Fall des § 28 HGB durch Einbringung in eine Gesellschaft – der neue Unternehmensträger für die Verbindlichkeiten des alten haften soll und warum die Schuldner des alten Unternehmensträgers an den neuen Unternehmensträger sollen zahlen dürfen.

Manche erkennen in der Haftung des neuen Unternehmensträgers keinen Gerechtigkeitsgehalt, insbesondere nicht in solchen Fällen, in denen der alte Unternehmensträger insolvent ist; den Gläubigern werde dann ein unverdientes Geschenk gemacht, indem sie einen neuen zahlungskräftigen Schuldner erhalten.[127] Zumeist wird die Regelung aber im Grundsatz für berechtigt gehalten, jedoch verschieden legitimiert. Eine Vorstellung geht dahin, den Gläubigern müsse der Zugriff auf das im Unternehmen gebundene Vermögen zum Zwecke ihrer Befriedigung erhalten bleiben; werde das Vermögen auf einen neuen Unternehmensträger übertragen, müsse dieser folglich (mit-)haften.[128] In der Rechtsprechung finden sich im Laufe der Zeit verschiedene Begründungen. Das RG hatte auf den durch die Firmen- und Unternehmensfortführung im Rechtsverkehr erweckten Eindruck abgestellt, dass sich in den betrieblichen Verhältnissen des Unternehmens nichts geändert habe, ohne jedoch näher darzulegen, warum sich daraus (notwendig) eine Haftung des Erwerbers ergibt.[129] In einem frühen *BGH*-Urteil aus dem Jahr 1956 findet sich der Satz: „Wer das Handelsgeschäft eines Vollkaufmanns mit Firma weiterführt, erweckt damit in der Öffentlichkeit den Rechtsschein, er sei zur Übernahme der Verbindlichkeiten des früheren Inhabers bereit."[130] Auch hier wird aber der behauptete Schein eines (angeblich) vorhandenen Willens zur Übernahme der Schulden nicht begründet.[131] Später findet sich in der Rechtsprechung des *BGH* die in eine ähnliche Richtung gehende These, Rechtsgrund der Haftung nach § 25 I HGB sei die in der Fortführung des Geschäfts unter der bisherigen Firma liegende, an die Öffentlichkeit gerichtete Erklärung des Erwerbers, für die Geschäftsschulden haften zu wollen, verbunden mit dem Erwerb der Grundlage für diese Schuldenhaftung, dem Geschäftsvermögen.[132]

Inzwischen stellt der *BGH* auf die **Unternehmenskontinuität** ab,[133] versteht diese allerdings etwas anders als *Karsten Schmidt*, der jene Idee grundlegend entwickelt hat.[134] Für den *BGH* ist maßgeblich, dass ein Unternehmen trotz Wechsels des Unternehmensträgers aus Sicht des maßgeblichen Verkehrs in seinem wesentlichen Bestand unverändert fortgeführt wird und damit dem Verkehr eine nach außen in Erscheinung tretende Unternehmenskontinuität vermittelt wird; dies sei bei einer Beibehaltung des Tätigkeitsbereichs, der inneren Organisation, der Räumlichkeiten sowie der Kunden- und Lieferantenbeziehungen der Fall, wobei der *BGH* – und

12

13

---

[126] Überblick bei *Lettl*, HandelsR, § 5 Rn. 13; *Jung*, HandelsR, § 19 Rn. 24.

[127] *Canaris*, HandelsR, § 7 Rn. 15 f. (S. 104 f.): „systemfremde Norm ohne auch nur annähernd einleuchtenden Gerechtigkeitsgehalt".

[128] Für ein „kombiniertes Vermögensübernahme- und Verkehrsschutzprinzip" *Schricker*, ZGR 1972, 121, 150 f.; kritisch *Canaris*, HandelsR, § 7 Rn. 12 (S. 102 f.).

[129] RGZ 169, 133, 137.

[130] BGHZ 22, 234, 239; dazu kritisch *Canaris*, HandelsR, § 7 Rn. 11 (S. 102).

[131] Nähere Begründung aber bei *Säcker*, ZGR 1973, 261, 272 ff.

[132] *BGH* WM 1990, 1573, 1576 unter Ziff. II. 2. b) der Gründe.

[133] *BGH* ZIP 2012, 2007, 2009 (Rn. 18); *BGH* ZIP 2014, 29, 30 (Rn. 15) m.w.N.

[134] Vgl. nunmehr in 6. Aufl. *K. Schmidt*, HandelsR, § 7 Rn. 32 ff. (S. 256 ff.); *ders.*, ZGR 2014, 844, 848 ff.

darin liegt der Unterschied zu *Karsten Schmidt*[135] – stets zusätzlich die Fortführung der Firma oder zumindest ihres wesentlichen Kerns verlangt.[136] Damit beschränkt sich der Ansatz auf § 25 HGB und kann als Begründung für § 28 HGB nicht herangezogen werden, weil dort eine Firmenfortführung nicht vorausgesetzt wird.

14   Wie aber kommt nun *Karsten Schmidt* auf die Idee, eine Firmenfortführung sei auch im Rahmen des § 25 I HGB nicht zwingend notwendig, obwohl das Erfordernis dort doch klar im Gesetz steht?[137] Und wie kommen er und andere Autoren auf die Idee, es gehe bei §§ 25 I 2, 28 I 2 HGB nicht nur um die Möglichkeit des Schuldners, an den neuen Unternehmensträger leisten zu können, sondern um einen echten Forderungsübergang vom Veräußerer des Unternehmens auf den Erwerber?[138] Sogar ganze Vertragsverhältnisse sollen nach dieser Ansicht gemäß §§ 25 I, 28 I HGB übergehen können (→ Rn. 37).[139]

15   Diese in jüngerer Zeit Zulauf erhaltende Position erschließt sich erst auf den zweiten Blick, gerade weil sie sich vom Wortlaut der §§ 25, 28 HGB löst. Sie wird nur verständlich, wenn man die grundsätzlichere Problematik in den Blick nimmt, die mit der Übertragung von Unternehmen von einem Rechtsträger auf einen anderen verbunden und die in § 25 HGB sowie auch in § 28 HGB angesprochen ist: Wäre es juristisch möglich, Verträge mit „dem Unternehmen" abzuschließen, hätten wir die in diesen Vorschriften angesprochenen Probleme gar nicht. Mit der Übertragung „des Unternehmens" würden die daran gebundenen Rechtsverhältnisse automatisch auf den Erwerber – im Fall des § 28 HGB auf die neu gegründete Gesellschaft (→ Rn. 54 ff.) – übergehen; der Erwerber würde Inhaber der Rechte und Pflichten.[140] Die juristische Schwierigkeit entsteht aus der fehlenden Rechtsfähigkeit „des Unternehmens", weshalb bei einer Übertragung desselben eine neue rechtliche Anknüpfung an eine andere Person erfolgen muss.

16   Insbesondere *Flume*[141] hat in einer sehr gründlichen, hier in den Details nicht darstellbaren Analyse aufgezeigt, dass die Regelungen in § 25 I 1 und 2 HGB (und ebenso in § 28 I 1 und 2 HGB) letztlich nur der unvollkommene Ausdruck für die eigentlich gewollte **Übertragung unternehmensbezogener Schuldverhältnisse auf einen neuen Rechtsträger** sind.[142] Der davon abweichende Wortlaut lässt sich historisch erklären: Obwohl § 25 HGB ursprünglich das Ziel verfolgte, die Voraussetzungen für einen Eintritt des Erwerbers in die bestehenden Schulden und Forderungen zu bestimmen,[143] sprach man seinerzeit nicht vom Übergang ganzer Schuldverhältnisse.

---

[135] Vgl. nunmehr in 6. Aufl. *K. Schmidt*, HandelsR, § 7 Rn. 43 ff. (S. 262 ff.), § 8 Rn. 32 ff. (S. 302 ff.); *ders.*, ZGR 2014, 844, 852 ff.

[136] *BGH* ZIP 2014, 29, 30 (Rn. 15) m.w.N.

[137] Siehe zur Denkweise von Karsten Schmidt *Bitter*, in: Grundmann/Riesenhuber (Hrsg.), Deutschsprachige Zivilrechtslehrer des 20. Jahrhunderts in Berichten ihrer Schüler. Band 2, 2010, S. 160 ff., hier insbes. S. 165 ff.

[138] *K. Schmidt*, HandelsR, § 8 Rn. 52 ff. (S. 308 f.); *ders.*, ZGR 2014, 844, 852; MüKoHGB/*Thiessen*, § 25 Rn. 72.

[139] *K. Schmidt*, HandelsR, § 8 Rn. 55 (S. 309); *ders.*, ZGR 2014, 844, 852; MüKoHGB/*Thiessen*, § 25 Rn. 2, 24 ff., 81 ff.; eingehend die in Rn. 16 erwähnte Dissertation von *Flume*; für § 28 HGB offen gelassen bei BGHZ 157, 361, 365 f. = NJW 2004, 836, 837 (juris-Rn. 14).

[140] Vgl. dazu MüKoHGB/*Thiessen*, § 25 Rn. 19; *Bitter*, ZHR 173 (2009), 379, 397 ff.

[141] *Flume*, Vermögenstransfer und Haftung – Eine Studie zur Nutzbarmachung der Universalsukzession für die Unternehmenspraxis, 2008.

[142] Zusammenfassend die Rezension von *Bitter*, ZHR 174 (2010), 499 ff.; siehe zur Historie der §§ 25, 28 auch MüKoHGB/*Thiessen*, § 25 Rn. 4 ff.

[143] Dazu *Flume*, a.a.O., S. 116 ff.; MüKoHGB/*Thiessen*, § 25 Rn. 5 ff.

Der damalige, in §§ 398 ff., 414 ff. BGB bis heute zum Ausdruck kommende Stand der zivilrechtlichen Dogmatik kannte keine Vertragsübernahme, sondern zerlegte diese in eine Übertragung der Forderungen und Verbindlichkeiten.[144] In den Sätzen 1 und 2 des § 25 I HGB (und ebenso in § 28 I HGB) ist folglich geregelt worden, was nach der damaligen Vorstellung – Anfang des 20. Jahrhunderts – eine Vertragsübernahme als Folge nach sich ziehen musste.[145]

Die Vorschriften der §§ 25, 28 HGB befassen sich nach dieser plausibel begründe- **17** ten Ansicht also viel grundsätzlicher als dies im Wortlaut zum Ausdruck kommt mit der Unternehmenskontinuität in dem Sinne, dass sie bei einem Rechtsträgerwechsel die Verbindung zwischen dem Unternehmen und „seinen" Rechtsverhältnissen erhalten wollen. Nur vor diesem Hintergrund wird verständlich, warum insbesondere *Karsten Schmidt* im Rahmen der §§ 25, 28 HGB einheitlich auf die Firmenfortführung verzichten will, weil die Verbindung zwischen dem Unternehmen und „seinen" Rechtsverhältnissen von der Firmenfortführung unabhängig ist. Auch passen die §§ 25 II, 28 II HGB, die eine abweichende Vereinbarung zwischen den am Rechtsträgerwechsel beteiligten Parteien ermöglichen, nicht richtig in jenes Konzept. Es kann daher kaum verwundern, dass diese Regeln von der h.M. gegen die These von der Unternehmenskontinuität ins Feld geführt werden.[146]

Da dem Gesetzgeber bei der damaligen Schaffung der §§ 25, 28 HGB die mit dem **18** Rechtsträgerwechsel verbundenen Probleme für unternehmensbezogene Rechtsverhältnisse offenbar bewusst waren, er das Konzept der Unternehmenskontinuität aber nicht vollständig erkannt und umgesetzt hat, gibt es auf der Basis des Wortlauts letztlich kein vollständig überzeugendes dogmatisches Konzept. Man muss daher entweder – mit *Karsten Schmidt* und anderen – die gesetzgeberische Linie fortdenken, was gerade für Studierende in Klausursituationen zu einem erheblichen Begründungsaufwand führt, oder aber enger am Wortlaut haften bleiben und damit im Einzelfall in Kauf nehmen, keine interessengerechte Lösung zu produzieren.

Es ist aber nicht zu verkennen, dass auch die Lehre von der Unternehmenskonti- **19** nuität ihre Schwächen hat, weil für den Rechtsverkehr eben nicht allein die Verbindung zu „dem Unternehmen", sondern auch der Unternehmensträger von Bedeutung ist, insbesondere dessen vermögensmäßige Ausstattung. Dies gilt zum einen bei einer schlechteren Vermögenslage des neuen Unternehmensträgers für die Gläubiger von Dauerschuldverhältnissen (z.B. langfristigen Mietverträgen), denen aber zumindest über ein Sonderkündigungsrecht geholfen werden kann, zum anderen bei einer – ggf. deutlich – besseren Vermögenslage des neuen Unternehmensträgers, durch welche den Gläubigern in der Tat ein ungerechtfertigter Vorteil zukommen kann, wenn der bisherige Unternehmensträger insolvent ist (→ Fall Nr. 14). Dagegen hilft auf der Basis der aktuellen Rechtsprechung nur eine auf den Erwerb vom Insolvenzverwalter hinführende gute Beratung beim Unternehmenskauf, weil in jenem Fall die Forthaftung für die Altschulden ausgeschlossen ist (→ Rn. 30).

II. Unternehmensübertragung mit Firmenfortführung (§ 25 HGB)

Die Folgen der Übertragung eines Unternehmens von einem auf einen anderen **20** Rechtsträger sind in § 25 HGB normiert.

---

[144] *Flume*, a.a.O., S. 119 ff.
[145] *Flume*, a.a.O., S. 123; siehe auch MüKoHGB/*Thiessen*, § 25 Rn. 9.
[146] Vgl. z.B. *Canaris*, HandelsR, § 7 Rn. 14 (S. 103); *Lettl*, HandelsR, § 5 Rn. 13; siehe auch *Jung*, HandelsR, § 19 Rn. 24.

1. Haftung des Erwerbers gegenüber den Altgläubigern

21 § 25 I 1 HGB enthält folgende Regelung:

> „Wer ein unter Lebenden erworbenes Handelsgeschäft unter der bisherigen Firma mit oder ohne Beifügung eines das Nachfolgeverhältnis andeutenden Zusatzes fortführt, haftet für alle im Betriebe des Geschäfts begründeten Verbindlichkeiten des früheren Inhabers."

22 Nach dieser Vorschrift haftet der Erwerber eines Unternehmens im Fall der Firmenfortführung gegenüber denjenigen Gläubigern, deren Forderungen gegen das Unternehmen noch von dem früheren Unternehmensinhaber begründet wurden. Veräußert also beispielsweise Elektrohändler E sein Unternehmen an den Käufer K und führt dieser das Unternehmen unter der bisherigen Firma fort (dies wird er vor allem deshalb tun, weil die Firma des E im Rechtsverkehr schon bekannt ist und er so den guten Ruf des Unternehmens des E nutzen kann), dann haftet K für den Kaufpreis von Waren, die ein Lieferant L dem Unternehmen des E vor der Übernahme geliefert hat. Anspruchsgrundlage wäre dann § 433 II BGB (Kaufvertrag zwischen E und L) i.V.m. § 25 I 1 HGB. Zu prüfen sind:[147]

- Handelsgeschäft (→ Rn. 23)
- Erwerb unter Lebenden (→ Rn. 24 f.)
- Firmenfortführung (→ Rn. 26, str.)
- kein Haftungsausschlussgrund (→ Rn. 27 ff.)

23 Mit „**Handelsgeschäft**" meint § 25 I 1 HGB das Unternehmen eines Kaufmanns i.S.v. §§ 1 ff. HGB.[148] Ob § 25 I 1 HGB auf nichtkaufmännische Unternehmen analog zur Anwendung kommen kann, ist umstritten.[149]

24 Es muss zu einem **Erwerb unter Lebenden** gekommen sein.[150] Damit ist nicht der Erwerb zu dinglichem Recht gemeint. Erwerb i.S.v. § 25 I 1 HGB bedeutet vielmehr Übernahme der Unternehmensträgerschaft in tatsächlicher Hinsicht. Das Unternehmen muss faktisch von einem neuen Unternehmensträger fortgeführt werden. Auf die Wirksamkeit von Verfügungs- und/oder Verpflichtungsgeschäften zwischen dem Altunternehmer und dem Erwerber kommt es nicht an.[151]

25 Von einer Unternehmensfortführung i.S.v. § 25 I 1 HGB ist bereits dann auszugehen, wenn ein Betrieb von einem neuen Inhaber *in seinem wesentlichen Bestand* unverändert weitergeführt wird. Die Haftungsfolge des § 25 I 1 HGB greift daher auch dann ein, wenn einzelne Vermögensbestandteile oder Betätigungsfelder des Unternehmens von der Übernahme ausgenommen sind, solange nur der den Schwerpunkt des Unternehmens bildende wesentliche Kern desselben übernommen wird, so dass sich der nach außen für die beteiligten Verkehrskreise in Erscheinung tretende Tatbestand als Weiterführung des Unternehmens in seinem wesentlichen

---

[147] Vgl. die Zusammenfassung der Rechtsprechung zu § 25 I 1 HGB in *BGH* ZIP 2012, 2007, 2009 f. (Rn. 17-20).

[148] § 25 I 1 HGB verwendet den Begriff „Handelsgeschäft" somit anders als die §§ 343 ff. HGB, die unter „Handelsgeschäft" das Rechtsgeschäft eines Kaufmanns verstehen, das dieser im Rahmen seines Handelsgewerbes abschließt (vgl. § 343 I HGB); vgl. zu den §§ 343 ff. HGB → § 7.

[149] Die Analogie bejahend *K. Schmidt*, HandelsR, § 8 Rn. 1 ff. (S. 293 f.); *ders.*, ZGR 2014, 844, 857 f.; die Analogie ablehnend Baumbach/Hopt/*Hopt*, § 25 Rn. 2. Der *BGH* hat die Analogie in jüngeren Entscheidungen zu § 28 HGB für Anwaltskanzleien (≠ Gewerbebetriebe) verneint, im Übrigen aber offen gelassen (Rn. 56).

[150] Hierzu *K. Schmidt*, HandelsR, § 8 Rn. 6 ff. (S. 294 ff.).

[151] Vgl. etwa *BGH* WM 2008, 2273, 2274 f.

Bestand darstellt.[152] Dabei kommt dem (Ertrags-)Wert der fortgeführten Unternehmensteile maßgebliche Bedeutung zu.[153] Ob der wesentliche Kern des Unternehmens zu einem bestimmten Zeitpunkt oder sukzessive innerhalb eines gewissen Zeitraums vom Erwerber übernommen wird, ist unerheblich.[154]

Die dritte Voraussetzung des § 25 I 1 HGB ist die **Firmenfortführung**, die von der   **26** Rechtsprechung und ganz h.L. – dem Wortlaut der Norm folgend – für unentbehrlich gehalten wird (→ Rn. 13 ff.). Entscheidend ist dabei das firmenmäßige und nicht das bloß werbliche Auftreten am Markt, etwa durch Übernahme einer Marke und/oder einer Internet-Domain.[155] Die Firma, also der Name des Kaufmanns (→ § 3 Rn. 2 ff.), muss nicht unbedingt unverändert fortgeführt werden. Entscheidend für eine Haftung aus § 25 I 1 HGB ist nach der Rechtsprechung allein, dass der prägende Teil (Firmenkern) der alten in der neuen Firma beibehalten ist und deswegen die mit dem jeweiligen Unternehmen in geschäftlichem Kontakt stehenden Kreise des Rechtsverkehrs die neue Firma noch mit der alten identifizieren.[156] Unerheblich ist insbesondere die Änderung des Rechtsformzusatzes.[157] Auf die Zulässigkeit der Firma und ihrer Fortführung durch den Erwerber kommt es nicht an.[158]

⇨ *Fall Nr. 13 – Partyservice*

Es darf **kein Haftungsausschlussgrund** gegeben sein. Hier ist an zweierlei zu den-   **27** ken:

Haben der Veräußerer und der Erwerber in dem Unternehmenskaufvertrag eine   **28** *abweichende Vereinbarung* über die Haftung des Erwerbers getroffen, so ist diese Vereinbarung nach § 25 II HGB einem Dritten gegenüber nur wirksam, wenn sie entweder in das Handelsregister eingetragen und bekanntgemacht oder von dem Erwerber oder dem Veräußerer dem Dritten mitgeteilt worden ist. Die Eintragung des Haftungsausschlusses im Handelsregister ist bereits dann möglich, wenn die Möglichkeit einer Bejahung der Haftungsvoraussetzungen des § 25 I 1 HGB ernsthaft in Betracht kommt.[159] Ob ein derartiger Haftungsausschluss in der Praxis vereinbart und im Handelsregister eingetragen wird, hängt einerseits von der Professionalität der (anwaltlichen) Beratung beim Unternehmenskaufvertrag, andererseits von

---

[152] *BGH* ZIP 2009, 2244, 2245 (Rn. 18) m.w.N.

[153] *BGH* ZIP 2010, 83 f.; vgl. hierzu *Müller/Kluge*, NZG 2010, 256 ff.

[154] *BGH* ZIP 2008, 2116 f.: Unternehmensfortführung i.S.v. § 25 I 1 HGB liegt auch dann vor, wenn der Unternehmensveräußerer und der Unternehmenserwerber etwa ein Jahr lang parallel am Markt werbend tätig waren und der Erwerber das Unternehmen in dieser Zeit nach und nach übernommen hat.

[155] *OLG Zweibrücken* ZIP 2014, 569, 570.

[156] *BGH* ZIP 2012, 2007, 2009 (Rn. 18). Nach *BGH* ZIP 2004, 1103 löst z.B. die Fortführung eines unter der Bezeichnung „Kfz-Küpper, Internationale Transporte, Handel mit Kfz.-Teilen und Zubehör aller Art" firmierenden einzelkaufmännischen Unternehmens als „Kfz-Küpper Transport und Logistik GmbH" die Haftung aus § 25 I 1 HGB aus. Nach *BGH* ZIP 2009, 2244, 2245 liegt eine Firmenfortführung i.S.v. § 25 I 1 HGB auch dann vor, wenn das Unternehmen einer „Autohaus R. GmbH" von der „R. Automobile GmbH" fortgeführt wird, und dies auch dann, wenn die „Autohaus R. GmbH" in den Wochen unmittelbar vor der Unternehmensübertragung unter einer anderen Firma im Handelsregister eingetragen war.

[157] *BGH* ZIP 2012, 2007, 2009 (Rn. 18) m.w.N.

[158] Baumbach/Hopt/*Hopt*, § 25 Rn. 7; siehe schon BGHZ 22, 234.

[159] *OLG Zweibrücken* ZIP 2014, 569, 570 m.w.N; *OLG Düsseldorf* ZIP 2015, 2176; *OLG München* ZIP 2015, 825 (betreffend die Übernahme der Geschäfte einer Rechtsanwalts-GmbH durch eine Partnerschaftsgesellschaft).

der Verhandlungssituation der Parteien ab. Selbst wenn der Erwerber im Innenverhältnis zum Veräußerer bestimmte im Unternehmenskaufvertrag bezeichnete Verbindlichkeiten übernehmen soll, bietet sich die Aufnahme eines Haftungsausschlusses gemäß § 25 II HGB an, um zu vermeiden, dass der Erwerber im Außenverhältnis gegenüber allen Altgläubigern haftet. Man muss dann jedoch auch die negative Signalwirkung in Kauf nehmen, die ggf. von einem solchen Haftungsausschluss ausgehen kann.[160] Die Vorschrift des § 25 II HGB kann allerdings dann keine Abhilfe schaffen, wenn das Unternehmen überhaupt nicht im Handelsregister eingetragen war und ist. Eine Eintragung nach § 25 II HGB entfaltet außerdem nur dann die gewünschte Wirkung, wenn sie alsbald nach der Unternehmensübertragung erfolgt. Die Eintragung sieben Monate danach genügt dieser Anforderung nicht.[161]

29   Die Haftung aus § 25 I 1 HGB kann für den Erwerber unter Umständen recht hart sein. Insbesondere bei der Übernahme insolventer Unternehmen, über deren Vermögen wegen Masselosigkeit kein Insolvenzverfahren eröffnet wurde, ist auf Seiten des Erwerbers äußerste Vorsicht geboten. Denn der Erwerber haftet hier nach der Rechtsprechung bei einer Firmenfortführung gegenüber den Gläubigern des insolventen Unternehmens.[162] Daran ändert sich auch dann nichts, wenn den Gläubigern die Zahlungsunfähigkeit des Unternehmensveräußerers im Moment der Begründung ihrer Forderungen gegen denselben bekannt war.[163]

30   Ist allerdings über das Vermögen des kaufmännischen Unternehmens ein **Insolvenzverfahren eröffnet** worden und veräußert der Insolvenzverwalter das Unternehmen an einen Erwerber, dann greift § 25 I 1 HGB im Wege einer teleologischen Reduktion nach allgemeiner Ansicht nicht ein.[164] Der Grund dieser Einschränkung liegt darin, dass das Unternehmen praktisch unverkäuflich wäre, wenn der Erwerber mit einer Haftung gegenüber allen Insolvenzgläubigern zu rechnen hätte.[165] Diese teleologische Reduktion des § 25 I 1 HGB setzt aber jeweils voraus, dass der Erwerber die Fortführung auch tatsächlich vom Insolvenzverwalter ableitet und gilt daher nach Ansicht des *BGH* nicht für den Fall, dass ein in Insolvenz befindliches Unternehmen von einem Dritten außerhalb des Insolvenzverfahrens lediglich tatsächlich fortgeführt wird; wirke nämlich der Insolvenzverwalter nicht mit, könne es nicht darum gehen, ihm durch den Ausschluss des § 25 I 1 HGB eine Verwertung des Unternehmens zu ermöglichen.[166]

⇨ *Fall Nr. 14 – Metallwarenfabrik*

31   Die **Rechtsfolge** des § 25 I 1 HGB ist, dass der Erwerber für die bestehenden Unternehmensverbindlichkeiten haftet und dies mit seinem gesamten, nicht nur dem übernommenen Betriebsvermögen. Beim Einzelkaufmann als Unternehmens-

---

[160] Dazu *Schricker*, ZGR 1972, 121, 147: „Krisen- und Alarmsignal".
[161] *OLG München* ZIP 2007, 1063.
[162] *BGH* NJW 1992, 911 und dazu Fall 14 – Metallwarenfabrik; dazu kritisch *Canaris*, HandelsR, § 7 Rn. 4, 16 und 27 (S. 99 f., 104 f. und 108).
[163] *BGH* NJW 2006, 1001.
[164] Zusammenfassend *BGH* ZIP 2014, 29, 30 f. (Rn. 17). Die zum Regelinsolvenzverfahren entwickelten Grundsätze mit lesenswerter Begründung auf die Eigenverwaltung übertragend *LAG Hamm* ZIP 2016, 2167 ff.
[165] Vgl. BGHZ 104, 151, 153 = NJW 1988, 1912; *BGH* ZIP 2014, 29, 30 f. (Rn. 17); Baumbach/Hopt/*Hopt*, § 25 Rn. 4; mit anderer Begründung auch *Canaris*, HandelsR, § 7 Rn. 25 (S. 108); ausführlich zum Unternehmenskauf in der Insolvenz *Bitter/Rauhut*, KSI 2007, 197 ff., 258 ff. (erhältlich unter www.zis.uni-mannheim.de bei den Unterlagen zum 3. Mannheimer Insolvenzrechtstag).
[166] *BGH* ZIP 2014, 29, 30 f. (Rn. 14-19).

erwerber haftet deshalb sogar dessen Privatvermögen. Allerdings kann der Erwerber dem Gläubiger – wie bei der Schuldübernahme (§ 417 BGB) – alle Einwendungen entgegensetzen, welche sich aus dem Rechtsverhältnis zwischen dem Gläubiger und dem Veräußerer des Unternehmens ergeben. Die Haftung bezieht sich nicht auf Verbindlichkeiten aus Privatgeschäften des Altunternehmers, weil der Erwerber nur für die „im Betriebe des Geschäfts begründeten Verbindlichkeiten des früheren Inhabers" einzustehen hat. Bei der Abgrenzung ist § 344 HGB zu beachten.

Tritt eine Haftung des Erwerbers nach § 25 I 1 HGB ein, dann wird dadurch **32** nach der klassischen Lesart der Norm nicht etwa – wie bei der Schuld- oder Vertragsübernahme – der Veräußerer aus seiner eigenen Haftung entlassen.[167] Vielmehr haftet der Veräußerer neben dem Erwerber fort. Es kommt also zu einer Art gesetzlichem Schuldbeitritt, auf den die Regeln über die Gesamtschuld anwendbar sind (§§ 421 ff. BGB). Allerdings begrenzt § 26 HGB die Forthaftung des Veräußerers für diese Fälle – vergleichbar der Nachhaftungsbegrenzung beim Austritt von Gesellschaftern aus einer Handelsgesellschaft (§ 159 HGB[168]) – in zeitlicher Hinsicht (5 Jahre).[169] Dies gilt auch, wenn der Erwerber zusätzlich aus einem vertraglichen Schuldbeitritt haftet.[170]

Ergibt sich die Haftung des Erwerbers nicht aus § 25 I HGB – etwa wegen fehlender Firmenfortführung oder Vereinbarung eines Haftungsausschlusses gemäß **33** § 25 II HGB –, kann er – wie § 25 III HGB klarstellt – gleichwohl für alle oder auch nur für einzelne Verbindlichkeiten nach allgemeinen Grundsätzen einstehen müssen, nämlich

– aufgrund handelsüblicher Bekanntmachung (Schuldbeitritt kraft einseitiger Erklärung gemäß § 25 III HGB),
– durch vereinbarte Schuld- bzw. Vertragsübernahme oder Schuldbeitritt,
– nach dem Grundsatz „Kauf bricht nicht Miete" aus § 566 BGB, oder
– nach besonderen Haftungsregeln, die keine Firmenfortführung voraussetzen und keinen Haftungsausschluss zulassen, insbes. der Eintritt in die Rechte und Pflichten aus einem Arbeitsverhältnis beim Betriebsübergang (§ 613a BGB) und die Erwerberhaftung für betriebsbezogene Steuern gemäß § 75 der Abgabenordnung (AO).[171]

2. Schutz der Altschuldner bei Zahlung an den Erwerber

§ 25 I 2 HGB enthält folgende Regelung: **34**

> „Die in dem Betriebe begründeten Forderungen gelten den Schuldnern gegenüber als auf den Erwerber übergegangen, falls der bisherige Inhaber oder seine Erben in die Fortführung der Firma gewilligt haben."

Ob diese Vorschrift eingreift, ist vor allem in den folgenden zwei (Klausur-)Konstellationen zu erörtern.

Erste Konstellation: Der Veräußerer und/oder der Erwerber eines Unternehmens **35** machen eine vor der Unternehmensübertragung in dem Unternehmen begründete

---

[167] Vgl. aber auch die auf einen echten Rechtsübergang hindeutenden Ansätze in Rn. 14 ff.
[168] Zum gemeinsamen Gedanken beider Regelungen BGHZ 42, 381 = NJW 1965, 439.
[169] Verfassungsrechtliche Bedenken gegen die Enthaftung des Veräußerers bei *Canaris*, HandelsR, § 7 Rn. 45 ff. (S. 115 ff.).
[170] BGHZ 42, 381 = NJW 1965, 439.
[171] Siehe dazu – bezogen auf den Unternehmenskauf in der Insolvenz – *Bitter/Rauhut*, KSI 2007, 197, 200 f. (Download: www.zis.uni-mannheim.de beim 3. Mannheimer Insolvenzrechtstag).

Forderung gegenüber dem Schuldner geltend. Dann stellt sich die **Frage nach der Aktivlegitimation**: Wessen Leistungsverlangen muss der Schuldner nachkommen? Dabei sind diejenigen Fälle unproblematisch, in denen die in dem Unternehmen begründete Forderung im Rahmen der Unternehmensübertragung nach den §§ 398 ff. BGB vom Veräußerer des Unternehmens an den Erwerber abgetreten wurde. In diesen Fällen ist unzweifelhaft, dass das Leistungsverlangen des Veräußerers unbegründet, das des Erwerbers hingegen begründet ist. § 25 I 2 HGB greift nicht ein.

36 Anders verhält es sich, wenn eine Abtretung nicht stattgefunden hat. Grundsätzlich gilt dann, dass der Veräußerer des Unternehmens Leistung vom Schuldner verlangen kann, nicht aber der Unternehmenserwerber. Umstritten ist, ob sich daran etwas ändert, wenn die Voraussetzungen des § 25 I 2 HGB vorliegen. Nach der jedenfalls bisher **h.L.**[172] ist das nicht der Fall. § 25 I 2 HGB bleibe außer Betracht. Das folge daraus, dass § 25 I 2 HGB eine reine Schuldnerschutzvorschrift sei, die auf die Aktivlegitimation keinen Einfluss habe. Diese stehe bei fehlender Abtretung der Forderung weiterhin dem Veräußerer des Unternehmens zu. Selbst bei Vorliegen der Voraussetzungen des § 25 I 2 HGB könne deshalb dieser, und nur dieser, die Forderung gegenüber dem Schuldner geltend machen.

37 Nach der in jüngerer Zeit zunehmenden **Gegenansicht** bewirkt § 25 I 2 HGB einen echten Forderungsübergang vom Veräußerer des Unternehmens auf den Erwerber.[173] Sogar ganze Vertragsverhältnisse sollen nach dieser Ansicht gemäß § 25 I HGB übergehen können (vgl. bereits → Rn. 14 ff.).[174] Folge dieses Verständnisses von § 25 I 2 HGB ist es, dass beim Fehlen einer Abtretung geprüft werden muss, ob die Voraussetzungen des § 25 I 2 HGB vorliegen. Ist das der Fall, so kann nur der Unternehmenserwerber, nicht aber der Veräußerer, Leistung vom Schuldner verlangen. Eine klare Stellungnahme des **Bundesgerichtshofs** zu diesem Streit über die dogmatische Einordnung von § 25 I 2 HGB liegt nicht vor.[175]

38 Für die jedenfalls früher h.L. spricht sicherlich der Wortlaut des § 25 I 2 HGB, und dies in zweierlei Hinsicht. Zum einen besagt § 25 I 2 HGB, dass die Forderungen als auf den Erwerber übergegangen *gelten*, nicht, dass sie tatsächlich übergehen. Zum anderen gelten die Forderungen nach dem Wortlaut der Vorschrift *den Schuldnern gegenüber* als abgetreten. Daraus kann man folgern, dass § 25 I 2 HGB den Schutz des Schuldners bezweckt. Der wesentliche Vorteil der Annahme eines echten Forderungsübergangs – oder gar eines Übergangs ganzer Vertragsverhältnisse – käme aber nicht dem Schuldner der Forderung, sondern dem Erwerber des Unternehmens und seinen Gläubigern zu, die in die Forderungen des Erwerbers nach §§ 828 f. ZPO vollstrecken können. Folgt man aus diesen Gründen der h.L., kann § 25 I 2 HGB in der hier erörterten Konstellation, in der sich die Frage nach der Aktivlegitimation stellt, von vornherein nicht eingreifen, weshalb auch nicht zu prüfen ist, ob die Voraussetzungen des § 25 I 2 HGB vorliegen.

39 Die in jüngerer Zeit Zulauf erhaltende Gegenansicht erschließt sich – wie dargelegt – allenfalls auf den zweiten Blick, gerade weil sie sich vom Wortlaut des § 25 I 2

---

[172] *Canaris*, HandelsR, § 7 Rn. 62 ff. (S. 123 ff.); MüKoHGB/*Lieb*, 2. Aufl. 2005, § 25 Rn. 102; Baumbach/Hopt/*Hopt*, § 25 Rn. 25 f.

[173] *K. Schmidt*, HandelsR, § 8 Rn. 52 ff. (S. 308 f.); *ders.*, ZGR 2014, 844, 852; MüKoHGB/*Thiessen*, § 25 Rn. 72.

[174] *K. Schmidt*, HandelsR, § 8 Rn. 55 (S. 309); *ders.*, ZGR 2014, 844, 852; MüKoHGB/*Thiessen*, § 25 Rn. 2, 24 ff., 81 ff.; eingehend die in Rn. 16 erwähnte Dissertation von *Flume*.

[175] Vgl. allerdings die vieldiskutierte Entscheidung *BGH* JZ 1992, 1028, die im Ergebnis nicht mit der h.L. zu vereinbaren ist; dazu MüKoHGB/*Thiessen*, § 25 Rn. 2, 72 m.w.N.

HGB löst. Sie wird nur vor dem Hintergrund des umfassenden Konzeptes der Unternehmenskontinuität verständlich, welches die mit dem Wechsel des Unternehmensträgers verbundene Gesamtproblematik in den Griff zu bekommen sucht (→ Rn. 11 ff.). Folgt man diesem in einer Klausurlösung erhöhten Begründungsaufwand fordernden Konzept, ist § 25 I 2 HGB für die Aktivlegitimation relevant: Liegen die Voraussetzungen der Norm vor, ist nicht mehr der Veräußerer, sondern der Erwerber des Unternehmens Inhaber der Forderungen aus den – auf letzteren übergegangenen – unternehmensbezogenen Rechtsverhältnissen.

Zweite Konstellation: Nach der Übertragung eines Unternehmens leistet der **40** Schuldner einer vor der Unternehmensübertragung in dem Unternehmen begründeten Forderung an den Veräußerer/Erwerber des Unternehmens. Dann stellt sich die **Frage nach der Erfüllungswirkung**, also danach, ob der Schuldner durch die Leistung von seiner Schuld frei geworden ist. Unproblematisch sind auch insoweit die Fälle, in denen es im Rahmen der Unternehmensübertragung zu einer Abtretung der Forderung nach §§ 398 ff. BGB gekommen ist. In diesen Fällen wird der Schuldner nach § 362 I BGB grundsätzlich nur durch Leistung an den Unternehmenserwerber frei. Die Leistung an den Unternehmensveräußerer führt nur dann zum Erlöschen der Schuld, wenn die Voraussetzungen des § 407 BGB vorliegen.

Fehlt es hingegen an einer Forderungsabtretung, so gilt nach der **h.L.**[176], die § 25 **41** I 2 HGB als Schuldnerschutzvorschrift auffasst (→ Rn. 36, 38), dass der Schuldner nach § 362 I BGB in erster Linie durch Leistung an den Unternehmensveräußerer von seiner Schuld frei wird. Bei Vorliegen der Voraussetzungen des § 25 I 2 HGB führt aber auch die Leistung an den Unternehmenserwerber nach § 362 I BGB i.V.m. § 25 I 2 HGB zum Erlöschen der Forderung.

Nach der Gegenansicht stellt sich die Rechtslage hingegen wie in Fällen einer **42** ausdrücklichen Abtretung dar (→ Rn. 37, 39). Sind die Voraussetzungen des § 25 I 2 HGB erfüllt, findet ein Übergang des unternehmensbezogenen Rechtsverhältnisses statt mit der Folge, dass der Erwerber der zu befriedigende Gläubiger i.S.v. § 362 I BGB ist und die Leistung an den bisherigen Inhaber nur bei fehlender Kenntnis vom Übergang analog § 407 BGB Erfüllungswirkung hat.[177]

Soweit es nach den vorstehenden Ausführungen auf die Voraussetzungen des **43** § 25 I 2 HGB ankommt, sind die folgenden, im Vergleich zu § 25 I 1 HGB um ein Tatbestandsmerkmal erweiterten Punkte zu prüfen:

– Handelsgeschäft (→ Rn. 23)
– Erwerb unter Lebenden (→ Rn. 24 f.)
– Firmenfortführung (→ Rn. 26)
– Einwilligung des bisherigen Inhabers oder seiner Erben in die Firmenfortführung (→ Rn. 44)
– kein Ausschlussgrund (→ Rn. 45)

Das gegenüber § 25 I 1 HGB zusätzliche Merkmal des § 25 I 2 HGB ist die **Ein-** **44** **willigung des bisherigen Inhabers oder seiner Erben in die Firmenfortführung.** Diesem Merkmal liegt auf der Basis des jedenfalls früher herrschenden Verständnisses des § 25 HGB der Gedanke zugrunde, dass es dem Veräußerer bzw. seinen Erben gegenüber nur bei Vorliegen einer solchen Einwilligung gerechtfertigt ist, der Leistung des Schuldners an den Erwerber befreiende Wirkung zuzuerkennen.

---

[176] *Canaris*, HandelsR, § 7 Rn. 62 ff. (S. 123 ff.); MüKoHGB/*Lieb*, 2. Aufl. 2005, § 25 Rn. 102; Baumbach/Hopt/*Hopt*, § 25 Rn. 25 f.; a.A. *K. Schmidt*, HandelsR, § 8 Rn. 52 ff. (S. 308 f.).

[177] MüKoHGB/*Thiessen*, § 25 Rn. 77 und 80 m.w.N.

45   Als **Ausschlussgrund** kommt vor allem § 25 II HGB in Betracht, ferner der Erwerb vom Insolvenzverwalter (→ Rn. 27 ff.). Nach umstrittener Ansicht entfällt der Schuldnerschutz des § 25 I 2 HGB zudem, wenn der Schuldner positive Kenntnis vom Fehlen einer Abtretung hat.[178] Schließlich wird § 25 I 2 HGB zum Teil für unanwendbar gehalten, wenn die fragliche Forderung einem Abtretungsverbot unterliegt oder ihre Abtretung formbedürftig ist.[179]

⇨ *Fall Nr. 15 – Der ratlose Schuldner*

46   Kommt auf der Basis der herrschenden, § 25 I 2 HGB als Schuldnerschutzvorschrift auffassenden Ansicht einer Leistung des Schuldners an den Unternehmenserwerber aufgrund der Anwendung von § 25 I 2 HGB Erfüllungswirkung zu, so hat der Unternehmensveräußerer einen Regressanspruch gegen den Unternehmenserwerber aus § 816 II BGB sowie ggf. aus § 280 I BGB.

III. Wechsel des Unternehmensträgers von Todes wegen (§ 27 HGB)

47   Verstirbt der Inhaber eines Unternehmens, was nur beim Einzelkaufmann, nicht aber bei Gesellschaften als Unternehmensträgern denkbar ist, wird über § 27 HGB auf § 25 HGB verwiesen. Absatz 1 der Vorschrift lautet:

> „Wird ein zu einem Nachlasse gehörendes Handelsgeschäft von dem Erben fortgeführt, so finden auf die Haftung des Erben für die früheren Geschäftsverbindlichkeiten die Vorschriften des § 25 entsprechende Anwendung.“

48   Die dadurch begründete handelsrechtliche Haftung beim Wechsel des Unternehmensträgers von Todes wegen tritt neben die erbrechtliche Haftung aus §§ 1922, 1967 BGB und ist im Gegensatz zu jener (§§ 1975 ff. BGB: Nachlassverwaltung oder Nachlassinsolvenz) nicht auf den Nachlass beschränkbar. Die Vorschrift des § 27 HGB befasst sich dabei – anders als die §§ 25, 28 HGB – nicht umfassend mit dem Problem der Unternehmenskontinuität, also der Erhaltung der Verbindung zwischen „dem Unternehmen" und seinen zugehörigen Rechtsverhältnissen (→ Rn. 11 ff.), weil der Übergang jener Rechtsverhältnisse auf den Erben und dessen Haftung mit dem Unternehmensvermögen – dem Nachlass – ohnehin aus dem Erbrecht folgt. Es geht vielmehr in § 27 HGB nur um die Haftung des Erben mit seinem sonstigen (Privat-)Vermögen für die Altverbindlichkeiten des geerbten Unternehmens.[180] Insoweit besteht eine Parallele zu der Regelung in § 130 HGB, die für den in eine oHG eintretenden Gesellschafter ebenfalls eine unbeschränkte Haftung für Altverbindlichkeiten anordnet.[181]

49   Da einzelkaufmännische Unternehmen heute selten geworden sind und die GmbH die Geschäftstätigkeit in Deutschland dominiert, hat die Vorschrift in der Praxis keine große Bedeutung. Zu prüfen sind:

– Handelsgeschäft eines Einzelunternehmers (→ Rn. 50)
– Fortführung durch den Erben (→ Rn. 51)

---

[178] Vgl. zum Meinungsstand *Canaris*, HandelsR, § 7 Rn. 72 (S. 126), der die Auffassung vertritt, die bloße Kenntnis des Schuldners von der fehlenden Abtretung lasse den Schuldnerschutz nicht entfallen; vielmehr entfalle der Schuldnerschutz nur dann, wenn der Schuldner zudem das Fehlen der Abtretung „ohne Schwierigkeiten beweisen kann".
[179] Vgl. hierzu *Canaris*, HandelsR, § 7 Rn. 70 f. (S. 126); *Jung*, HandelsR, § 19 Rn. 13.
[180] *K. Schmidt*, HandelsR, § 8 Rn. 125 (S. 327 f.).
[181] Die Parallele ist streitig; vgl. *K. Schmidt*, HandelsR, § 8 Rn. 130 (S. 329 f.) mit Nachweisen auch zur Gegenansicht; zu § 130 HGB siehe *Bitter/Heim*, GesR, § 6 Rn. 18.

– keine Einstellung des Betriebs in der Bedenkzeit des § 27 II HGB (→ Rn. 52)
– Voraussetzungen des § 25 HGB, str. (→ Rn. 53)

§ 27 I HGB setzt zunächst voraus, dass das Unternehmen zuvor von einer natür- 50
lichen Person geführt wurde, die nach der – dem Wortlaut der Vorschrift folgenden –
h.M. **Einzel***kaufmann* im Sinne der §§ 1 ff. HGB gewesen sein muss.[182] Nach der Gegenansicht ist die Vorschrift analog auf nichtkaufmännische Unternehmen anwendbar.[183] Unstreitig gilt § 27 HGB nicht bei der Vererbung von Gesellschaftsanteilen.

Der das Unternehmen in seinem wesentlichen Bestand[184] **fortführende Erbe** kann 51
eine natürliche oder juristische Person sein. Unerheblich ist, worauf die Erbschaft
beruht (Gesetz, Testament, Erbvertrag). Der Erbe muss das Unternehmen nicht persönlich fortführen, sondern kann sich dazu auch eines Bevollmächtigten bedienen.
Nicht als Erbe gilt, wer die Erbschaft ausschlägt (§ 1953 I BGB).

Gemäß § 27 II HGB kann der Erbe die in § 27 I HGB angeordnete Haftung mit 52
seinem sonstigen Vermögen vermeiden, indem er die Fortführung innerhalb von drei
Monaten nach Kenntnis vom Anfall der Erbschaft einstellt. Entgegen der früher
vom RG[185] vertretenen Ansicht bedeutet Einstellung nicht notwendig die Zerschla-
gung des Unternehmens, sondern **Aufgabe der Unternehmensträgerschaft**, welche
sich auch durch Veräußerung oder Einbringung des Unternehmens in einer Gesellschaft ohne persönliche Haftung vollziehen kann.[186] Eine Parallelnorm findet sich
in § 139 III HGB; danach kann der Erbe eines Komplementärs innerhalb der gleichen Drei-Monats-Frist seine volle persönliche Haftung mit dem Gesamtvermögen
durch einen Wechsel in die Kommanditistenstellung vermeiden.

Nach h.M. stellt die in § 27 I HGB enthaltene Bezugnahme auf § 25 HGB eine 53
Rechtsgrundverweisung dar; damit ist insbesondere eine Firmenfortführung erforderlich und ein Haftungsausschluss durch (unverzügliche) Eintragung im Handelsregister entsprechend § 25 II HGB möglich.[187] Die Gegenansicht betont die Parallele
zu § 130 HGB (→ Rn. 48); dort gibt es gemäß § 130 II HGB keinen Haftungsausschluss.[188] Wichtig zu erkennen ist jedenfalls, dass sich ein Haftungsausschluss
nur auf die in § 27 I HGB angeordnete Haftung mit dem sonstigen (Privat-)Ver-
mögen des Erben beziehen kann und damit – im Gegensatz zu § 25 II HGB – nicht
auch die Haftung mit dem Unternehmensvermögen beschränkbar ist, weil jene aus
dem Erbrecht folgt (→ Rn. 48).

IV. Einbringung in eine neu gegründete oHG/KG (§ 28 HGB)

§ 28 I 1 HGB bestimmt: 54

„Tritt jemand als persönlich haftender Gesellschafter oder als Kommanditist in das Geschäft
eines Einzelkaufmanns ein, so haftet die Gesellschaft, auch wenn sie die frühere Firma nicht
fortführt, für alle im Betriebe des Geschäfts entstandenen Verbindlichkeiten des früheren Geschäftsinhabers."

---

[182] Baumbach/Hopt/*Hopt*, § 27 Rn. 2; *de lege lata* auch MüKoHGB/*Thiessen*, § 27
Rn. 41 ff.; Argument ist die bei fehlender Eintragung im Register unmögliche Anwendung des
§ 25 II HGB.

[183] K. *Schmidt*, HandelsR, § 8 Rn. 133 (S. 331).

[184] Dazu → Rn. 25.

[185] RGZ 56, 196, 199.

[186] *Canaris*, HandelsR, § 7 Rn. 108 (S. 138); K. *Schmidt*, HandelsR, § 8 Rn. 150 (S. 337 f.)
m.w.N.

[187] *Canaris*, HandelsR, § 7 Rn. 111 (S. 139) m.w.N.

[188] K. *Schmidt*, HandelsR, § 8 Rn. 146 f. (S. 335 f.).

55   Die Formulierung des Gesetzes („Eintritt in das Geschäft eines Einzelkauf-manns") ist missverständlich, weil man in ein einzelkaufmännisches Unternehmen – anders als in eine Gesellschaft – im Grunde nicht eintreten kann. Die Vorschrift meint den Fall, dass ein einzelkaufmännisches Unternehmen in eine neu zu grün-dende offene Handelsgesellschaft (oHG) oder Kommanditgesellschaft (KG) einge-bracht wird. Der bisher allein tätige Einzelkaufmann sucht sich einen Partner, der sich entweder als persönlich haftender Gesellschafter an einer neu gegründeten of-fenen Handelsgesellschaft (oHG)[189] oder als Kommanditist an einer neu gegründe-ten Kommanditgesellschaft (KG)[190] beteiligt. Wird das bisher einzelkaufmännische Unternehmen in die neue offene Handelsgesellschaft (oHG) oder Kommanditgesell-schaft (KG) eingebracht, dann haftet diese Gesellschaft gemäß § 28 I 1 HGB für die früheren Verbindlichkeiten des einzelkaufmännischen Unternehmens auch dann, wenn die Firma **nicht** fortgeführt wird. Zu prüfen sind:

– Handelsgeschäft, str. (→ Rn. 56)
– Gründung einer oHG/KG, str. (→ Rn. 57)
– Einbringung des Handelsgeschäfts in die neu gegründete oHG/KG (→ Rn. 58)
– keine abweichende Vereinbarung i.S.v. § 28 II HGB (→ Rn. 59)

56   Nach dem Wortlaut des § 28 HGB muss es sich um das **Unternehmen eines Einzel-kaufmanns** handeln, welches in die neu gegründete Gesellschaft eingebracht wird. Die inzwischen wohl h.M. wendet die Vorschrift jedoch ebenfalls an, wenn das von einer Personenhandelsgesellschaft oder juristischen Person (z.B. GmbH) betriebene Unter-nehmen in eine neu gegründete oHG oder KG eingebracht wird.[191] Streitig ist – wie bei § 25 HGB (→ Rn. 23) – die Anwendung des § 28 auf nichtkaufmännische, insbe-sondere kleingewerbliche Unternehmen.[192] Der *BGH* hat die Analogie in jüngeren Entscheidungen zumindest für Anwaltskanzleien, welche wegen der freiberuflichen Tätigkeit keine Gewerbebetriebe sind (→ § 2 Rn. 7 ff.) verneint und dies mit dem We-sen der anwaltlichen Leistung als einer in besonderem Maße persönlichen und eigen-verantwortlichen Dienstleistung begründet, bei der folglich keine allgemeine Verbin-dung zu „dem Unternehmen" bestehe;[193] offen gelassen hat er jedoch explizit, ob eine analoge Anwendung bei sonstigen nichtkaufmännischen Unternehmen in Betracht kommen kann.[194] Nach h.L. ist dies jedenfalls dann der Fall, wenn der neue Unter-nehmensträger bei Geschäftsaufnahme eine oHG oder KG ist, weil (nur) dann ein Haftungsausschluss durch Eintragung im Register nach § 28 II HGB möglich sei.[195]

57   Nach h.M. gilt § 28 HGB nur bei der **Gründung einer Personen(handels)gesell-schaft** (oHG/KG[196]), während bei der Einbringung in eine neu gegründete juristische

---

[189] Beide haften dann unbeschränkt (vgl. § 128 HGB); vgl. dazu *Bitter/Heim*, GesR, § 6 Rn. 13 ff.

[190] Der bisherige Einzelkaufmann haftet dann als Komplementär weiter unbeschränkt, der eintretende Kommanditist haftet beschränkt in Höhe seiner Haftsumme (vgl. §§ 128, 161 II, 171 I HGB); vgl. dazu *Bitter/Heim*, GesR, § 7 Rn. 5 ff.

[191] MüKoHGB/*Thiessen*, § 28 Rn. 19; *K. Schmidt*, HandelsR, § 8 Rn. 85 (S. 317) m.w.N. in Fn. 99.

[192] Dazu auch *Bitter/Heim*, GesR, § 5 Rn. 46. Für eine generelle Anwendung des § 28 HGB auf die Einbringung in jede Art von Personengesellschaft *K. Schmidt*, HandelsR, § 8 Rn. 83 ff. (S. 316 ff.) m.N. auch zu Gegenpositionen.

[193] BGHZ 157, 361 = NJW 2004, 836; *BGH* ZIP 2012, 28 = NJW-RR 2012, 239.

[194] BGHZ 157, 361, 365 f. = NJW 2004, 836, 837 (juris-Rn. 13 f.); *BGH* ZIP 2010, 2042, 2043 (Rn. 5: „wofür gute Gründe angeführt werden können").

[195] MüKoHGB/*Thiessen*, § 28 Rn. 13; weitergehend *K. Schmidt*, HandelsR, § 8 Rn. 88 f. (S. 318): auch bei Entstehung einer GbR.

[196] Zum Recht der oHG und KG vgl. *Bitter/Heim*, GesR, §§ 6 und 7.

Person (insbes. GmbH; auch Vor-GmbH[197]) § 25 HGB zur Anwendung kommt.[198] Wird ein Unternehmen in eine schon bestehende Gesellschaft eingebracht, wird teilweise für eine analoge Anwendung des § 28 HGB plädiert, während andere auf § 25 HGB abstellen.[199]

Die **Einbringung** des Unternehmens muss nicht notwendig durch eine Übertra- 58 gung in das Gesellschaftsvermögen, sondern kann auch zur Nutzung erfolgen (Unternehmenspacht). Der neue Unternehmensträger muss die Firma des eingebrachten Unternehmens nicht fortführen. Darin liegt nach dem Wortlaut des Gesetzes ein Unterschied zu § 25 HGB (vgl. aber auch → Rn. 17). Wer die nach dem Wortlaut des § 28 I HGB „eintretende" Person ist, also der Gründungspartner des bisherigen Unternehmensträgers, wird im Gesetz nicht näher definiert. Dies kann eine natürliche Person oder Gesellschaft sein. Auch die „Fusion" zweier Unternehmen, welche nicht nach dem Umwandlungsgesetz (UmwG), sondern durch Einbringung in eine neu gegründete (Personenhandels-)Gesellschaft erfolgt, fällt folglich unter § 28 HGB.

Es darf **kein Haftungsausschlussgrund** gegeben sein. Die Vorschrift des § 28 II 59 HGB ist insoweit eine Parallelnorm zu § 25 II HGB (→ Rn. 28). Beide sind rechtspolitisch gleichermaßen umstritten (→ Rn. 17).

Die **Rechtsfolge** des § 28 I 1 HGB ist – wie bei § 25 I 1 HGB – eine volle Haftung 60 des neuen Unternehmensträgers für die Unternehmensverbindlichkeiten des alten, nicht aber für dessen private Schulden (→ Rn. 31). Für die Verbindlichkeiten der „eintretenden" Person haftet der neue Unternehmensträger hingegen nicht,[200] es sei denn, jene Person bringt ihrerseits ein Unternehmen ein (→ Rn. 58).

Für die Verbindlichkeiten der neu gegründeten oHG oder KG haften deren Ge- 61 sellschafter ihrerseits gemäß §§ 128, 161 II, 171 HGB. Wird der bisherige Unternehmensinhaber Kommanditist und kommt es zu einer Haftung der neu gegründeten Gesellschaft für seine Verbindlichkeiten, so ist die Nachhaftung entsprechend § 26 HGB auf fünf Jahre ab Eintragung der Gesellschaft im Handelsregister begrenzt (§ 28 III HGB).

⇨ *Fall Nr. 16 – Syntec KG*

§ 28 I 2 HGB enthält außerdem eine dem § 25 I 2 HGB vergleichbare Vorschrift, 62 deren Gehalt entsprechend unterschiedlich interpretiert werden kann: Entweder man versteht sie gemäß ihrem Wortlaut als reine Schutzvorschrift zugunsten der Altschuldner des Einzelkaufmanns. Diese können dann ihre nach wie vor gegenüber dem bisherigen Einzelkaufmann bestehenden Verbindlichkeiten auch durch Leistung an die neue Gesellschaft erfüllen (→ Rn. 41). Oder man sieht § 28 I HGB als sprachlich unvollkommenen Ausdruck des Übergangs der unternehmensbezogenen Rechtsverhältnisse auf den neuen Unternehmensträger – die neu gegründete Gesellschaft – an. Dann kann der Altschuldner schon deshalb wirksam an die neue Gesellschaft leisten, weil alle Rechte (und Pflichten) auf diese übergegangen sind; eine Leistung an den bisherigen Unternehmensinhaber, den Einzelkaufmann, hat nur

---

[197] Zum Recht der GmbH siehe *Bitter/Heim*, GesR, § 4, zur Vor-GmbH insbes. Rn. 37 ff.
[198] BGHZ 143, 314 = NJW 2000, 1193; a.A. z.B. MüKoHGB/*Thiessen*, § 28 Rn. 10 m.w.N. zum Streitstand.
[199] Für die Analogie zu § 28 HGB MüKoHGB/*Thiessen*, § 28 Rn. 11 m.w.N.; a.A. *Canaris*, HandelsR, § 7 Rn. 98 (S. 135) m.w.N.; im Ansatz auch *K. Schmidt*, HandelsR, § 8 Rn. 101 (S. 321), der jedoch über § 25 HGB zum gleichen Ergebnis gelangt, weil er dort auf eine Firmenfortführung verzichtet.
[200] *BGH* ZIP 2010, 2042, 2043 (Rn. 6).

unter den Voraussetzungen des § 407 BGB Erfüllungswirkung (→ Rn. 42), so wie es nach der traditionellen Sichtweise nur in Fällen ausdrücklicher Abtretung der Forderungen an die Gesellschaft der Fall ist (→ Rn. 40 f.).

> **Hinweis für die Examensvorbereitung:** In handelsrechtlichen Klausuren *auf Examensniveau* bietet es sich an, die Regelungen des § 25 I 1 HGB und des § 28 I 1 HGB im Zusammenhang mit § 729 II ZPO abzufragen, vgl. hierzu *K. Schmidt*, HandelsR, § 7 Rn. 96 ff. (S. 281 f.) und die Fallbearbeitung von *Lamprecht/Bicker*, JA 2004, 28 ff.

§ 6. Stellvertretung und Hilfspersonen im Handelsrecht

1   Das Handelsrecht kennt besondere Vorschriften über die Stellvertretung, mit denen die bürgerlich-rechtlichen Vorschriften der §§ 164 ff. BGB[201] ergänzt werden (§§ 48 ff. HGB, → Rn. 2 ff.), sowie einige Sonderregeln über kaufmännische Hilfspersonen, die arbeitsrechtlichen Charakter haben (§§ 59 ff. HGB; → Rn. 70 f.).*

I. Die handelsrechtliche Stellvertretung

2   Ausgangspunkt der handelsrechtlichen Stellvertretung sind die allgemeinen Vorschriften des Bürgerlichen Gesetzbuchs zur Stellvertretung, also die **§§ 164 ff. BGB**. Auch in der handelsrechtlichen Klausur sind deshalb die aus dem Allgemeinen Teil des BGB bekannten Grundvoraussetzungen zu prüfen[202]:
– eigene Willenserklärung des Vertreters
– Handeln im Namen des Vertretenen (Offenkundigkeit)
– Vertretungsmacht des Vertreters

3   Im Rahmen des Prüfungspunktes der Vertretungsmacht sind die besonderen Regelungen zur handelsrechtlichen Stellvertretung zu berücksichtigen, die in den §§ 48 ff. HGB enthalten sind.

1. Prokura (§§ 48 ff. HGB)

4   Die Prokura ist ein **Unterfall der Vollmacht**, also der rechtsgeschäftlich erteilten Vertretungsmacht.[203] Sie ist insbesondere kein Fall der gesetzlichen Vertretungsmacht. Als Vertretungsmacht betrifft sie allein die Frage, ob und in welchem Umfang der Prokurist den Geschäftsherrn gegenüber Dritten rechtsgeschäftlich binden kann (Außenverhältnis). Davon streng zu unterscheiden ist die Frage nach der Rechtsbeziehung zwischen dem Geschäftsherrn und dem Prokuristen (Innenverhältnis). Im Innenverhältnis wird in der Praxis regelmäßig ein wirksamer Dienstvertrag in Form eines Arbeitsvertrags bestehen. Das ist aber nicht zwingend der Fall. Insbesondere hat es auf den Bestand der Prokura (Außenverhältnis) keinen Einfluss,

---

[201] Zur Stellvertretung im BGB siehe *Bitter/Röder*, BGB AT, § 10.

* Zur Stellvertretung und zu den Hilfspersonen im Handelsrecht vgl. *K. Schmidt*, HandelsR, §§ 16 und 17 (S. 559 ff.); *Canaris*, HandelsR, §§ 12 ff. (S. 221 ff.); *Hübner*, HandelsR, § 5 (S. 123 ff.); *Brox/Henssler*, HandelsR, §§ 10 bis 12 (S. 109 ff.).

[202] Dazu ausführlich *Bitter/Röder*, BGB AT, § 10 Rn. 8 ff., wo zusätzlich noch auf die Anwendbarkeit der Stellvertretungsregeln (bei Willenserklärungen, nicht bei Realakten) und die Zulässigkeit der Stellvertretung (z.B. nicht bei höchstpersönlichen Rechtsgeschäften wie Eheschließung und Testamentserrichtung) eingegangen wird.

[203] Zur Unterscheidung der verschiedenen Arten der Vertretungsmacht siehe *Bitter/Röder*, BGB AT, § 10 Rn. 65 ff.

wenn der Arbeitsvertrag (Innenverhältnis) unwirksam ist oder ein solcher gar nicht abgeschlossen wurde. Die charakteristische Besonderheit der Prokura besteht darin, dass ihr Umfang gesetzlich geregelt ist. Zu prüfen sind:

– Erteilung der Prokura (→ Rn. 5 ff.)
– Umfang der Prokura (→ Rn. 12 ff.)
– kein Missbrauch der Vertretungsmacht (→ Rn. 29 ff.)
– kein Erlöschen der Prokura (→ Rn. 35 ff.)

a) Erteilung der Prokura

§ 48 I HGB bestimmt: 5

> „Die Prokura kann nur vom Inhaber des Handelsgeschäfts oder seinem gesetzlichen Vertreter und nur mittels ausdrücklicher Erklärung erteilt werden."

Über die **Person des Vertretenen** kann der Vorschrift entnommen werden, dass   6
dieser **Kaufmann i.S.v. §§ 1 ff. HGB** sein muss. Dazu zählen gemäß § 6 HGB auch die Handelsgesellschaften (→ § 2 Rn. 28 ff.). Für die Genossenschaft ist in § 42 GenG gesondert angeordnet, dass sie Prokura erteilen kann. Nichtkaufleute können Prokura nicht erteilen. Versuchen sie es dennoch (der Inhaber eines nicht ins Handelsregister eingetragenen Kleingewerbes i.S.v. § 2 HGB erklärt gegenüber einem Mitarbeiter, er erteile ihm „Prokura"), so liegt eine (wirksame) Prokuraerteilung nicht vor. Möglich ist aber die Umdeutung nach § 140 BGB in eine Generalhandlungsvollmacht i.S.v. § 54 HGB (dazu → Rn. 45, 47 ff.).

Über die **Person des Vertreters** (Prokurist) können dem § 48 I HGB keine Ein-   7
schränkungen entnommen werden. Gleichwohl bestehen solche. Zunächst kann Prokura **nur natürlichen Personen** erteilt werden.[204] Das ist zwar nicht logisch zwingend, folgt aber daraus, dass das Gesetz sich unter einem Prokuristen eine besondere Vertrauensperson vorstellt, also gerade nicht z.B. eine Gesellschaft mit beschränkter Haftung (GmbH), deren Handeln vom Willen wechselnder Geschäftsführer abhängen kann. Weiter kann der Prokurist nicht mit dem vertretenen Unternehmensträger identisch sein, denn niemand kann sein eigener Stellvertreter sein. Praktisch relevant wird diese Einschränkung, wenn der Prokurist eines Unternehmens dasselbe im Wege der Einzel- oder Gesamtrechtsnachfolge erwirbt und damit selbst zum Unternehmensträger wird. In einem solchen Fall erlischt die Prokura. Umstritten ist, ob Prokura auch den Organen einer Gesellschaft erteilt werden kann, die bereits aufgrund ihrer Organstellung Vertretungsmacht für die Gesellschaft haben (also z.B. einem von der Vertretung nicht ausgeschlossenen Gesellschafter einer offenen Handelsgesellschaft; vgl. § 125 I HGB); entgegen der h.M. sollte man dies mangels gegenteiliger Hinweise im Gesetz zulassen, wenn die organschaftliche Vertretungsmacht eine gemeinschaftliche zusammen mit mindestens einem anderen Organmitglied ist, die Prokura hingegen zur Vertretung unter erleichterten Bedingungen berechtigen soll (Einzelvertretung oder Vertretung neben einem [anderen] Prokuristen, → Rn. 26 f.).[205]

Beispiel: Die oHG-Gesellschafter A und B sind (nur) gemeinschaftlich zur Vertretung der Ge-   8
sellschaft berechtigt. A wird zusätzlich zum Prokuristen bestellt. In diesem Fall kann A als Prokurist im Umfang der Prokura (§ 49 HGB; → Rn. 12 ff.) die Gesellschaft allein vertreten, darüber hinaus – etwa bei der Grundstücksveräußerung (§ 49 II HGB) – aber nur gemeinsam mit B.

---

[204] So die ganz h.M., vgl. etwa *K. Schmidt*, HandelsR, § 16 Rn. 17 (S. 568).
[205] Dazu ausführlich *K. Schmidt*, HandelsR, § 16 Rn. 22 f. (S. 569 f.) mit Nachweisen auch zur Gegenansicht.

9   Bezüglich der **Art und Weise der Erteilung** sind zunächst die allgemeinen Regelungen des BGB zu beachten. Wie die allgemeine bürgerlichrechtliche Vollmacht kann die Prokura durch einseitige empfangsbedürftige Willenserklärung gegenüber dem Prokuristen erteilt werden (§ 167 I Alt. 1 BGB; Innenprokura). Das ist der Regelfall. Möglich ist es aber auch, die Prokura durch einseitige empfangsbedürftige Willenserklärung gegenüber dem Dritten zu erteilen, dem gegenüber die Vertretung stattfinden soll (§ 167 I Alt. 2 BGB; Außenprokura). Anerkannt ist zuletzt, dass die Prokuraerteilung – ebenso wie die Erteilung der allgemeinen bürgerlichrechtlichen Vollmacht – durch öffentliche Bekanntmachung erfolgen kann.[206] Auf diesen allgemeinen Regelungen aufbauend enthält § 48 I HGB zwei Aussagen zur Art und Weise der Prokuraerteilung: Zum einen muss die Prokura „von dem Inhaber des Handelsgeschäfts oder seinem gesetzlichen Vertreter" erteilt werden. Damit ist die Erteilung einer Unterprokura (Prokurist P erteilt X im Namen des Inhabers des Handelsgeschäfts Prokura) ausgeschlossen. Zum anderen muss die Erteilung „mittels ausdrücklicher Erklärung" erfolgen. Damit ist nicht gemeint, dass die die Prokura erteilende Willenserklärung das Wort „Prokura" zwingend enthalten muss. Ausreichend, aber auch erforderlich ist vielmehr jede ausdrückliche Erklärung, aus der der Wille, Prokura zu erteilen, zweifelsfrei hervortritt. In Betracht kommt deshalb weder eine konkludente Prokuraerteilung noch eine Duldungs- oder Anscheinsprokura.

10   Besonders hingewiesen sei darauf, dass es zur Wirksamkeit der Prokuraerteilung nicht erforderlich ist, dass diese in das Handelsregister eingetragen wird.[207] Zwar ist die Erteilung der Prokura nach § 53 I HGB eintragungspflichtig, jedoch wirkt die **Eintragung** der Prokura in das Handelsregister nur **deklaratorisch** (→ § 4 Rn. 5).

11   Handelt jemand als Prokurist, so hat er gemäß § 51 I HGB in der Weise zu zeichnen, dass er der Firma seinen Namen mit einem die Prokura andeutenden Zusatz beifügt (üblicherweise „ppa" = per procura autoritate [lat.]). Der Zusatz ist aber keine Formvorschrift i.S.v. § 125 BGB, sondern bloße Ordnungsvorschrift.

b) Umfang der Prokura

12   Nach § 49 I HGB umfasst die Prokura grundsätzlich **alle Arten von gerichtlichen und außergerichtlichen Geschäften und Rechtshandlungen**, die der Betrieb eines Handelsgewerbes mit sich bringt. Damit ist über den Umfang der Prokura dreierlei gesagt:

13   Erstens: Bezugspunkt für die Prüfung, ob ein bestimmtes Geschäft von der Prokura gedeckt ist, ist nicht das konkrete Handelsgewerbe, für das der Prokurist bestellt ist, sondern **irgendein Handelsgewerbe**. Der Prokurist einer Bank kann also auch eine LKW-Ladung Holz, der Prokurist einer Holzhandlung auch Wertpapiere ordern.

14   Zweitens: die Prokura umfasst nicht nur die gewöhnlichen Geschäfte, die der Betrieb irgendeines Handelsgewerbes mit sich bringen kann, sondern auch die **außergewöhnlichen Geschäfte**. Der Prokurist einer Holzhandlung kann also nicht nur Holz kaufen und verkaufen, sondern auch den Auftrag zur Lieferung einer neuen Ladeneinrichtung oder zur Errichtung einer Lagerhalle erteilen.

15   Drittens: die Prokura umfasst nur die Geschäfte, die der *Betrieb* irgendeines Handelsgewerbes mit sich bringt, also **nicht** solche, die das Organisationsrecht des

---

[206] Vgl. etwa *Canaris*, HandelsR, § 12 Rn. 5 (S. 222).
[207] Bei der Genossenschaft erfolgt die Eintragung ins Genossenschaftsregister (§ 42 I 2 GenG).

Handelsgewerbes betreffen (sog. **Grundlagengeschäfte**). Vom grundsätzlichen Umfang der Prokura sind demnach z.B. umfasst: Vertragsschlüsse, Klagen vor Gericht, gerichtliche Vergleiche, Einstellung von Personal, Kreditaufnahmen, Erteilung von Handlungsvollmacht (→ Rn. 40 ff.), Begründung/Beendigung von Mietverhältnissen. Die Prokura deckt wegen des Ausschlusses von Grundlagengeschäften aber nicht die Änderung der Firma oder des Geschäftsbereichs des Unternehmens (Umwandlung eines Weinhandels in eine Bank[208]), die Aufnahme neuer Gesellschafter oder die Einstellung/Verpachtung des Handelsgeschäfts, nach der *OLG*-Rechtsprechung zudem nicht die Anmeldung des Ausscheidens eines Geschäftsführers der GmbH[209] sowie der Änderung der Geschäftsanschrift zum Handelsregister.[210] Ausgenommen sind ferner solche Geschäfte, deren Vornahme das Gesetz ausdrücklich dem Inhaber vorbehält (sog. Inhabergeschäfte) wie die Erteilung von Prokura (→ Rn. 9) oder die Unterzeichnung des Jahresabschlusses (§ 245 HGB).

§ 49 II HGB enthält eine **gesetzliche Grenze der Prokura**: Zur „Veräußerung und **16** Belastung" von Grundstücken ist der Prokurist grundsätzlich nicht ermächtigt. Dabei ist mit „Veräußerung" und „Belastung" nicht nur das dingliche Verfügungsgeschäft gemeint, sondern auch das hierauf gerichtete schuldrechtliche Verpflichtungsgeschäft.[211] § 49 II HGB greift aufgrund einer teleologischen Reduktion aber nicht ein, wenn die Belastung eines Grundstücks im Zusammenhang mit dessen Erwerb geschieht, wie vor allem bei der Bestellung eines Grundpfandrechts zur Sicherung des Restkaufpreises.[212]

⇨ *Fall Nr. 17 – Restkaufgeldgrundschuld*

§ 50 HGB regelt, inwiefern die **Prokura** durch Rechtsgeschäft zwischen dem Inha- **17** ber des Handelsgeschäfts und dem Prokuristen *in gegenständlicher Hinsicht* beschränkt werden kann. Nach § 50 I und II HGB kann der Umfang der Prokura durch Rechtsgeschäft zwischen dem Inhaber und dem Prokuristen grundsätzlich nicht beschränkt werden. An dieser Stelle sei nochmals auf die Notwendigkeit hingewiesen, Außen- und Innenverhältnis gedanklich strikt voneinander zu trennen. § 50 I und II HGB stehen nur der Beschränkung des Umfangs der *Prokura* (Vertretungsmacht im Außenverhältnis) entgegen, nicht der Beschränkung der Befugnis des Prokuristen gegenüber dem Inhaber des Handelsgeschäfts (Befugnis im Innenverhältnis).

Beispiel: Dem Prokuristen einer Bank wird eine eigenständige Kreditvergabe nur bis **18** € 500.000 gestattet. Bei darüber hinausgehenden Krediten hat er das Einverständnis des Vorstands einzuholen. Vergibt der Prokurist trotz dieser Beschränkung einen Kredit über € 2 Mio. an den Kunden K, ist das Geschäft zwischen K und der Bank wegen § 50 I und II HGB voll wirksam (Außenverhältnis). Eine ganz andere Frage ist, welche Rechte die Bank gegenüber dem Prokuristen hat (Schadensersatzanspruch? Recht zur Kündigung des Arbeitsvertrages?), da dieser seine gegenüber der Bank bestehende Befugnis überschritten hat (Innenverhältnis).

§ 50 III HGB normiert eine Ausnahme zu dem Grundsatz des § 50 I und II HGB: **19** Wirksam ist die sog. „Filialprokura", die auf den Betrieb einer von mehreren Niederlassungen des Geschäftsinhabers beschränkt ist, wenn diese zur Kennzeichnung der Eigenständigkeit unter einer eigenen Firma geführt wird (z.B. mit dem Zusatz „Nie-

---

[208] Dadurch ist eine faktische, „schleichende" Änderung des Geschäftsgegenstandes durch Einzelgeschäfte außerhalb des bisherigen Geschäftsbereichs aber nicht gehindert.
[209] *OLG Düsseldorf* ZIP 2012, 969 f.
[210] Lesenswert *OLG Karlsruhe* ZIP 2014, 2181 ff. und *KG Berlin* ZIP 2016, 1986 ff. gegen *KG Berlin* ZIP 2014, 270 f.
[211] *K. Schmidt*, HandelsR, § 16 Rn. 32 (S. 574).
[212] *Canaris*, HandelsR, § 12 Rn. 17 (S. 225).

derlassung Mannheim"). Die Beschränkung der Prokura auf eine Filiale, die übrigens auch die Hauptniederlassung sein kann, ist ins Handelsregister einzutragen.

20   Nach § 48 II HGB kann die Erteilung der Prokura an mehrere Personen gemeinsam erfolgen (**Gesamtprokura**). Damit ist gemeint, dass die einem Prokuristen erteilte Prokura durch Rechtsgeschäft zwischen dem Inhaber des Handelsgeschäfts und dem Prokuristen *in funktioneller Hinsicht* dahin beschränkt werden kann, dass dem Prokuristen der Abschluss von Geschäften (Aktivvertretung) nur im Zusammenwirken mit einer anderen Person möglich ist. Auch diesbezüglich ist eine (deklaratorische) Eintragung im Handelsregister erforderlich (§ 53 I 2 HGB).

21   **Beispiel:** Der Inhaber eines Handelsgeschäfts K erteilte A Prokura, wobei er A gegenüber erklärt, dass dieser seine Vertretungsmacht nur im Zusammenwirken mit B ausüben könne. Will A nun ein Geschäft (z.B. einen Kaufvertrag) für K abschließen, so kann er das nur, wenn B bei der Vertretung mitwirkt (z.B. dadurch, dass auch B den schriftlichen Kaufvertrag unterschreibt). Tut B das nicht, so ist K an das Geschäft nicht gebunden.

22   In der Praxis treten unterschiedliche Erscheinungsformen der Gesamtprokura auf, für die sich die folgende Terminologie herausgebildet hat: Bei der *allseitigen Gesamtprokura* kann jeder Prokurist nur gemeinsam mit dem anderen handeln. Bei der *halbseitigen Gesamtprokura* wird Prokurist P1 Einzelprokura erteilt, während Prokurist P2 nur Gesamtprokura gemeinsam mit P1 hat.[213] Die jeweilige Beschränkung gilt nur für die Aktivvertretung, nicht aber für Rechtshandlungen Dritter gegenüber dem Kaufmann. Bei der Passivvertretung wird vielmehr der Rechtsgedanke der §§ 125 II 3 HGB, 26 II 2 BGB, 78 II 2 AktG, 35 II 2 GmbHG, 25 I 3 GenG entsprechend herangezogen, weshalb die Vornahme der Rechtshandlung – etwa der Zugang einer Kündigung – gegenüber einem Prokuristen ausreicht. Ferner genügt im Rahmen des § 166 I BGB, wenn ein Willensmangel, die Kenntnis oder das Kennenmüssen in der Person nur eines Prokuristen gegeben ist.[214] Ausnahmsweise kann allerdings auch im Bereich der Aktivvertretung ein gesamtvertretungsberechtigter Prokurist alleine handeln, wenn er dazu für einzelne oder der Gattung nach genau bestimmte Geschäfte unter Beachtung der Regeln der Gesamtvertretung ermächtigt worden ist.

23   Von der in § 48 II HGB angesprochenen Bindung mehrerer Prokuristen untereinander zu unterscheiden sind Fälle, in denen der Prokurist zur Vertretung nur gemeinsam mit einem organschaftlichen Vertreter einer Gesellschaft berechtigt ist. In §§ 125 III HGB, 78 III AktG, 25 II GenG wird die Möglichkeit eröffnet, die *gesetzliche* Vertretung durch Organmitglieder an die Mitwirkung eines Prokuristen zu binden (sog. *gemischte Gesamtvertretung*). Gleiches ist für die GmbH anerkannt.[215] In diesen Fällen der gesetzlichen Vertretung richtet sich der Umfang der Vertretungsmacht nach der des Organs, nicht der Prokura.[216] Allerdings ist nach dem gesellschaftsrechtlichen Grundsatz der Selbstorganschaft stets erforderlich, dass die Gesellschaft daneben auch noch allein durch ihre Organe vertreten werden kann. Es können also nicht sämtliche organschaftlichen Vertreter an die zwingende Mitwirkung eines Prokuristen gebunden werden.[217] Und ebenso kann sich der Einzelkaufmann als Inhaber des Geschäfts nicht dadurch selbst entmachten, dass er sich zwingend an die Mitwirkung eines Prokuristen bindet.

---

[213] Zum Sinn einer solchen Gesamtvertretungsbefugnis neben einer ohnehin zur Einzelvertretung befugten Person siehe instruktiv BGHZ 62, 166, 171 f. (juris-Rn. 12).

[214] BGHZ 62, 166, 173 (juris-Rn. 12 a.E.).

[215] BGHZ 99, 76, 78 (juris-Rn. 18).

[216] BGHZ 99, 76, 81 (juris-Rn. 22).

[217] Dazu *Bitter/Heim*, GesR, § 6 Rn. 41; *OLG München* ZIP 2017, 1855 (juris-Rn. 9): Unzulässigkeit einer Vetoposition des Prokuristen.

Von der gemischten gesetzlichen Gesamtvertretung ist die rechtsgeschäftliche zu 24 unterscheiden, die sog. *gemischte (unechte) Gesamtprokura.* Dabei wird genau umgekehrt die Ausübung der Prokura an die Mitwirkung eines organschaftlichen Vertreters der Gesellschaft gebunden. Die Zulässigkeit dieser Erscheinungsform der Gesamtprokura wird zum Teil aus §§ 125 III HGB, 78 III AktG, 25 II GenG,[218] zum Teil im Erst-recht-Schluss aus § 48 II HGB[219] hergeleitet. Da die Vertretungsmacht in diesem Fall aus der Vollmacht, der Prokura, hergeleitet ist, kommt es für die Wirksamkeit der im Außenverhältnis geschlossenen Geschäfte auf deren Grenzen an.[220]

Beispiel: P wird (rechtsgeschäftlich) zum Prokuristen der X-GmbH mit der Maßgabe bestellt, 25 dass er die Gesellschaft gemeinsam mit einem Geschäftsführer vertritt. Dann kann er zwar gemeinsam mit dem Geschäftsführer G ein Grundstück erwerben, nicht aber veräußern oder belasten (vgl. § 49 II HGB).[221] Wäre demgegenüber in der Satzung der GmbH bestimmt, dass die Gesellschaft durch entweder zwei Geschäftsführer oder einen Geschäftsführer mit einem Prokuristen vertreten wird, könnten P und G im Rahmen dieser gesetzlichen Vertretungsmacht auch gemeinsam ein Grundstück der GmbH veräußern oder belasten.

Die gemischte Gesamtprokura wird man nicht nur als *halbseitige* (der Prokurist 26 kann nur gemeinsam mit einem organschaftlichen Vertreter, dieser aber auch allein ohne den Prokuristen handeln), sondern auch als *allseitige* (der Prokurist kann nur gemeinsam mit dem organschaftlichen Vertreter handeln und umgekehrt) zulassen müssen. Im Grunde wird der organschaftliche Vertreter dann – was nach hier vertretener Ansicht zulässig ist (→ Rn. 7) – zusätzlich zum rechtsgeschäftlichen Vertreter (im Sinne eines Prokuristen) mit der Maßgabe einer letztlich echten Gesamtprokura neben einem sonstigen Prokuristen. Da sich die Vertretungsmacht in diesem Fall wiederum aus dem Rechtsgeschäft der Prokura ableitet, sind deren Grenzen maßgeblich.

Beispiel: Für eine X-GmbH erteilen deren zur gemeinschaftlichen Vertretung berechtigte 27 Geschäftsführer A und B dem P Prokura mit der Maßgabe, dass er die Gesellschaft gemeinsam mit A oder B vertreten kann. A und P bzw. B und P können dann gemeinsam für die GmbH ein Grundstück erwerben, nicht aber veräußern oder belasten (vgl. § 49 II HGB). Letzteres können nur A und B gemeinschaftlich aufgrund ihrer gesetzlichen Vertretungsmacht als Organe der GmbH.

Im Gegensatz zu all diesen Erscheinungsformen der Gesamtprokura ist die Ge- 28 samtprokura neben einem Stellvertreter unter Prokuristenniveau (z.B. neben einem Handlungsbevollmächtigten i.S.v. § 54 HGB) nicht zulässig. Dies ergibt der Rückschluss aus § 48 II HGB.

c) Missbrauch der Vertretungsmacht

Zu dem Prüfungspunkt des Missbrauchs der Vertretungsmacht sind in der Klausur 29 nur dann Ausführungen zu machen, wenn der Sachverhalt Anlass dazu gibt. Dies ist immer dann der Fall, wenn der Prokurist für den Vertretenen ein Geschäft tätigt, das vom Umfang der Prokura umfasst ist (Außenverhältnis), mit dessen Abschluss der Prokurist aber seine Befugnisse gegenüber dem Vertretenen überschreitet (Innenverhältnis). Es ist dann die Frage zu erörtern, ob das **Überschreiten der Befugnisse im**

---

[218] BGHZ 99, 76, 79 (juris-Rn. 19).

[219] *K. Schmidt,* HandelsR, § 16 Rn. 51 (S. 579 f.).

[220] BGHZ 99, 76, 81 (juris-Rn. 22); unrichtig, weil zu allgemein formulierend *Jung,* HandelsR, § 25 Rn. 15.

[221] Vorausgesetzt wird hier, dass der Geschäftsführer G seinerseits keine organschaftliche Einzelvertretungsmacht hat. Dann nämlich würde das Geschäft unabhängig von der Prokura des P aufgrund jener Einzelvertretungsmacht des G gegen die X-GmbH wirken.

Innenverhältnis entgegen der Grundregel des § 50 I und II HGB ausnahmsweise die Unwirksamkeit des Geschäfts im Außenverhältnis zur Folge hat. Dabei sind – wie im Lern- und Fallbuch zum BGB AT näher ausgeführt[222] – zwei Konstellationen zu unterscheiden:

30   Der Fall der **Kollusion** liegt vor, wenn sowohl der Prokurist als auch der Dritte wissen, dass der Abschluss des Geschäfts außerhalb der Innenbefugnisse des Prokuristen liegt und sie das Geschäft dennoch und bewusst zum Nachteil des Vertretenen abschließen. Ein solches Geschäft ist nach § 138 I BGB wegen Verstoßes gegen die guten Sitten nichtig.[223]

31   Der Fall des **offenkundigen Missbrauchs der Vertretungsmacht** ist tatbestandlich weiter gefasst. Er ist nicht nur dann gegeben, wenn der Dritte positive Kenntnis von der Befugnisüberschreitung durch den Prokuristen hat. Ausreichend ist vielmehr, dass der Missbrauch aus der Perspektive des Dritten „objektiv evident" ist.[224] Dabei ist objektive Evidenz des Missbrauchs in etwa gleichbedeutend mit grob fahrlässiger Unkenntnis auf Seiten des Dritten.[225] Voraussetzung ist also, dass der Dritte die im Verkehr erforderliche Sorgfalt (§ 276 II BGB) in besonders schwerem Maße außer Acht gelassen hat. Unerheblich ist, ob der Prokurist bewusst zum Nachteil des Vertretenen gehandelt hat oder ob er ein für den Vertretenen vorteilhaftes Geschäft abschließen wollte.[226]

32   Zum Teil umstritten ist, welche **Rechtsfolge** mit dieser Fallkonstellation des offenkundigen Missbrauchs der Vertretungsmacht verbunden ist. Dabei sind zwei Fragen auseinander zu halten:

33   **Erstens:** Nach welchen Vorschriften bestimmt sich die Rechtsfolge? – Nach der traditionellen Auffassung[227] liegt ein Anwendungsfall des § 242 BGB vor. Rechtsfolge der Anwendung des § 242 BGB sei, dass sich der Dritte nicht auf die Vertretungsmacht des Prokuristen berufen könne. Nach der Gegenansicht[228] ergibt sich die Rechtsfolge unmittelbar aus der analogen Anwendung der §§ 177 ff. BGB. Der Prokurist wird nach dieser Ansicht also wie ein Vertreter ohne Vertretungsmacht behandelt, so dass die Wirksamkeit des von ihm geschlossenen Vertrages von der Genehmigung durch den Vertretenen abhängt (vgl. § 177 I BGB).[229] Im Ergebnis unterscheiden sich beide Ansichten nicht, da die Rechtsprechung dem Vertretenen trotz an sich bestehender Vertretungsmacht ein Genehmigungsrecht analog § 177 I BGB zugesteht.[230] Nach beiden Ansichten ergibt sich also für den Dritten auch die Möglichkeit, Klarheit über die Rechtslage zu gewinnen (vgl. § 177 II BGB).

---

[222] Siehe *Bitter/Röder*, BGB AT, § 10 Rn. 221 ff.

[223] *Bitter/Röder*, BGB AT, § 10 Rn. 226 mit Beispiel Rn. 227.

[224] *BGH* NJW 1994, 2082; *BGH* NJW 1995, 250; *BGH* NJW 1999, 2883; *BGH* DB 2004, 2211; *BGH* DB 2004, 2213; *Hübner*, HandelsR, § 5 B III 2 c bb β (S. 131); dazu *Bitter/Röder*, BGB AT, § 10 Rn. 229 ff.

[225] Vgl. *K. Schmidt*, HandelsR, § 16 Rn. 76 f. (S. 588 f.); *Canaris*, HandelsR, § 12 Rn. 36 (S. 229).

[226] So für den parallel gelagerten Fall der Beschränkung der Vertretungsbefugnis eines GmbH-Geschäftsführers (vgl. § 37 II GmbHG) *BGH* ZIP 2006, 1391 in Klarstellung zu der oft – etwa bei *Oetker*, HandelsR, § 5 Rn. 41 – anders interpretierten Entscheidung BGHZ 50, 112, 114.

[227] *BGH* WM 1960, 611; *BGH* WM 1966, 491; BGHZ 50, 112.

[228] *K. Schmidt*, HandelsR, § 16 Rn. 67 ff. (S. 584 ff.); *Canaris*, HandelsR, § 12 Rn. 41 (S. 230); *Hübner*, HandelsR, § 5 B III 2 c bb γ (S. 132).

[229] Näher zur Vertretung ohne Vertretungsmacht *Bitter/Röder*, BGB AT, § 10 Rn. 236 ff.

[230] BGHZ 141, 357, 364 = NJW 1999, 2266, 2268; siehe auch *BGH* ZIP 2018, 214, 217 (Rn. 24); *Wolf/Neuner*, BGB AT, 11. Aufl. 2016, § 49 Rn. 104.

Zweitens: Wie ist ein eventuelles Mitverschulden des Vertretenen am Prokura- **34** missbrauch zu berücksichtigen? – Diese Frage stellte sich in der vieldiskutierten Entscheidung BGHZ 50, 112. In dem zu entscheidenden Fall hatte es nur deshalb zu einem offenkundigen Missbrauch der Prokura kommen können, weil der Vertretene den Prokuristen schlecht überwacht hatte. Der *BGH* hielt es deshalb nicht für angemessen, den Vertretenen gänzlich von der vertraglichen Haftung freizusprechen, so dass das Gericht den Rechtsgedanken des § 254 BGB heranzog, mit dem Ergebnis, dass die Ansprüche aus dem Geschäft zu einem dem Verschulden des Vertretenen entsprechenden Bruchteil als begründet angesehen wurden. Die Entscheidung wird von der h.L.[231] zu Recht kritisiert. § 254 BGB ist auf Schadensersatzansprüche und nicht auf Erfüllungsansprüche zugeschnitten. Das wird besonders deutlich, wenn man sich vor Augen führt, dass Erfüllungsansprüche auch auf unteilbare Leistungen gerichtet sein können und § 254 BGB für solche Leistungen nicht passt. Die Heranziehung des § 254 BGB ist auch nicht notwendig, da dem Dritten im Einzelfall mit einem Gegenanspruch auf Schadensersatz aus §§ 280 I, 241 II, 311 II, III BGB (*c.i.c.* = *culpa in contrahendo*) geholfen werden kann.[232]

⇨ *Fall Nr. 18 – Missbrauch der Vertretungsmacht*[233]

d) Erlöschen der Prokura

Die Prokura ist eine Unterart der Vollmacht, auf die die **allgemeinen Vollmachts- 35 regelungen (§§ 167 ff. BGB)** Anwendung finden. Die Prokura erlischt deshalb nach § 168 S. 1 BGB mit Beendigung des ihrer Erteilung zugrunde liegenden Rechtsverhältnisses – insbesondere mit der Kündigung des Anstellungsvertrags – und nach § 168 S. 2 BGB durch Widerruf.[234] Dabei ist der Widerruf bei der Prokura anders als bei der allgemeinen Vollmacht[235] nach **§ 52 I HGB** „jederzeit" möglich. Diese Regelung ist grundsätzlich zwingend. Daraus folgt, dass die Möglichkeit, die Prokura zu widerrufen, grundsätzlich nicht vertraglich abbedungen werden kann. Sollte also der Inhaber eines Handelsgewerbes mit einem seiner Prokuristen vertraglich vereinbart haben, die Prokura nicht zu widerrufen, und widerruft er danach die Prokura doch, so erlischt diese ungeachtet der vertraglichen Vereinbarung.[236] Eine Ausnahme von § 52 I HGB gilt allerdings für gesellschaftsvertragliche Vereinbarungen. Wird einem Gesellschafter in dem Gesellschaftsvertrag als sog. Vorzugs- oder Sonderrecht die Prokuristenstellung zugesagt, so darf die Prokura nur bei Vorliegen eines wichtigen Grundes widerrufen werden.[237] Ein gleichwohl erfolgter Widerruf ist allerdings zunächst wirksam; jedoch besteht die Pflicht, die Prokura erneut zu erteilen.[238]

Wird die Prokura gemäß § 52 I HGB widerrufen, erlischt damit nicht zugleich **36** auch das ihrer Erteilung zugrunde liegende Rechtsverhältnis, etwa der mit dem Prokuristen bestehende Anstellungsvertrag. Dieser ist nur nach den allgemeinen Regeln des Dienst- und Arbeitsrechts kündbar.

---

[231] *K. Schmidt*, HandelsR, § 16 Rn. 71 (S. 586 f.); *Canaris*, HandelsR, § 14 Rn. 42 (S. 231); *Hübner*, HandelsR, § 5 B III 2 c bb δ (S. 132).

[232] *K. Schmidt*, HandelsR, § 16 Rn. 71 (S. 586 f.); *Canaris*, HandelsR, § 14 Rn. 42 (S. 231); *Hübner*, HandelsR, § 5 B III 2 c bb δ (S. 132).

[233] Siehe aus dem Lern- und Fallbuch zum BGB AT auch Fall Nr. 64 – Mieser Enkel.

[234] Siehe allgemein zum Erlöschen der Vollmacht *Bitter/Röder*, BGB AT, § 10 Rn. 98 ff.

[235] Zur unwiderruflichen Vollmacht siehe *Bitter/Röder*, BGB AT, § 10 Rn. 104 ff.

[236] *BAG* NJW 1987, 862; *K. Schmidt*, HandelsR, § 16 Rn. 81 (S. 589 f.).

[237] BGHZ 17, 392; *K. Schmidt*, HandelsR, § 16 Rn. 81 (S. 589 f.).

[238] Siehe BGHZ 17, 392 ff., insbes. S. 396.

37   Weiter erlischt die Prokura, wenn ein nicht ins Handelsregister eingetragenes Handelsgewerbe z.B. wegen Geschäftsrückgangs **zu einem Kleingewerbe im Sinne des § 1 II HGB wird.** Das ist die notwendige Folge aus der in § 48 I HGB enthaltenen Regelung, dass die Prokura nur von dem Inhaber eines Handelsgeschäfts (oder seinem gesetzlichen Vertreter) erteilt werden kann. Hinzuweisen ist aber darauf, dass die Prokura in einem solchen Fall meist nicht ersatzlos wegfällt, sondern als Vollmacht nach §§ 167 ff. BGB aufrechterhalten werden kann.

38   Ferner erlischt die Prokura in folgenden Fällen:
– bei Veräußerung oder Einstellung des Geschäftsbetriebs durch den Inhaber
– durch den Tod des Prokuristen, weil sie unübertragbar ist (§ 52 II HGB) und folglich nicht auf die Erben übergehen kann, nicht hingegen beim Tod des Inhabers (§ 52 III HGB), weil das Gewerbe dann handlungsfähig bleiben soll, bis die sodann vom Prokuristen vertretenen Erben andere Entscheidungen treffen können
– bei Eröffnung des Insolvenzverfahrens über das Vermögen des Inhabers (§ 117 InsO)

39   Nach § 53 II HGB ist das Erlöschen der Prokura in gleicher Weise wie die Erteilung zur Eintragung in das Handelsregister anzumelden. Ebenso wie bei der Erteilung wirkt die **Eintragung nur deklaratorisch.**

⇨ *Fälle Nr. 10 und 11 – Der ungetreue Prokurist I und II*

2. Handlungsvollmacht (§ 54 HGB)

40   Wie der Name schon sagt, ist die Handlungsvollmacht (ebenso wie die Prokura) ein Unterfall der Vollmacht, also der **rechtsgeschäftlich erteilten Vertretungsmacht.** Die charakteristische Besonderheit der Handlungsvollmacht liegt darin, dass das Gesetz für ihren Umfang eine gesetzliche Vermutung aufstellt. Zu prüfen sind:
– Erteilung der Handlungsvollmacht (→ Rn. 41 ff.)
– gesetzlich vermuteter Umfang der Handlungsvollmacht (→ Rn. 47 ff.)
– keine Beschränkung des gesetzlich vermuteten Umfangs der Handlungsvollmacht (→ Rn. 57 ff.)
– kein Erlöschen der Handlungsvollmacht (→ Rn. 60)

a) Erteilung der Handlungsvollmacht

41   **§ 54 I HGB** bestimmt:

„Ist jemand ohne Erteilung der Prokura zum Betrieb eines Handelsgewerbes oder zur Vornahme einer bestimmten zu einem Handelsgewerbe gehörigen Art von Geschäften oder zur Vornahme einzelner zu einem Handelsgewerbe gehöriger Geschäfte ermächtigt, so erstreckt sich die Vollmacht (Handlungsvollmacht) auf alle Geschäfte und Rechtshandlungen, die der Betrieb eines derartigen Handelsgewerbes oder die Vornahme derartiger Geschäfte gewöhnlich mit sich bringt.“

42   Nach ihrem Wortlaut verlangt die Vorschrift ein Handelsgewerbe und somit, dass die **Person des Vertretenen** Kaufmann i.S.v. §§ 1 ff. HGB sein muss. In Übereinstimmung mit einer im Vordringen befindlichen Literaturmeinung ist § 54 HGB auf Nichtkaufleute aber analog anzuwenden.[239]

---

[239] Nach *K. Schmidt*, HandelsR, § 16 Rn. 97 (S. 596) gilt die analoge Anwendung des § 54 HGB für „alle Unternehmensträger", nach *Canaris*, HandelsR, § 13 Rn. 32 f. (S. 238 f.) für

In Bezug auf die **Person des Vertreters** (Handlungsbevollmächtigter) bestehen 43
keine Einschränkungen. Insbesondere kann die Handlungsvollmacht (im Gegensatz
zur Prokura) nach h.M. auch einer juristischen Person erteilt werden.[240]

Die **Art und Weise der Erteilung** der Handlungsvollmacht richtet sich nach 44
§ 167 I BGB. Einschränkungen bestehen nicht. Insbesondere muss die Handlungsvollmacht (anders als die Prokura, vgl. § 48 I HGB) nicht „von dem Inhaber des
Handelsgeschäfts oder seinem gesetzlichen Vertreter" und auch nicht „mittels
ausdrücklicher Erklärung" erteilt werden. Sie kann also beispielsweise auch durch
einen Prokuristen oder anderen Handlungsbevollmächtigten (Unterhandlungsvoll-
macht) und durch konkludente Erklärung erfolgen. Auch eine Duldungs- oder An-
scheinshandlungsvollmacht ist möglich.

Anders als bei der Prokura gibt es **drei verschiedene Arten der Handlungsvollmacht,** 45
die im Rahmen der Frage, ob Handlungsvollmacht erteilt worden ist, voneinander
abgegrenzt werden müssen. Bei der *Generalhandlungsvollmacht* wird der Handlungsbevollmächtigte „zum Betrieb eines Handelsgewerbes", bei der *Arthandlungsvollmacht* „zur Vornahme einer bestimmten zu einem Handelsgewerbe gehörigen Art von
Geschäften" und bei der *Spezialhandlungsvollmacht* „zur Vornahme einzelner zu einem Handelsgewerbe gehöriger Geschäfte" ermächtigt. Welche Art der Handlungsvollmacht vorliegt, ist durch Auslegung der Erteilungshandlung nach §§ 133, 157
BGB zu ermitteln. Die in der Praxis häufigste Art der Handlungsvollmacht ist die
Arthandlungsvollmacht (z.B. Kassierer, Verkäufer, Schalterangestellter einer Bank).

Anders als bei der Prokura (vgl. § 53 HGB) kann die Erteilung der Handlungs- 46
vollmacht nicht in das Handelsregister eingetragen werden, da es an einer gesetzlichen Bestimmung, die die Eintragung vorschreibt oder jedenfalls zulässt, fehlt.[241]

b) Gesetzlich vermuteter Umfang der Handlungsvollmacht

Der gesetzlich vermutete Umfang der Handlungsvollmacht ergibt sich aus § 54 I 47
HGB. Die *Generalhandlungsvollmacht* erstreckt sich demnach auf „alle Geschäfte
und Rechtshandlungen, die der Betrieb eines derartigen Handelsgewerbes [...] gewöhnlich mit sich bringt". Wichtig ist, dass die Generalhandlungsvollmacht (anders
als die Prokura) auf Geschäfte beschränkt ist, die der Betrieb eines *derartigen* Handelsgewerbes mit sich bringt. Branche, Art und Größe des Unternehmens spielen
hier eine entscheidende Rolle.

Beispiel: Der Generalhandlungsbevollmächtigte eines kleinen Bauunternehmens besitzt Ver- 48
tretungsmacht, wenn er die Lieferung von Baumaterial in Auftrag gibt, nicht aber, wenn er 50
PKW bestellt oder Wertpapiere in großem Umfang handelt. Der Prokurist hätte hingegen Vertretungsmacht für solche Geschäfte, weil es bei ihm nur darauf ankommt, ob der Vertragsschluss
zum Betrieb „eines" Handelsgewerbes gehören kann, also z.B. eines Auto- oder Wertpapier-
händlers.

Bei einem Großunternehmen kann es zudem darauf ankommen, wie die Aufga- 49
benverteilung innerhalb eines solchen Unternehmens üblicherweise erfolgt. Handelt
es sich bei dem Unternehmen, das Generalhandlungsvollmacht erteilt, um eine Gesellschaft, die Tochtergesellschaften hält, erstreckt sich die Generalhandlungsvoll-

---

„kaufmannsähnliche Personen", nach MüKoHGB/*Krebs*, § 54 Rn. 8 für „nichtkaufmännische
Unternehmen (Kleingewerbetreibende, Freiberufler), die Leistungen am Markt anbieten".

[240] Baumbach/Hopt/*Hopt*, § 54 Rn. 7; einschränkend *K. Schmidt*, HandelsR, § 16 Rn. 89
(S. 593).

[241] *OLG Hamburg* GmbHR 2009, 252 ff.

macht regelmäßig auch auf die Ausübung der Stimmrechte des Unternehmens in den Gesellschafterversammlungen der Tochtergesellschaften.[242]

50   Die *Arthandlungsvollmacht*, also die Ermächtigung zur Vornahme einer bestimmten zu einem Handelsgewerbe gehörigen Art von Geschäften, berechtigt zur Vornahme solcher „Geschäfte und Rechtshandlungen, die […] die Vornahme derartiger Geschäfte gewöhnlich mit sich bringt."

51   **Beispiel:** Wer als Verkäufer in einem Einzelhandelsgeschäft angestellt ist, kann wirksam für den Geschäftsinhaber die im Laden angebotenen Waren verkaufen und übereignen, nicht aber wirksam Waren ankaufen. Umgekehrt kann ein angestellter Einkäufer Ware bei Dritten zur Lieferung an den Geschäftsinhaber bestellen, nicht aber Gegenstände des Unternehmens veräußern.

52   Entsprechendes gilt für die *Spezialhandlungsvollmacht*. Auch hier ist die Beschränkung auf „derartige" Geschäfte zu beachten.

53   **Beispiel:** Wer vom Geschäftsinhaber mit der Errichtung einer neuen Lagerhalle betraut wurde, kann wirksam den Werkvertrag mit dem Unternehmer abschließen, der die Halle errichten soll, oder den Kaufvertrag über das erforderliche Baumaterial, nicht aber für den Inhaber ein Auto oder einen Kopierer an- oder verkaufen.

54   Bei allen drei Formen der Handlungsvollmacht ist zudem die – für die Prokura nicht geltende – Beschränkung auf „gewöhnliche" Geschäfte zu beachten. Dazu gehören Vertragsschlüsse, die in dem konkreten Betrieb zum Alltagsgeschäft gehören, nicht aber solche, die nur ganz selten vorgenommen werden.

55   **Beispiel:** Der Generalhandlungsbevollmächtigte eines Baustoffhandels kann Baumaterial an- und verkaufen oder einen neuen Gabelstapler für das Lager erwerben, nicht aber mit Wirksamkeit für den Geschäftsinhaber die Errichtung einer neuen Lagerhalle in Auftrag geben.

⇨ *Fall Nr. 19 – Handlungsvollmacht*

56   Wie sich § 55 HGB entnehmen lässt, kann eine Handlungsvollmacht auch für Abschlussvertreter im **Außendienst** des Unternehmens erteilt werden, seien sie selbstständig als Handelsvertreter (→ § 9 Rn. 22 ff.) oder unselbstständig als Handlungsgehilfen tätig. Allerdings wird der Umfang der Vertretungsmacht im Außendienst durch die Einzelregelungen des § 55 I bis III HGB begrenzt.

c) Beschränkung des gesetzlich vermuteten Umfangs der Handlungsvollmacht

57   Eine **gesetzliche Beschränkung** des Umfangs der Handlungsvollmacht enthält § 54 II HGB:

„Zur Veräußerung oder Belastung von Grundstücken, zur Eingehung von Wechselverbindlichkeiten, zur Aufnahme von Darlehen und zur Prozessführung ist der Handlungsbevollmächtigte nur ermächtigt, wenn ihm eine solche Befugnis besonders erteilt wird."

58   Die Vorschrift ist grundsätzlich aus sich heraus verständlich. Hervorzuheben ist aber, dass mit „Veräußerung oder Belastung von Grundstücken" (wie bei § 49 II HGB zur Prokura) sowohl das dingliche Verfügungsgeschäft als auch das schuldrechtliche Verpflichtungsgeschäft gemeint sind.[243]

59   Aus § 54 III HGB ergibt sich, dass weitergehende **rechtsgeschäftliche Beschränkungen** des gesetzlich vermuteten Umfangs der Handlungsvollmacht (anders als grundsätzlich bei der Prokura, vgl. § 50 I und II HGB) zulässig sind. Die Vorschrift stellt aber klar, dass ein Dritter diese Beschränkungen nur gegen sich gelten lassen muss, wenn er sie kannte oder kennen musste.

---

[242] *BGH* ZIP 2008, 2260.
[243] MüKoHGB/*Krebs*, § 54 Rn. 37 und § 49 Rn. 43 ff.

d) Erlöschen der Handlungsvollmacht

Ebenso wie die Prokura erlischt die Handlungsvollmacht nach § 168 BGB durch 60
Beendigung des Grundverhältnisses und durch Widerruf.

3. Ladenangestellter (§ 56 HGB)

§ 56 HGB bestimmt: 61

„Wer in einem Laden oder in einem offenen Warenlager angestellt ist, gilt als ermächtigt zu
Verkäufen und Empfangnahmen, die in einem derartigen Laden oder Warenlager gewöhnlich
geschehen."

Die Vorschrift dient dem Verkehrsschutz. Ihre dogmatische Einordnung ist höchst 62
umstritten, aber wenig praxisrelevant. Die h.L. geht davon aus, dass in § 56 HGB
ein Tatbestand der Rechtsscheinhaftung gesetzlich geregelt ist (vgl. aber auch
→ Rn. 66).[244] In der Klausur ist es nicht ratsam, auf die Frage nach der dogmati-
schen Einordnung einzugehen. Es empfiehlt sich vielmehr folgender Zweischritt:
Zunächst wird geprüft, ob erkennbar eine tatsächlich erteilte Vollmacht vorliegt,
deren Umfang das konkrete Geschäft abdeckt. Nur wenn das nicht der Fall ist, wird
erörtert, ob sich die Vertretungsmacht aus § 56 HGB ergibt. Ist die (ausdrückliche)
Erteilung einer Vollmacht und/oder ihr Umfang schwierig festzustellen, kann man
zumindest in einer Klausur für Fortgeschrittene die Frage auch mit dem Hinweis
darauf offen lassen, dass jedenfalls die Voraussetzungen des § 56 HGB erfüllt sind.
Zu prüfen sind insoweit:

– Voraussetzungen der Vertretungsmacht aus § 56 HGB (→ Rn. 63 ff.)
– Umfang der Vertretungsmacht (→ Rn. 68)
– keine Bösgläubigkeit des Dritten (→ Rn. 69)

a) Voraussetzungen der Vertretungsmacht aus § 56 HGB

Über die **Person des Vertretenen** ist dem Wortlaut des § 56 HGB keine Aussage zu 63
entnehmen. Wegen des engen systematischen Zusammenhangs mit § 54 HGB
kommt die (direkte) Anwendung des § 56 HGB aber nur in Betracht, wenn der Vertretene Kaufmann i.S.v. §§ 1 ff. HGB ist. Allerdings ist § 56 HGB (ebenso wie § 54
HGB) auf Nichtkaufleute analog anzuwenden.[245]

Der Vertretene muss einen **Laden oder** ein **offenes Warenlager** betreiben. Diese 64
Begriffe sind weit auszulegen. Jedes dem Publikum offen zugängliche Geschäftslokal
fällt darunter, insbesondere auch Verkaufsflächen im Freien, selbst wenn sie nur
vorübergehend unterhalten werden.

In Bezug auf die **Person des Vertreters** bestimmt § 56 HGB, dass er in dem Laden 65
oder offenen Warenlager „angestellt" sein muss. Angestellt in diesem Sinne ist, wer
mit Wissen und Wollen des Unternehmensträgers in die Verkaufstätigkeit eingeschaltet ist. Ob zwischen dem Unternehmensträger und dem Vertreter ein vertragli-
ches Verhältnis besteht oder nicht, ist im Rahmen des § 56 HGB irrelevant; auch ein
ohne Gehaltsanspruch im Laden mithelfendes Familienmitglied kann folglich „angestellt" i.S.v. § 56 HGB sein.

Da § 56 HGB eine bewusste Einschaltung in die Verkaufstätigkeit voraussetzt 66
und folglich nicht anwendbar ist, wenn Personen ohne Wissen und Wollen des Unternehmensträgers im Laden mit dem Publikum verkehren (z.B. eine Reinigungs-

---

[244] Vgl. etwa *Canaris*, HandelsR, § 14 Rn. 5 (S. 240 f.).
[245] *K. Schmidt*, HandelsR, § 16 Rn. 128 (S. 607 f.).

kraft oder ein Packer[246]), ist praktisch kein Fall denkbar, in dem der „angestellten" Person nicht mindestens konkludent Vollmacht erteilt wurde. Im Grunde regelt § 56 HGB daher nur einen Spezialfall der Arthandlungsvollmacht gemäß § 54 HGB, nämlich diejenige für Ladenangestellte, und bestimmt für diese den Umfang.

67   Über den **Ort der Ausübung der Vertretungsmacht** trifft § 56 HGB keine ausdrückliche Aussage. Nach der h.M.[247] verlangt § 56 HGB nicht, dass das Geschäft gerade **in** dem Laden oder offenen Warenlager abgeschlossen wird. Ausreichend ist vielmehr ein gewisser räumlicher und zeitlicher Zusammenhang mit dem Geschäftslokal. Dieser besteht beispielsweise auch dann noch, wenn sich das Geschäft in dem Geschäftslokal nur angebahnt hat und später außerhalb zum Abschluss kommt.

b) Umfang der Vertretungsmacht

68   § 56 HGB deckt nach seinem Wortlaut nur „Verkäufe und Empfangnahmen" und diese auch nur, soweit sie in dem jeweiligen Laden oder Warenlager „gewöhnlich geschehen". Mit dem Begriff **„Verkauf"** ist nicht nur der schuldrechtliche Kaufvertrag i.S.v. §§ 433 ff. BGB gemeint. Die entsprechenden dinglichen Verfügungsgeschäfte (vor allem die Übereignung einer verkauften beweglichen Sache nach §§ 929 ff. BGB) fallen auch darunter. Dagegen werden **Ankäufe nicht erfasst.**[248] Umstritten ist, ob dies auch dann gilt, wenn der Ankauf in einem engen wirtschaftlichen Zusammenhang mit einem Verkauf steht, wie beispielsweise bei der Inzahlungnahme eines Gebrauchtwagens durch einen Autoverkäufer. Zutreffenderweise werden auch solche Ankäufe von § 56 HGB nicht gedeckt.[249] Der Begriff **„Empfangnahme"** meint die Entgegennahme nicht nur des Kaufpreises, sondern beispielsweise auch von angelieferter Ware. Ob ein bestimmtes Verkaufsgeschäft oder eine bestimmte Empfangnahme in dem jeweiligen Geschäftslokal **„gewöhnlich geschehen",** richtet sich in erster Linie danach, welcher Branche das konkrete Geschäftslokal angehört.

⇨ *Fall Nr. 20 – Ladenangestellter*

c) Keine Bösgläubigkeit des Dritten

69   Nach nahezu einhelliger Meinung im Schrifttum kann sich der Dritte nicht auf § 56 HGB berufen, wenn er das tatsächliche Fehlen einer wirksamen Vollmacht **kannte oder kennen musste** (Rechtsgedanke aus §§ 173 BGB, 54 III HGB).[250]

II. Hilfspersonen im Handelsrecht

70   In den **§§ 59 ff. HGB** finden sich Regelungen, die nichts mit den davor stehenden Vorschriften zur handelsrechtlichen Stellvertretung zu tun haben, sondern sich mit dem Innenverhältnis zwischen einem Kaufmann/kaufmännischen Unternehmen und

---

[246] Zu der im Einzelfall aber denkbaren Anscheins- und Duldungsvollmacht siehe *K. Schmidt*, HandelsR, § 16 Rn. 131 (S. 609).

[247] Zum Meinungsstand MüKoHGB/*Krebs*, § 56 Rn. 20 ff., der selbst allerdings nicht der h.M. folgt.

[248] *BGH* NJW 1988, 2109; *K. Schmidt*, HandelsR, § 16 Rn. 132 (S. 609).

[249] Ebenso noch *K. Schmidt*, HandelsR, 5. Aufl. 1999, § 16 V 3 e (S. 495 f.); für die Anwendung des § 56 HGB in solchen Fällen hingegen MüKoHGB/*Krebs*, § 56 Rn. 26; die Frage nunmehr offen lassend *K. Schmidt*, HandelsR, 6. Aufl. 2014, § 16 Rn. 132 (S. 609 f.).

[250] *K. Schmidt*, HandelsR, § 16 Rn. 134 (S. 610 f.); *Canaris*, HandelsR, § 14 Rn. 5 (S. 240).

seinen angestellten Handlungsgehilfen und Handlungslehrlingen befassen. Es handelt sich um eine fragmentarische Regelung, die die allgemeinen Regeln des Arbeitsrechts ergänzt, insbesondere ein Wettbewerbsverbot[251] für die Angestellten enthält.[252]

Von diesen unselbstständigen (angestellten) Hilfspersonen des Kaufmanns sind **71** die **selbstständigen Hilfspersonen** zu trennen, die i.d.R. selbst Kaufleute i.S.v. §§ 1 ff. HGB sind. Dazu gehören neben dem Handelsvertreter (§§ 84 ff. HGB), dem Handelsmakler (§§ 93 ff. HGB) und dem Kommissionär (§§ 383 ff. HGB), auf die noch näher eingegangen werden wird (→ § 9), auch der Frachtführer (§§ 407 ff. HGB), der Spediteur (§§ 453 ff. HGB) und der Lagerhalter (§§ 467 ff. HGB).

§ 7. Handelsgeschäfte

Das vierte Buch des HGB enthält unter dem Titel „Handelsgeschäfte" in den **1** ersten zwei Abschnitten Rechtsregeln, die die Bestimmungen des BGB für einzelne Rechtsgeschäfte modifizieren.* Diese Rechtsregeln unterteilt das Gesetz in allgemeine Vorschriften (§§ 343 ff. HGB, dazu → Rn. 2 ff.) und in Vorschriften zum Handelskauf (§§ 373 ff. HGB, dazu → Rn. 64 ff.). Zu den allgemeinen Vorschriften gehören unter anderem die Regelungen über das Kontokorrent (§§ 355 ff. HGB). Da die laufende Rechnung (das Kontokorrent) insbesondere auch beim Girokonto bedeutsam ist und es sich u.a. aufgrund dieser bankrechtlichen Bezüge um eine Sondermaterie handelt, wird es in diesem Buch in einem eigenen Abschnitt behandelt (→ § 8). Das im dritten Abschnitt der „Handelsgeschäfte" geregelte Kommissionsgeschäft (§§ 383 ff. HGB) findet sich in diesem Buch im Vertriebsrecht (→ § 9 Rn. 103 ff.), während auf die im vierten bis sechsten Abschnitt enthaltenen Sondermaterien des Transport- und Lagergeschäfts nicht eingegangen wird.

I. Allgemeine Vorschriften

In den §§ 343 ff. HGB finden sich allgemeine Vorschriften über Handelsgeschäfte, **2** d.h. diejenigen Sonderregeln, die auf bürgerlichrechtliche Rechtsverhältnisse Anwendung finden, wenn daran Kaufleute beteiligt sind.

1. Begriff des Handelsgeschäfts

Die Terminologie des HGB verwirrt auf den ersten Blick, weil der Begriff des „Han- **3** delsgeschäfts" in den §§ 343 ff. HGB anders zu verstehen ist als etwa in § 25 HGB. Während dort das kaufmännische Unternehmen als solches gemeint ist, welches auf einen Erwerber übertragen wird, beziehen sich die hier zu besprechenden Vorschriften auf die einzelnen Geschäftsabschlüsse, also etwa die Kauf-, Werk-, Bürgschafts- und sonstigen Verträge, die der kaufmännische Unternehmensträger (Einzelkaufmann oder Gesellschaft) abschließt. Neben derartigen Vertragsschlüssen sind zudem auch

---

[251] Siehe zur allgemeinen Geltung der §§ 60, 61 HGB auch für Arbeitnehmer, die nicht Handlungsgehilfen sind, *BAG* ZIP 2008, 37.
[252] Vgl. dazu näher *K. Schmidt*, FS Alfred Söllner, 2000, S. 1047 ff.
* Zu den Handelsgeschäften vgl. *K. Schmidt*, HandelsR, §§ 18 f. und 22 f. (S. 631 ff. und 769 ff.); *Canaris*, HandelsR, §§ 20 ff. (S. 329 ff.); *Hübner*, HandelsR, §§ 6 ff. (S. 166 ff.); *Brox/Henssler*, HandelsR, §§ 14 ff. (S. 152 ff.).

einseitige Rechtsgeschäfte wie Kündigung oder Rücktritt und rechtsgeschäftsähnliche Handlungen wie Mahnungen, Fristsetzungen oder Mitteilungen erfasst.

4 Gemäß **§ 343 I HGB** sind Handelsgeschäfte alle Geschäfte eines Kaufmanns, die zum Betrieb seines Handelsgewerbes gehören. Zu prüfen sind:
 – Kaufmann i.S.v. §§ 1 ff. HGB bei Vornahme des Geschäfts (→ § 2)
 – Zugehörigkeit des Geschäfts zum Betrieb des Handelsgewerbes

5 Schließt ein Kaufmann ein Rechtsgeschäft, z.B. einen Kaufvertrag, in seiner Eigenschaft als Unternehmer ab, dann finden die Sonderregeln über die Handelsgeschäfte Anwendung. Ob er dabei selbst oder über (nichtkaufmännische) Stellvertreter handelt, ist unerheblich, weil es nur auf die Kaufmannseigenschaft der rechtlich gebundenen Person ankommt.[253] Tätigt ein Kaufmann hingegen private Geschäfte, kauft er also z.B. für den häuslichen Gebrauch in einem Lebensmittelgeschäft ein, dann gehört das entsprechende Geschäft nicht „zum Betrieb seines Handelsgewerbes". Es unterfällt dann auch nicht den Sonderregeln der §§ 343 ff. HGB. Bedeutsam ist diese Unterscheidung indes nur bei Einzelkaufleuten, also bei natürlichen Personen mit Kaufmannseigenschaft. Bei Handelsgesellschaften (§ 6 HGB) ist sie demgegenüber gegenstandslos, weil bei ihnen jedes Geschäft notwendig betriebszugehörig ist; eine „private Sphäre", der das Geschäft zugerechnet werden könnte, existiert bei Handelsgesellschaften nicht.[254] Die Beweislast für die private Natur eines Rechtsgeschäfts trägt gemäß § 344 I HGB der Einzelkaufmann, wobei die gesetzliche Vermutung für ein Handelsgeschäft nur widerlegt werden kann, wenn diese private Natur für den Geschäftspartner auch erkennbar war.[255]

6 **Beispiel:** Bauunternehmer B bestellt auf einem Briefbogen seines Unternehmens einen Fernseher, den er privat zu Hause nutzen will. Selbst wenn er diese Nutzungsart beweisen kann, nutzt ihm dies nichts, weil der Geschäftspartner wegen des verwendeten Briefbogens von einem geschäftlichen Einsatz des Fernsehers ausgehen musste. Anders sieht es hingegen aus, wenn B im Elektrofachhandel den Fernseher kauft, ohne sich als Bauunternehmer auszugeben. Dann ist die Vermutung des § 344 I HGB widerlegbar.

7 Die handelsrechtlichen Sonderregeln sind im Grundsatz auch dann anwendbar, wenn nur eine der an einem Vertrag beteiligten Parteien Kaufmann ist (sog. **einseitiges Handelsgeschäft**, § 345 HGB). So kann sich z.B. ein Kaufmann mündlich verbürgen (§ 350 HGB), ohne dass es darauf ankäme, ob auch der Gläubiger Kaufmann ist. Oder es kann ein Kontokorrent i.S.v. § 355 HGB zwischen einem Kaufmann und einem Nichtkaufmann vereinbart werden, insbesondere bei einem Girovertrag zwischen Bank und Privatkunde (→ § 8 Rn. 8). Allerdings ist in verschiedenen Vorschriften ausdrücklich bestimmt, dass ein **beiderseitiges Handelsgeschäft** vorausgesetzt wird, etwa bei der auf 5 % erhöhten Zinspflicht des § 352 HGB, dem Anspruch auf Fälligkeitszinsen aus § 353 HGB oder der Untersuchungs- und Rügepflicht des § 377 HGB. In jenen Fällen muss also für beide Seiten die Kaufmannseigenschaft und die Zugehörigkeit des Geschäfts zum Betrieb des Handelsgewerbes geprüft werden.

8 Die wichtigsten der für Handelsgeschäfte geltenden Sonderregeln in den §§ 343 ff. HGB wurden bereits zu Beginn vorgestellt (→ § 1 Rn. 3). Die dortigen Ausführungen sollen nun vertieft und vervollständigt werden.

---

[253] Soll jedoch ein Vertreter ohne Vertretungsmacht gemäß § 179 BGB in Anspruch genommen werden (insbes. aus einer mündlichen Bürgschaft), kommt es auf seine Kaufmannseigenschaft an.
[254] *BGH* NJW 1960, 1852, 1853.
[255] *BGH* WM 1976, 424, 425 (juris-Rn. 30).

2. Besonderheiten beim Vertragsschluss

Ebenso wie im Bürgerlichen Recht wird das **Schweigen auf ein Vertragsangebot** 9
auch im Handelsrecht grundsätzlich nicht als Annahme gewertet.[256] Allerdings gibt
es – um dem gesteigerten Interesse des Handelsverkehrs an Leichtigkeit, Sicherheit
und Schnelligkeit Rechnung zu tragen – Ausnahmen zu dieser Grundregel.

a) Schweigen auf Geschäftsbesorgungsanträge (§ 362 HGB)

Nach § 362 I HGB gilt das Schweigen auf ein Vertragsangebot unter bestimmten 10
Voraussetzungen als Annahme des Angebots. Zu prüfen sind:
- Empfänger des Vertragsangebots = Kaufmann i.S.v. §§ 1 ff. HGB
- Zugang eines Antrags auf Geschäftsbesorgung
- im Rahmen einer Geschäftsbeziehung oder vorherige invitatio ad offerendum des
  Kaufmanns
- Schweigen

Nach dem Wortlaut des § 362 I HGB muss der Empfänger des Vertragsangebots 11
Kaufmann i.S.v. §§ 1 ff. HGB (→ § 2) sein. Auf nichtkaufmännische Unternehmensträger ist § 362 I HGB aber analog anwendbar.[257]

§ 362 I HGB verlangt den **Zugang eines Antrags**. Mit „Antrag" ist ein Vertrags- 12
angebot gemeint. „Zugang" ist i.S.v. § 130 BGB zu verstehen. Der Antrag muss sich
auf eine **Geschäftsbesorgung** beziehen. Eine Geschäftsbesorgung ist dadurch gekennzeichnet, dass jemand außerhalb eines dauernden Dienstverhältnisses eine an
sich einem anderen zukommende Tätigkeit diesem anderen abnimmt, mag diese Tätigkeit rechtsgeschäftlicher oder rein tatsächlicher Art sein.[258] In Betracht kommen
vor allem Maklergeschäfte, Bank- und Börsengeschäfte, Aufträge an Anlage- und
Unternehmensberater sowie Speditions-, Lager- und Frachtgeschäfte. Nicht von
§ 362 I HGB erfasst werden insbesondere Kaufgeschäfte und sonstige Verträge, die
auf einem Interessengegensatz der Parteien aufbauen und damit nicht auf die Wahr-
nehmung von Fremdinteressen gerichtet sind.

Nur wenn bestimmte **Rahmenbedingungen** vorliegen, kann der auf eine Ge- 13
schäftsbesorgung gerichtete Antrag die Wirkungen des § 362 I HGB auslösen. Es
sind zwei Fälle zu unterscheiden: (1) § 362 I 1 HGB setzt voraus, dass der Kaufmann ein Unternehmen betreibt, das Geschäftsbesorgungen anbietet, der Kaufmann
mit dem Antragenden eine **Geschäftsbeziehung** unterhält und der Antrag für den
Geschäftsbesorgungsbetrieb nicht unüblich ist. (2) § 362 I 2 HGB verlangt, dass der
Kaufmann eine **invitatio ad offerendum**[259] ausgesprochen hat, sich diese an eine
bestimmte Person, eben an den Antragenden, richtete und das Angebot sich im
Rahmen der invitatio ad offerendum hält.

Nur das **Schweigen** gilt als Annahme. Der eindeutigste Fall, in dem Schweigen 14
nicht vorliegt, ist der Widerspruch. Aber auch jede sonstige Antwort, insbesondere
eine unklare Antwort oder eine Antwort, die die Vertragsverhandlungen in der
Schwebe hält, verhindert das Eingreifen des § 362 I HGB. Voraussetzung ist allerdings stets, dass der Widerspruch beziehungsweise die sonstige Antwort „unverzüglich" nach dem Zugang des Angebots erfolgt. „Unverzüglich" hat an dieser Stelle
dieselbe Bedeutung wie in § 121 I BGB, also „ohne schuldhaftes Zögern".

---

[256] Zu allgemeinen Ausnahmen vgl. *Bitter/Röder*, BGB AT, § 5 Rn. 27 f.
[257] *K. Schmidt*, HandelsR, § 19 Rn. 43 ff. (S. 683 f.).
[258] BGHZ 46, 43; *K. Schmidt*, HandelsR, § 19 Rn. 47 (S. 684 f.).
[259] Siehe allgemein zur invitatio ad offerendum *Bitter/Röder*, BGB AT, § 5 Rn. 15 ff.

15 Eine ungeschriebene Ausnahme von dem Grundsatz des § 362 I HGB macht die h.M. bei einer Bösgläubigkeit des Antragenden, wobei umstritten ist, ob insoweit nur eine Kenntnis vom fehlenden Annahmewillen des Kaufmanns schadet oder auch fahrlässige Unkenntnis (Kennenmüssen).[260] Der von der Vorschrift bezweckte Verkehrsschutz greift insbesondere dann nicht ein, wenn der Antragende aufgrund des Inhalts seines Angebots nicht ernsthaft mit einer Annahme rechnen konnte.

16 **Beispiel**: Kunde K erteilt seiner Bank den Auftrag für einen Wertpapierkauf mit dem Hinweis „zum halben Provisionssatz", obwohl sich die Bank nie zuvor zu einer solchen Vergünstigung bereiterklärt hatte.

b) Lehre vom kaufmännischen Bestätigungsschreiben

17 Regelungen über das kaufmännische Bestätigungsschreiben sucht man im HGB vergeblich. Die Lehre vom kaufmännischen Bestätigungsschreiben ist aber **gewohnheitsrechtlich anerkannt** und somit Bestandteil des objektiven Rechts.[261] In einem Satz ausgedrückt besagt sie, dass der Empfänger eines Schreibens, in dem ein anderer seine Auffassung über das Zustandekommen und den Inhalt eines (angeblich) geschlossenen Vertrages kundtut, grundsätzlich diesem Schreiben unverzüglich widersprechen muss, wenn er den Inhalt des Schreibens nicht gegen sich gelten lassen will. Zu prüfen sind:

- Parteien = Kaufleute oder sonstige Unternehmer (→ Rn. 18)
- Vertragsverhandlungen haben stattgefunden (→ Rn. 19)
- Klarstellungsbedürfnis = bisher fehlende schriftliche Zusammenfassung (→ Rn. 19a)
- Bestätigung einer Vereinbarung (echtes Bestätigungsschreiben) (→ Rn. 20)
- Zugang des Schreibens (→ Rn. 20a)
- kein unverzüglicher Widerspruch durch den Empfänger (→ Rn. 21)
- Ausnahme: fehlende Schutzwürdigkeit des Absenders (→ Rn. 22 ff.)

18 Die Bezeichnung „kaufmännisches Bestätigungsschreiben" legt den Schluss nahe, Empfänger und Absender des Bestätigungsschreibens müssten Kaufleute i.S.v. §§ 1 ff. HGB sein. Das ist jedoch nicht der Fall. Der Anwendungsbereich der Lehre vom kaufmännischen Bestätigungsschreiben ist weiter. Er umfasst nicht nur die **Kaufleute** i.S.v. §§ 1 ff. HGB, sondern auch alle **sonstigen Unternehmer**, also alle Personen, die unternehmerisch am Wirtschaftsverkehr teilnehmen (z.B. als Architekt oder Rechtsanwalt) und von denen erwartet werden kann, dass sie nach kaufmännischer Sitte verfahren, also einem Bestätigungsschreiben wenn nötig widersprechen.[262]

19 Zwischen dem Empfänger und dem Absender muss es **Vertragsverhandlungen** gegeben haben. Irrelevant ist, ob diese Vertragsverhandlungen objektiv betrachtet bereits zu einem Vertragsschluss geführt haben. Notwendig ist aber, dass der Absender des Bestätigungsschreibens davon ausgeht, ein Vertrag sei bereits zustande gekommen.

19a Nach diesen Vertragsverhandlungen muss ein **Klarstellungsbedürfnis** vorhanden sein, welches immer dann gegeben ist, wenn das Ergebnis der Verhandlungen bisher nicht schriftlich fixiert wurde. Bei telefonischen Verhandlungen ergibt sich dies aus

---

[260] Auf Kenntnis abstellend Baumbach/Hopt/*Hopt*, § 362 Rn. 5; das Kennenmüssen einbeziehend *Lettl*, HandelsR, § 10 Rn. 35.

[261] Rechtsvergleichend *J. Schmidt*, Der Vertragsschluss, 2013, S. 513 ff., 520 ff., 532 ff., 537 ff., 736.

[262] *K. Schmidt*, HandelsR, § 19 Rn. 73 ff. (S. 696 ff.); Baumbach/Hopt/*Hopt*, § 346 Rn. 18 f.; zur fehlenden Kaufmannseigenschaft der (genannten) Freiberufler → § 2 Rn. 7.

der Natur der Sache. Bei persönlichen Verhandlungen vor Ort kommt es darauf an, ob im Rahmen des Gesprächs bereits eine Fixierung der Abrede vorgenommen wurde. Ist dies der Fall, hat ein späteres Bestätigungsschreiben mit anderem Inhalt keine Wirkung.

Dem Empfänger muss alsbald nach Ende der Vertragsverhandlungen ein **Bestätigungsschreiben** des Absenders zugehen. Dem Schreiben muss entnommen werden können, dass der Absender einen Vertrag bereits für geschlossen hält und welchen wesentlichen Inhalt der Vertrag nach der Auffassung des Absenders hat.[263] Nur dann handelt es sich um ein „echtes" Bestätigungsschreiben. Dieses ist einerseits von einem Angebot abzugrenzen, welches noch der Annahme durch die andere Seite bedarf, andererseits von einer schlichten Auftragsbestätigung, mit welcher der Erklärende ein vorheriges Angebot der anderen Seite annehmen will. Weicht eine solche Annahme von dem vorherigen Angebot ab, gilt dies gemäß § 150 II BGB als Ablehnung verbunden mit einem neuen Antrag. Die Bezeichnung des Schreibens als „Bestätigungsschreiben" ist zur Herbeiführung der rechtlichen Wirkungen eines kaufmännischen Bestätigungsschreibens weder erforderlich noch ausreichend. Umgekehrt schadet die Bezeichnung als „Auftragsbestätigung" nicht, wenn in ihr hinreichend zum Ausdruck kommt, dass der Absender von einem bereits geschlossenen Vertrag ausgeht. **20**

Für den **Zugang**, welcher im unmittelbaren zeitlichen Zusammenhang mit den vorherigen Verhandlungen erfolgen muss,[264] gilt § 130 I BGB. Hierfür trägt der Absender – wie für alle vorgenannten positiven Tatbestandsmerkmale – die Beweislast,[265] weshalb es sich in der Praxis empfiehlt, um Eingangsbestätigung zu bitten oder ein Einschreiben zu verwenden. **20a**

Ein **unverzüglicher Widerspruch durch den Empfänger** hindert die Bindung an das Bestätigungsschreiben. „Unverzüglich" ist hier i.S.v. § 121 I BGB zu verstehen. Nach der Ansicht des *BGH* ist ein Widerspruch nach mehr als einer Woche in der Regel verspätet.[266] Die Beweislast für den rechtzeitigen Widerspruch liegt beim Empfänger.[267] **21**

⇨ *Fall Nr. 21 – Pommes frites*

Bei der negativen und vom Empfänger zu beweisenden Voraussetzung der **fehlenden Schutzwürdigkeit des Absenders** geht es um die Frage: Durfte der Absender aufgrund des Fehlens eines Widerspruchs durch den Empfänger davon ausgehen, dass dieser sich an einen Vertrag mit dem in dem Bestätigungsschreiben dargestellten Inhalt gebunden sieht? Es lassen sich drei Fallgruppen unterscheiden, in denen diese Frage mit „nein" zu beantworten ist: **22**

Erstens: Der Absender hat im Moment der Absendung positive Kenntnis davon, dass das Bestätigungsschreiben von dem Ergebnis der Vertragsverhandlungen abweicht (Fallgruppe „**Unredlichkeit des Absenders**"). In diesem Fall ist der Absender grundsätzlich nicht schutzwürdig. Eine praktisch bedeutsame Ausnahme zu diesem Grundsatz wird bei der nachträglichen Einführung von Allgemeinen Geschäftsbedingungen (AGB) zugelassen. Verweist der Absender in seinem Bestätigungsschreiben bewusst erstmals auf seine Allgemeinen Geschäftsbedingungen (AGB), so soll es an seiner Schutzwürdigkeit dann nicht fehlen, wenn diese Allgemeinen Geschäftsbedingungen (AGB) branchenüblich sind.[268] **23**

---

[263] *BGH* NJW 1965, 965; *Canaris*, HandelsR, § 23 Rn. 17 (S. 358).
[264] *BGH* WM 1967, 958, 960 (juris-Rn. 36).
[265] BGHZ 70, 232 = NJW 1978, 886.
[266] *BGH* BB 1969, 933.
[267] *BGH* NJW 1962, 104 im Anschluss an RGZ 114, 282.
[268] BGHZ 54, 236; *K. Schmidt*, HandelsR, § 19 Rn. 91 ff. (S. 702 f.) und Rn. 134 (S. 717 f.).

24   Zweitens: Das Bestätigungsschreiben weist gravierende inhaltliche Abweichungen von dem Ergebnis der Vertragsverhandlungen auf (Fallgruppe „**gravierende Abweichung**"). Ist das der Fall, ist der Absender nicht schutzwürdig. Meist wird in diesen Fällen ohnehin schon Unredlichkeit des Absenders vorliegen. Die eigenständige Bedeutung der Fallgruppe „gravierende Abweichung" wird aber deutlich, wenn man sich bewusst macht, dass der Empfänger des Bestätigungsschreibens ihre Voraussetzungen in der Regel leichter beweisen kann als die Unredlichkeit des Absenders.

25   Drittens: Der Empfänger des Bestätigungsschreibens schickt noch vor dem Zugang desselben dem Absender gleichfalls ein Bestätigungsschreiben, das inhaltlich vom Bestätigungsschreiben des Absenders abweicht (Fallgruppe „**sich kreuzende Bestätigungsschreiben**"). Auch hier ist der Absender nicht schutzwürdig, weil er von der fehlenden Akzeptanz seines Schreibens durch den Empfänger weiß. Ein solcher zur Unredlichkeit führender Widerspruch beider Bestätigungsschreiben liegt aber nicht schon dann vor, wenn sie nicht vollständig deckungsgleich sind. Vielmehr kann der Vertrag auch zu dem in einem Bestätigungsschreiben niedergelegten Inhalt zustande kommen, wenn ein einzelner Nebenpunkt in dem anderen Schreiben gar nicht erwähnt ist, ohne dass hierdurch ein unvereinbarer Gegensatz entstünde.

26   **Beispiel:** Autohändler A sendet Bauunternehmer B ein Schreiben, in dem sich neben dem Preis für einen Bagger und den Liefer- und Zahlungsbedingungen der Zusatz „verkauft wie besichtigt und unter Ausschluss jeder Gewährleistung" findet. In einem parallel verschickten Schreiben des B an A findet sich nur dieser Zusatz nicht. Der Vertrag kommt in diesem Fall zu den von A bestätigten Konditionen zustande (vgl. *BGH* NJW 1966, 1070).

27   Abschließend sei darauf hingewiesen, dass es dem Empfänger eines Bestätigungsschreibens in der Praxis häufig schwer fallen dürfte, die fehlende Schutzwürdigkeit des Absenders nachzuweisen. Deshalb ist dem Empfänger eines Bestätigungsschreibens, das dieser nicht gegen sich gelten lassen will, dringend zu raten, dem Schreiben auch dann ausdrücklich zu widersprechen und den Widerspruch in beweisgeeigneter Weise zu dokumentieren, wenn der Absender des Schreibens nicht schutzwürdig zu sein scheint.

c) Anfechtbarkeit des Schweigens?

28   Eine insbesondere für Klausuren relevante Frage geht dahin, ob der Kaufmann oder sonstige Unternehmer als Empfänger eines Angebots i.S.v. § 362 HGB bzw. eines kaufmännischen Bestätigungsschreibens die Rechtswirkung seines Schweigens durch eine Anfechtung beseitigen kann. Insoweit gilt es zu differenzieren:

29   Schweigt der Empfänger und irrt er sich wegen Unkenntnis der Rechtslage lediglich über die nach Gesetz bzw. Gewohnheitsrecht eintretende Rechtsfolge der rechtsgeschäftlichen Bindung, ist dieser Irrtum – wie ein sonstiger Irrtum über gesetzlich eintretende Rechtsfolgen[269] – unbeachtlich. Ferner liefert die Begründung, der Inhalt eines kaufmännischen Bestätigungsschreibens weiche von den vorangegangenen Vertragsverhandlungen ab, keinen Anfechtungsgrund, weil anderenfalls die im Interesse des Rechtsverkehrs gewollten Wirkungen jener Rechtsfigur unterlaufen werden könnten.

30   Irrt sich der Empfänger eines Angebots i.S.v. § 362 HGB oder eines kaufmännischen Bestätigungsschreibens hingegen über dessen Inhalt, bleibt eine Anfechtung analog § 119 I BGB[270] im Grundsatz unbenommen, weil die Bindung durch

---

[269] Dazu *Bitter/Röder*, BGB AT, § 7 Rn. 82.

[270] Von einer nur analogen Anwendung ist auszugehen, weil keine Willenserklärung, sondern ein Unterlassen (Schweigen) angefochten wird; vgl. allgemein zur Irrtumsanfechtung *Bitter/Röder*, BGB AT, § 7 Rn. 74 ff.

Schweigen keine weitergehenden Rechtsfolgen auslösen kann als die Bindung durch eine entsprechende ausdrückliche Erklärung. Allerdings ist nach h.M. speziell beim kaufmännischen Bestätigungsschreiben eine Einschränkung nach dem Sinn und Zweck jener Rechtsfigur zu machen, die auf rasche und eindeutige Klärung der Vertragslage gerichtet ist: Während die Irrtumsanfechtung des § 119 BGB im Allgemeinen durch eine Fahrlässigkeit des Erklärenden nicht ausgeschlossen wird, um dem wahren Willen zum Durchbruch zu verhelfen, wird dem Empfänger des kaufmännischen Bestätigungsschreibens die Anfechtung versagt, wenn sein Missverständnis auf Verschulden – insbesondere auf flüchtigem Lesen des Schreibens – beruht.[271] Der Empfänger eines solchen Schreibens muss nämlich wissen, dass von ihm eine sorgfältige Prüfung erwartet wird, ob der Inhalt mit den vorangegangenen Vertragsverhandlungen übereinstimmt. Wer jene Prüfung unterlässt, kann sich dann nicht später auf einen Irrtum über den Inhalt des Schreibens berufen.

Eine Anfechtung wegen arglistiger Täuschung (§ 123 BGB) bleibt möglich. Geht **31** die Täuschung beim kaufmännischen Bestätigungsschreiben vom Absender aus, tritt freilich wegen Unredlichkeit ohnehin keine Bindung ein (→ Rn. 23), sodass es einer Anfechtung nicht mehr bedarf. Diese ist insoweit nur bei Dritttäuschungen relevant (§ 123 II BGB).[272]

3. Besonderheiten bei der Bürgschaft

Der Bürgschaftsvertrag ist in den **§§ 765 ff. BGB** geregelt. Durch ihn verpflichtet **32** sich der Bürge gegenüber dem Gläubiger eines Dritten (des Hauptschuldners), „für die Erfüllung der Verbindlichkeit des Dritten einzustehen" (§ 765 I BGB). Die Bürgschaft ist in der Praxis eines der wichtigsten Kreditsicherungsgeschäfte.

Beispiel 1: Rechtsanwalt S will für sich und seine Familie ein Haus kaufen. Da er nach Jurastudium und Referendariat erst seit wenigen Jahren im Beruf steht, ist er gezwungen, den Hauskauf über ein Bankdarlehen zu finanzieren. Die Bank verlangt für die Rückzahlung des Darlehens eine Sicherheit. Diese kann beispielsweise durch den Abschluss eines Bürgschaftsvertrags zwischen der Bank und dem vermögenden Vater V des S gestellt werden.

Beispiel 2: A ist Alleingesellschafter und -geschäftsführer der A-GmbH. Als diese ihre Geschäftstätigkeit erheblich ausweiten will und dafür Kreditmittel benötigt, ist die Bank nur gegen Gewährung von Sicherheiten zur Hingabe des Darlehens bereit, weil A bei Zahlungsunfähigkeit der A-GmbH nicht persönlich für deren Rückzahlungsschuld gegenüber der Bank haften würde (vgl. § 13 II GmbHG). Als Kreditsicherung wird in einem solchen Fall von der Bank typischerweise die persönliche Bürgschaft des – privat vermögenden – Gesellschafters für die Gesellschaftsverbindlichkeiten verlangt.[273]

Die Bürgschaft kann für den Bürgen weitreichende Folgen haben, da er unter **35** Umständen die Verbindlichkeit des Hauptschuldners begleichen muss. Grundlage für den Anspruch des Gläubigers gegen den Bürgen ist § 765 I BGB i.V.m. dem Anspruch des Gläubigers gegen den Hauptschuldner. Weil die Bürgschaft für den Bürgen weitreichende Folgen haben kann, wird er durch § 766 BGB und § 771 BGB besonders geschützt. Nach § 766 S. 1 BGB ist grundsätzlich die **schriftliche Erteilung der Bürgschaftserklärung** durch den Bürgen erforderlich.[274] Die Nichtbeach-

---

[271] *K. Schmidt*, HandelsR, § 19 Rn. 136 (S. 718 f.) m.w.N.; a.A. z.B. *Canaris*, HandelsR, § 23 Rn. 38 (S. 362).

[272] Siehe allgemein zur Dritttäuschung *Bitter/Röder*, BGB AT, § 7 Rn. 150 ff.

[273] Details zur vertraglichen Mitverpflichtung bei *Bitter*, ZInsO 2018, 625, 632 f.

[274] Die Annahmeerklärung durch den Hauptschuldner unterliegt hingegen keinem Formerfordernis. Sie muss dem Bürgen in Anwendung des § 151 BGB regelmäßig nicht einmal zugehen (vgl. *BGH* NJW 1997, 2233; *Bitter/Röder*, BGB AT, § 5 Rn. 29 f. mit Fall Nr. 8 – Das Ölgemälde).

tung dieser Formvorschrift, welche nach § 766 S. 2 BGB nur durch Erfüllung der Hauptverbindlichkeit durch den Bürgen geheilt werden kann, führt nach § 125 S. 1 BGB zur Nichtigkeit des Rechtsgeschäfts.[275] Nach § 771 BGB steht dem Bürgen die **Einrede der Vorausklage** zu. Bis der Gläubiger nicht die Zwangsvollstreckung gegen den Hauptschuldner ohne Erfolg versucht hat, kann der Bürge die Erfüllung der Hautschuld verweigern (Subsidiarität der Bürgschaft).

36 Ist die Bürgschaft für den Bürgen ein Handelsgeschäft i.S.v. § 343 I HGB, **kommen die Regelungen der §§ 766, 771 BGB nicht zur Anwendung.** Für die Formvorschrift des § 766 BGB ergibt sich dies aus § 350 HGB, für die Einrede der Vorausklage (§ 771 BGB) aus § 349 HGB.

37 **Beispiel:** Ein Kaufmann gibt im Rahmen des Betriebes seines Handelsgewerbes eine mündliche Bürgschaftserklärung für die Kaufpreisschuld eines Dritten ab. Der Gläubiger des Dritten macht den Kaufpreisanspruch ohne vorherigen Zwangsvollstreckungsversuch gegen den Dritten sofort gegenüber dem Kaufmann geltend. – Es ist wie folgt zu prüfen: Der Anspruch des Gläubigers gegen den Kaufmann kann sich aus § 765 I BGB i.V.m. § 433 II BGB ergeben. Voraussetzung ist neben dem Vorliegen eines wirksamen Kaufvertrages (Hauptschuld), dass ein wirksamer Bürgschaftsvertrag zwischen dem Kaufmann und dem Gläubiger zustande gekommen ist und dass dem Kaufmann keine Einrede gegen seine Inanspruchnahme zusteht. Bei der Prüfung der Wirksamkeit des Bürgschaftsvertrages ist auf § 125 S. 1 BGB i.V.m. § 766 S. 1 BGB einzugehen. Daraus scheint sich zunächst die Formunwirksamkeit der Bürgschaftserklärung zu ergeben, da diese nicht schriftlich erteilt wurde. Allerdings ist § 766 S. 1 BGB nach § 350 HGB i.V.m. § 343 I HGB nicht anwendbar, da die Bürgschaftserklärung von einem Kaufmann im Rahmen des Betriebes seines Handelsgewerbes abgegeben wurde. Die Bürgschaftserklärung des Kaufmanns ist also wirksam und somit auch der Bürgschaftsvertrag. Bei der Prüfung möglicher Einreden des Kaufmanns ist herauszuarbeiten, dass sich eine Einrede aus § 771 BGB ergeben könnte, dass dies tatsächlich aber nicht der Fall ist, weil die Einredemöglichkeit aus § 771 BGB nach § 349 HGB i.V.m. § 343 I HGB ausgeschlossen ist. Im Ergebnis steht dem Gläubiger deshalb der geltend gemachte Anspruch einredefrei zu.

37a Besonders umstritten ist die Anwendung der §§ 349, 350 HGB auf **Bürgschaften von (geschäftsführenden) Gesellschaftern** einer Handelsgesellschaft. Das Problem ist eng mit der Frage verknüpft, ob und in welchen Fällen den Gesellschaftern neben der Gesellschaft die Kaufmannseigenschaft zukommt (→ § 2 Rn. 17, 34 f.). Die Rechtsprechung bejaht diese Frage bei persönlich haftenden Gesellschaftern einer oHG oder KG, nicht hingegen bei beschränkt haftenden Gesellschaftern (Kommanditisten, GmbH-Gesellschaftern, Aktionären). Im obigen Beispiel 2 (→ Rn. 34) würde sie also die Bürgschaft des A wegen Unanwendbarkeit der §§ 349, 350 HGB für formbedürftig ansehen sowie dem A die Einrede der Vorausklage zugestehen.[276] Jene Literaturstimmen, welche die Kaufmannseigenschaft überzeugend allein der Gesellschaft zusprechen, jedoch über eine analoge Anwendung handelsrechtlicher Normen auf Gesellschafter/Geschäftsführer nachdenken, gelangen hingegen zu unterschiedlichen Ergebnissen (→ § 2 Rn. 34a).

⇨ *Fälle Nr. 2 und 3 – Altstadtkneipe I und II*
⇨ *Fall Nr. 22 – Partnerschaftsvermittlung*

4. Besonderheiten bei Verfügungsgeschäften

38 Handelsrechtliche Besonderheiten bei Verfügungsgeschäften bestehen zum einen im Hinblick auf die Möglichkeiten des gutgläubigen Erwerbs vom Nichtberechtigten

---

[275] Siehe allgemein zu Formgeboten als Grenze der Wirksamkeit von Rechtsgeschäften *Bitter/Röder*, BGB AT, § 6 Rn. 2 ff.
[276] Darstellung der Rechtsprechung bei *Bitter*, ZInsO 2018, 625, 632.

(§ 366 HGB) und zum anderen bezüglich der Wirkung von Vereinbarungen, durch die die Abtretbarkeit von Geldforderungen ausgeschlossen werden soll (§ 354a HGB).

a) Erweiterter gutgläubiger Erwerb (§ 366 HGB)

Die Veräußerung einer beweglichen Sache richtet sich nach §§ 929 ff. BGB, deren 39
Verpfändung nach §§ 1204 ff. BGB. Nach diesen Vorschriften ist sowohl für die Veräußerung als auch für die Verpfändung unter anderem eine entsprechende dingliche Einigung erforderlich, und zwar zwischen dem Eigentümer der Sache und dem (Pfand-)Erwerber. Kommt die Einigung zwischen einem Nichteigentümer und dem (Pfand-)Erwerber zustande, ist die Veräußerung/Pfandbestellung grundsätzlich unwirksam. Dazu gibt es im Sachenrecht Ausnahmen:

Nach § 185 BGB ist die Veräußerung/Pfandbestellung bei einer Zustimmung des 40
Eigentümers wirksam. Fehlt es an einer solchen Zustimmung, kann die Veräußerung/Pfandbestellung gleichwohl nach §§ 932 ff. BGB (i.V.m. § 1207 BGB) wirksam sein, wenn der (Pfand-)Erwerber den Nichteigentümer fälschlicherweise für den Eigentümer gehalten hat (sog. „gutgläubiger Erwerb"). Wichtig ist, dass die §§ 932 ff. BGB (i.V.m. § 1207 BGB) den gutgläubigen Erwerb nur dann ermöglichen, wenn der (Pfand-)Erwerber an das *Eigentum* des Nichteigentümers glaubt. Nach den Vorschriften des Bürgerlichen Rechts reicht es deshalb insbesondere nicht aus, wenn der (Pfand-)Erwerber in Kenntnis des fehlenden Eigentums seines Geschäftspartners daran glaubt, der tatsächliche Eigentümer habe seine Zustimmung i.S.v. § 185 BGB erteilt.

Durch § 366 HGB wird die Möglichkeit des gutgläubigen Eigentums- und Pfand- 41
erwerbs an beweglichen Sachen – nicht auch an Immobilien – erweitert. Veräußert oder verpfändet ein Kaufmann im Betrieb seines Handelsgewerbes eine ihm nicht gehörende bewegliche Sache, so ist gutgläubiger Erwerb nicht nur dann möglich, wenn der (Pfand-)Erwerber an das Eigentum des Veräußerers glaubt, sondern schon dann, wenn sich sein guter Glaube auf die Verfügungsbefugnis des Kaufmanns i.S.v. § 185 BGB bezieht. Dieser Erweiterung des Gutglaubensschutzes liegt zugrunde, dass gerade im Handelsverkehr häufig kraft Verfügungsbefugnis i.S.v. § 185 BGB über fremde bewegliche Sachen verfügt wird. So ist es beispielsweise sehr üblich, dass Waren von einem Großhändler unter Eigentumsvorbehalt an einen Einzelhändler geliefert werden und dabei dem Einzelhändler von dem Großhändler Verfügungsbefugnis erteilt wird, damit der Einzelhändler die Ware weiterverkaufen und seine Kaufpreisschuld bei dem Großhändler begleichen kann. Daraus resultiert ein besonderes Bedürfnis des Handelsverkehrs am Schutz des guten Glaubens in die Verfügungsbefugnis. Dem trägt § 366 HGB Rechnung.

In der Klausurlösung ist die Vorschrift in die Prüfung des Eigentums- oder Pfand- 42
erwerbs zu integrieren. Nachdem der normale Erwerbstatbestand – bei § 929 BGB etwa: (1) Einigung, (2) Übergabe, (3) Einigsein bei Übergabe, (4) Berechtigung – geprüft und die fehlende Berechtigung festgestellt wurde, ist zunächst der Gutglaubenstatbestand nach BGB zu thematisieren – bei § 932 BGB etwa: (1) Verkehrsgeschäft, (2) Rechtsschein des Besitzes (§ 1006 BGB), (3) keine Bösgläubigkeit (§ 932 II BGB), (4) kein Abhandenkommen (§ 935 BGB). Bei der Bösgläubigkeit ist sodann festzustellen, dass der Erwerber nach den allgemeinen Regeln des BGB bösgläubig ist, weil er das fehlende Eigentum des Erwerbers kennt. Sodann ist aber die Ausnahme des § 366 HGB ins Spiel zu bringen und noch bei der Prüfung der Bösgläubigkeit zu fragen, ob nach jener handelsrechtlichen Sonderregel ausnahmsweise auch der gute Glaube an die Verfügungsmacht des Veräußerers geschützt wird. Die Vorschrift des § 366 HGB ist sodann in folgenden Schritten zu prüfen:

- Veräußerer bzw. Verpfänder = Kaufmann (→ § 2, aber auch → Rn. 43)
- bewegliche Sache
- Betriebsbezogenheit der Verfügung
- guter Glaube an die rechtsgeschäftliche (§ 185 BGB) oder gesetzliche Verfügungsmacht (z.B. § 383 BGB, §§ 373 II, 389 HGB)

43 Nach h.M. findet § 366 HGB bei einer Veräußerung durch einen Scheinkaufmann keine Anwendung und dies selbst dann nicht, wenn sich der Schein aus dem Handelsregister ergibt.[277] Der Rechtsschein könne nämlich – auch im Rahmen des § 15 HGB – immer nur zulasten derjenigen Person wirken, die ihn veranlasst hat, nicht jedoch zulasten unbeteiligter Dritter, hier des Eigentümers der veräußerten oder verpfändeten Ware. Der gute Glaube an die Kaufmannseigenschaft wird insoweit nicht geschützt.

44 Umstritten ist die Anwendbarkeit des § 366 HGB auf Fälle, in denen der Kaufmann die Veräußerung/Pfandbestellung nicht – wie im Normalfall des § 366 HGB – im eigenen Namen vornimmt, sondern im Namen des Eigentümers. Hier stellt sich die Frage, ob § 366 HGB eingreifen kann, wenn der Kaufmann ohne Vertretungsmacht gehandelt, der (Pfand-)Erwerber aber an die Vertretungsmacht des Kaufmanns geglaubt hat. Das Problem liegt in einem solchen Fall nicht bei der Verfügungsbefugnis. Die Einigungserklärung ist ja im Namen des Eigentümers abgegeben worden. Problematisch ist aber, ob diese Einigungserklärung dem Eigentümer nach §§ 164 ff. BGB zugerechnet werden kann. Das setzt Vertretungsmacht voraus. Da dem Kaufmann Vertretungsmacht tatsächlich nicht zustand, ist zu erörtern, ob § 366 HGB auch den **guten Glauben an die Vertretungsmacht** schützt. Die wohl überwiegende Meinung bejaht diese Frage mit der Begründung, das HGB unterscheide nicht klar zwischen Ermächtigung und Vollmacht (vgl. den Wortlaut der §§ 49 I, 54 I, 56, 125 I HGB) und in der Praxis würden die Grenzen zwischen Verfügungs- und Vertretungsbefugnis ohnehin verschwimmen.[278] Folgt man dem für das Verfügungsgeschäft – nur auf dieses ist § 366 HGB anwendbar –, so stellt sich die Folgefrage, ob der Eigentümer gegen den Erwerber aufgrund der Unwirksamkeit des schuldrechtlichen Kausalgeschäfts (§ 177 BGB) einen Kondiktionsanspruch aus § 812 I 1 BGB hat. Diese Frage wird man wohl zu verneinen haben, da der Erwerb aufgrund von § 366 HGB einen Behaltensgrund darstellt, der einer Rückabwicklung nach den §§ 812 ff. BGB entgegensteht.[279] Anderenfalls würde auf der schuldrechtlichen Ebene die erweiterte Anwendung des § 366 HGB beim dinglichen Geschäft doch wieder konterkariert.

⇨ *Fall Nr. 23 – Der eigenmächtige Einzelhändler*
⇨ *Fall Nr. 24 – Der eigenmächtige Vermittlungsvertreter*

b) Wirkungsbegrenzung beim Abtretungsverbot (§ 354a HGB)

45 § 354a HGB bestimmt:

„(1) Ist die Abtretung einer Geldforderung durch Vereinbarung mit dem Schuldner gemäß § 399 des Bürgerlichen Gesetzbuchs ausgeschlossen und ist das Rechtsgeschäft, das diese

---

[277] Baumbach/Hopt/*Hopt*, § 366 Rn. 4 m.w.N., auch zur Gegenansicht; offen gelassen von *BGH* NJW 1999, 425, 426 (juris-Rn. 7). Die Eintragung im Handelsregister erzeugt nur einen Schein der Kaufmannseigenschaft, wenn man bei fehlendem Gewerbebetrieb die Anwendbarkeit des § 5 HGB verneint (vgl. → § 2 Rn. 37).

[278] *K. Schmidt*, HandelsR, § 23 Rn. 33 ff. (S. 813 ff.); Baumbach/Hopt/*Hopt*, § 366 Rn. 5; a.A. beispielsweise *Canaris*, HandelsR, § 27 Rn. 16 f. (S. 407 f.).

[279] *K. Schmidt*, HandelsR, § 23 Rn. 37 ff. (S. 816 ff.); a.A. Baumbach/Hopt/*Hopt*, § 366 Rn. 5.

Forderung begründet hat, für beide Teile ein Handelsgeschäft, oder ist der Schuldner eine juristische Person des öffentlichen Rechts oder ein öffentlich-rechtliches Sondervermögen, so ist die Abtretung gleichwohl wirksam. Der Schuldner kann jedoch mit befreiender Wirkung an den bisherigen Gläubiger leisten. Abweichende Vereinbarungen sind unwirksam.

(2) Absatz 1 ist nicht auf eine Forderung aus einem Darlehensvertrag anzuwenden, deren Gläubiger ein Kreditinstitut im Sinne des Kreditwesengesetzes ist."

Die Vorschrift ist im Zusammenhang mit **§ 399 Alt. 2 BGB** zu lesen, der besagt, **46** dass eine Forderung nicht abgetreten werden kann, wenn die Abtretung durch Vereinbarung mit dem Schuldner ausgeschlossen ist. Erfolgt die Abtretung dennoch, ist sie unwirksam. Der Zedent bleibt also Inhaber der Forderung. Von dieser bürgerlichrechtlichen Regelung weicht **§ 354a I 1 Alt. 1 HGB** für Geldforderungen, die aus einem beiderseitigen Handelsgeschäft herrühren, ab. Hier ist die Abtretung trotz der entgegenstehenden Vereinbarung wirksam, die Forderung geht also nach § 398 S. 2 BGB auf den Zessionar über. Nur dieser kann sie gegenüber dem Schuldner geltend machen.

Wegen des durch **§ 354a I 1 HGB** ermöglichten Forderungsübergangs auf den **47** Zessionar kann der Schuldner die Erfüllungswirkung des **§ 362 I HGB** durch Zahlung an den Zessionar herbeiführen. Nach **§ 354a I 2 HGB** wird er aber auch dann von seiner Schuld frei, wenn er die Zahlung an den Zedenten leistet.[280] Dem Schuldner steht insofern ein Wahlrecht zu, auf das wegen § 354a I 3 HGB nicht *im Voraus*, wohl aber – in teleologisch einschränkender Auslegung jener Vorschrift – *nach* der Abtretung und in deren Kenntnis verzichtet werden kann.[281] Zahlt der Schuldner berechtigt an den Zedenten, ist dieser zur Herausgabe des Erlangten an den Zessionar verpflichtet (§ 816 II BGB).

§ 354a I HGB ist im Jahr 1994 ins HGB eingeführt worden, um zweierlei Interes- **48** sen gerecht zu werden: Auf der einen Seite sind viele Kaufleute auf die Abtretung ihrer Außenstände (= Forderungen gegen Dritte) als Kreditsicherungsmittel angewiesen. Vereinbart ein Vertragspartner des Kaufmanns – in der Praxis häufig in Einkaufsbedingungen – ein Abtretungsverbot, ist dem Kaufmann eine Abtretung nicht möglich. Die Forderung scheidet als Kreditsicherungsmittel aus. Um dieser Sperre entgegenzuwirken, bestimmt § 354a I 1 HGB, dass die Abtretung gleichwohl wirksam ist. Auf der anderen Seite haben die Vertragspartner des Kaufmanns durchaus ein berechtigtes Interesse an solchen Abtretungsverboten: Nur dann wissen sie sicher, wem gegenüber sie ihre Verbindlichkeiten zu begleichen haben. § 354a I 2 HGB berücksichtigt auch dieses Interesse, weil der Vertragspartner trotz des Forderungsübergangs auf den Kreditgeber weiter an den Kaufmann, mit dem er seinen Vertrag geschlossen hat, zahlen kann.

Die Regelung des **§ 354a II HGB** ist im Jahr 2008 durch das Risikobegrenzungs- **49** gesetz hinzugefügt worden. In den Jahren zuvor hatten viele Banken in Deutschland ihre Kreditrückzahlungsforderungen gegen Geschäfts- und Privatkunden zum Zwecke der Refinanzierung und Entlastung ihrer Bilanzen an außenstehende Dritte verkauft und abgetreten. Solche oft gegen den Willen der Darlehensnehmer erfol-

---

[280] Hingegen kann der Kaufmann nach der Abtretung mit seinen Vertragspartnern keinen Vergleich mehr über deren Forderungen abschließen. Gemäß § 354a I 1 HGB sind die Forderungen aufgrund der Abtretung auf die Abtretungsempfänger übergegangen. § 354a I 2 HGB normiert lediglich eine auch nach der Abtretung weiter bestehende Empfangszuständigkeit des Kaufmanns. Die Befugnis zum Vergleichsabschluss ist von dieser Empfangszuständigkeit nicht erfasst. Vielmehr liegt die Vergleichsbefugnis nach der Abtretung allein bei den Abtretungsempfängern (*BGH* WM 2009, 367 ff.; kritisch hierzu *Wagner*, WM 2010, 202 ff.).
[281] *BGH* DB 2018, 1208, 1212 (Rn. 48 ff.).

genden Abtretungen hat der *BGH* trotz eines möglichen Verstoßes gegen das Bankgeheimnis für wirksam gehalten.[282] Erfolgte die Veräußerung der Darlehensrückzahlungsforderungen an Finanzinvestoren – damals oft abwertend als „Heuschrecken" bezeichnet –, so sah man die Gefahr, dass diese nach dem Ankauf der Forderungen wirtschaftlichen Druck gegen das darlehensnehmende Unternehmen sowie seine Anteilseigner aufbauen, um so ihre Aufnahme in den Gesellschafterkreis des Unternehmens zu erzwingen (etwa im Rahmen eines sog. Debt to Equity-Swaps = Einbringung der Darlehensrückzahlungsforderungen gegen die Gewährung von Gesellschaftsanteilen). Im Privatkundenverkehr ließ sich die Gefahr solcher Forderungsabtretungen durch Banken leicht durch die Vereinbarung eines Abtretungsverbots gemäß § 399 Alt. 2 BGB im Kreditvertrag verhindern. Im Geschäftsverkehr waren die Abtretungen jedoch nach dem damaligen § 354a HGB (jetzt: § 354a I HGB) gleichwohl wirksam. Um dem Abtretungsverbot, das in solchen Fällen als berechtigt angesehen wurde, Geltung zu verschaffen und so den Parteien des Darlehensvertrags zu ermöglichen, die Abtretung von Darlehensrückzahlungsansprüchen an Finanzinvestoren und sonstige Dritte auch im Verkehr zwischen Kaufleuten auszuschließen, ordnet nun § 354a II HGB an, dass die Regelung in Absatz 1 der Vorschrift auf Forderungen einer Bank aus Darlehensverträgen nicht anwendbar ist. Es bleibt damit bei der allgemeinen Vorschrift in § 399 Alt. 2 BGB, wonach ein Abtretungsverbot die Abtretung hindert.[283]

5. Sonstige Sonderregelungen im HGB

a) Handelsbräuche (§ 346 HGB)

50   Unter Kaufleuten ist gemäß § 346 HGB in Ansehung der Bedeutung und Wirkung von Handlungen und Unterlassungen auf die im Handelsverkehr geltenden Gewohnheiten und Gebräuche Rücksicht zu nehmen. In verschiedenen anderen Vorschriften wird ebenfalls auf die Handelsbräuche Bezug genommen (z.B. in §§ 359 I, 380, 393 I HGB). Für Klausuren im Handelsrecht dürften die in der Praxis durchaus wichtigen Handelsbräuche (auch Usancen genannt) keine Relevanz haben, da sie in der Regel auf bestimmte Branchen (z.B. den Börsenhandel) oder Regionen beschränkt sind und ihre Kenntnis von Studierenden nicht erwartet werden kann. Wer sich in der Praxis auf einen Handelsbrauch beruft, hat diesen vor Gericht zu beweisen. Dies geschieht insbesondere durch die Einholung von Stellungnahmen der Industrie- und Handelskammern. Die am Landgericht gebildeten Kammern für Handelssachen (§§ 93 ff. GVG), in denen neben einem Berufsrichter zwei ehrenamtliche Richter aus der Kaufmannschaft tätig sind, können allerdings auch aufgrund eigener Sachkunde über das Bestehen von Handelsbräuchen entscheiden (§ 114 GVG).

b) Sorgfaltsmaßstab im Handelsverkehr (§ 347 HGB)

51   § 347 I HGB bestimmt:

> „Wer aus einem Geschäft, das auf seiner Seite ein Handelsgeschäft ist, einem anderen zur Sorgfalt verpflichtet ist, hat für die Sorgfalt eines ordentlichen Kaufmanns einzustehen."

52   Die Vorschrift konkretisiert § 276 II BGB. Sie hat klarstellenden Charakter, da sich der bei der Anwendung des § 276 II BGB maßgebliche Sorgfaltsmaßstab ohne-

---

[282] BGHZ 171, 180 = NJW 2007, 2106 = ZIP 2007, 619; siehe aber auch die kritische Auseinandersetzung mit dieser Rechtsprechung bei *Bitter*, ZHR 173 (2009), 379, 403 ff.: Wegen der Pflichtwidrigkeit der Abtretung besteht gemäß §§ 280, 249 BGB (Naturalrestitution) ein Anspruch des Bankkunden auf Rückabwicklung des Geschäfts.
[283] Vgl. hierzu etwa *K. Schmidt*, HandelsR, § 22 Rn. 34 f. (S. 782).

hin nach dem jeweiligen Verkehrskreis bzw. der jeweiligen Berufsgruppe bestimmt. Das ist auch bei der Anwendung des § 347 I HGB zu beachten. So ist der Sorgfaltsmaßstab des ordentlichen Kaufmanns nach der Art des von ihm betriebenen Handelsgeschäfts weiter auszudifferenzieren.

c) Keine Herabsetzung von Vertragsstrafen (§ 348 HGB)

In Verträgen kann vereinbart werden, dass die Nicht- oder Schlechterfüllung einer 53
vertraglichen Pflicht durch eine Partei einen Anspruch der anderen Partei auf Zahlung
einer Strafe begründet (Vertragsstrafe). Hintergrund solcher Vereinbarungen ist zumeist, dass eine der Parteien fürchtet, dass sie bei einer Pflichtverletzung durch die andere Partei die gesetzlichen Rechtsbehelfe wegen Pflichtverletzung (z.B. Anspruch auf
Schadensersatz nach §§ 280 ff. BGB) wegen bestehender Schwierigkeiten der konkreten Bezifferung ihres Schadens nur schwer durchsetzen kann oder dass die Rechtsbehelfe nicht ausreichend sind, um den entstandenen Schaden zu kompensieren (z.B. weil
nach § 253 BGB immaterielle Schäden grundsätzlich nicht ersetzt werden).

Beispiel: Unternehmer U verpflichtet sich gegenüber Bauherr B, ein Wohnhaus bis Ende Ok- 54
tober fertigzustellen. B kündigt daher seine bisherige Wohnung zum Ende Oktober. Es kommt
sodann zu zwei Monaten Bauverzögerung, weshalb B mit seiner Familie bis Jahresende in ein
Hotel ziehen und seine Möbel einlagern muss. Da ihm zwar die materiellen Schäden, nicht aber
der Ärger und die Unbequemlichkeiten des Hotelaufenthalts ersetzt werden, kann er im Vorwege
eine Vertragsstrafe von z.B. € 200 pro Tag der verspäteten Fertigstellung des Hauses vereinbaren, die neben dem Ersatz der materiellen Schäden zu zahlen ist. So erhält U den nötigen Anreiz
zur rechtzeitigen Fertigstellung des Wohnhauses.

Das bürgerliche Recht regelt die Vertragsstrafe in den §§ 339 ff. BGB. Diese Vor- 55
schriften berücksichtigen unter anderem auch, dass Personen – insbesondere wenn es
ihnen an Geschäftserfahrung mangelt – vorschnell Verträge abschließen könnten, die
unangemessen hohe Vertragsstrafen zu ihren Lasten vorsehen. Um dem entgegenzuwirken, bestimmt § 343 BGB, dass Vertragsstrafen vom Richter herabgesetzt werden
können, wenn sie unverhältnismäßig hoch sind. Die Möglichkeit der Herabsetzung
nach § 343 BGB besteht nach **§ 348 HGB** aber nicht, wenn die Vertragsstrafe von einem Kaufmann im Betrieb seines Handelsgewerbes versprochen worden ist.

Beispiel: Unser Bauunternehmer U (→ Rn. 54) hatte sich zu einer Vertragsstrafe von € 500 pro 56
Tag verpflichtet. Es kommt zu 6 Monaten Bauverzögerung. Die dann fällige Vertragsstrafe von ca.
€ 90.000 kann nicht gemäß § 343 BGB wegen Unverhältnismäßigkeit herabgesetzt werden, auch
wenn sie z.B. den kalkulierten Gewinn des U aus dem Geschäft um das Doppelte übersteigt.

Daraus folgt jedoch nicht, dass gegenüber Kaufleuten Vertragsstrafen in beliebiger 57
Höhe wirksam und durchsetzbar sind. Ist die von einem Kaufmann versprochene Vertragsstrafe in Allgemeinen Geschäftsbedingungen (AGB) enthalten, kann sie nach
§ 307 BGB unwirksam sein.[284] Außerhalb des Anwendungsbereiches der §§ 305 ff.
BGB kann eine zulasten eines Kaufmanns vereinbarte Vertragsstrafe sittenwidrig und
somit nach § 138 BGB nichtig sein.[285] Zuletzt kann die Höhe der Vertragsstrafe im
Einzelfall nach § 313 BGB, also nach den Regeln über die Störung der Geschäftsgrundlage, anzupassen sein.[286]

d) Sonderregel zur Formfreiheit (§ 350 HGB)

Die an früherer Stelle bereits in Bezug auf die Bürgschaft angesprochene Vor- 58
schrift des § 350 HGB zur Formfreiheit (→ Rn. 36 f.) gilt auch für **Schuldverspre-**

---

[284] Vgl. hierzu *BGH* NJW 1997, 3233; BGHZ 85, 305.
[285] *Canaris*, HandelsR, § 24 Rn. 5 (S. 368).
[286] *Canaris*, HandelsR, § 24 Rn. 3 (S. 368).

chen und **Schuldanerkenntnisse**. Weil jene Geschäfte ebenso wie die Bürgschaft für den Versprechenden gravierende Rechtsfolgen mit sich bringen, unterliegen sie nach bürgerlichem Recht der Schriftform, welche eine Warnfunktion hat; die Erteilung in elektronischer Form ist ausgeschlossen (§§ 780, 781 S. 1 und 2 BGB). Jene Formvorschriften finden gemäß § 350 BGB keine Anwendung, wenn das Schuldversprechen oder -anerkenntnis auf der Seite des Schuldners ein Handelsgeschäft ist. Der Kaufmann kann sich also auch mündlich oder elektronisch wirksam verpflichten.

e) Verzinsung kaufmännischer Forderungen (§§ 352, 353, 354 II HGB)

59   Nach § 352 I 1 HGB liegt der **gesetzliche Zinssatz**, mit Ausnahme der Verzugszinsen, bei 5 % für das Jahr, während er nach der bürgerlichrechtlichen Grundregel des § 246 BGB nur bei 4 % für das Jahr liegt. Ferner bestimmt § 353 HGB, dass Kaufleute **Fälligkeitszinsen** schulden. Es werden also – anders als im bürgerlichen Recht (§§ 286, 288 BGB) – nicht erst Zinsen ab Verzug geschuldet, sondern in Höhe des gesetzlichen Zinssatzes von 5 % schon früher, nämlich unmittelbar ab jenem Tag, an dem die Schuld nach Vertrag oder Gesetz zu begleichen ist. Sobald der Kaufmann in Verzug gerät, schuldet er jedoch selbstverständlich die höheren Verzugszinsen, welche sich vorbehaltlich abweichender Abreden oder eines tatsächlich höheren Schadens (§ 288 III, IV BGB) bei Entgeltforderungen – etwa Kaufpreisansprüchen – gemäß § 288 II BGB auf neun Prozentpunkte über dem Basiszinssatz belaufen, ansonsten gemäß § 288 I BGB auf fünf Prozentpunkte über dem Basiszinssatz. Diese höheren Zinsansprüche nach dem BGB treten ab dem Eintritt des Verzugs an die Stelle der Fälligkeitszinsen, nicht daneben. Der Fälligkeitszins geht gleichsam in dem höheren Schadensersatzanspruch des Verzugszinses auf.

59a   Beide Sonderregeln setzen nach ihrem klaren Wortlaut ein **beiderseitiges Handelsgeschäft** voraus, welches in § 353 HGB zusätzlich auch in den Worten „Kaufleute untereinander" angesprochen ist (vgl. auch → Rn. 7).

59b   Da der VI. Zivilsenat des *BGH* die Gewährung von Fälligkeitszinsen in § 353 BGB für rechtspolitisch verfehlt hält, legt er die Vorschrift restriktiv aus; ergibt sich die Geldschuld aus einer unerlaubten Handlung (§§ 823 ff. BGB), soll sie nicht gemäß § 353 S. 1 HGB ab Fälligkeit zu verzinsen sein, auch wenn sie im Zusammenhang mit einem beiderseitigen Handelsgeschäft entstanden ist.[287] Relevant ist dies – wie gesagt – nur für den Zeitraum vor Verzugseintritt, weil der (höhere) Verzugszins (→ Rn. 59) selbstverständlich auch auf eine Forderung aus Delikt geschuldet ist.

59c   **Beispiel:** Durch eine vom Kaufmann mangelhaft erbrachte Kauf-, Werk- oder Dienstleistung kommt es beim kaufmännischen Geschäftspartner zu Mangelfolgeschäden an deliktisch geschützten Rechtsgütern. Der parallele vertragliche Anspruch ist bereits nach der kürzeren Gewährleistungsfrist verjährt. Fälligkeitszinsen sind dann nicht geschuldet, weil sie auf den allein noch unverjährten Deliktsanspruch nicht zu leisten sind.[288]

59d   Ähnlich hatte der I. Zivilsenat des *BGH* bereits früher den Zinssatz von 5 % aus § 352 HGB nicht auf Deliktsansprüche erstreckt.[289] Ferner hat die Rechtsprechung die kaufmännischen Sonderregeln zu den Zinsansprüchen auch nicht auf Ansprüche aus Bereicherungsrecht und Insolvenzanfechtung erstreckt.[290]

⇨ *Fall Nr. 4 – Rechtsanwalts-GmbH*

---

[287] *BGH* ZIP 2018, 1297, für BGHZ vorgesehen.
[288] So lag der Fall in *BGH* ZIP 2018, 1297, für BGHZ vorgesehen.
[289] *BGH* NJW-RR 1987, 181, 183; darauf Bezug nehmend *BGH* ZIP 2018, 1297 (Rn. 13), für BGHZ vorgesehen.
[290] Vgl. die Nachweise bei *BGH* ZIP 2018, 1297 (Rn. 13), für BGHZ vorgesehen.

Eine Sonderregel zur Verzinsung findet sich schließlich in § 354 II HGB. Danach 60 kann ein Kaufmann für Darlehen, Vorschüsse, Auslagen und andere Verwendungen vom Tage der Leistung an Zinsen berechnen. Ein beiderseitiges Handelsgeschäft wird hier nicht verlangt, weshalb der Verpflichtete auch eine Privatperson sein kann.

f) Kaufmännisches Zurückbehaltungsrecht (§§ 369 ff. HGB)

In den §§ 369 bis 372 HGB ist das kaufmännische Zurückbehaltungsrecht gere- 61 gelt. Die das Wesen des kaufmännischen Zurückbehaltungsrechts beschreibenden Vorschriften sind § 369 I 1 HGB und § 371 I 1 HGB, die bestimmen:

§ 369 I 1 HGB: „Ein Kaufmann hat wegen der fälligen Forderungen, welche ihm gegen einen anderen Kaufmann aus den zwischen ihnen geschlossenen beiderseitigen Handelsgeschäften zustehen, ein Zurückbehaltungsrecht an den beweglichen Sachen und Wertpapieren des Schuldners, welche mit dessen Willen aufgrund von Handelsgeschäften in seinen Besitz gelangt sind, sofern er sie noch im Besitze hat, insbesondere mittels Konnossements, Ladescheins oder Lagerscheins darüber verfügen kann."

§ 371 I 1 HGB: „Der Gläubiger ist kraft des Zurückbehaltungsrechts befugt, sich aus dem zurückbehaltenen Gegenstande für seine Forderung zu befriedigen."

Bildhaft gesprochen ist das kaufmännische Zurückbehaltungsrecht also zugleich 62 Schild und Schwert. Als Schild gibt es ein Leistungsverweigerungsrecht (§ 369 I 1 HGB), das gegebenenfalls neben die allgemeinen Leistungsverweigerungsrechte des bürgerlichen Rechts (z.B. § 273 BGB) tritt. Als Schwert verleiht das kaufmännische Zurückbehaltungsrecht ein besonderes Befriedigungsrecht (§ 371 I 1 HGB), das nach § 371 II HGB pfandrechtsähnlich ausgestaltet ist.

6. Besonderheiten bei der Anwendung der §§ 305 ff. BGB

Nach § 310 I 1 BGB finden die Schutzvorschriften der §§ 305 II, III, 308, 309 63 BGB keine Anwendung auf Allgemeine Geschäftsbedingungen, die gegenüber einem Unternehmer verwendet werden. Die Einbeziehung der AGB in den Vertrag unterliegt also nicht den strengen Anforderungen des § 305 II, III BGB, sondern erfolgt nach den allgemeinen Regeln des Vertragsschlusses (§§ 145 ff. BGB[291]). Ferner findet in solchen Fällen eine Inhaltskontrolle nur nach der Generalnorm des § 307 BGB statt (vgl. § 310 I 2 BGB). Dies hindert freilich die Rechtsprechung nicht, die in den Klauselverbotskatalogen der §§ 308, 309 BGB enthaltenen Wertungen im Rahmen jener Inhaltskontrolle am Maßstab des § 307 BGB heranzuziehen und damit in Ermangelung besonderer Umstände des Einzelfalls nach der Generalnorm zur Unwirksamkeit entsprechender Klauseln auch im unternehmerischen Verkehr zu gelangen.[292] Obwohl § 310 I BGB auf den weiter gefassten, insbesondere auch die Freiberufler einbeziehenden Begriff des Unternehmers (§ 14 BGB) und nicht auf den Begriff des Kaufmanns (§§ 1 ff. HGB) abstellt, weist die Vorschrift großen handelsrechtlichen Bezug auf, da Kaufleute in aller Regel auch Unternehmer i.S.v. § 14 BGB sind.

---

[291] Zum Vertragsschluss durch Angebot und Annahme siehe *Bitter/Röder*, BGB AT, § 5 Rn. 11 ff.

[292] Vgl. BGHZ 174, 1 = ZIP 2007, 2270 = NJW 2007, 3774: Indizwirkung des Verstoßes gegen §§ 308, 309 BGB; ferner die Kommentierung im *Palandt* zu den §§ 308, 309 BGB jeweils am Ende der Kommentierung zu jeder Nummer.

II. Handelskauf

64   Eine **Definition des Handelskaufs** enthält das Gesetz nicht. Den §§ 373 ff. HGB, insbesondere der Verweisungsnorm in § 381 HGB kann aber entnommen werden, dass der Normalfall eines Handelskaufs durch die folgenden drei Merkmale gekennzeichnet ist:

– Handelsgeschäft i.S.v. § 343 I HGB
– in Form eines Kaufvertrags i.S.v. § 433 BGB
– über eine Ware (= bewegliche Sache)

65   Dabei sind dem Kaufvertrag der Werklieferungsvertrag (§§ 650 BGB, 381 II HGB) und der Tauschvertrag (§ 480 BGB) und den Waren die Wertpapiere (§ 381 I HGB) gleichgestellt. Kein Handelskauf ist aber der Kauf eines Grundstücks oder eines Unternehmens, ebenso wenig ein Leasingvertrag oder die Sacheinlage in eine Gesellschaft.

66   Auf den Handelskauf findet zunächst das allgemeine Kaufrecht des BGB, also die §§ 433 ff. BGB, weiter das **spezielle Handelskaufrecht der §§ 373 ff. HGB** Anwendung. Dabei enthalten die §§ 373 ff. HGB nur wenige Sonderregelungen. Sie dienen dem Zweck, die Vertragsabwicklung zu beschleunigen. Die §§ 373 ff. HGB können in Regelungen außerhalb des Gewährleistungsrechts und Regelungen des Gewährleistungsrechts unterteilt werden.

1. Regelungen außerhalb des Gewährleistungsrechts

67   Nach **§§ 373 f. HGB** hat der Verkäufer bei Verzug des Käufers mit der Annahme der Ware (sog. Gläubiger- oder Annahmeverzug) neben den Rechten aus den §§ 293 ff. BGB auch die folgenden Rechte: Zum einen ist eine **Hinterlegung** nicht auf Geld, Wertpapiere, sonstige Urkunden und Kostbarkeiten beschränkt (vgl. § 372 BGB), sondern der Verkäufer kann auch anderen Waren auf Gefahr und Kosten des Käufers hinterlegen (§ 373 I HGB). Im Gegensatz zur Regelung im bürgerlichen Recht (vgl. § 378 BGB) kann der Hinterlegung nach § 373 I HGB allerdings keine Erfüllungswirkung zukommen.[293] Zum anderen kann dem Verkäufer das Recht zustehen, einen **Selbsthilfeverkauf** durchzuführen (§ 373 II HGB); dieser erfolgt für Rechnung des säumigen Käufers (§ 373 III HGB). Tut er dies, so erlischt seine Lieferpflicht gegenüber dem Käufer. Dieser kann Herausgabe des Erlöses fordern (§ 667 BGB). Zumeist werden dieser Forderung aber die in der Summe höheren Ansprüche des Verkäufers auf Kaufpreiszahlung (§ 433 II BGB) und Aufwendungsersatz (§ 670 BGB) gegenüberstehen. In der Regel wird es deshalb dazu kommen, dass aufgerechnet wird und der Verkäufer seine verbleibende Mehrforderung dem Käufer gegenüber geltend macht.

68   **§ 375 HGB** regelt den **Bestimmungskauf**, also den Kauf einer Sache, die der Käufer nach Vertragsschluss noch näher zu spezifizieren berechtigt und verpflichtet ist. Kommt der Käufer dieser Pflicht nicht nach, so stehen dem Verkäufer die Rechte aus § 375 II HGB zu (alternative Bestimmung durch den Verkäufer, Rücktritt, Schadensersatz statt der Leistung).

69   **§ 376 HGB** enthält Regelungen zum **Fixhandelskauf**. Damit ist der Handelskauf in Gestalt eines *relativen* Fixgeschäfts gemeint. Das relative Fixgeschäft steht zwischen der kalendermäßig bestimmten Leistung (z.B. Lieferung am 22. November 2017) und dem absoluten Fixgeschäft (z.B. Aufbau eines Buffets für eine Silvester-

---

[293] *K. Schmidt*, HandelsR, § 29 Rn. 9 (S. 927).

feier). Bei der kalendermäßig bestimmten Leistung hat eine Verspätung der Leistung nur zur Folge, dass Verzug unmittelbar, d.h. ohne eine Mahnung, eintritt (§ 286 II Nr. 1 BGB). Beim absoluten Fixgeschäft tritt bei Verspätung der Leistung Unmöglichkeit ein mit den Folgen der §§ 275 I, 280, 283, 326 BGB. Für das **relative Fixgeschäft** bestimmt das Bürgerliche Recht, dass der Gläubiger bei Verspätung der Leistung ohne Nachfristsetzung zurücktreten kann (§ 323 II Nr. 2 BGB). Noch nicht abschließend geklärt ist, ob bei einem relativen Fixgeschäft stets § 281 II Alt. 2 BGB anzuwenden ist mit der Folge, dass der Gläubiger auch ohne Nachfristsetzung Schadensersatz wegen Nichterfüllung i.S.v. § 280 III BGB verlangen kann.[294] Ist das relative Fixgeschäft ein Handelskauf, so kommt § 376 HGB zur Anwendung, dessen Absatz 1 bestimmt:

> „Ist bedungen, dass die Leistung des einen Teils genau zu einer festbestimmten Zeit oder innerhalb einer festbestimmten Frist bewirkt werden soll, so kann der andere Teil, wenn die Leistung nicht zu der bestimmten Zeit oder nicht innerhalb der bestimmten Frist erfolgt, von dem Vertrag zurücktreten oder, falls der Schuldner im Verzug ist, statt der Erfüllung Schadensersatz wegen Nichterfüllung verlangen. Erfüllung kann er nur beanspruchen, wenn er sofort nach dem Ablaufe der Zeit oder der Frist dem Gegner anzeigt, dass er auf Erfüllung bestehe."

Das in § 376 I 1 Alt. 1 HGB geregelte Rücktrittsrecht bringt gegenüber § 323 II Nr. 2 BGB nichts Neues. § 376 I 1 Alt. 2 HGB hat demgegenüber insofern einen eigenen Regelungsgehalt, als dass die Vorschrift i.V.m. § 286 II Nr. 1 BGB normiert, dass beim relativen Fixhandelskauf bei Verspätung der Leistung unabhängig von der Streitfrage, ob die Voraussetzungen des § 281 II Alt. 2 BGB vorliegen, sofort „Schadensersatz wegen Nichterfüllung" (= Schadensersatz statt der Leistung i.S.v. § 280 III BGB) verlangt werden kann. Die wohl **bedeutendste Abweichung von den Regelungen des BGB enthält** aber § 376 I 2 HGB: Der Gläubiger verliert seinen Primäranspruch auf Erfüllung, wenn er bei Verspätung der Leistung nicht sofort anzeigt, dass er auf Erfüllung bestehe.[295] **70**

Im Wortlaut des § 376 HGB wird kein beiderseitiges Handelsgeschäft verlangt, weshalb die Vorschrift nach der Grundregel des § 345 HGB auch dann anwendbar wäre, wenn nur eine der an einem Vertrag beteiligten Parteien Kaufmann ist (→ Rn. 7). Dieses Ergebnis erscheint insbesondere dann misslich, wenn der Nichtkaufmann beim Fixhandelskauf auf Käuferseite steht, weil er dann nach der eben erwähnten Regel des § 376 I 2 HGB seinen Erfüllungsanspruch verlieren würde, falls er nicht unmittelbar auf Erfüllung besteht. Doch wird ein gewöhnlicher Verbraucher die handelsrechtliche Sonderregel typischerweise gar nicht kennen und verlöre damit seinen Erfüllungsanspruch, obwohl ihm dieser nach dem 2002 reformierten Schuldrecht gerade auch beim Fixhandelskauf erhalten bleiben sollte.[296] Die h.M. belässt es gleichwohl unter Hinweis auf § 345 HGB bei diesem Ergebnis.[297] Überzeugender erscheint hingegen eine *punktuelle teleologische Korrektur* mit der Folge, dass § 376 HGB in Fällen unanwendbar bleibt, in denen ein kaufmännischer Verkäufer mit einem privaten Käufer kontrahiert.[298] **70a**

§ 380 HGB enthält eine aus sich selbst heraus verständliche Auslegungsregel für die Preisberechnung nach Gewicht. **71**

---

[294] Vgl. Palandt/*Grüneberg*, § 281 Rn. 15.
[295] Zu den Unterschieden und dem Verhältnis zwischen bürgerlichrechtlichem und handelsrechtlichem Fixgeschäft vgl. *Canaris*, FS Horst Konzen, 2006, S. 43, 46 ff.; *Herresthal*, ZIP 2006, 883 ff.
[296] Eingehend *Herresthal*, ZIP 2006, 883, 885.
[297] Baumbach/Hopt/*Hopt*, § 376 Rn. 4 m.w.N.
[298] Näher *Herresthal*, ZIP 2006, 883, 889 f.

2. Ausschluss von Gewährleistungsrechten wegen unterlassener Rüge

72   Die in § 377 HGB enthaltene Bestimmung über den Ausschluss kaufrechtlicher Gewährleistungsrechte ist für Praxis und Klausur von ungleich größerer Bedeutung als die soeben erörterten handelskaufrechtlichen Regelungen außerhalb des Gewährleistungsrechts. Der Vorschrift liegt der Gedanke zugrunde, dass der Handelsverkehr ein besonderes Interesse an der raschen und endgültigen Abwicklung von Rechtsgeschäften, insbesondere an einem wirksamen Schutz des Verkäufers vor später Inanspruchnahme wegen Mängeln der Ware hat. Sie regelt die Untersuchungs- und Rügeobliegenheit des Käufers, deren Nichtbeachtung dazu führen kann, dass der Käufer sich auf einen Mangel der Kaufsache nicht berufen kann. Soweit in nichtamtlichen Überschriften zu § 377 HGB von einer „Pflicht" zur Untersuchung und Rüge die Rede ist, sollte dieser Wortlaut in Klausuren vermieden werden. Es handelt sich nämlich nicht um eine Rechtspflicht, die dann auch einklagbar wäre und bei einer Verletzung zum Schadensersatz gemäß § 280 BGB führen würde. Vielmehr geht es nur um eine **Obliegenheit im Sinne eines Verschuldens des Käufers gegen sich selbst**, weil er seine Mängelrechte verliert, wenn er nicht rechtzeitig rügt. Ob er als Grundlage jener Rüge die Ware selbst untersucht hat, ist dabei unerheblich. Er kann auch von Dritten auf Mängel der Waren des Verkäufers aufmerksam gemacht worden sein und auf dieser Basis gerügt haben.[299] Die Obliegenheit zur Untersuchung hat insoweit neben jener zur Rüge keine selbstständige Bedeutung. Anders ist dies jedoch, wenn eine Rüge fehlt, der Mangel aber mit einer gewissen Wahrscheinlichkeit bei der gebotenen Untersuchung entdeckbar war. Dann ist entscheidend, ob die Untersuchung tatsächlich durchgeführt wurde, ohne den Mangel zutage zu fördern, oder von vorneherein nicht untersucht wurde, auch wenn das Ergebnis – die fehlende Rüge – gleich bleibt (→ Rn. 83 f.).

73   In der Klausur ist § 377 HGB erst zu prüfen, wenn festgestellt worden ist, dass die Kaufsache mangelhaft i.S.v. §§ 434 f. BGB ist. Dabei bestehen **zwei Aufbaualternativen**: Entweder man prüft unter dem Prüfungspunkt „Mangelhaftigkeit der Kaufsache" in einem ersten Unterpunkt die Voraussetzungen der §§ 434 f. BGB und in einem zweiten Unterpunkt, ob die Mangelhaftigkeit nach § 377 HGB geheilt ist. Oder man prüft unter dem Gliederungspunkt „Mangelhaftigkeit der Kaufsache" nur die Voraussetzungen der §§ 434 f. BGB, fährt dann mit der Prüfung der sonstigen Voraussetzungen des Mangelrechtsbehelfs fort und thematisiert am Ende unter einem eigenen Gliederungspunkt, ob der grundsätzlich nach bürgerlichem Recht bestehende Mangelrechtsbehelf ausnahmsweise nach der handelsrechtlichen Sonderregel des § 377 HGB ausgeschlossen ist. Die erste Aufbaualternative hat für sich, dass sie der Rechtsfolge des § 377 II HGB, der Heilung des Mangels (→ Rn. 95), eher entspricht als die zweite Aufbaualternative. Letztere ist aber wohl die üblichere. Sie wird deshalb diesem Buch und den dazugehörigen Falllösungen zugrunde gelegt.

74   Da in Klausuren ein rechtsfolgenorientierter Aufbau erwartet wird, ist die Prüfung des § 377 HGB immer über dessen Abs. 2 einzuleiten, also zu fragen, ob die Ware als genehmigt gilt (**rechtsvernichtende Einwendung**). Sodann ist auf die in Abs. 1 der Vorschrift genannten Voraussetzungen einzugehen. Stellt sich dabei heraus, dass kein bei der gebotenen Untersuchung erkennbarer Mangel vorliegt (sog. offener Mangel, → Rn. 80), ist im Hinblick auf den dann einschlägigen verdeckten

---

[299] Die Rüge durch Dritte ersetzt aber im Grundsatz nicht die eigene Rüge des Käufers (vgl. – mit Ausnahmen im Streckengeschäft – MüKoHGB/*Grunewald*, § 377 Rn. 69); zur Rüge durch (vollmachtlose) Vertreter → Rn. 85 f.

Mangel (→ Rn. 81) in gleicher Weise mit der Rechtsfolge zu beginnen (§ 377 III Hs. 2 HGB).

a) Voraussetzungen des § 377 HGB

Als Voraussetzungen des § 377 HGB sind folgende Punkte zu prüfen: 75
- Handelskauf im Sinne eines beiderseitigen Handelsgeschäfts (→ Rn. 76)
- Ablieferung der Ware (→ Rn. 77)
- Mangelhaftigkeit der Ware (§ 434 BGB; str., ob auch § 435 BGB; → Rn. 78)
- Unterlassung der gebotenen Rüge (mit Differenzierung zwischen offenen [§ 377 I HGB] und verdeckten Mängeln [§ 377 III HGB]; → Rn. 79 ff.)
- keine Arglist des Verkäufers (§ 377 V HGB; → Rn. 89)

aa) Handelskauf im Sinne eines beiderseitigen Handelsgeschäfts

Es muss ein Handelskauf vorliegen (→ Rn. 64 f.), der für beide Teile ein Handels- 76 geschäft ist (→ Rn. 3 ff.). Inwiefern eine analoge Anwendung des § 377 HGB auf Nichtkaufleute in Betracht kommt, ist nicht abschließend geklärt. Man wird aber wohl annehmen können, dass § 377 HGB schon dann anzuwenden ist, wenn das Geschäft auf beiden Seiten zu einem Unternehmen gehört.[300] Erwirbt der Käufer die Sache zugleich für private und unternehmerische Zwecke (sog. *dual use*), ist die Anwendung des § 377 HGB problematisch. Überwiegt die private Nutzung, kommt nämlich gemäß § 13 BGB in der Fassung vom 13. 6. 2014 das Verbrauchsgüterkaufrecht zur Anwendung (§§ 474 ff. BGB). Um den dort geregelten Schutz des Verbrauchers nicht auszuhebeln, muss man § 377 HGB in solchen Fällen teleologisch reduzieren, die Vorschrift also nur anwenden, wenn die gewerbliche Nutzung überwiegt.

bb) Ablieferung der Ware

Die Ablieferung der Ware muss erfolgt sein. Die Ablieferung ist eine tatsächliche 77 Handlung, durch die der Käufer in die Lage versetzt wird, die Ware an sich zu nehmen und zu prüfen.[301]

cc) Mangelhaftigkeit der Ware

Voraussetzung ist weiter, dass die abgelieferte Ware **sachmangelhaft i.S.v. § 434** 78 **BGB** ist. Bei der Prüfung dieser Voraussetzung genügt in der Klausur regelmäßig ein Verweis nach oben, da § 377 HGB in jedem Fall erst dann zu prüfen ist, wenn das Vorliegen der Voraussetzungen der §§ 434 f. BGB festgestellt worden ist (→ Rn. 73). Erfasst sind alle Arten von Sachmängeln und damit insbesondere auch die in § 434 III BGB angeführten Fälle der Aliudlieferung sowie der Lieferung einer zu geringen Menge. Anders verhält es sich aber, wenn die Kaufsache lediglich rechtsmangelhaft i.S.v. § 435 BGB ist. Dann ist auszuführen, dass § 377 HGB nach h.M. für Rechtsmängel nicht gilt, da diese durch die von § 377 HGB geforderte Überprüfung der Ware typischerweise nicht zutage gefördert werden und zudem die auf die Ablieferung abstellende Regelung bei Rechtsmängeln nicht passt, welche nicht auf den Zeitpunkt des Gefahrübergangs, sondern den Zeitpunkt des Eigentumsübergangs zu prüfen sind, der mit der Ablieferung oft nicht zusammenfällt.[302] Die Gegenansicht verweist auf die Gleichstellung von Sach- und Rechtsmängeln in § 433 I 1 BGB[303]

---

[300] *K. Schmidt*, HandelsR, § 29 Rn. 45 (S. 942 f.).

[301] Vgl. den problematischen Grenzfall BGHZ 93, 338 = NJW 1985, 1333 (Silos, die vom Verkäufergrundstück abzutransportieren sind).

[302] Mit weiteren Argumenten gegen die Anwendung des § 377 HGB bei Rechtsmängeln MüKoHGB/*Grunewald*, § 377 Rn. 53; *Müller*, WM 2011, 1249, 1255 ff.

[303] Baumbach/Hopt/*Hopt*, § 377 Rn. 12.

und will den Käufer insbesondere bei nachträglicher Entdeckung eines (verdeckten) Rechtsmangels zur Rüge verpflichten (§ 377 III HGB).[304]

dd) Unterlassung der gebotenen Rüge

79   Schließlich muss der Käufer eine gebotene Rüge der Ware unterlassen haben. Es ist in einem Zweischritt zu prüfen: Ab welchem Zeitpunkt war eine Rüge geboten? Hat der Käufer die Rüge ordnungsgemäß, insbesondere rechtzeitig, erhoben?

aaa) Differenzierung zwischen offenen und verdeckten Mängeln

80   Bei der Frage, ab welchem Zeitpunkt eine Rüge geboten war, ist zwischen offenen (erkennbaren) und verdeckten Mängeln zu unterscheiden: **Offene Mängel** sind solche, die bei einer Untersuchung, die den Anforderungen des § 377 I HGB entspricht, zutage treten. Nach § 377 I HGB hat der Käufer die Ware nach der Ablieferung zu untersuchen, soweit dies *nach ordnungsgemäßem Geschäftsgang* tunlich ist. Welche **Untersuchungsmaßnahmen** damit gefordert werden, ist **in hohem Maße vom Einzelfall abhängig**. Bei größeren Warenlieferungen werden Stichproben regelmäßig ausreichend, aber auch erforderlich sein.

80a   Die in der Rechtsprechung in vielen verschiedenen Fällen entwickelten Anforderungen an die gebotene Untersuchung hat der *BGH* in zwei lesenswerten Urteilen aus den Jahren 2016[305] und 2017[306] zusammengeführt und in folgenden Leitsätzen des neueren, zum Abdruck in der amtlichen Sammlung bestimmten Urteils festgehalten:

> „1. Für die Untersuchungsobliegenheit nach § 377 Abs. 1 HGB ist darauf abzustellen, welche in den Rahmen eines ordnungsgemäßen Geschäftsgangs fallenden Maßnahmen einem ordentlichen Kaufmann im konkreten Einzelfall unter Berücksichtigung auch der schutzwürdigen Interessen des Verkäufers zur Erhaltung seiner Gewährleistungsrechte zugemutet werden können. Dabei ist einerseits zu berücksichtigen, dass die Vorschriften über die Mängelrüge in erster Linie den Interessen des Verkäufers dienen, der nach Möglichkeit davor geschützt werden soll, sich längere Zeit nach der Lieferung oder nach der Abnahme der Sache etwaigen, dann nur schwer feststellbaren oder durch die Untersuchung vermeidbaren Gewährleistungsansprüchen ausgesetzt zu sehen. Andererseits dürfen die Anforderungen an eine ordnungsgemäße Untersuchung nicht überspannt werden, weil ansonsten der Verkäufer, aus dessen Einflussbereich der Mangel kommt, in die Lage versetzt werden könnte, das aus seinen eigenen fehlerhaften Leistungen herrührende Risiko über das Erfordernis der Mängelrüge auf den Käufer abzuwälzen. Anhaltspunkte für die Grenzen der Zumutbarkeit bilden vor allem der für eine Überprüfung erforderliche Kosten- und Zeitaufwand, die dem Käufer zur Verfügung stehenden technischen Prüfungsmöglichkeiten, das Erfordernis eigener technischer Kenntnisse für die Durchführung der Untersuchung beziehungsweise die Notwendigkeit, die Prüfung von Dritten vornehmen zu lassen […].
>
> 2. Die von § 377 Abs. 1 HGB geforderte Untersuchung muss nicht von derartigem Umfang und solcher Intensität sein, dass sie nach Art einer "Rundum-Untersuchung" alle irgendwie in Betracht kommenden Mängel der Ware erfasst."

80b   Handelt es sich bei dem in Rede stehenden Mangel um einen solchen, der im Rahmen der gebotenen Untersuchung erkennbar war (offener Mangel), so ist eine Rüge ab dem Zeitpunkt geboten, zu welchem der Käufer nach § 377 I HGB zur Untersuchung der Ware verpflichtet war und in diesem (zeitlichen) Rahmen den Mangel zu Tage fördern konnte. Nach dem Wortlaut des § 377 I HGB hat die Untersuchung „unverzüglich" nach der Ablieferung zu erfolgen. Dabei bedeutet „un-

---

[304] In diesem Sinne *Jung*, HandelsR, § 37 Rn. 8.
[305] *BGH* ZIP 2016, 722 = NJW 2016, 2645 (LS 1 und Rn. 20 ff.).
[306] *BGH* ZIP 2018, 81 ff. (für BGHZ bestimmt).

verzüglich" nach h.M. dasselbe wie in § 121 I BGB, also „ohne schuldhaftes Zögern".[307]

Verdeckte Mängel sind solche, die bei einer dem § 377 I HGB entsprechenden **81** Untersuchung nicht festzustellen sind. Dann ist eine Rüge gemäß § 377 III Hs. 1 HGB erst ab dem Zeitpunkt der tatsächlichen Entdeckung des Mangels durch den Käufer geboten.

⇨ *Fälle Nr. 25a/25b/25c – Erbsen/Kaviar/Computer*

Als problematisch erweisen sich Fälle, in denen der Käufer die Ware nach der Ab- **82** lieferung überhaupt nicht i.S.v. § 377 I HGB untersucht hat, der vorhandene Mangel jedoch bei der gebotenen Untersuchung ohnehin nicht oder höchstwahrscheinlich nicht entdeckt worden wäre. Folgt man dem Wortlaut des § 377 II HGB („Mangel …, der bei der Untersuchung nicht erkennbar war"), ist für die Unterscheidung zwischen offenen und verdeckten Mängeln gänzlich irrelevant, ob eine Untersuchung der Ware durch den Käufer tatsächlich stattgefunden hat. Es kommt alleine darauf an, ob die Mängel bei einer gedachten, den Anforderungen des § 377 I HGB entsprechenden Untersuchung erkannt worden wären. Für diese Lösung spricht jedenfalls bei solchen Mängeln, die bei der gebotenen Untersuchung *mit Sicherheit* nicht erkannt worden wären, dass der Käufer seine Gewährleistungsrechte nicht wegen des Unterlassens einer im konkreten Fall ohnehin nicht zielführenden Untersuchung verlieren soll.

⇨ *Fall Nr. 26 – Betonpumpe*

Schwieriger zu beantworten ist die Streitfrage jedoch in Konstellationen, in denen **83** eine gewisse Entdeckungswahrscheinlichkeit bestand, jedoch auch nicht gesagt werden kann, dass der Mangel bei der gebotenen Untersuchung mit Sicherheit zutage gefördert worden wäre. Dies betrifft insbesondere Lieferungen einer großen Stückzahl von Produkten, von denen nur einzelne mangelhaft sind. Teilweise wird in solchen Fällen der Mangel als verdeckt angesehen, wenn – obwohl geboten (→ Rn. 80) – keine Stichproben entnommen wurden, aber auch bei einer Entnahme von Stichproben mit an Sicherheit grenzender Wahrscheinlichkeit der Mangel – etwa wegen seiner Seltenheit – nicht entdeckt worden wäre.[308] Die Gegenansicht verweist darauf, dass der Käufer den Beweis der Erfolglosigkeit der Untersuchung praktisch nicht erbringen könne, weil ja als Stichprobe eines der mangelhaften Exemplare hätte gezogen werden können.[309]

Klarzustellen gilt es jedenfalls, dass die Verletzung der Rügeobliegenheit nur bei **84** der Unterlassung von Stichproben in Betracht kommt. Wurde hingegen eine ausreichende Anzahl von Stichproben gezogen, dabei jedoch tatsächlich keines der mangelhaften Exemplare getroffen, obwohl dies überwiegend wahrscheinlich war, verliert der Käufer seine Gewährleistungsrechte nicht.

⇨ *Fall Nr. 27 – Solarmodul*

bbb) Anforderungen an die Rüge

Bei der Frage, ob der Käufer die Rüge ordnungsgemäß, insbesondere recht- **85** zeitig, erhoben hat, sind die folgenden Grundsätze zu beachten: Die Rüge ist keine

---

[307] MüKoHGB/*Grunewald*, § 377 Rn. 33; kritisch *K. Schmidt*, HandelsR, § 29 Rn. 75 (S. 954), → § 1 Rn. 8 in der dortigen Fußnote.

[308] MüKoHGB/*Grunewald*, § 377 Rn. 77; *Grunewald*, NJW 1995, 1777, 1780.

[309] Ebenroth/Boujong/Joost/Strohn/*Müller*, § 377 Rn. 164: beinahe unmöglicher Beweis.

Willenserklärung, sondern bloße **Wissenserklärung**,[310] also eine geschäftsähnliche Handlung in Form einer sog. Vorstellungs- oder Tatsachenmitteilung.[311] Die meisten Regeln über Willenserklärungen sind aber nach h.M. entsprechend anwendbar.[312] Insbesondere muss der Kaufmann nicht persönlich rügen, sondern es ist auch eine **Stellvertretung i.S.v. §§ 164 ff. BGB** denkbar und bei Gesellschaften als Unternehmensträgern sogar zwingend. Dass eine Vertretung unstreitig *möglich* ist, besagt freilich noch nichts darüber aus, ob bei der Rüge durch Dritte sämtliche Voraussetzungen wirksamer Stellvertretung erfüllt sein müssen, die handelnde Person insbesondere – wie von der h.M. gefordert – Vertretungsmacht oder eine vergleichbare Befugnis besitzen muss.[313] Zweifelhaft erscheint jedenfalls die Möglichkeit, die Rüge wegen fehlender Vorlage einer Vollmachtsurkunde gemäß § 174 BGB zurückweisen zu können,[314] zumal dadurch der gewollte Beschleunigungseffekt des § 377 HGB – insbesondere bei telefonischen oder elektronischen Rügen – geradezu ins Gegenteil verkehrt würde.[315] Es kommt auch – anders als insbesondere bei Gestaltungsrechten – nicht zu einer Rechtsunsicherheit auf Seiten des Empfängers, weil überhaupt keine irgendwie geartete (vertragliche) Bindung des Käufers an die Erklärung in Rede steht. Die Rüge soll vielmehr dem Verkäufer nur rein tatsächlich in kurzer Zeit die Kenntnis vom Mangel verschaffen. Vor diesem Hintergrund erscheint es nicht einmal zweifelsfrei, wenn die h.M. die Rüge eines Geschäftsunfähigen oder einer nicht vertretungsberechtigten Person für unwirksam hält.[316] Das von § 377 HGB verfolgte Ziel einer Information des Verkäufers vom Mangel wird jedenfalls auch in diesen Fällen erreicht.

85a   Sieht man es mit der h.M. anders und verlangt Vertretungsmacht für die Rüge, stellt sich die Frage nach einer **Genehmigungsfähigkeit der Rüge** i.S.v. § 177 I BGB. Diese ist im Grundsatz auch bei einseitigen Rechtsgeschäften nicht ausgeschlossen.[317] Jedoch gilt es zu beachten, dass nach h.M. die Genehmigung in teleologischer Reduktion des § 184 I BGB bei fristgebundenen Erklärungen nicht zurückwirkt.[318] Der Kaufmann oder eine mit Vertretungsmacht ausgestattete Person müsste also die

---

[310] *Canaris*, HandelsR, § 29 Rn. 86 (S. 447).

[311] Ebenroth/Boujong/Joost/Strohn/*Müller*, § 377 Rn. 172 m.w.N.

[312] Vgl. nur Baumbach/Hopt/*Hopt*, § 377 Rn. 32.

[313] MüKoHGB/*Grunewald*, § 377 Rn. 69 verlangt eine „Befugnis – vergleichbar einer Vollmacht"; Vertretungsmacht sei aber nicht erforderlich, weil die Rüge keine Willenserklärung sei; nach Ebenroth/Boujong/Joost/Strohn/*Müller*, § 377 Rn. 175 hängt die Wirksamkeit der Mängelrüge hingegen davon ab, ob die betroffene Person „mit Vertretungsmacht handelt oder die Vollmacht durch einen zurechenbaren Rechtsschein ersetzt wird"; letzteres ist unschlüssig, wenn man dem Geschäftspartner in Rechtsscheinfällen ein Wahlrecht zugesteht, weil der Verkäufer das Wahlrecht immer zu seinen Gunsten dahingehend ausüben wird, dass der Käufer nicht wirksam gerügt hat. Allerdings wird das im Handelsrecht bei § 15 HGB sowie beim Scheinkaufmann anerkannte Wahlrecht bei den Rechtsscheinsvollmachten des bürgerlichen Recht von der h.M. – inkonsequent – bestritten (dazu *Bitter/Röder*, BGB AT, § 10 Rn. 153a, 168).

[314] So z.B. *Lettl*, HandelsR, § 12 Rn. 75.

[315] *K. Schmidt*, HandelsR, § 29 Rn. 90 (S. 959): „weltfremd"; MüKoHGB/*Grunewald*, § 377 Rn. 70.

[316] So MüKoHGB/*Grunewald*, § 377 Rn. 69 f.

[317] Zu den allgemeinen Grenzen der Genehmigungsfähigkeit einseitiger Rechtsgeschäfte im Hinblick auf §§ 174, 180 BGB siehe *Bitter/Röder*, BGB AT, § 10 Rn. 244 ff.; vgl. aber zur streitigen Anwendbarkeit des § 174 BGB die Ausführungen oben im Text.

[318] BGHZ 32, 375, 382 f. = NJW 1960, 1805, 1807 für ein Vorkaufsrecht mit Ausschlussfrist; allgemein MüKoBGB/*Bayreuther*, § 184 Rn. 7; explizit für die Mängelrüge MüKoBGB/*Schubert*, § 180 Rn. 16; siehe aber auch Staudinger/*Gursky*, § 184 Rn. 32 a.E., 38a a.E.

Rüge innerhalb der oft kurzen Rügefrist (→ Rn. 87) genehmigen. Alternativ kann er dann auch gleich die Rüge fristgemäß wiederholen.

Aus der Rüge muss hervorgehen, in welchem Punkt und in welchem Umfang 86 der Käufer die Ware beanstandet (**Bestimmtheit**). Die schlichte Aufforderung, „den Schrott abzuholen", reicht also nicht. Allerdings ist umgekehrt auch keine dezidierte Beschreibung des Fehlers erforderlich, wenn insbesondere der Käufer nur die Symptome – etwa den Ausfall eines Gerätes –, nicht aber den Grund dafür – ein fehlerhaftes Bauteil – erkennen kann. War die Rüge nicht genügend spezifiziert, kann der Käufer die Genehmigungswirkung des § 377 II, III Hs. 2 HGB nicht durch eine Anfechtung gemäß § 119 I BGB beseitigen, weil diese allein kassatorisch wirkt (§ 142 I BGB), nicht aber dazu führt, dass die nachgeschobene Spezifizierung als unverzüglich erklärt gilt.

Die Rüge ist an **keine bestimmte Form** gebunden, sollte aber aus Beweisgründen 87 schriftlich oder elektronisch dokumentiert werden. Der **Zeitpunkt** ist von der Art des Mangels abhängig: Die Rüge muss nach dem Wortlaut des § 377 I HGB (für offene Mängel) beziehungsweise des § 377 III Hs. 1 HGB (für verdeckte Mängel) „unverzüglich" nach der gedachten Untersuchung der Ware (bei offenen Mängeln) beziehungsweise nach der tatsächlichen Entdeckung der Mängel (bei verdeckten Mängeln) erfolgen. Auch hier meint „unverzüglich" nach der h.M. dasselbe wie in § 121 I BGB.[319] Die Frist beträgt deshalb meist nur wenige Tage, bei verderblicher Ware gar nur Stunden.[320]

Nach § 377 IV HGB genügt die **rechtzeitige Absendung** der Anzeige. Daraus ist 88 nicht zu folgern, dass es auf den Zugang der Rüge bei dem Verkäufer nicht ankäme. Die Rüge ist nur dann wirksam erhoben, wenn sie dem Verkäufer zugeht.[321] Die Regeln über den Zugang von Willenserklärungen[322] gelten entsprechend.[323] § 377 IV HGB nimmt dem Käufer also lediglich das Verzögerungs-, nicht aber das Verlustrisiko ab.

ee) Keine Arglist des Verkäufers

Gemäß § 377 V HGB treten die Rechtsfolgen der Rügeversäumnis nicht ein, 89 wenn der Verkäufer den Sachmangel arglistig verschwiegen hat. Arglist ist dabei nicht anders zu verstehen als im Rahmen des § 123 BGB[324] oder im Kaufgewährleistungsrecht (§§ 438 III, 442 I 2, 444, 445 BGB). Bedingter Vorsatz genügt. Dieser liegt insbesondere vor, wenn der Verkäufer Angaben zur Beschaffenheit der Sache „ins Blaue hinein" macht.

b) Sonderfälle: Verkaufskette, Durchlieferung, Finanzierungsleasing

Die Prüfung der Voraussetzungen des § 377 HGB wirft bei einer **Verkaufskette** be- 90 sondere Probleme auf. In aller Regel durchlaufen Handelsgüter mehrere Wirtschaftsstufen, z.B. von einem Fabrikanten über einen Großhändler zu einem Einzelhändler. Die Anwendung des § 377 HGB auf den Kaufvertrag zwischen dem Großhändler und dem Einzelhändler wirft keine speziellen Probleme auf. Anders verhält es sich für den Kaufvertrag zwischen dem Fabrikanten und dem Großhändler. Es stellt sich

---

[319] Baumbach/Hopt/*Hopt*, § 377 Rn. 35 und 39; kritisch wiederum *K. Schmidt*, HandelsR, § 29 Rn. 84 (S. 956 f.).

[320] *K. Schmidt*, HandelsR, § 29 Rn. 89 (S. 958 f.).

[321] BGHZ 101, 49; *K. Schmidt*, HandelsR, § 29 Rn. 92 (S. 960).

[322] Dazu *Bitter/Röder*, BGB AT, § 5 Rn. 48 ff.

[323] BGHZ 101, 49; MüKoHGB/*Grunewald*, § 377 Rn. 71.

[324] Dazu *Bitter/Röder*, BGB AT, § 7 Rn. 141 ff., zur Arglist insbes. Rn. 149.

zunächst die Frage, wie der Großhändler die Untersuchung der Ware vorzunehmen hat. Grundsätzlich hat der Großhändler die Ware zu untersuchen, bevor er sie an den Einzelhändler weiterliefert. Seine Untersuchungsobliegenheit wird sich aber meist auf eine Stichprobenuntersuchung beschränken und kann im Einzelfall sogar ganz entfallen (etwa wenn wertvolle Güter durch das Auspacken und Testen unverkäuflich würden). Außerdem hat der Großhändler eine bei ihm eingehende Rüge des Einzelhändlers unverzüglich an den Fabrikanten weiterzuleiten, wenn er nicht Gefahr laufen will, seine Gewährleistungsrechte nach § 377 HGB zu verlieren. Geht die Rüge des Einzelhändlers verspätet beim Großhändler ein, so muss sich der Großhändler in seinem Verhältnis zum Fabrikanten die Verspätung zurechnen lassen.[325]

⇨ *Fall Nr. 28 – Lieferkette*

91   Nicht selten kommt es bei einer Verkaufskette zur sog. **Durchlieferung**, bei der der Erstverkäufer (Fabrikant) direkt an den Zweitkäufer (Einzelhändler) liefert. Im Sachenrecht sind diese Fälle unter dem Stichwort des sog. Geheißerwerbs bekannt. Bei der Durchlieferung hat der Erstkäufer (Großhändler) die Ware nicht selbst zu untersuchen. Ihn trifft aber die Obliegenheit, bei ihm eingehende Rügen des Einzelhändlers unverzüglich dem Fabrikanten anzuzeigen. Auch hier muss sich der Großhändler eine Verspätung der Rüge durch den Einzelhändler zurechnen lassen.[326]

92   Besonders schwierig ist die Beurteilung von Durchlieferungsfällen, in denen der **Zweitkäufer nicht Kaufmann** i.S.v. §§ 1 ff. HGB ist. Hier findet § 377 HGB auf den Kaufvertrag zwischen dem Erstkäufer und dem Zweitkäufer keine Anwendung. Deshalb kann der Zweitkäufer gegenüber dem Erstkäufer auch nach Ablauf der Rügefrist des § 377 HGB noch Mängel geltend machen. Fraglich ist in einem solchen Fall, was im Verhältnis zwischen dem Erstverkäufer und dem Erstkäufer gilt. In diesem Verhältnis ist § 377 HGB anwendbar. Deshalb sind die Mängelgewährleistungsrechte des Erstkäufers wegen der Verspätung der Rüge ausgeschlossen.[327] Da solche Durchlieferungskonstellationen für den Erstkäufer also stets die Gefahr mit sich bringen, dass er einerseits gegenüber dem Zweitkäufer für einen Mangel haftet, andererseits aber bei dem Erstverkäufer keinen Rückgriff nehmen kann, hat der Erstkäufer ein dringendes Interesse daran, sich vertraglich gegen das genannte Risiko abzusichern. Dies kann er entweder im Verhältnis zum Erstverkäufer tun, indem in jenem Verhältnis die Rügepflicht abbedungen wird, was freilich individualvertraglich vereinbart werden muss und nicht in AGB möglich ist (→ Rn. 99). Alternativ kann er sich im Verhältnis zum Zweitkäufer dessen alsbaldigen Bescheid sichern. Ist der Zweitkäufer allerdings ein Verbraucher, können dessen Gewährleistungsrechte gemäß § 476 I BGB nicht vorab beschränkt werden, was auch durch die Vereinbarung einer im BGB nicht vorgesehenen Rügeobliegenheit geschehen würde.[328] In diesem Fall muss der Zwischenhändler, um sich seine eigenen Rechte gegenüber dem Erstverkäufer zu sichern, notfalls selbst für die Untersuchung der Sache beim Zweitkäufer sorgen, was selbstverständlich nur mit dessen Einverständnis möglich ist.

93   Dem Fall der Verkaufskette mit Durchlieferung steht das **Finanzierungsleasing**[329] nahe. Auch beim Finanzierungsleasing sind drei Parteien beteiligt: der Verkäufer, der

---

[325] *BGH* BB 1954, 954; *K. Schmidt*, HandelsR, § 29 Rn. 99 (S. 962).

[326] *BGH* WM 1978, 725; *K. Schmidt*, HandelsR, § 29 Rn. 103 (S. 964).

[327] RGZ 102, 91; *K. Schmidt*, HandelsR, § 29 Rn. 105 (S. 965 f.).

[328] Siehe allgemein zum Verbot der Vereinbarung gesetzlich nicht vorgesehener Obliegenheiten MüKoBGB/*S. Lorenz*, § 475 Rn. 8.

[329] Vgl. zum Finanzierungsleasing ausführlich MüKoBGB/*Koch*, Finanzierungsleasing, nach § 512.

Leasinggeber und der Leasingnehmer. Bei der Anbahnung eines Finanzierungsleasings kommen typischerweise zunächst der Verkäufer und der Leasingnehmer in Kontakt. Der Verkäufer bietet einen Gegenstand zum Verkauf an und der Leasingnehmer hat ein Interesse daran, diesen Gegenstand zu gebrauchen. Der Leasingnehmer verfügt aber nicht über die finanziellen Mittel, den Gegenstand zu kaufen. Deshalb wendet er sich an den (finanzstarken) Leasinggeber. Dieser kauft den Gegenstand beim Verkäufer und schließt einen Leasingvertrag mit dem Leasingnehmer ab. Der Leasingvertrag verpflichtet den Leasinggeber, den Gegenstand dem Leasingnehmer zum Gebrauch zu überlassen, und er verpflichtet den Leasingnehmer, an den Leasinggeber Ratenzahlungen zu leisten.

Der Leasingvertrag ist im BGB nicht besonders geregelt; er gehört also zu den ungeschriebenen Vertragstypen, die aufgrund der im Schuldrecht geltenden Vertragsautonomie (vgl. § 311 I BGB) abgeschlossen werden können. Er steht dem Mietvertrag (vgl. §§ 535 ff. BGB) nahe, so dass sich die Haftung des Leasinggebers für Sachmängel nach den §§ 536 ff. BGB richtet.[330] Typischerweise wird diese Haftung in dem Leasingvertrag aber abbedungen, wobei gleichzeitig vereinbart wird, dass der Leasingnehmer die Sachmangelrechtsbehelfe, die dem Leasinggeber aus dem Kaufvertrag mit dem Verkäufer zustehen, im eigenen Namen gegenüber dem Verkäufer geltend zu machen berechtigt ist. Diese Kombination von Haftungsausschluss und Abtretung der Mängelrechte kann nicht nur individualvertraglich, sondern auch in Allgemeinen Geschäftsbedingungen (AGB) vereinbart werden, da sie einer Überprüfung anhand der §§ 307 ff. BGB standhält.[331] Bei Sachmangelhaftigkeit des Gegenstandes ist der Leasingnehmer also regelmäßig darauf beschränkt, die Sachmängelrechte des Leasinggebers gegen den Verkäufer geltend zu machen. Es stellt sich dann die Frage, ob sich der Verkäufer gegenüber der Inanspruchnahme durch den Leasingnehmer auf § 377 HGB berufen kann. Diese Frage ist immer dann zu bejahen, wenn der Leasinggeber Kaufmann i.S.v. §§ 1 ff. HGB ist; irrelevant ist insbesondere, ob der Gegenstand vom Verkäufer an den Leasinggeber oder auf dessen Wunsch hin direkt an den Leasingnehmer geliefert wurde und ob auch der Leasingnehmer Kaufmann i.S.v. §§ 1 ff. HGB ist.[332] Auch der nichtkaufmännische Leasingnehmer läuft deshalb Gefahr, mit der Geltendmachung der Sachmangelrechte gegenüber dem Verkäufer an § 377 HGB zu scheitern. Realisiert sich diese Gefahr, so ist anerkannt, dass der Leasingnehmer nicht sachmangelrechtlos gestellt ist, sondern sich trotz der Abbedingung der Sachmängelhaftung des Leasinggebers im Leasingvertrag an diesen halten kann.[333] Dabei ist noch nicht abschließend geklärt, ob in diesen Fällen die Sachmängelhaftung des Leasinggerbers aus §§ 536 ff. BGB wiederauflebt oder ob dieser gegenüber dem Leasingnehmer aus §§ 280 ff. BGB schadensersatzpflichtig ist.[334]

c) Rechtsfolge des § 377 HGB

Als Rechtsfolge nennen § 377 II HGB (für offene Mängel) und § 377 III Hs. 2 HGB (für verdeckte Mängel), dass die Ware als genehmigt gilt. Richtig müsste es heißen, dass derjenige Mangel, der nicht rechtzeitig gerügt wurde, als geheilt gilt. Wegen dieser Fiktion geht der Käufer seiner Gewährleistungsrechte aus §§ 434 ff. BGB verlustig, es sei denn, der Verkäufer hat den Mangel arglistig verschwiegen

94

95

---

[330] BGHZ 81, 298.
[331] BGHZ 94, 180; MüKoBGB/*Koch*, Finanzierungsleasing, nach § 512 Rn. 103 ff.
[332] BGHZ 110, 130; MüKoBGB/*Koch*, Finanzierungsleasing, nach § 512 Rn. 80.
[333] BGHZ 110, 130; MüKoBGB/*Koch*, Finanzierungsleasing, nach § 512 Rn. 80.
[334] Beide Möglichkeiten für denkbar haltend BGHZ 110, 130.

(§ 377 V HGB, → Rn. 89). Aus der Lieferung der mangelhaften Ware resultierende Deliktsansprüche nach §§ 823 ff. BGB sind nach h.M. hingegen nicht ausgeschlossen.[335]

96 Der Verkäufer behält seinen vertraglichen Kaufpreisanspruch in voller Höhe. Das gilt grundsätzlich auch bei Zuweniglieferungen i.S.v. § 434 III Alt. 2 BGB.[336] Nur bei einer offenen, vom Verkäufer selbst auf der Rechnung oder dem Lieferschein deklarierten Zuweniglieferung beschränkt sich der Kaufpreisanspruch des Verkäufers auf den mengengerechten Preis.[337] Oft wird dann jedoch schon gar kein Mangel i.S.v. § 434 III Alt. 2 BGB vorliegen.

97 Wird umgekehrt vom Verkäufer zu viel oder ein wertvolleres Produkt als das geschuldete geliefert, so hat die Rügeversäumnis – unabhängig vom Eingreifen des § 241a BGB[338] – nicht zur Folge, dass der Käufer nun einen höheren Kaufpreis zahlen muss, es sei denn es kommt zu einer (konkludenten) Vertragsänderung. § 377 HGB kann nämlich nicht die Pflichten des Käufers erweitern, sondern – als Obliegenheit (→ Rn. 72) – nur dazu führen, dass er vorhandene (Gewährleistungs-) Rechte verliert. Der Verkäufer seinerseits kann bei der Zuviellieferung und der Lieferung eines höherwertigen Aliud seine Leistung – vorbehaltlich des § 814 BGB – gemäß § 812 I 1 Alt. 1 BGB kondizieren, weil es an einem Rechtsgrund für die (Zuviel-)Lieferung fehlt. Für die Aliud-Lieferung ist dies freilich im Hinblick auf § 434 III BGB eine im Schuldrecht höchst umstrittene Frage.[339]

98 **Beispiel:** Der im Handelsregister eingetragene Gartenbauer G hatte sich beim Händler H den Rasenmäher Roto 900 mit Schnittbreite 45 cm ausgesucht. Aufgrund eines Versehens wird ihm das € 200 teurere Modell Roto 1000 mit Schnittbreite 50 cm geliefert. Er freut sich darüber und sagt H nichts. Als H den Fehler nach zwei Wochen entdeckt, verlangt er Rückgabe des Roto 1000. Der Kondiktionsanspruch und ein nach Anfechtung der Übereignung im Einzelfall ebenfalls in Betracht kommender Anspruch aus § 985 BGB[340] werden durch § 377 HGB nicht gesperrt, weil die Vorschrift nur zugunsten und nicht zulasten des Verkäufers wirkt.

99 **§ 377 HGB ist vertraglich abdingbar.**[341] Ein genereller Ausschluss der Rügeobliegenheit aus § 377 HGB in Allgemeinen Geschäftsbedingungen (AGB) ist allerdings nach § 307 I 1 und II Nr. 1 BGB unwirksam.[342] Umgekehrt ist auch eine Steigerung der Anforderungen an die Rüge unwirksam, wenn danach auch verdeckte Mängel innerhalb weniger Tage geltend gemacht werden müssten.[343] Im Grundsatz zulässig ist es demgegenüber, Art und Umfang einer gebotenen Untersuchung durch AGB in bestimmter Weise, etwa hinsichtlich der zu untersuchenden Eigenschaften und der dabei vorzugsweise anzuwendenden Methoden, zu konkretisieren und ggf. auch zu generalisieren, sofern dies durch die Umstände veranlasst oder durch eine in dieser Richtung verlaufende Verkehrsübung vorgezeichnet ist und die Konkretisierung oder Generali-

---

[335] BGHZ 101, 337; Baumbach/Hopt/*Hopt*, § 377 Rn. 50; kritisch *K. Schmidt*, HandelsR, § 29 Rn. 116 f. (S. 969 f.).

[336] BGHZ 91, 293; *K. Schmidt*, HandelsR, § 29 Rn. 121 (S. 972).

[337] *K. Schmidt*, HandelsR, § 29 Rn. 123 (S. 972 f.); von BGHZ 91, 293 ausdrücklich offen gelassen.

[338] Für eine teleologische Reduktion *Oetker/Maultzsch*, Vertragliche Schuldverhältnisse, 4. Aufl. 2013, Rn. 167 (S. 90) m.w.N.

[339] Dazu MüKoBGB/*H.P. Westermann*, § 434 Rn. 46; ausführlich *Oetker/Maultzsch*, Vertragliche Schuldverhältnisse, 4. Aufl. 2013, Rn. 164 ff. (S. 88 ff.); *Musielak*, NJW 2003, 89 ff.; siehe auch *Jung*, HandelsR, § 37 Rn. 17 m.w.N.

[340] Zum Identitätsirrtum (*error in objecto*) siehe *Bitter/Röder*, BGB AT, § 7 Rn. 79 f.

[341] Details bei MüKoHGB/*Grunewald*, § 377 Rn. 120–147.

[342] *BGH* NJW 1991, 2633; Baumbach/Hopt/*Hopt*, § 377 Rn. 59.

[343] *BGH* NJW 1992, 575, 576.

sierung eine hinreichende Rücksichtnahme auf die beiderseitigen Interessen erkennen lässt; wird jedoch ohne nähere Differenzierung nach Anlass und Zumutbarkeit stets eine *vollständige* Untersuchung der Ware auf ein Vorhandensein aller nicht sofort feststellbarer Mängel gefordert und kein Raum für Abweichungen gelassen, in denen eine Untersuchung vernünftigerweise unangemessen ist oder dem Käufer sonst billigerweise nicht mehr zugemutet werden kann, ist die Klausel unwirksam.[344] Mit dem Zweck der Untersuchungsobliegenheit, eine im Falle der Mangelhaftigkeit erforderliche Mängelrüge vorzubereiten, also etwaige Mängel zu erkennen und über die dabei gewonnenen Erkenntnisse eine danach gebotene Mängelrüge hinreichend konkret zu formulieren, ist es auch nicht zu vereinbaren, dem Käufer in AGB die Untersuchung der Ware durch einen neutralen Sachverständigen vorzuschreiben.[345]

⇨ *Fall Nr. 29 – Doppelmangel*

§ 8. Das Kontokorrent (§§ 355 ff. HGB)

Das Kontokorrent (italienisch: conto corrente = laufende Rechnung) ist rudimen- **1** tär in den §§ 355 ff. HGB geregelt. Viel wesentlicher sind in der Praxis allerdings die in diesen Vorschriften nicht ausdrücklich erwähnten Rechtsfolgen.*

I. Einführung

Nach der Legaldefinition in § 355 I HGB liegt ein solches Kontokorrent vor, **2** wenn „jemand mit einem Kaufmanne derart in Geschäftsverbindung [steht], dass die aus der Verbindung entspringenden beiderseitigen Ansprüche und Leistungen nebst Zinsen in Rechnung gestellt und in regelmäßigen Zeitabschnitten durch Verrechnung und Feststellung des für den einen oder anderen Teil sich ergebenden Überschusses ausgeglichen werden". Das Kontokorrent hat sich aus der kaufmännischen Praxis heraus entwickelt, sodass seine Bedeutung nach wie vor sehr groß ist.[346] Sein **Hauptanwendungsfall** ist das laufende Konto bei der Bank, also das **Girokonto**; jedoch spielt es beispielsweise auch zwischen Kaufleuten und ihren Handelsvertretern oder zwischen Groß- und Einzelhändlern eine gewichtige Rolle. Wirtschaftlich betrachtet dient es der **Vereinfachung des Zahlungsverkehrs**, da es zwischen den jeweiligen Parteien eine Vielzahl von Zahlungsvorgängen gibt und diese nicht einzeln durch Zahlung reguliert werden müssen, sondern auf eine einzige Saldoforderung (zum jeweiligen Abrechnungstermin) reduziert werden.

Beispiel: Im Buchhandel wird zwischen Groß- und Einzelhändler oft ein Kontokorrent verein- **3** bart. Der Großhändler liefert immer wieder Bücher, die der Einzelhändler zu bezahlen hat. Umgekehrt gibt der Einzelhändler Bücher, die von Kunden nur zur Ansicht bestellt waren, oder von denen eine Neuauflage erschienen ist, an den Großhändler zurück (sog. Remittenten). Bei einer solchen laufenden Geschäftsverbindung dient es der Vereinfachung, wenn nicht jede Hin- oder Herlieferung einzeln abgerechnet wird, sondern die wechselseitigen Ansprüche in eine laufende Rechnung eingestellt werden und sodann periodisch – z.B. monatlich – abgerechnet wird.

---

[344] *BGH* ZIP 2018, 81 ff. (LS 4), für BGHZ vorgesehen.
[345] *BGH* ZIP 2018, 81 ff. (LS 5), für BGHZ vorgesehen.
* Zum Kontokorrent siehe *K. Schmidt*, HandelsR, § 21 (S. 740 ff.); *Canaris*, HandelsR, § 25 (S. 375 ff.); *Schmieder*, in: Schimansky/Bunte/Lwowski, § 47 Rn. 38 ff.
[346] *Canaris*, HandelsR, § 25 Rn. 2 (S. 375 f.); *Schmieder*, in: Schimansky/Bunte/Lwowski, § 47 Rn. 38.

4   Zweite Funktion ist die **Vereinheitlichung**: maßgeblich sind nicht mehr die einzelnen Forderungen, die beispielsweise nach ihrem Schuldgrund (Kauf-, Werkvertrag, etc.) und nach ihrem rechtlichen Schicksal (Verzinsung, Verjährung, etc.) differieren können, sondern der festgestellte Saldo.

5   Zuletzt kommt dem Kontokorrent eine **Sicherungsfunktion** zu, da es dem einen Teil erlaubt, zur Sicherung seiner Forderung die Forderung des Geschäftspartners heranzuziehen.[347] In dem Umfang, in dem man selbst Schuldner von Forderungen im Kontokorrent ist, kann man nämlich auch mit den eigenen ins Kontokorrent eingestellten Forderungen nicht ausfallen, weil man im Umfang der Deckungsgleichheit in jedem Fall durch die spätere Verrechnung befriedigt wird. Eine darüber hinausgehende Kreditierungsfunktion des Kontokorrents besteht nicht; beispielsweise darf der Bankkunde sein Girokonto nicht überziehen, es sei denn dies ist vereinbart. Grundlage dieser Vereinbarung ist dann nicht das Kontokorrent, sondern ein davon zu trennender Kreditvertrag.[348]

II. Voraussetzungen

6   Die Voraussetzungen des Kontokorrents können aus § 355 I HGB abgelesen werden:
– Laufende Geschäftsverbindung (→ Rn. 7)
– Kaufmannseigenschaft mindestens einer Seite (→ Rn. 8 ff.)
– Möglichkeit beiderseitiger Ansprüche und Leistungen (→ Rn. 11)
– Kontokorrentabrede (→ Rn. 12 ff.).

1. Geschäftsverbindung

7   § 355 I HGB verlangt zunächst eine Geschäftsverbindung, welche ihrer Natur nach **auf Dauer angelegt** ist; nicht relevant ist, ob die Geschäftsverbindung tatsächlich von Dauer ist. Es müssen also Parteien auftreten, zwischen denen regelmäßig Forderungen oder Leistungen aufgrund von Rechtsgeschäften anfallen. Nötig ist eine laufende Geschäftsverbindung. Alleine durch diese Geschäftsverbindung kommt aber ein Kontokorrent noch nicht zustande; sie ist lediglich Voraussetzung und Grundlage für das Entstehen des Kontokorrents.[349] Dem Kontokorrent kommt innerhalb dieser Geschäftsverbindung eine dienende Funktion zu, nämlich die Dokumentation der zur Verrechnung gestellten Ansprüche und Leistungen.

2. Kaufmannseigenschaft

8   Dem Wortlaut des § 355 I HGB zufolge muss mindestens einer Partei die Kaufmannseigenschaft nach §§ 1 ff. HGB zukommen oder ein Fall der §§ 383 II 2, 407 III 2, 453 III 2 oder 467 III 2 HGB vorliegen, welche unter bestimmten Voraussetzungen die Anwendung der Normen über das Kontokorrent bei Kleingewerbetreibenden anordnen (→ § 2 Rn. 22). Nicht erforderlich ist die Kaufmannseigenschaft beider Parteien, da § 355 HGB kein beidseitiges Handelsgeschäft voraussetzt (→ § 7 Rn. 7). Gerade der in der Praxis wichtigste Fall, das **Girokonto** eines Privatkunden, stellt ein Kontokorrent zwischen Kaufmann (Bank) und Nichtkaufmann (Kontoinhaber) dar.

---

[347] *Canaris*, HandelsR, § 25 Rn. 5 (S. 376); *K. Schmidt*, HandelsR, § 21 Rn. 5 (S. 741).
[348] Vgl. *K. Schmidt*, HandelsR, § 21 Rn. 6 (S. 741 f.).
[349] Vgl. *K. Schmidt*, HandelsR, § 21 Rn. 9 (S. 743).

Ein Kontokorrent, bei dem keiner der beteiligten Parteien die Kaufmannseigen- **9** schaft zukommt, ist vom Wortlaut des § 355 HGB nicht erfasst. Es ist aber im Rahmen der Privatautonomie auch Nichtkaufleuten möglich, Kontokorrentabreden zu treffen. Das Kontokorrent stellt grundsätzlich kein Institut des Handelsrechts, sondern ein solches des Bürgerlichen Rechts dar. Die Normierung im HGB rechtfertigt sich daraus, dass zum einen bei einem Kontokorrentverhältnis i.d.R. zumindest eine Partei Kaufmann ist (z.B. die kontoführende Bank) und zum anderen § 355 I HGB eine **Ausnahme vom Zinseszinsverbot des § 248 I BGB enthält** und diese Ausnahme mit den speziellen Bedürfnissen des kaufmännischen Rechnungs- und Wirtschaftswesens zusammenhängt.

Die Möglichkeit, ein Kontokorrent zwischen Nichtkaufleuten zu vereinbaren, hat **10** zur Konsequenz, dass alle Rechtssätze über das Kontokorrent mit Ausnahme der eben erwähnten Befreiung vom Zinseszinsverbot (§ 355 I HGB) **analog** anzuwenden sind. Das gilt also für die Normen über den Rechnungsabschluss und die Kündigungsmöglichkeit (§ 355 II, III HGB) ebenso wie für die Normen, welche das Schicksal der Sicherheiten im Rahmen des Kontokorrents sowie die Pfändungsmöglichkeiten regeln (§§ 356 f. HGB).[350]

3. Beidseitigkeit der Ansprüche und Leistungen

§ 355 I HGB spricht von „beidseitigen Ansprüchen und Leistungen", sodass man **11** daraus schließen könnte, dass ein Kontokorrent nur dann vorliegen kann, wenn Ansprüche und Leistungen beider Parteien entstanden sind, nicht aber, wenn nur eine leistet und nur der anderen Ansprüche zustehen.[351] Diese Ansicht ist jedoch zu restriktiv. Im Regelfall wird es zwar wechselseitige Ansprüche geben, beim Girokonto z.B. Gebühren, Soll- oder Habenzinsen oder Barabhebung und Einzahlungen durch den Kunden; rechtliche Bedingung ist die Beidseitigkeit aber nicht. Es ist daher unerheblich, ob tatsächlich auf beiden Seiten Forderungen entstehen.[352] Beispielsweise ist ein Girokonto auch dann Kontokorrent, wenn es kurz nach Eröffnung wieder aufgelöst wird und nur eine Einzahlung des Kontoinhabers erfolgte, er aber keine Abhebungen o.ä. tätigte. Das Kontokorrent ermöglicht also eine beiderseitige Verbuchung, setzt sie aber nicht voraus.

4. Kontokorrentabrede

Notwendige Voraussetzung ist die Kontokorrentabrede. Zwar wird diese nicht **12** explizit in § 355 I HGB benannt; jedoch werden dort ihre folgenden (Mindest-)Inhalte aufgezählt:

a) Einstellung

Leistungen und Ansprüche sollen nebst Zinsen in das Kontokorrent eingestellt **13** und so zu bloßen Rechnungsposten werden.

b) Verrechnung

Die Ansprüche und Leistungen sollen miteinander verrechnet werden; Regelfall **14** ist die Verrechnung im Rahmen des Periodenkontokorrents, das in § 355 I HGB

---

[350] *Canaris*, HandelsR, § 25 Rn. 56 (S. 390 f.); *K. Schmidt*, HandelsR, § 21 Rn. 10 f. (S. 743 f.), der aber in Erwägung zieht, die Befreiung vom Zinseszinsverbot dann unter Nichtkaufleuten zuzulassen, wenn diese Unternehmer (§ 14 BGB) sind.

[351] In diesem Sinne RGZ 95, 18, 19; *Reifner*, NJW 1992, 337, 340.

[352] RGZ 115, 393, 396; Staub/*Canaris*, § 355 Rn. 39 ff., 44.

erwähnt ist („in regelmäßigen Zeitabschnitten"). Ist kein Zeitabschnitt vereinbart, gilt die jährliche Verrechnung (§ 355 II HGB). Beim Hauptanwendungsfall des Kontokorrents, dem Girokonto, erfolgt hingegen abweichend von der Auffangregelung des § 355 II HGB i.d.R. eine quartalsweise Abrechnung jeweils zum 31. 3., 30. 6., 30. 9. und 31.12. eines jeden Jahres. Möglich ist auch die Vereinbarung des Staffelkontokorrents, in dem jede Buchung einem neuen Saldo gleichsteht.[353] Zwar kann eine derartige Handhabung vereinbart werden, jedoch ist dies wegen der Abweichung zum in § 355 I HGB geregelten Fall des Periodenkontokorrents im Zweifel nicht anzunehmen. Die Vereinbarung eines Staffelkontokorrents ist in der Praxis äußerst selten; insbesondere das Girokonto stellt, wie eben dargelegt, ein Periodenkontokorrent dar.

15   **Beispiel:** Der Kunde K und die B-Bank einigen sich über die Eröffnung eines Girokontos des K. Inhalt der Abrede ist unter anderem, dass K berechtigt ist, sich jederzeit Kontoauszüge auszudrucken. Dies ist nicht als Vereinbarung eines Staffelkontokorrents zu werten; die Auszüge geben zwar den aktuellen Kontostand wieder, enthalten aber keine Saldofeststellung. Sie dienen lediglich der Information und besseren Übersicht des Kontoinhabers. Die Saldofeststellung erfolgt vierteljährlich.[354]

c) Saldierung

16   Der nach der Verrechnung sich für die eine oder andere Partei ergebende Überschuss (Saldo) soll festgestellt und der anderen Partei zum Anerkenntnis mitgeteilt werden.[355]

III. Rechtsfolgen

17   Bei den Rechtsfolgen des Kontokorrents ist zwischen der Wirkung der Einstellung einer Forderung in das Kontokorrent (→ Rn. 18 ff.) und der Wirkung der Verrechnung und Feststellung des Saldos am Ende einer Rechnungsperiode (→ Rn. 24 ff.) zu unterscheiden.

1. Wirkung der Einstellung ins Kontokorrent

18   Durch die Einstellung in das Kontokorrent verlieren die einzelnen Forderungen ihre Eigenständigkeit; sie werden zu bloßen Rechnungsposten („in Rechnung gestellt").[356] Aus dieser „Lähmung" ergeben sich bedeutende Konsequenzen: eine Verfügung über die Einzelforderung ist nicht mehr möglich und sie kann vom Gläubiger nicht mehr selbstständig geltend gemacht werden.

19   **Beispiel:** Zwischen dem Unternehmer U und dessen Handelsvertreter V besteht ein Kontokorrent, in dessen Rahmen gegenseitige Forderungen verbucht werden sollen. U bestreitet einen bestimmten Provisionsanspruch des V und V klagt auf Zahlung dieser Provision. Eine Zahlungsklage des V ist abzuweisen, wenn U das Bestehen der Kontokorrentvereinbarung vorträgt und im Bestreitensfalle beweist. V kann aber im Wege der Feststellungsklage (§ 256 ZPO) gerichtlich

---

[353] BGHZ 50, 277, 279 = WM 1968, 967; die Lehre vom Staffelkontokorrent, nach der auch das regelmäßige Kontokorrent ein Staffelkontokorrent darstellt, ist überholt: auch wenn z.B. Tagesauszüge über einzelne Buchungen erstellt werden, kommt es für die Feststellung des Saldos auf die Vereinbarung an; das Saldoanerkenntnis erfolgt daher nach Rechnungsabschluss (BGHZ 50, 277, 280 = WM 1968, 967; Baumbach/Hopt/*Hopt*, § 355 Rn. 9; vgl. auch Nr. 7 I AGB-Banken).

[354] Vgl. hierzu Nr. 7 I AGB-Banken.

[355] *BGH* ZIP 1991, 1069, 1070 = WM 1991, 1630: im Schweigen über mehrere Rechnungsabschlüsse hinweg kann ein konkludentes Anerkenntnis liegen.

[356] Staub/*Canaris*, § 355 Rn. 100.

feststellen lassen, dass ihm die Provision zusteht, damit für die anstehende Verrechnung das Bestehen dieser Forderung geklärt ist.

Ferner ist eine Aufrechnung gegen die Einzelforderung nicht mehr möglich und 20 die Einzelforderung ist nach Einstellung in das Kontokorrent weder abtretbar noch verpfändbar.[357]

Beispiel: Der Verlag V und Buchgroßhändler H stehen in Geschäftsverbindung; unter verlän- 21 gertem Eigentumsvorbehalt, also unter Ermächtigung zum Weiterverkauf und unter Vorausabtretung der Forderungen aus diesen Weiterverkäufen des H an seine Kunden (§ 398 BGB), erfolgen verschiedene Bücherlieferungen von V an H. Danach wird H insolvent und der Insolvenzverwalter zieht die Forderungen des H ein, welche dieser aus Buchverkäufen an die Buchhandlungen hatte, mit denen eine Kontokorrentabrede bestand. Dieses Geld beansprucht nun V für sich. Die Vorausabtretung der Forderungen aus den Weiterverkäufen scheitert hier am Bestehen der Kontokorrentabreden des H mit seinen Kunden – den Buchhandlungen – und der Einstellung der Forderungen in das jeweilige Kontokorrent. V könnte sich durch eine Vereinbarung mit H sichern, nach der bei Bestehen von Kontokorrentabreden **die Saldoforderungen abgetreten werden**, und zwar in Höhe der ursprünglichen, in das Kontokorrent eingestellten Forderungen aus dem Weiterverkauf.

⇨ *Fall Nr. 30 – Verlängerter Eigentumsvorbehalt und Kontokorrent*

Des Weiteren ist die Erfüllung der Einzelforderung nicht mehr möglich, da die 22 vom Schuldner erbrachte Leistung ihrerseits lediglich ins Kontokorrent eingestellt wird. Zudem kann der Schuldner bezüglich der Einzelforderung nicht mehr in Schuldnerverzug geraten und die Verjährung ist bis zum nächsten Rechnungsabschluss gehemmt (§ 205 BGB).[358]

Darüber hinaus können die Gläubiger der Parteien des Kontokorrents die Einzel- 23 forderung nicht mehr pfänden (vgl. § 851 ZPO i.V.m. § 399 BGB und § 357 HGB; → Rn. 35).

2. Wirkung der Verrechnung und Feststellung

Die Verrechnung der einzelnen Forderung am Ende der Periode erfolgt nach der 24 Kontokorrentabrede grundsätzlich automatisch und daher ohne besondere Aufrechnungserklärung. Bei Eingehung einer Kontokorrentabrede erfolgt diese Vereinbarung meist konkludent. Sie führt zur automatischen Entstehung einer kausalen Saldoforderung.[359] Über diese kann der Gläubiger frei verfügen, sofern sie ihrerseits nicht wieder ins Kontokorrent eingestellt werden soll.

Nicht abschließend geklärt ist die Art und Weise der Verrechnung: vor allem der 25 *BGH* vertrat in einer Entscheidung aus dem Jahr 1967 – in Verkennung der früheren Rechtsprechung des RG – die Ansicht, dass die Verrechnung im Rahmen einer verhältnismäßigen Gesamtaufrechnung zu erfolgen hat.[360] Das bedeutet, dass die

---

[357] *K. Schmidt*, HandelsR, § 21 Rn. 16 (S. 746 f.).

[358] BGHZ 49, 24, 27 = NJW 1968, 33.

[359] *Canaris*, HandelsR, § 25 Rn. 16 f. (S. 378 f.); ferner gehen auch der IX. und XI. Zivilsenat des *BGH* von einer antizipierten automatischen Verrechnung aus (vgl. BGHZ 107, 192, 197 in Wiederaufnahme der Entscheidung BGHZ 74, 253, 255 bzw. BGHZ 93, 315, 323). Die anders lautende Entscheidung aus BGHZ 93, 307, 313 f. wird daher als *vereinzelte Entscheidung* beschrieben, vgl. *Mayen*, in: Schimansky/Bunte/Lwowski, 4. Aufl. 2011, § 47 Rn. 77.

[360] BGHZ 49, 24, 30 = NJW 1968, 33 mit fehlerhaftem Hinweis auf RGZ 56, 19 und RGZ 132, 218 (dazu → Fall Nr. 31 – Tilgung beim Kontokorrent); auch das Urteil RGZ 59, 192, 193 bezieht sich auf die in RGZ 56, 19, 24 allein ausgesprochene verhältnismäßige Tilgung auf Grundlage des § 366 II BGB (!).

Forderungen des Saldoschuldners anteilig auf die des Saldogläubigers angerechnet werden. Dessen Forderungen werden daher nur teilweise getilgt und die jeweiligen Restbeträge bilden mosaikartig den kausalen Saldo. Dieser setzt sich also aus einer Vielzahl von Forderungsresten zusammen.

26   Diese gekünstelt wirkende Art der Verrechnung steht in grobem Widerspruch zum Vereinfachungszweck des Kontokorrents. Praktikabler ist der – mit der früheren Rechtsprechung des RG[361] übereinstimmende – Ansatz der Literatur, nämlich die analoge Anwendung der Grundsätze aus §§ 366, 367, 396 BGB. Hierbei ist zunächst zu klären, ob derjenige, der eine Forderung einstellt, eine Bestimmung bezüglich der Verrechnung mit einem konkreten Gegenposten getroffen hat. Fehlt eine solche Tilgungsbestimmung, wird eine Forderung nach der anderen in der gesetzlich vermuteten Reihenfolge (§§ 366 II, 396 I 2 BGB) durch Saldierung aufgezehrt.[362]

27   Der Gläubiger kann über den kausalen Saldoanspruch verfügen, wenn nicht vereinbart war, dass dieser wieder in das Kontokorrent eingestellt wird. Der sich ergebende Überschuss ist zu verzinsen, auch wenn in der Rechnung bereits Zinsen enthalten sind, da § 355 I HGB eine **Ausnahme vom Zinseszinsverbot** des § 248 I BGB enthält (→ Rn. 9).

28   **Beispiel:**[363] Zwischen A und B besteht eine Kontokorrentverbindung; zugunsten des A ist eine Darlehensrückforderung i.H.v. € 60.000 und eine Kaufpreisforderung i.H.v. € 40.000 eingestellt. Für B ist eine Forderung i.H.v. € 50.000 eingestellt. Nach der vom *BGH* vertretenen Theorie der verhältnismäßigen Gesamtaufrechnung wird die Forderung des B (€ 50.000) auf beide Forderungen des A angerechnet. Dies geschieht im Verhältnis 1:2 [50.000 im Verhältnis zu 100.000 (€ 60.000 + € 40.000)], sodass sich der kausale Saldo i.H.v. € 50.000 aus einer Darlehensrückforderung zu € 30.000 sowie einer Kaufpreisforderung zu € 20.000 zusammensetzt. Folgt man dagegen dem Lösungsmodell des RG sowie der Literatur und wendet die §§ 366 II, 396 I 2 BGB analog an, setzt sich der kausale Saldo wie folgt zusammen: Ist das Darlehen gesichert, wird zunächst analog §§ 366 II, 396 I 2 BGB die Kaufpreisforderung getilgt, da sie dem A eine geringere Sicherheit bietet. Der Restbetrag von € 10.000 wird auf das Darlehen angerechnet. Der kausale Saldo besteht aus der verbleibenden Darlehensrückforderung i.H.v. nunmehr € 50.000. Eine Zusammensetzung aus Forderungsresten wird vermieden.

⇨ *Fall Nr. 31 – Tilgung beim Kontokorrent*

3. Saldoanerkenntnis: Rechtsnatur und Auswirkungen

29   Der „automatischen" Verrechnung folgt das Anerkenntnis des festgestellten Saldos.

a) Rechtsnatur des Saldoanerkenntnisses

30   Dieses Anerkenntnis ist ein Vertrag über ein abstraktes Schuldanerkenntnis im Sinne des § 781 BGB, welcher nach § 782 BGB ausnahmsweise keiner Form bedarf.[364] Die Übermittlung des Rechnungsabschlusses durch die kontoführende Partei stellt dabei das Angebot, die Anerkennung der Abrechnung die Annahme dar. Durch den Vertrag entsteht eine abstrakte Saldoforderung, welche der Gläubiger geltend machen kann, ohne sich Einwendungen aus dem Kausalverhältnis entgegenhalten lassen zu müssen. Diese Saldoforderung wird auf eine neue rechtliche

---

[361] Siehe den ausdrücklichen Hinweis auf § 366 II BGB in RGZ 56, 19, 24.

[362] H.L., vgl. *K. Schmidt*, HandelsR, § 21 Rn. 26 (S. 751).

[363] Vgl. ferner *Canaris*, HandelsR, § 25 Rn. 20 f., 23, 25 (S. 379 ff.) als weiterführendes Beispiel.

[364] Vgl. zum Anerkenntnis auch Nr. 7 II AGB-Banken.

Grundlage gestellt; sie besteht losgelöst von ihrem Schuldgrund. Für diese Saldoforderung besteht ein eigener Erfüllungsort (§ 269 BGB) und eine Verjährung von drei Jahren (§§ 195, 199 BGB). Sie ist grundsätzlich übertragbar, kann ge- und verpfändet werden. Einwendungen oder Einreden bezüglich der ursprünglichen Einzelforderungen können nicht mehr geltend gemacht werden; jedoch ist eine Kondiktion des Anerkenntnisses nach § 812 II BGB oder die Erhebung der Einrede aus § 821 BGB möglich.[365] Es ist aber keineswegs notwendige Folge, dass auf Zahlung der abstrakten Saldoforderung geklagt werden kann. Das richtet sich vielmehr nach der getroffenen Vereinbarung: wird diese Saldoforderung vereinbarungsgemäß als jeweils erster Posten der neuen Abrechnungsperiode vorgetragen, ist sie, wie alle übrigen ins Kontokorrent eingestellten Posten, kontokorrentgebunden.[366]

Beispiel: Die B-Bank führt für K ein Girokonto. Anfang April erhält der K einen Kontoauszug 31 mit folgender Mitteilung: „Kontostand nach Rechnungsabschluss am 31. 3.: € 4.880 Haben. Bitte beachten Sie die Rückseite des Ausdrucks." Auf der Rückseite des Ausdrucks ist u.a. festgehalten: „Rechnungsabschlüsse gelten als genehmigt, wenn Sie innerhalb von sechs Wochen nach Zugang keine Einwendungen erheben [...]. Zur Fristwahrung bei schriftlicher Geltendmachung genügt die rechtzeitige Absendung. Vgl. Sie hierzu ferner Nr. 7 II unserer Allgemeinen Geschäftsbedingungen." K wird nicht aktiv, sodass hier der Anerkenntnisvertrag formfrei (§ 782 BGB) durch vereinbartes Schweigen zustande kommt.

b) Wirkungen des Saldoanerkenntnisses

Die Wirkung des Anerkenntnisses wird von Rechtsprechung und Literatur unein- 32 heitlich beantwortet: umstritten ist das **Verhältnis der kausalen Saldoforderung** aus der Verrechnung **zu der abstrakten Saldoforderung** aus dem Schuldanerkenntnis. Vor allem die Rechtsprechung ist der Ansicht, dass die kausale Saldoforderung durch die abstrakte im Wege der **Novation** (lat.: novatio = Erneuerung, hier zu verstehen als Schuldersetzung) zu ersetzen ist.[367] Dagegen geht die überwiegende Auffassung in der Literatur davon aus, dass die abstrakte Saldoforderung gemäß § 364 II BGB erfüllungshalber neben die kausale Saldoforderung tritt.[368] Nach dieser Ansicht ist die Novationstheorie schon deshalb abzulehnen, weil diese den Untergang der kausalen Forderung anordne und sich somit in Widerspruch zur Wertung des § 364 II BGB setze, nach der die alte Forderung im Zweifel nicht untergeht, sondern lediglich durch die neue ergänzt bzw. verstärkt wird. Ferner könne die Novationstheorie nicht den Fortbestand der Sicherheiten, wie er in § 356 HGB festgelegt ist, erklären, da nach dieser Theorie eigentlich die Grundlage für diese Sicherheiten entfallen wäre.[369] Die Regelung des § 356 HGB nimmt dem Streit aber zumindest einen großen Teil seiner praktischen Bedeutung, indem der Fortbestand der Sicherheiten ausdrücklich angeordnet wird.

Probleme ergeben sich aber im Rahmen der Ersatzaussonderung bei Eintritt der 33 Insolvenz sowie bezüglich der an Einzelforderungen bestellten Sicherheiten im Rahmen des Haftungsumfangs; näher aufgezeigt wird dies in den folgenden beiden Fällen:

⇨ *Fall Nr. 32 – Ersatzaussonderung*
⇨ *Fall Nr. 33 – Sicherheiten im Kontokorrent*

---

[365] RGZ 117, 34, 39; BGHZ 51, 346, 348 = NJW 1969, 879.
[366] Staub/*Canaris*, § 355 Rn. 201.
[367] Vgl. nur BGHZ 58, 257, 260 = WM 1972, 470.
[368] Vgl. etwa *Canaris*, HandelsR, § 25 Rn. 30 (S. 383).
[369] *Canaris*, HandelsR, § 25 Rn. 30 (S. 383).

IV. Pfändung im Rahmen des Kontokorrents

34 Steht einem Gläubiger eine Geldforderung gegenüber seinem Schuldner zu, so kann er mit einem gegen den Schuldner erlangten Titel (insbes. Urteil) in das Vermögen seines Schuldners vollstrecken. Unter anderem kann er die Forderungen seines Schuldners gegen Drittschuldner pfänden und sich überweisen lassen (§§ 829, 835 ZPO). Dies geschieht im Wege eines vom Gläubiger beim Vollstreckungsgericht zu beantragenden, dem Schuldner und Drittschuldner zuzustellenden **Pfändungs- und Überweisungsbeschlusses** (PfÜB). Besteht zwischen Schuldner und Drittschuldner ein Kontokorrent, ergeben sich Besonderheiten:[370]

1. Pfändung einer Einzelforderung

35 Die Einzelforderung ist im Kontokorrent bloßer Rechnungsposten; eine Pfändung ist nicht möglich.

> **Beispiel:** Am 5. 8. weist das Girokonto des K einen Sollstand von € 6.000 aus. Geht anschließend eine Gutschrift i.H.v. € 5.000 ein, können die Gläubiger des K nicht auf diesen Einzelposten, also den durch den Eingang entstehenden Einzelanspruch des K gegen die Bank auf Herausgabe des Erlangten (§§ 675, 667, 675t BGB) in Höhe von € 5.000 zugreifen; diese Einzelforderung verschwindet vielmehr als Rechnungsposten im Kontokorrent, sodass dieses nun mit € 1.000 im Soll steht.

2. Pfändung des Saldos

36 Denkbar ist eine Pfändung des Saldos, der im Zeitpunkt der Zustellung des Pfändungsbeschlusses an den Drittschuldner besteht, sog. Zustellungssaldo (→ Rn. 37 ff.).[371] Ferner ist an eine Pfändung des zukünftigen Saldos, der sich bei Rechnungsabschluss nach Ende der Rechnungsperiode ergibt, zu denken (→ Rn. 41 f.).

a) Pfändung des Zustellungssaldos

37 Die Parteien haben die Möglichkeit, die abstrakte Saldoforderung in die nächste Rechnungsperiode zu übertragen und einzustellen; so besteht die Gefahr, dass dem Pfändungsgläubiger der Zugriff hierauf entzogen wird. Ferner könnten die Parteien sich absprechen, das Kontokorrent jeweils zum Ende einer Rechnungsperiode „auf Null zu fahren", um dadurch die Entstehung eines positiven, pfändbaren Abschlusssaldos zu vermeiden. Daher ermöglicht § 357 HGB die Pfändung des sog. Zustellungssaldos, also desjenigen, was „als Guthaben aus laufender Rechnung" besteht.[372] Voraussetzung ist ein positiver Saldo zugunsten des Pfändungsschuldners. Besteht dieser nicht, geht die Pfändung ins Leere.[373] Weiterhin wird, was als Schwäche des § 357 HGB gesehen werden kann, nur der Saldo im Zeitpunkt der Zustellung erfasst; spätere Zuwächse werden nicht berücksichtigt.[374] Jedoch wird verhindert, dass eine Minderung des aktuellen Saldos durch Einstellung neuer Verbindlichkeiten des Schuldners eintritt.

---

[370] Eingehend zur Kontenpfändung *Bitter*, in: Schimansky/Bunte/Lwowski, § 33.

[371] *K. Schmidt*, HandelsR, § 21 Rn. 60 (S. 763 f.); zur Terminologie: Staub/*Canaris*, § 357 Rn. 11 ff.

[372] Näher *Bitter*, in: Schimansky/Bunte/Lwowski, § 33 Rn. 42 ff.

[373] Ebenroth/Boujong/Joost/Strohn/*Grundmann*, § 357 Rn. 4.

[374] *K. Schmidt*, HandelsR, § 21 Rn. 60 (S. 763 f.); *Bitter*, in: Schimansky/Bunte/Lwowski, § 33 Rn. 44.

Beispiel: Der B-Bank wird am 30. 8. ein Pfändungs- und Überweisungsbeschluss für das Gi- 38
rokonto ihres Kunden K zugestellt. An diesem Tag weist das Konto einen Habensaldo von € 500
aus. Bei Rechnungsabschluss am 30. 9. beträgt das Guthaben auf dem Konto nur noch € 10.
Der pfändende Gläubiger kann trotz des zum Rechnungsabschluss reduzierten Guthabens im
Hinblick auf § 357 HGB Auszahlung von € 500 verlangen.

Spätere Minderungen werden allerdings dann berücksichtigt, wenn sie schon vor 39
der Zustellung des Pfändungs- und Überweisungsbeschlusses begründet waren
(§ 357 S. 2 HGB).[375]

Die Pfändung des Zustellungssaldos führt nicht dazu, dass die Rechnungsperiode 40
unterbrochen wird. Der Pfändungsgläubiger kann vom Drittschuldner nicht sofortige Zahlung verlangen, auch dann nicht, wenn er sich den Anspruch auf den gegenwärtigen Saldo zur Einziehung hat überweisen lassen, da insoweit die Kontokorrentabrede, wonach der Anspruch erst nach der Rechnungsperiode entsteht, auch
gegenüber dem Pfändungsgläubiger wirkt. Der Gläubiger kann daher erst nach Ablauf der Rechnungsperiode Auszahlung verlangen.[376]

b) Pfändung des zukünftigen Saldos

Aufgrund der soeben dargestellten Schwäche des § 357 HGB empfiehlt es sich, 41
auch den zukünftigen Saldo pfänden zu lassen. Dies ist die Pfändung einer künftigen
Forderung, welche beim Rechnungsabschluss entsteht, sofern sich für den Pfän-
dungsschuldner ein positiver Saldo ergibt. Problematisch könnte diesbezüglich aber
die zeitliche Grenze dieser Pfändungsmöglichkeit im Hinblick auf die Bestimmtheit
sein. Das Reichsgericht hat die Ansicht vertreten, dass diese Pfändung nur für den
ersten künftigen Habensaldo möglich ist.[377] Die heute herrschende Auffassung erklärt dagegen auch die **Pfändung weiterer Habensalden** bis zur vollständigen Befriedigung des Gläubigers für zulässig.[378] Schon das Bestehen des Kontokorrents genügt,
um die Bestimmtheit zukünftiger Saldoforderungen zu gewährleisten.[379] Die „Doppelpfändung", also die Pfändung des Zustellungssaldos und des künftigen Saldos ist
anerkannt und in der Praxis der Normalfall.[380] Der Vorteil der Doppelpfändung liegt
darin, dass zum einen durch die Pfändung des Zustellungssaldos eine Verminderung
durch Einstellung weiterer Verbindlichkeiten in das Konto verhindert wird und dass
der Pfändungsgläubiger sich zum anderen durch die Pfändung des zukünftigen Saldos aus zukünftigen Habenpositionen des Schuldners befriedigen kann.

Beispiel: Das Girokonto des K weist bei Eingang des Pfändungs- und Überweisungsbe- 42
schlusses am 30. 8. wiederum einen Habensaldo von € 500 aus. Der Beschluss umfasst den
gegenwärtigen und zukünftigen Saldo aus der Girokontoverbindung des K mit der B-Bank. Am
2. 9. folgt eine Sollbuchung i.H.v. € 1.000 und am 20. 9. eine Gutschrift i.H.v. € 1.700. Am 30. 9.,
also am Tag des Rechnungsabschlusses, steht das Girokonto nun mit € 1.200 im Haben. Würden die Gläubiger nur den Zustellungssaldo pfänden, könnten sie nur auf € 500 zugreifen; sie
wären allerdings gegen die Einstellung des Sollpostens am 2. 9. geschützt (§ 357 HGB). Durch
die zusätzliche Pfändung des zukünftigen Saldos können sie auf den Habensaldo bei Rechnungsabschluss, also auf € 1.200, zugreifen.[381]

---

[375] Staub/*Canaris,* § 357 Rn. 23; *Bitter,* in: Schimansky/Bunte/Lwowski, § 33 Rn. 46.
[376] Staub/*Canaris,* § 357 Rn. 34.
[377] RGZ 140, 219, 223.
[378] BGHZ 80, 172 = JuS 1981, 846 m. Anm. *K. Schmidt; Canaris,* HandelsR, § 25 Rn. 50
(S. 388); *Bitter,* in: Schimansky/Bunte/Lwowski, § 33 Rn. 48.
[379] Staub/*Canaris,* § 357 Rn. 46.
[380] Baumbach/Hopt/*Hopt,* § 357 Rn. 5.
[381] Selbstverständlich kann nicht die Auszahlung der € 1.200 zusätzlich zur Auszahlung der
€ 500 verlangt werden, weil der Betrag von € 500 bereits in dem Abschlusssaldo enthalten ist.

3. Besonderheiten beim Girokonto

43   Beim Hauptfall des Kontokorrents, dem Girokonto, gelten weitere Besonderheiten.

a) Pfändbarkeit des Anspruchs auf Auszahlung von Tagesguthaben

44   Jeden Monat werden in Deutschland ca. 350.000 Girokonten gepfändet.[382] Schon diese hohe Zahl verdeutlicht, dass auch im Rahmen der Pfändung von Kontokorrenten in der Praxis das Girokonto die mit Abstand wichtigste Rolle spielt. Hier ist zusätzlich zu den Zustellungs- und zukünftigen Abschlusssalden der während der Rechnungsperiode bestehende **Anspruch auf Auszahlung von Tagesguthaben** (so denn ein Habensaldo besteht) des Kunden gegen die Bank pfändbar (vgl. auch § 833a ZPO).[383] Hierbei ist darauf hinzuweisen, dass die teilweise verwendete Bezeichnung als „Tagessaldo"[384] unpräzise ist. Dieser Ausdruck könnte nahelegen, dass es pro Kalendertag nur einen Saldo gibt; dagegen entsteht aber **nach jeder Kontobewegung**, z.B. nach einer Ein- oder Auszahlung, **ein neuer Saldo.**[385] Grundlage für den Anspruch auf jederzeitige Auszahlung eines vorhandenen positiven Saldos ist nicht das Kontokorrent, sondern der Girovertrag zwischen Kontoinhaber und Bank. Denn nach diesem ist der Kontoinhaber berechtigt, über das jeweilige Tagesguthaben zu verfügen (im Gegenzug ist er bei fehlender Kreditvereinbarung zum Ausgleich von Sollständen verpflichtet). Diese Abrede geht der Kontokorrentabrede vor; folglich sind Pfändungsgläubiger nach §§ 829, 835, 851 I ZPO berechtigt, das jeweilige Tagesguthaben zu pfänden und sich zur Einziehung überweisen zu lassen, soweit nicht das Pfandrecht der Banken aus Nr. 14 AGB-Banken entgegensteht. Der Pfändungsgläubiger kann – anders als beim Zustellungssaldo gemäß § 357 HGB (→ Rn. 40) – wegen des nach der Girovereinbarung zugunsten des Kontoinhabers bestehenden jederzeitigen Auszahlungsanspruchs ebenfalls sofortige Auskehr verlangen.[386] Die Pfändung des Anspruchs auf Auszahlung der Tagesguthaben, die gemäß § 833a ZPO notwendig in der Pfändung des Guthabens eines Kontos enthalten ist, ergreift nicht nur die Forderung des Kontoinhabers an einem bestimmten Tag, sondern alle Ansprüche bis zur vollständigen Befriedigung des Gläubigers, ggf. auch über den nächsten Rechnungsabschluss hinaus.[387]

45   **Beispiel:** Der B-Bank wird bezüglich des Girokontos des K am 30. 8. ein Pfändungs- und Überweisungsbeschluss zugestellt. An diesem Tag besteht ein Habensaldo von € 500. Am 26. 9. beträgt das Guthaben nach einer Gutschrift sogar € 2.000, am Tag des Rechnungsabschlusses aber nur noch € 1.200. Die Gläubiger können in diesem Fall einen Betrag i.H.v. € 2.000 geltend machen.[388]

---

[382] *Bitter,* WM 2008, 141; *Schumacher,* ZVI 2007, 455 unter Hinweis auf den Vierten Bericht der Bundesregierung zur Umsetzung der Empfehlung des Zentralen Kreditausschusses zum Girokonto für Jedermann, BT-Drs. 16/2265, S. 17 (Abdruck in ZVI 2006, 356, 365).

[383] BGHZ 84, 325 = NJW 1982, 2192; BGHZ 84, 371 = NJW 1982, 2193; *Bitter,* in: Schimansky/Bunte/Lwowski, § 33 Rn. 52; Ebenroth/Boujong/Joost/Strohn/*Grundmann,* § 357 Rn. 7 ff.

[384] *OLG Frankfurt* WM 1994, 684 = WuB VI E. § 829 ZPO 3.94 (*Lwowski/Bitter*).

[385] *Bitter,* in: Schimansky/Bunte/Lwowski, § 33 Rn. 52.

[386] BGHZ 84, 325, 329 ff. = NJW 1982, 2192; BGHZ 84, 371, 377 = NJW 1982, 2193; siehe aber die vierwöchige Auszahlungssperre aus § 835 III 2 ZPO für die Pfändung von Guthaben eines Schuldners, der eine natürliche Person ist.

[387] Staub/*Canaris,* § 357 Rn. 50; Ebenroth/Boujong/Joost/Strohn/*Grundmann,* § 357 Rn. 9.

[388] Auch hier sind die Beträge von € 500 und € 2.000 nicht zu addieren; vgl. *Bitter,* in: Schimansky/Bunte/Lwowski, § 33 Rn. 63 ff.

Der **Pfändungsschutz** ist durch das Gesetz zur Reform des Kontopfändungsschut- **46** zes[389] völlig neu geregelt worden. Seit Anfang 2012 kann der Schuldner bei Pfändung seines Girokontos nur noch über das in § 850k ZPO geregelte Pfändungsschutzkonto (P-Konto) vor dem Vollstreckungszugriff seiner Gläubiger bewahrt werden.[390] Dieses P-Konto wird auf Wunsch des Kontoinhabers von seiner Bank eingerichtet, damit der Kontoinhaber die für seinen Lebensunterhalt nötigen Geschäfte (insbesondere die Zahlung von Miete, Strom, Gas und Wasser) weiter über das Konto abwickeln und auch im Übrigen im Rahmen der Pfändungsfreigrenzen über das Guthaben auf dem Konto verfügen kann. Der Pfändungszugriff der Gläubiger des Kontoinhabers wird insoweit aus sozialen Gründen beschränkt.

b) Pfändung des Kontokorrentkredits

Heftig umstritten ist die Möglichkeit der Pfändung des Kontokorrentkredits.[391] **47** In Betracht kommt hierbei die Pfändung des Dispositions- sowie des Überziehungskredits. Bei einem **Dispositionskredit** (sog. „offene Kreditlinie") besteht zwischen der Bank und ihrem Kunden eine vertragliche Vereinbarung über die Höhe der Kreditlinie für sein Girokonto. Das BGB spricht insoweit von einer „eingeräumten Überziehungsmöglichkeit" (vgl. § 504 BGB). In der Regel bieten die Banken einen Dispositionskredit in Höhe des zwei- oder dreifachen Einkommens an, welches auf das betroffene Girokonto monatlich eingeht. Auf Abruf des Kunden hin ist die Bank zur Kreditvergabe, z.B. Barauszahlung oder Überweisung, verpflichtet. Dagegen besteht bei einem **Überziehungskredit** keine vorab getroffene vertragliche Kreditvereinbarung zwischen der Bank und dem Kontoinhaber, die Letzterem einen allgemeinen Anspruch auf Krediteinräumung gewährt; vielmehr führt die Bank trotz fehlender Deckung Überweisungen oder Abhebungen nur im Einzelfall aus, weshalb das BGB von einer „geduldeten Überziehung" spricht (§ 505 BGB). Diese Gestattung erfolgt entweder aufgrund einer Entscheidung im Einzelfall durch den jeweiligen Kundenberater oder aber aufgrund einer hausintern festgelegten Kreditlinie.

Bezüglich der Pfändungsmöglichkeiten dieser Kredite soll der Übersichtlichkeit **48** halber zwischen der Pfändung vor Abruf durch den Kunden und jener nach Abruf unterschieden werden.

aa) Pfändungsmöglichkeit vor Abruf

Bei Bestehen eines *Dispositionskredits* ist vor Abruf durch den Kunden ein Kre- **49** diteröffnungsvertrag zwischen Bank und Kunde zustande gekommen. Dieser gibt dem Kunden zunächst nur einen allgemeinen Anspruch auf Kreditgewährung, der sich erst mit Abruf in eine konkrete Forderung wandelt.[392] Ein verwertbarer Anspruch entsteht daher erst mit Ausübung des Abrufrechts. Dieses ist ein höchstpersönliches Recht des Kreditnehmers, in welches der Pfändungsgläubiger nicht eingreifen kann. Das bedeutet: Er kann dieses Gestaltungsrecht[393] des Kontoinhabers nicht mitpfänden und somit auch nicht anstelle des Kontoinhabers ausüben.[394]

---

[389] Gesetz zur Reform des Kontopfändungsschutzes vom 7. 7. 2009 (BGBl. Teil I Nr. 39 vom 10. 7. 2009, S. 1701 ff.).

[390] Kritisch zum P-Konto *Bitter*, ZIP 2011, 147 ff.; *Bitter*, in: Schimansky/Bunte/Lwowski, § 33 Rn. 38b ff.; zuvor bereits *Bitter*, WM 2008, 141 ff.

[391] Eingehend hierzu *Bitter*, in: Schimansky/Bunte/Lwowski, § 33 Rn. 66 ff.

[392] BGHZ 157, 350, 355 = NJW 2004, 1444, 1445.

[393] BGHZ 157, 350, 355 = NJW 2004, 1444, 1445.

[394] *Bitter*, WM 2004, 1109, 1112 m.w.N.

50   **Beispiel:** Die B-Bank richtet für den K ein Girokonto ein; zwischen ihnen wird vereinbart, dass für dieses Konto ein Dispositionskredit i.H.v. € 1.500 eingerichtet werden soll. Am 30. 8. wird der Bank ein Pfändungs- und Überweisungsbeschluss für dieses Konto zugestellt, welcher unter anderem auch einen möglicherweise bestehenden Kontokorrentkredit umfasst. Am selben Tag beträgt der Kontostand € 500 Haben. Dies ändert sich mangels weiterer Umsätze bis zum Rechnungsabschluss am 30. 9. nicht. Die Pfändung des Gläubigers erfasst hier lediglich die € 500 (als Zustellungssaldo i.S.v. § 357 HGB oder als Anspruch auf Auszahlung des Tagesguthabens). Die Gläubiger können nicht den bestehenden Dispositionskredit i.H.v. € 1.500 anstelle des K für sich in Anspruch nehmen.

51   Bei einem *Überziehungskredit* besteht zwischen Kontoinhaber und Bank nicht einmal eine vertragliche Grundlage, welche die Verpflichtung zur Kreditgewährung darstellen kann. Daher ist der Überziehungskredit vor Abruf des Kontoinhabers erst recht nicht von den Pfändungsgläubigern pfändbar.[395]

bb) Pfändungsmöglichkeit nach Abruf

52   Hat der Kontoinhaber den Kredit durch Abruf in Anspruch genommen, ist nach Ansicht des *BGH*[396] hinsichtlich der Pfändungsfolgen zwischen Dispositions- und Überziehungskredit zu differenzieren. Liegt ein *Dispositionskredit*, also eine schon vor dem Abruf des Kontoinhabers losgelöst von diesem Abruf getroffene Kreditvereinbarung vor, soll der Kreditauszahlungsanspruch nach Abruf durch den Kontoinhaber von einer Pfändung erfasst sein. Besteht aber ein *Überziehungskredit*, lässt die Bank den Kunden also nur im Einzelfall verfügen, ohne dazu verpflichtet zu sein, dann soll dieser Kredit nicht von der Pfändung erfasst sein. Der *BGH* begründet diese Differenzierung damit, dass beim Überziehungskredit vor Kreditgewährung kein Anspruch des Kunden auf Auszahlung des Kredits besteht, sodass eine pfändbare Forderung nicht vorliege.[397]

53   Dem ist aber entgegenzuhalten, dass auch der Gewährung des Überziehungskredits für einen kurzen Zeitraum ein Anspruch auf Auszahlung oder Überweisung des Geldes vorausgeht.[398] Diese Geldforderung könnte daher theoretisch von der Pfändung eines zukünftigen Anspruchs umfasst sein, wenn nicht andere Gründe gegen eine Pfändbarkeit von Kontokorrentkrediten sprechen. Trotz dieser Kritik hält der *BGH* an der Differenzierung fest.[399] Als Folge wird sich die Praxis hierauf einrichten: lässt eine Bank einen Kunden nach Eingang eines Pfändungs- und Überweisungsbeschlusses weiter verfügen, wird sie darauf achten, dies nur als Duldung von Fall zu Fall und nicht im Rahmen eines Dispositionskredits zu tun.[400] Nach der *BGH*-Rechtsprechung fehlt es dann nämlich an einer pfändbaren Forderung.

54   Es ist aber nicht nur die Begründung des *BGH* zu kritisieren; viel wichtiger ist, dass die Pfändbarkeit von Kontokorrentkrediten aus anderen Gründen ganz abzu-

---

[395] *Bitter*, in: Schimansky/Bunte/Lwowski, § 33 Rn. 80.

[396] BGHZ 147, 193 = WM 2001, 898.

[397] Siehe aber auch den Sonderfall *BGH* NJW-RR 2008, 919 (Rn. 9), in dem die Bank dem Kunden im Einzelfall die Überziehungsmöglichkeit angeboten hatte; dazu *Bitter*, in: Schimansky/Bunte/Lwowski, § 33 Rn. 86.

[398] Vgl. *Bitter*, WM 2004, 1109, 1110 f.

[399] BGHZ 170, 276, 281 f. = ZIP 2007, 435, 436 f. (Rn. 14 f.); dazu wiederum kritisch *Bitter*, FS Gero Fischer, 2008, S. 15 ff.

[400] Duldungen von Fall zu Fall sind auch in größerem Umfang möglich, vgl. *OLG Hamm* NJW-RR 2002, 1477, 1478. Zu beachten ist aber, dass Duldungen über eine längere Zeit, bei denen die Bank nicht auf Rückführung des Kredits besteht, dazu führen können, dass konkludent wieder ein Dispositionskredit zustande kommt, vgl. BGHZ 170, 276 = ZIP 2007, 435 (Rn. 16). Zudem darf die Bank dem Kunden nicht vorab die Duldung zusagen; vgl. *BGH* NJW-RR 2008, 919 (Rn. 9).

lehnen ist.[401] Zum einen würde eine Pfändung dem Gläubiger die Möglichkeit geben, das Girokonto des Schuldners zu blockieren, bis dieser seine Schuld beglichen hat. So würde ein in der ZPO nicht vorgesehenes Zwangsmittel eingeführt.[402] Zum anderen besteht ein Konflikt mit dem Grundsatz der **Privatautonomie**: Würde unmittelbar nach Abruf, z.b. nach einem Überweisungs- oder Auszahlungsauftrag, welcher zugunsten einer anderen Person als der des Pfändungsgläubigers erfolgte, das Geld dennoch an den Pfändungsgläubiger abzuführen sein, würde nicht nur die Bank gegen die Weisungsbindung aus dem Girovertrag verstoßen; insbesondere wäre dem Kontoinhaber eine nicht gewollte und von der Privatautonomie nicht gedeckte Schuldnerstellung aufgedrängt.[403]

Beispiel: K eröffnet bei der B-Bank ein Girokonto; die B-Bank bietet ihm einen Dispositions- **55** kredit i.H.v. € 3.000 an, damit er bei kurzen finanziellen Engpässen oder bei unvorhergesehenen Ausgaben finanziell flexibel ausgestattet ist und unkompliziert auch etwas mehr Geld als gerade vorhanden in Anspruch nehmen kann. K nimmt dieses Angebot an und der Kredit wird eingerichtet. Am 30. 8. geht ein Pfändungs- und Überweisungsbeschluss ein, der auch einen möglicherweise vorhandenen Dispositionskredit umfasst; der Kontostand beträgt € 100 Soll. Kurz danach möchte K (Kontostand weiterhin € 100 Soll) am Geldausgabeautomaten € 900 abheben. Nach Auffassung des *BGH* erfasst der Pfändungs- und Überweisungsbeschluss in dem Moment, in dem K die € 900 am Automaten abruft, diesen Betrag. K würde also kein Geld erhalten; vielmehr müsste das abgerufene Geld sofort an seinen Pfändungsgläubiger weitergeleitet werden. Gleiches würde gelten, wenn K den Auftrag erteilt, € 900 an X zu überweisen. Mit dem Überweisungsauftrag wäre der Kredit abgerufen und somit von der Pfändung erfasst. Die € 900 müssten von der Bank an den Pfändungsgläubiger statt an X abgeführt werden. Richtigerweise erfasst die Pfändung den Dispositionskredit überhaupt nicht. Es ist zu verhindern, dass K i.H.v. € 900 in eine Schuldnerstellung gezwungen wird, welche er nicht gewollt hatte. Außerdem ist die Weisungsbindung der Bank zu beachten: Führt die Bank das Geld an den Pfändungsgläubiger ab statt es an K auszuzahlen bzw. an X zu überweisen, hat sie die Weisung des K nicht ausgeführt und könnte daher von ihm auch nicht Erstattung des Betrags verlangen. Vorzugswürdig ist deshalb die Ansicht, nach der im debitorischen Bereich (im Soll) weiter über das Girokonto verfügt werden kann. Dann könnte K trotz der Pfändung € 900 am Geldausgabeautomaten erhalten bzw. die Bank könnte die € 900 an X überweisen.

4. Verhältnis der Pfändungen

Wie bereits beschrieben, empfiehlt es sich für den Gläubiger, sowohl den Zustel- **56** lungssaldo als auch den zukünftigen Abschlusssaldo zu pfänden (Doppelpfändung; → Rn. 41); dies kann in einer Formulierung verbunden werden. Beim Hauptfall des Kontokorrents, dem Girokonto, ist die Pfändung des Anspruchs auf Auszahlung von Tagesguthaben in der Pfändung des Guthabens eines Kontos enthalten (§ 833a ZPO). Daneben hat die Doppelpfändung von Zustellungssaldo und zukünftigem Abschlusssaldo keine die Rechtsstellung des Gläubigers verbessernde Wirkung mehr, weil bereits jeder positive Saldo erfasst ist. Folgt man der Auffassung des *BGH*, nach welcher auch Dispositionskredite bei Girokonten nach Abruf des Kontoinhabers einer Pfändung unterfallen, ist in der Praxis zusätzlich die Pfändung von möglicherweise für das Girokonto eingerichteten Dispositionskrediten empfehlenswert. Für den Antrag auf Erlass des Pfändungs- und Überweisungsbeschlusses ist seit 2013 ein durch § 2 Zwangsvollstreckungsformular-Verordnung (ZVFV) vorge-

---

[401] *Bitter*, in: Schimansky/Bunte/Lwowski, § 33 Rn. 86 ff.

[402] Vgl. *OLG Schleswig* NJW 1992, 579, 580 = WM 1992, 751; auch das – ohnehin nur natürlichen Personen offen stehende – P-Konto nützt insoweit nichts, weil eine Regelung für debitorische Konten fehlt; vgl. *Bitter*, in: Schimansky/Bunte/Lwowski, § 33 Rn. 33d.

[403] *Bitter*, in: Schimansky/Bunte/Lwowski, § 33 Rn. 88 und 91; *Bitter*, WM 2001, 889, 894 f.

gebenes Formular zu benutzen, in welchem sich unter „Anspruch D (an Kreditinstitute)" die bei der Kontenpfändung relevanten Forderungen finden.[404]

V. Beendigung des Kontokorrents

57   Das Kontokorrent endet mit dem Ende der Geschäftsverbindung.[405] Ferner ist im Zweifel jederzeit eine Kündigung möglich (§ 355 III HGB). Auch durch Eröffnung des Insolvenzverfahrens über das Vermögen eines Beteiligten endet das Kontokorrentverhältnis.[406] Durch Beendigung des Kontokorrents endet die Pflicht zur Anerkennung und es entsteht ein sofort fälliger kausaler Saldoanspruch, welcher abtretbar und (ver-)pfändbar ist.[407]

§ 9. Vertriebsrecht

1   Das handelsrechtliche Vertriebsrecht* ist das Recht des Vertriebs von Produkten eines Unternehmers (**Hauptunternehmer**[408]) durch einen anderen, selbstständigen Unternehmer (**Hilfsunternehmer**).

I. Allgemeine Grundlagen

2   In der Praxis hat sich eine Vielzahl von Vertriebsformen herausgebildet, wobei die Rolle, die dem Hilfsunternehmer bei den verschiedenen Vertriebsformen zukommt, sehr unterschiedlich ist. Einen ersten Überblick gibt das nachfolgende Schaubild:

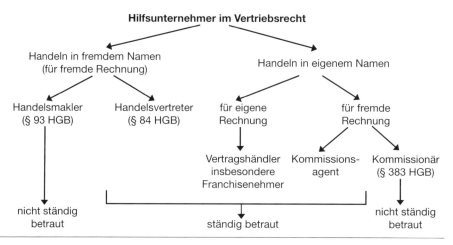

---

[404] Dazu *Bitter*, in: Schimansky/Bunte/Lwowski, § 33 Rn. 3.

[405] RGZ 140, 219, 221.

[406] BGHZ 70, 86, 93 = NJW 1978, 538; *Canaris*, HandelsR, § 25 Rn. 51.

[407] Vgl. Baumbach/Hopt/*Hopt*, § 355 Rn. 23 f.

* Vgl. zum handelsrechtlichen Vertriebsrecht *K. Schmidt*, HandelsR, §§ 25 ff. (S. 837 ff.) und § 31 (S. 997 ff.); *ders.*, JuS 2008, 665 ff.; *Canaris*, HandelsR, §§ 15 ff. (S. 247 ff.) und § 30 (S. 453 ff.); *Hübner*, HandelsR, § 5 D bis F (S. 147 ff.) und § 10 A (S. 272 ff.); zur Vertiefung *Martinek/Semler/Flohr*, Handbuch des Vertriebsrechts, 4. Aufl. 2016.

[408] Der zugrundezulegende Unternehmerbegriff entspricht weitestgehend dem des § 14 BGB, vgl. Baumbach/Hopt/*Hopt*, § 84 Rn. 27 ff.

Der Hilfsunternehmer kann als Handelsmakler oder Handelsvertreter damit betraut sein, Vertragsabschlüsse zwischen dem Hauptunternehmer und Abnehmern zu fördern. Er kann als Vertragshändler oder Franchisenehmer die Produkte des Hauptunternehmers selbst erwerben und diese im eigenen Namen und für eigene Rechnung an Abnehmer vertreiben. Schließlich kann der Hilfsunternehmer als Kommissionär oder Kommissionsagent die Produkte des Hauptunternehmers dadurch an Abnehmer vertreiben, dass er mit diesen Verträge im eigenen Namen, aber für Rechnung des Hauptunternehmers abschließt. **3**

II. Handelsmakler und Handelsvertreter

Handelsmakler und Handelsvertreter weisen Gemeinsamkeiten (→ Rn. 5), aber auch beachtliche Unterschiede auf (→ Rn. 6 ff. einerseits, Rn. 22 ff. andererseits). **4**

1. Gemeinsamkeiten

Handelsmakler und Handelsvertreter haben gemein, dass sie nicht selbst Vertragspartner der Abnehmer werden, sondern lediglich den Hauptunternehmer dabei unterstützen, Abnehmer zu finden und Verträge mit diesen abzuschließen. Der Hauptunternehmer und der Handelsmakler/Handelsvertreter sind durch den Handelsmaklervertrag/Handelsvertretervertrag miteinander verbunden (Innenverhältnis). Ist der Handelsmakler/Handelsvertreter bei seinen Vertriebsbemühungen erfolgreich, kommt es zu einem Vertragsschluss zwischen dem Hauptunternehmer und dem geworbenen Abnehmer (Außenverhältnis). **5**

2. Handelsmakler*

Der Handelsmaklervertrag ist in den §§ 93 ff. HGB gesetzlich geregelt. Der Vorschrift des § 93 I HGB können die **Merkmale des Handelsmaklervertrags** entnommen werden. Ein Handelsmaklervertrag liegt demnach vor, wenn der Hilfsunternehmer es gewerbsmäßig übernimmt, für den Hauptunternehmer Verträge über bestimmte Gegenstände des Handelsverkehrs, insbesondere über die Veräußerung von Waren, zu vermitteln, ohne von dem Hauptunternehmer auf Grund eines Vertragsverhältnisses ständig damit betraut zu sein. Der Handelsmakler ist selbstständiger Unternehmer. Das ergibt sich schon daraus, dass er von dem Hauptunternehmer nicht ständig mit der Vertriebsförderung betraut und deshalb nicht eng in dessen Betrieb eingebunden ist. Der Handelsmakler ist in der Regel „Ist-Kaufmann" nach § 1 HGB. Aber nach § 93 III HGB finden die Vorschriften über den Handelsmaklervertrag auch dann Anwendung, wenn der Handelsmakler Kleinunternehmer und nicht in das Handelsregister eingetragen ist (siehe auch → § 2 Rn. 22). **6**

Hat der Hilfsunternehmer nur den Nachweis und nicht die Vermittlung von Verträgen übernommen,[409] handelt er nicht gewerbsmäßig oder wird er bezüglich anderer als der in § 93 I HGB bezeichneten Gegenstände (insbesondere Grundstücke unterfallen nicht § 93 I HGB, vgl. § 93 II HGB) tätig, ist er „nur" Zivilmakler gemäß §§ 652 ff. BGB. Wird die Vermittlung bei **ständiger Betrauung** übernommen, ist der Hilfsunternehmer – sofern das Merkmal der Selbstständigkeit (vgl. § 84 I 2 HGB) erfüllt ist – Handelsvertreter (vgl. § 84 I 1 HGB; → Rn. 22 ff.). **7**

---

* Vgl. zum Recht des Handelsmaklers *K. Schmidt*, HandelsR, § 26 (S. 849 ff.); *Canaris*, HandelsR, § 19 (S. 322 ff.).

[409] Vgl. zum Unterschied zwischen „vermitteln" und „nachweisen" sogleich Rn. 11.

8   Da der Handelsmaklervertrag ein Spezialfall, d.h. eine besondere Erscheinungsform, des allgemeinen Maklervertrags ist, finden grundsätzlich die §§ 652 ff. BGB
Anwendung, die durch die §§ 93 ff. HGB nicht ersetzt, sondern ergänzt werden.
Ohne besondere vertragliche Abrede ist der Handelsmakler nicht verpflichtet, tatsächlich Vermittlungsbemühungen aufzunehmen.[410] Freilich wird er dies im eigenen
Interesse meist tun, denn nur, wenn es infolge seiner Vermittlung zu einem Vertragsschluss zwischen dem Hauptunternehmer und einem Abnehmer kommt, hat er einen Anspruch auf die **Maklerprovision** (§ 652 I BGB).

a) Voraussetzungen des Provisionsanspruchs

9   In der Fallprüfung des Provisionsanspruchs sind im Einzelnen folgende Tatbe-
standsvoraussetzungen anzusprechen:[411]
   – Maklervertrag (→ Rn. 10)
   – Maklerleistung = Vermittlung des Hauptvertrags (→ Rn. 11)
   – Wirksamer Hauptvertrag zwischen Hauptunternehmer und Drittem (→ Rn. 12 f.)
   – Kausalität zwischen Maklerleistung und Hauptvertrag (→ Rn. 14)
   – kein Ausschluss in direkter/analoger Anwendung des § 654 BGB (→ Rn. 15)

10   **Abschluss eines (Handels-)Maklervertrags.** An einen *konkludenten* Vertragsschluss
sind dabei hohe Anforderungen zu stellen. Insbesondere wenn der Unternehmer von
einer Beauftragung des Maklers durch den Dritten, also den beabsichtigten späteren
Vertragspartner, ausgehen darf, setzt er ein eindeutiges Provisionsverlangen des
Maklers (auch) ihm gegenüber voraus. Der Makler muss also frühzeitig für Klarheit
darüber sorgen, von wem er bezahlt werden will.

11   **Erbringung der Maklerleistung,** d.h. „Vermittlung" des Vertrags – (nur) beim Zivilmakler genügt auch der „Nachweis" der Abschlussmöglichkeit. Der Unterschied
zwischen „vermitteln" und „nachweisen" besteht in Folgendem: „Vermitteln" bedeutet die Herstellung der Abschlussbereitschaft eines Dritten und deren anschlie-
ßende Kenntnisgabe an den Auftraggeber, während „nachweisen" lediglich in der
Kenntnisgabe der bereits bestehenden Abschlussbereitschaft des Dritten besteht.
Beim Zivilmakler genügt beides als Maklerleistung (vgl. § 652 I BGB); anders ist
dies beim Handelsmakler (vgl. § 93 I HGB).

12   **Wirksames Zustandekommen des Hauptvertrags,** d.h. des Vertrags zwischen
Hauptunternehmer und Abnehmer.[412] Dabei agiert der Handelsmakler häufig als
Empfangsvertreter (vgl. § 164 III BGB) für beide Seiten, also sowohl für den
Hauptunternehmer als auch für den Dritten.[413] Die Chronologie des Vertragsschlusses stellt sich dann meist wie folgt dar: Der Handelsmakler wird vom Hauptunternehmer zum Vertrieb von dessen Produkten beauftragt und zur Entgegennahme von
Vertragsangeboten von Dritten bevollmächtigt. Sodann bewirbt der Handelsmakler
die Produkte des Hauptunternehmers am Markt und holt verbindliche Vertragsan-
gebote von Dritten ein, die aufgrund der Empfangsvollmacht des Handelsmaklers

---

[410] Wird demgegenüber eine Pflicht zum Tätigwerden vertraglich begründet, spricht man
vom sog. Makler*dienst*vertrag (ein solcher ist insbesondere der sog. Alleinauftrag), wird sogar
ein Erfolg versprochen, vom sog. Makler*werk*vertrag; vgl. dazu Baumbach/Hopt/*Roth*, § 93
Rn. 9 f. (Maklerdienst- und -werkvertrag), 59 ff. (Alleinauftrag).

[411] Ausführlich dazu Baumbach/Hopt/*Roth*, § 93 Rn. 40 ff.

[412] Hier ist das „Identitätsverbot" für den Makler zu beachten: Ein Selbsteintritt des Maklers oder der Abschluss mit einer eng mit dem Makler verbundenen Person genügt nicht; vgl.
Baumbach/Hopt/*Roth*, § 93 Rn. 46 f.

[413] Vgl. Baumbach/Hopt/*Roth*, § 93 Rn. 42; MüKoHGB/*von Hoyningen-Huene*, § 94
Rn. 1.

für den Hauptunternehmer schon mit Zugang beim Handelsmakler wirksam werden. Zugleich mit dem Vertragsangebot des Dritten holt der Handelsmakler außerdem von dem Dritten auch die Vollmacht zur Entgegennahme der Vertragsannahme des Hauptunternehmers ein. Dementsprechend kommt der Hauptvertrag bereits dann zustande, wenn der Hauptunternehmer die Vertragsannahme gegenüber dem Handelsmakler erklärt.

Bei Mängeln des Vertrags gilt als Grobraster, dass *Abschluss*mängel (z.B. Scheingeschäft, Anfechtung, Minderjährigkeit, Formverstoß, Sittenwidrigkeit, Verstoß gegen ein gesetzliches Verbot, unterbliebener Eintritt einer aufschiebenden Bedingung) den Provisionsanspruch ausschließen – es fehlt ein *wirksamer* Vertrag –, während *Durchführungs*mängel (z.B. Rücktritt, Schadensersatz statt der ganzen Leistung, Kündigung, Eintritt einer auflösenden Bedingung) den Provisionsanspruch unberührt lassen.[414] **13**

Kausalität der Maklerleistung für das Zustandekommen des Hauptvertrags: Mitursächlichkeit genügt. Sie wird bei einem Vertragsschluss innerhalb angemessener Zeit nach Erbringung der Maklerleistung vermutet; der Hauptunternehmer muss diese Vermutung dann widerlegen.[415] **14**

Kein Ausschluss des Anspruchs nach § 654 BGB: Der Anspruch des Maklers ist ausgeschlossen, wenn er dem Inhalt des Vertrags zuwider auch für den anderen Teil tätig wird. Nach der Rechtsprechung entfällt der Provisionsanspruch analog § 654 BGB auch dann, wenn dem Makler eine vorsätzlich oder grob fahrlässig begangene schwerwiegende Pflichtverletzung zur Last fällt, die den Interessen des Auftraggebers erheblich zuwiderläuft.[416] **15**

b) Anspruchsgegner des Provisionsanspruchs

Der Provisionsanspruch richtet sich grundsätzlich gegen den Hauptunternehmer, weil der Handelsmakler eben mit diesem einen Maklervertrag geschlossen hat. Nur dann, wenn der Handelsmakler sowohl mit dem Hauptunternehmer als auch mit dem Abnehmer durch einen Handelsmaklervertrag verbunden ist, d.h. die genannten Voraussetzungen eines (ggf. konkludenten) Vertragsschlusses (→ Rn. 10) bezüglich beider Parteien des Hauptvertrags erfüllt sind, kommt nach der h.M. § 99 HGB zur Anwendung:[417] die Provision ist in Ermangelung einer abweichenden Vereinbarung und eines abweichenden Ortsgebrauchs von dem Hauptunternehmer und dem Abnehmer je zur Hälfte zu entrichten. Die h.M. nimmt damit eine teleologische Reduktion der Vorschrift auf die Fälle des echten Doppelauftrags vor.[418] **16**

---

[414] Dazu im Einzelnen Baumbach/Hopt/*Roth* § 93 Rn. 43.

[415] Vgl. zuletzt *BGH* NJW 2008, 651 (Rn. 10).

[416] Vgl. die Nachweise bei Baumbach/Hopt/*Roth*, § 93 Rn. 52.

[417] *Canaris*, HandelsR, § 19 Rn. 29ff. (S. 327f.); *Hübner*, HandelsR, § 5 F 2 e (S. 163f.); Baumbach/Hopt/*Roth*, § 99 Rn. 1; *K. Schmidt*, HandelsR, § 26 Rn. 21 (S. 856); a.A. MüKoHGB/*von Hoyningen-Huene*, § 99 Rn. 4f., wonach § 99 HGB auch dann zur Anwendung kommt, wenn ein Handelsmaklervertrag nur zwischen dem Hauptunternehmer und dem Handelsmakler besteht.

[418] Die Doppeltätigkeit führt dabei nicht immer zur Verwirkung des Provisionsanspruchs nach § 654 BGB (siehe dazu soeben im Text, → Rn. 15), da das Maklerrecht kein allgemeines Verbot der Doppeltätigkeit kennt (dies ergibt sich aus § 654 BGB selbst, der eine Doppeltätigkeit dem „Inhalt des Vertrags zuwider" fordert); vielmehr muss ein solches im konkreten Vertrag (konkludent) vereinbart worden sein oder sich zumindest aus den konkret begründeten Treuepflichten ergeben, vgl. im Einzelnen Baumbach/Hopt/*Roth*, § 93 Rn. 33. Insbesondere bei Offenlegung der Doppeltätigkeit und einer Beschränkung auf die Vermittlung zwischen den Parteien („ehrlicher Makler") ist § 654 BGB nicht anwendbar.

c) Haftung des Maklers für Pflichtverletzungen

17 Im Gegensatz dazu soll § 98 HGB, der eine Haftung des Handelsmaklers gegenüber beiden Parteien für den durch sein Verschulden entstehenden Schaden vorsieht, nach der h.M. unabhängig davon Anwendung finden, ob der Handelsmakler mit der jeweiligen Partei in einem Vertragsverhältnis steht.[419] Streitig ist allerdings die dogmatische Begründung der Haftung auch gegenüber dem Nicht-Vertragspartner: Während die h.L. von einem Vertrag mit Schutzwirkung zu seinen Gunsten ausgeht,[420] will eine andere Auffassung die Haftung auf die Rechtsfigur der Haftung Dritter aus Schutzpflichtverletzung (vgl. auch § 311 III 2 BGB) stützen.[421]

d) Bedeutung der Schlussnote nach § 94 HGB

18 Von großer praktischer Bedeutung ist die in § 94 HGB geregelte Schlussnote. Nach § 94 I HGB hat der Handelsmakler grundsätzlich unverzüglich nach dem Abschluss des Geschäfts zwischen dem Hauptunternehmer und dem Abnehmer den Parteien eine Schlussnote zuzustellen, welche die Parteien, den Gegenstand und die Bedingungen des Geschäfts enthält. Durch § 94 I HGB wird dem Umstand Rechnung getragen, dass der Handelsmakler beim Abschluss des Hauptvertrags häufig als Empfangsvertreter für beide Seiten fungiert (→ Rn. 12). Da der Hauptvertrag deshalb meist schon dann zustande kommt, wenn die Vertragsannahmeerklärung des Hauptunternehmers beim Handelsmakler eingeht, besteht beim Dritten ein Bedürfnis, über den Vertragsschluss informiert zu werden. Dieses Bedürfnis wird durch die Schlussnote befriedigt. Darüber hinaus soll die Schlussnote bei beiden Vertragsparteien für Klarheit sorgen und ihnen ein Beweismittel verschaffen.

19 Von großer praktischer Bedeutung ist, dass das Schweigen auf die Schlussnote ähnliche rechtliche Wirkungen haben kann wie das Schweigen auf ein kaufmännisches Bestätigungsschreiben (dazu oben → § 7 Rn. 17 ff.).[422] So kann aus der vorbehaltlosen Annahme der Schlussscheine seitens der Parteien gemäß § 346 HGB in der Regel die Genehmigung des Geschäfts gefolgert werden, und zwar auch dann, wenn es vorher noch nicht zum bindenden Abschluss gekommen war, wenn also der Handelsmakler die Schlussnote verfrüht abgesandt hatte.[423]

20 Im Zusammenhang mit der Schlussnote wird auch die Regelung des § 95 HGB relevant: Der Handelsmakler kann sich in der Schlussnote die **Bezeichnung der anderen Partei vorbehalten**; nimmt der Hauptunternehmer eine solche Schlussnote an, tritt für ihn Bindungswirkung gegenüber dem durch den Handelsmakler nachträglich Bezeichneten ein, es sei denn, es bestehen gegen diesen begründete Einwendungen (§ 95 I HGB). Dogmatisch begründet wird dieses Ergebnis von der h.M. damit, dass der Handelsmakler gegenüber dem Dritten, d.h. dem nachträglich Bezeichneten, als Stellvertreter (§§ 164 ff. BGB) des Hauptunternehmers auftritt und so den Vertrag zwischen beiden zustande bringt;[424] dazu bevollmächtigt hat der Hauptunternehmer

---

[419] *Canaris*, HandelsR, § 19 Rn. 26 (S. 327).

[420] *K. Schmidt*, HandelsR, § 26 Rn. 20 (S. 856); MüKoHGB/*von Hoyningen-Huene*, § 98 Rn. 1, jeweils m.w.N.

[421] *Canaris*, HandelsR, § 19 Rn. 26 (S. 327).

[422] *K. Schmidt*, HandelsR, § 26 Rn. 16 (S. 855); *Canaris*, HandelsR, § 19 Rn. 12 (S. 324).

[423] *BGH* NJW 1955, 1916, 1917.

[424] *Canaris*, HandelsR, § 19 Rn. 17 (S. 325); nach a.A. tritt der Handelsmakler als Bote auf, der ein Angebot des Hauptunternehmers an einen unbestimmten Partner („ad incertam personam") überbringt, vgl. die Nachweise bei *Canaris*, HandelsR, § 19 Rn. 16 (S. 324 f.).

den Handelsmakler konkludent und unwiderruflich durch die Annahme der Schlussnote, in der die Bezeichnung der anderen Partei vorbehalten war.[425]

Unterlässt der Handelsmakler aber entgegen seiner Ankündigung die (fristge- **21**
rechte, vgl. § 95 II HGB) Bezeichnung der anderen Partei, oder bestehen gegen die
(fristgerecht) benannte Partei begründete Einwendungen, so haftet der Handelsmakler gegenüber dem Hauptunternehmer auf Erfüllung gemäß den Bedingungen der
Schlussnote (§ 95 III 1 HGB), sofern es der Hauptunternehmer nicht auf Aufforderung des Handelsmaklers unterlässt, sich unverzüglich darüber zu erklären, ob er
Erfüllung verlangt (§ 95 III 2 HGB). Es handelt sich hierbei um eine verschuldens-
unabhängige Garantiehaftung, die auch dann anwendbar ist, wenn die von dem
nachträglich Bezeichneten akzeptierten Bedingungen von denen der Schlussnote
abweichen.[426]

3. Handelsvertreter*

Der Handelsvertretervertrag hat in den §§ 84 ff. HGB eine gesetzliche Regelung **22**
gefunden, die in weiteren Teilen auf der Handelsvertreter-Richtlinie 86/653/EWG
beruht und deshalb im Lichte jener Richtlinie und der dazu ergangenen Rechtsprechung des *EuGH* auszulegen ist.[427] Die Merkmale des Handelsvertretervertrages
ergeben sich dabei aus § 84 I HGB. Ein Handelsvertretervertrag ist dadurch gekennzeichnet, dass der Hilfsunternehmer durch den Vertrag als selbstständiger Gewerbetreibender ständig damit betraut wird, für den Hauptunternehmer Geschäfte
zu vermitteln oder in dessen Namen abzuschließen.[428] Streitig ist, ob das Tatbestandsmerkmal der ständigen Betrauung nur bei einer Einbeziehung in das Vertriebssystem des Unternehmers erfüllt ist.[429]

Aus der Fassung von § 84 I HGB folgt, dass zwei Arten von Handelsvertretern zu **23**
unterscheiden sind: der **Vermittlungsvertreter**, dessen Aufgabe sich darauf beschränkt, den Hauptunternehmer mit potentiellen Abnehmern zusammenzuführen,
d.h. deren – durch ihn hergestellte – Abschlussbereitschaft dem Hauptunternehmer
mitzuteilen, und der **Abschlussvertreter**, der als Stellvertreter i.S.v. §§ 164 ff. BGB im
Namen des Hauptunternehmers Verträge mit Abnehmern abschließt, d.h. die Verträge mit den Dritten, deren Abschlussbereitschaft er hergestellt hat, gleich selbst
zustande bringt.[430] Der Vermittlungsvertreter steht dem Handelsmakler nahe, unterscheidet sich von diesem aber dadurch, dass er von dem Hauptunternehmer ständig
mit der Vermittlung von Geschäften betraut ist (→ Rn. 7). Obwohl der Vermittlungsvertreter keine Abschlussvollmacht hat, gilt er gemäß § 91 II 1 HGB aus Ver-
kehrsschutzgründen in gewissem Umfang als zum Handeln für den Unternehmer
ermächtigt: Er kann u.a. die Anzeige von Mängeln einer Ware entgegennehmen.
Jedoch gilt dies nicht, wenn der Dritte bestehende Beschränkungen kannte oder

---

[425] *Canaris*, HandelsR, § 19 Rn. 18 (S. 325).

[426] *Canaris*, HandelsR, § 19 Rn. 22 f. (S. 326).

* Vgl. zum Recht des Handelsvertreters *K. Schmidt*, HandelsR, § 27 (S. 857 ff.); *Canaris*,
HandelsR, § 15 (S. 247 ff.); vgl. auch die Zusammenfassung neuerer Rechtsprechung des
BGH zum Handelsvertreterrecht von *Hübsch/Hübsch*, WM 2016, Sonderbeilage Nr. 2.

[427] Dazu *Oetker*, HandelsR, § 6 Rn. 9.

[428] Vgl. zu den Merkmalen des Handelsvertreterbegriffs vertiefend *Canaris*, HandelsR,
§ 15 Rn. 7 ff. (S. 249 ff.).

[429] Dafür *K. Schmidt*, HandelsR, § 27 Rn. 10 (S. 861), dagegen *Canaris*, HandelsR, § 15
Rn. 14 (S. 251).

[430] Zur Beschränkung des Stellvertretungsrechts auf den zuletzt genannten „Vertreter" siehe
Bitter/Röder, BGB AT, § 10 Rn. 5 f.

kennen musste (§ 91 II 2 HGB). Bezüglich des Umfangs einer einem Abschlussvertreter erteilten Vollmacht ist § 55 I HGB zu beachten, der § 54 HGB für anwendbar
erklärt (zu § 54 HGB → § 6 Rn. 40 ff.) und auch gilt, wenn der Unternehmer kein
Kaufmann ist (§ 91 I HGB). Wichtig zu erkennen ist, dass der vom Handelsvertreter
vermittelte oder in Stellvertretung geschlossene Hauptvertrag immer direkt zwischen dem Unternehmer und dem Dritten zustande kommt. Darin liegt der wesentliche Unterschied zum Vertragshändler, der die Verträge mit Dritten im eigenen
Namen schließt und damit selbst Vertragspartner des Dritten wird (→ Rn. 83 ff.).

24   Vermittlungsvertreter und Abschlussvertreter müssen selbstständig sein, also im
Wesentlichen frei ihre Tätigkeit gestalten und ihre Arbeitszeit bestimmen können
(§ 84 I 2 HGB); anderenfalls sind sie nicht Handelsvertreter, sondern gelten als Angestellte des Hauptunternehmers (§ 84 II HGB).[431] Handelsvertreter sind in aller
Regel Kaufleute nach § 1 HGB. Die Anwendbarkeit der Vorschriften über den Handelsvertretervertrag hängt davon aber nicht ab (§ 84 IV HGB; siehe auch → § 2
Rn. 22). Gleiches gilt auch für die andere Seite des Vertrags: Auch der Hauptunternehmer muss nicht Kaufmann i.S.v. § 1 HGB sein. Dies lässt sich dem Wortlaut von
§ 84 I 1 HGB entnehmen, der ausdrücklich nicht vom „Kaufmann" sondern vom
„Unternehmer" spricht; außerdem ergibt es sich aus dem bereits o.g. § 91 I HGB.
Im Ergebnis finden die §§ 84 ff. HGB damit auch dann Anwendung, wenn auf keiner Seite ein Kaufmann beteiligt ist. Die eingangs vorgenommene Bestimmung des
Begriffs „Handelsrecht" (→ § 1 Rn. 2) gilt also nicht ausnahmslos: In manchen Bereichen enthält das HGB auch Sonderprivatrecht für *Nicht*kaufleute.

25   In der Praxis werden Handelsvertreter typischerweise zur Vermittlung bzw. zum
Abschluss von folgenden Vertragstypen eingeschaltet: Transport-, Versicherungs-,
Lizenz-, Leasing-, Waren- und Reiseverträge.[432] Sonderfälle des Handelsvertreters
sind der Haupt-, Unter-, Einfirmen- und arbeitnehmerähnliche Handelsvertreter.[433]

a) Der Handelsvertretervertrag

26   Der Handelsvertretervertrag zwischen Unternehmer und Handelsvertreter ist ein
Geschäftsbesorgungsvertrag mit Dienstleistungscharakter im Sinne der §§ 675 I,
611 ff. BGB und ein Dauerschuldverhältnis. Letzteres kann zu erheblich erweiterten
Treue- und Rücksichtnahmepflichten führen. Folge der Qualifizierung als Geschäftsbesorgungsvertrag ist die **Anwendbarkeit von Auftragsrecht** (Verweisung aus
§ 675 I BGB), d.h. der §§ 665–670, 672–674 BGB. Bei der Anwendung von § 670
BGB ist jedoch der speziellere § 87d HGB zu beachten: Der Handelsvertreter hat
seine gewöhnlichen Aufwendungen in der Regel selbst zu tragen. Die Erfolgsbezogenheit der Vergütung des Handelsvertreters (→ Rn. 34 ff.) ändert nichts am Dienstleistungscharakter, da nur das Entgelt des Handelsvertreters, nicht jedoch seine Tätigkeitspflicht erfolgsbezogen ist; die Erfolgsbezogenheit der Bezahlung führt also
nicht dazu, dass der Geschäftsbesorgungsvertrag eine Werkleistung zum Gegenstand
hat.[434]

27   Der Vertrag kann formlos geschlossen werden (daran ändert § 85 HGB nichts),
insbesondere also auch durch konkludentes Verhalten. Praxisüblich ist dies jedoch
nicht. In der Regel werden schriftliche Handelsvertreterverträge aufgesetzt, die für

---

[431] Vgl. zur Abgrenzung von Angestellten (Arbeitnehmern) K. *Schmidt*, HandelsR, § 27
Rn. 3 ff. (S. 858 ff.) mit zahlreichen Beispielen.

[432] Vgl. dazu im Übrigen K. *Schmidt*, HandelsR, § 27 Rn. 6 (S. 859 f.).

[433] Vgl. dazu im Einzelnen K. *Schmidt*, HandelsR, § 27 Rn. 100 ff. (S. 889 ff.); ferner
Oetker, HandelsR, § 6 Rn. 22 ff.

[434] *Canaris*, HandelsR, § 15 Rn. 54 (S. 262).

die Bestimmung der gegenseitigen Rechte und Pflichten erhebliche Bedeutung haben. Sie unterliegen jedoch unter den Voraussetzungen des § 305 I BGB auch einer **AGB-Kontrolle**,[435] bei der allerdings die §§ 308, 309 BGB nicht direkt anwendbar sind (§ 310 I 1 BGB), sondern „nur" § 307 BGB als Generalklausel gilt. Für den Rechtsverkehr zwischen Unternehmern ist jedoch generell zu beachten, dass § 310 I 1 BGB die Rechtsprechung oft nicht davon abhält, die Wertungen der §§ 308, 309 BGB über § 307 I, II BGB auch zwischen Unternehmern anzuwenden (→ § 7 Rn. 63).

Prägend für das Handelsvertreterrecht ist, dass viele Vorschriften der §§ 84 ff. **28** HGB im Handelsvertretervertrag nicht zum Nachteil des Handelsvertreters abbedungen werden können (vgl. §§ 86 IV, 86a III, 87a V, 87c V, 88a I, 89 II, 89b IV, 90a IV, 92a HGB); die nicht abbedingbaren Vorschriften sind bei der Gestaltung von Handelsvertreterverträgen also immer zu beachten.[436] In ihnen kommt die vom Gesetzgeber angenommene starke **Schutzbedürftigkeit des Handelsvertreters** zum Ausdruck: Er ist vom Hauptunternehmer oft wirtschaftlich abhängig, obwohl er unter den Gesichtspunkten des § 84 I 2 HGB selbstständig ist.

Die Rechtsfolgen fehlerhafter Handelsvertreterverträge sind umstritten. Während **29** die h.M. nach Invollzugsetzung des Handelsvertretervertrags in Anlehnung an die Lehre von der fehlerhaften Gesellschaft[437]/dem fehlerhaften Arbeitsverhältnis (nur) eine ex-nunc-Auflösbarkeit annimmt, bleibt es nach einer anderen Auffassung bei der (eigentlichen) ex-tunc-Wirkung mit der Folge, dass eine bereicherungsrechtliche Rückabwicklung stattfindet.[438]

b) Die wesentlichen Pflichten der Parteien

Die wesentlichen **Pflichten**, die sich aus dem Vertrag **für den Handelsvertreter** er- **30** geben, folgen aus § 86 HGB: Ihn trifft eine Bemühens- und Interessenwahrnehmungspflicht (§ 86 I HGB) sowie eine Nachrichts- und Informationspflicht (§ 86 II HGB). Bemühen muss sich der Handelsvertreter um die Vermittlung oder den Abschluss von Geschäften; ihn trifft also die echte Pflicht, im Hinblick auf die **Vertriebs- bzw. Absatzförderung** tätig zu werden.[439] Diese Pflicht ist die Hauptpflicht des Handelsvertreters.[440] Die Interessenwahrnehmungspflicht hat zum Inhalt, dass der Handelsvertreter alles zu tun hat, was im Interesse des Unternehmers erforderlich ist, und alles zu unterlassen hat, was den Unternehmer schädigen kann; dies führt u.a. zu einer Bonitätsprüfungspflicht des Handelsvertreters.[441]

⇨ *Fall Nr. 34 – Provision (Abwandlung 2)*

Weiter hat der Handelsvertreter die Sorgfalt eines ordentlichen Kaufmanns zu be- **31** achten (§ 86 III HGB) und darf auch nach Beendigung des Vertragsverhältnisses keine Geschäfts- und Betriebsgeheimnisse verwerten oder mitteilen (§ 90 HGB). Die Rechtsnatur des Vertrags als Geschäftsbesorgungsvertrag führt zudem dazu, dass

---

[435] Vgl. *K. Schmidt*, HandelsR, § 27 Rn. 38 (S. 870).

[436] Ausnahmen gelten gemäß § 92c HGB bei Tätigkeiten der Handelsvertreter außerhalb von EU/EWR und bei Schifffahrtsvertretern.

[437] Vgl. hierzu *Bitter/Heim*, GesR, § 5 Rn. 15 ff.

[438] Vgl. zu beiden Auffassungen *Canaris*, HandelsR, § 15 Rn. 26 ff. (S. 254 ff.) der selbst nicht der h.M. folgt.

[439] Baumbach/Hopt/*Hopt*, § 86 Rn. 12 f.; dies stellt einen (weiteren) wesentlichen Unterschied zum Handelsmakler dar.

[440] Baumbach/Hopt/*Hopt*, § 86 Rn. 12.

[441] Baumbach/Hopt/*Hopt*, § 86 Rn. 21.

der Handelsvertreter zur **Befolgung von Weisungen des Unternehmers** verpflichtet ist (§§ 675 I, 665 BGB). Es handelt sich dabei aber „nur" um ein auftrags- und nicht um ein arbeitsrechtliches Weisungsrecht des Unternehmers; Letzteres, aber auch nur dieses, würde den Vermittler nämlich zum Arbeitnehmer machen.[442] Das Weisungsrecht kann dabei immer nur zwecks Konkretisierung der bereits bestehenden Pflichten des Handelsvertreters eingesetzt werden; es kann keine neuen Pflichten begründen.[443] So kann der Unternehmer den Handelsvertreter zu Werbemaßnahmen verpflichten, weil dadurch die allgemeine Interessenwahrnehmungspflicht des Handelsvertreters konkretisiert wird, die Werbemaßnahmen noch umfasst; allerdings ist hier ausnahmsweise ein Aufwendungsersatzanspruch des Handelsvertreters aus §§ 675 I, 670 BGB anzuerkennen, da es sich um Aufwendungen außerhalb des regelmäßigen Geschäftsbetriebs handelt, so dass § 87d HGB nicht entgegensteht.[444]

32 Für die **Pflichten des Unternehmers** aus dem Handelsvertretervertrag gilt: Neben der Provisionszahlungspflicht aus §§ 87, 87a HGB (→ Rn. 34 ff.) und den Informations- und Abrechnungspflichten aus §§ 86a II, 87c HGB (→ Rn. 54 f.) trifft den Unternehmer vor allem die **Unterstützungspflicht** aus § 86a I HGB – er hat dem Handelsvertreter alle zur Ausübung der Vertretertätigkeit erforderlichen Unterlagen zur Verfügung zu stellen – sowie eine **Vertragstreuepflicht**, aus der sich im Einzelfall ein Wettbewerbsverbot für den Unternehmer ergeben kann (→ Rn. 59). Die Vertragstreuepflichten lassen sich näher umschreiben als „aus Treu und Glauben abzuleitende Pflichten zur Rücksichtnahme auf die schutzwerten Belange des Handelsvertreters".[445] Grundsätzlich zulässig (kein Verstoß gegen § 1 GWB) sind Vertriebs- und Preisbindungen, die der Unternehmer dem Handelsvertreter auferlegt.[446] Darin liegt der wesentliche Unterschied zum Vertragshändler, welcher im eigenen Namen und für eigene Rechnung verkauft und damit ein Konkurrent des (Haupt-)Unternehmers ist, mit dem die Preise nicht abgesprochen werden dürfen. Bei Einschaltung eines Handelsvertreters ist demgegenüber Vertragspartner des Dritten unmittelbar der (Haupt-)Unternehmer (→ Rn. 23), welcher sodann auch den Preis und die sonstigen Vertragskonditionen festlegen kann. Aus diesem Grund werden beispielsweise Tankstellenpächter hinsichtlich der Veräußerung von Kraftstoffen als Handelsvertreter der (den Preis festlegenden) Mineralölgesellschaften tätig, während sie hinsichtlich des Shop-Geschäfts (Backwaren, Lebensmittel etc.) als Eigenhändler auftreten und insoweit die Preise nicht abgestimmt, sondern allenfalls „unverbindliche Preisempfehlungen" ausgesprochen werden.[447]

33 Hat der Handelsvertreter wirksam (vgl. § 86b I 3 HGB) die Haftung für die Verbindlichkeit des Dritten gegenüber dem Unternehmer aus dem Hauptvertrag übernommen – dies kann durch Bürgschaft, Schuldbeitritt oder Garantie geschehen –, so hat der Unternehmer dem Handelsvertreter eine besondere Vergütung zu zahlen, die sog. Delkredereprovision (§ 86b I 1 HGB).

⇨ *Fall Nr. 34 – Provision (Abwandlung 2)*

---

[442] Vgl. dazu § 84 I 2 HGB sowie *Canaris*, HandelsR, § 15 Rn. 34 (S. 257).

[443] Vgl. *Canaris*, HandelsR, § 15 Rn. 34 (S. 257).

[444] Beispiel nach *Canaris*, HandelsR, § 15 Rn. 38 (S. 258).

[445] Nach *K. Schmidt*, HandelsR, § 27 Rn. 53 (S. 874) m.w.N.

[446] *Canaris*, HandelsR, § 15 Rn. 39 f. (S. 258).

[447] Auf der Rückseite der Tankquittungen findet sich regelmäßig der Hinweis, dass der Verkauf von Kraftstoffen bzw. Mineralölen im Namen und für Rechnung der Mineralölgesellschaft erfolgt. Dies deutet die Handelsvertretung hinsichtlich dieser Produkte an.

c) Der Provisionsanspruch des Handelsvertreters

Nach §§ 87, 87a HGB hat der Handelsvertreter unter bestimmten Voraussetzun- 34
gen einen Anspruch auf die Zahlung einer Provision. Die Provision ist das Entgelt
des Handelsvertreters für die Erbringung der von ihm geschuldeten Tätigkeit, also
die synallagmatische Gegenleistung des Unternehmers. Der Provisionsanspruch ist,
wie sich aus seinen Voraussetzungen (§§ 87, 87a HGB) ergibt, **stark erfolgsbezogen:**
Der Handelsvertreter wird grundsätzlich nur bezahlt, wenn für den Unternehmer
„Zählbares", genauer: ein erfolgreich durchgeführter Vertrag mit einem vom Handelsvertreter vermittelten Dritten, herauskommt. Insgesamt sind die betreffenden
gesetzlichen Regelungen eher undurchsichtig und werden daher im Folgenden näher
beleuchtet.

In konstruktiver Hinsicht soll der Provisionsanspruch des Handelsvertreters unter 35
einer zwei- bzw. dreifachen Bedingung stehen: (1) Zunächst ist gemäß § 87 I HGB
aufschiebende Bedingung, dass der Unternehmer den Vertrag mit dem Dritten abschließt. (2) Sodann folgt aus § 87a I HGB die weitere aufschiebende Bedingung der
Ausführung jenes Vertrags durch den Unternehmer (vgl. ersatzweise allerdings
§ 87a III HGB). (3) Eine auflösende Bedingung ergibt sich schließlich aus § 87a II
HGB: es darf nicht feststehen, dass der Dritte nicht leisten wird.[448]

aa) Erste Bedingung: Vertrag zwischen Unternehmer und Drittem

Der Vertrag zwischen Unternehmer und Drittem muss gemäß § 87 I 1 HGB **wäh-** 36
rend des Vertragsverhältnisses zustande kommen (für Verträge nach Beendigung des
Handelsvertretervertrags gilt § 87 III HGB, → Rn. 44 ff.) und auf die Tätigkeit des
Handelsvertreters **„zurückzuführen"** sein (§ 87 I 1 Alt. 1 HGB) bzw. mit einem
Dritten geschlossen werden, den der Handelsvertreter (zuvor) für Geschäfte der
gleichen Art geworben hat (§ 87 I 1 Alt. 2 HGB, sog. **Nachbestellungen bzw. Folge-**
aufträge). Es ist ohne weiteres möglich, dass bezüglich eines abgeschlossenen Vertrags zwischen Unternehmer und Drittem sowohl die Voraussetzungen der ersten als
auch die der zweiten Alternative des § 87 I 1 HGB vorliegen. Im Rahmen von
§ 87 I 1 Alt. 1 HGB genügt nämlich auch die mittelbare Zurückführbarkeit sowie
Mitursächlichkeit, so dass „Zurückführbarkeit" bei Folgeaufträgen und Nachbestellungen in der Regel gegeben sein wird, da der Dritte diese ohne das ursprüngliche Werben durch den Handelsvertreter auch nicht getätigt hätte.[449] Der Sinn und
Zweck von § 87 I 1 Alt. 2 HGB besteht daher insbesondere darin, den Handelsvertreter vom Beweis der mittelbaren Verursachung[450] zu befreien, indem eine unwi-
derlegliche Vermutung für die Mitverursachung aufgestellt wird. § 87 I 1 Alt. 2

---

[448] Vgl. zum Ganzen *Canaris*, HandelsR, § 15 Rn. 55 (S. 262); nunmehr auch *K. Schmidt*,
HandelsR, § 27 Rn. 57 ff. (S. 875 ff.), der früher von der Entstehung des Anspruchs bereits mit
Abschluss des Vertrags zwischen Unternehmer und Drittem ausging (d.h. mit Eintritt der ersten aufschiebenden Bedingung) und die Ausführung des Vertrags durch den Unternehmer
lediglich als Fälligkeitsvoraussetzung ansah; hierfür spricht zwar die Überschrift des § 87a
HGB, die sich andererseits aber auch nur auf dessen Abs. 4 beziehen könnte, der explizit die
Fälligkeit erwähnt.
[449] Die mittelbare Verursachung ist auch nicht als völlig nebensächlich einzustufen, was
nach h.M. den Provisionsanspruch entfallen ließe (vgl. zu diesem Ausschlusstatbestand
sogleich Rn. 37).
[450] Der Beweis könnte etwa dadurch geführt werden, dass der als Zeuge benannte Dritte
bekundet, dass er ohne das ursprüngliche Werben durch den Handelsvertreter die konkrete
Bestellung nicht getätigt hätte. Dies wird freilich dann problematisch, wenn – wie häufig – seit
dem ursprünglichen Werben mehrere Jahre vergangen sind.

HGB kommt dem Handelsvertreter allerdings nur zugute, wenn ein „gleichartiges Geschäft" im Sinne der Vorschrift vorliegt. Bei der Prüfung dieses Tatbestandsmerkmals ist unter Beachtung des vom Handelsvertreter vertriebenen Sortiments maßgeblich, ob die Verkehrsauffassung den vom Dritten bestellten Gegenstand (noch) als „gleich" (gleiche Warengattung) einstuft. Liegt danach kein gleichartiges Geschäft vor, muss der Handelsvertreter den Beweis der mittelbaren Verursachung führen.[451]

⇨ *Fall Nr. 34 – Provision (Grundfall, Variante 1-4)*

37 Ob das Merkmal der Zurückführbarkeit erfüllt ist, kann im Einzelfall problematisch sein, obwohl der Handelsvertreter an dem Vertragsschluss „mitgewirkt" hat. Dies ergibt sich daraus, dass die h.M. neben schlichter Kausalität (Handelsvertretertätigkeit kann nicht hinweg gedacht werden, ohne dass der [konkrete] Vertragsschluss entfiele) zusätzlich verlangt, dass die Handelsvertretertätigkeit nicht völlig nebensächlich und unbedeutend war. Mit anderen Worten: Die **vorhandene (Mit-) Ursächlichkeit muss hinreichend gewichtig sein.** Ein umstrittener Grenzfall ist insofern die bloße Weiterleitung eines Angebots eines bereits zum Vertragsschluss fest entschlossenen Dritten durch den Handelsvertreter. Teilweise wird die Weiterleitung als hinreichend gewichtig angesehen[452], nach a.A. ist sie zu unbedeutend.[453]

⇨ *Fall Nr. 34 – Provision (Grundfall, Variante 9)*

38 Ein weiteres Problem stellt sich bei parallelem **Einsatz mehrerer Handelsvertreter,** die jeweils (ggf. zusammenwirkend) zum Vertragsschluss mit dem Dritten beigetragen haben und bei denen daher jeweils die Voraussetzungen eines Provisionsanspruchs dem Grunde nach vorliegen. Umstritten ist, ob und bzw. unter welchen Voraussetzungen der Unternehmer an beide Handelsvertreter eine volle Provision zahlen muss. Von der h.M. wird danach differenziert, ob die Handelsvertreter von ihrem überschneidenden Einsatz Kenntnis hatten (dann Teilungsabrede zwischen dem Unternehmer und dem jeweiligen Handelsvertreter und daher insgesamt nur eine Provision zu zahlen) oder nicht (dann jeweils volle Provision zu zahlen).[454]

⇨ *Fall Nr. 34 – Provision (Grundfall, Variante 8)*

39 § 87 I HGB setzt in jedem Fall einen **rechtswirksamen und endgültigen Vertragsschluss** zwischen Unternehmer und Drittem (Hauptvertrag) voraus, was in der Klausur daher inzident zu prüfen ist. Abschlussmängel beim Hauptvertrag schließen den Provisionsanspruch also – wie beim Handelsmakler (→ Rn. 13) – auch beim Handelsvertreter aus. Damit lässt z.B. eine Anfechtung des Vertrags durch den Unternehmer, die gemäß § 142 I BGB *ex tunc* wirkt, den Provisionsanspruch entfallen. Die Konsequenzen einer vom Unternehmer zu vertretenden **Anfechtung des Dritten** (z.B. arglistige Täuschung durch den Unternehmer) für den Provisionsanspruch des Handelsvertreters sind hingegen streitig: Eine Auffassung spricht sich für die Anwendung des Rechtsgedankens des § 87a III HGB aus (→ Rn. 49), so dass der Pro-

---

[451] Vgl. die vorangehende Fußnote.

[452] Baumbach/Hopt/*Hopt*, § 87 Rn. 15 m.w.N., der auch mit den ansonsten entstehenden Unsicherheiten bei Dauerkunden argumentiert; wohl auch *K. Schmidt*, HandelsR, § 27 Rn. 58 (S. 876) m.w.N.

[453] *Canaris*, HandelsR, § 15 Rn. 62 (S. 263) m.w.N.

[454] Vgl. *Canaris*, HandelsR, § 15 Rn. 64 (S. 263 f.) m.w.N.; Baumbach/Hopt/*Hopt*, § 87 Rn. 21.

visionsanspruch von der Anfechtung unberührt bliebe;[455] eine andere Auffassung lehnt einen Provisionsanspruch ab, hält dafür aber einen Anspruch aus Verschulden bei Vertragsverhandlungen (c.i.c.) für möglich.[456] Für die Behandlung von Durchführungsmängeln können die Grundsätze zum Handelsmakler (→ Rn. 13) hingegen nicht fruchtbar gemacht werden, da § 87a HGB diesbezüglich eine Sondervorschrift bereit hält (→ Rn. 47 ff.).

In diesem Zusammenhang muss auch der zugunsten des Unternehmers geltende **40** **Grundsatz der Abschlussfreiheit** beachtet werden: Der Unternehmer ist grundsätzlich nicht verpflichtet, ein von dem Handelsvertreter vermitteltes Angebot eines Dritten anzunehmen,[457] wie sich mittelbar aus § 86a II 2 HGB ergibt, wonach der Unternehmer den Handelsvertreter unverzüglich über eine etwaige Vertragsablehnung informieren muss. Dem Handelsvertreter stehen daher in diesem Fall grundsätzlich keine Ansprüche auf Vertragsabschluss, Provision oder Schadensersatz wegen Nichtabschluss zu.

Allerdings sind der Ablehnungsfreiheit nach der Rechtsprechung des *BGH* auch **41** **Grenzen** gesetzt, die sich **aus Treu und Glauben** ergeben: Es müssen vernünftige und einleuchtende Gründe vorliegen, wenn der Unternehmer durch die Ablehnung von Geschäften dem Handelsvertreter den Lohn für seine Bemühungen verkürzt.[458] Dieser strenge Maßstab gilt allerdings nur bei der Ablehnung von Einzelgeschäften ohne gleichzeitige Änderung der Geschäftspolitik; wird gleichzeitig die Geschäftspolitik geändert, sind dem Unternehmer lediglich insofern Grenzen gesetzt, als er sich nicht willkürlich und ohne vertretbaren Grund über die schutzwürdigen Belange seines Handelsvertreters hinwegsetzen darf.[459]

Schließt der – vom Handelsvertreter vermittelte – Dritte zwar einen wirksamen **42** und endgültigen Vertrag, ist jedoch sein Vertragspartner nicht der Unternehmer, mit dem der Handelsvertreter einen Vertrag hat, so scheidet ein Provisionsanspruch gegen den Vertragspartner des Handelsvertreters eigentlich aus, da der Handelsvertreter eben nur eine Provision für Vertragsabschlüsse „seines" Unternehmers erhält. Dieses Ergebnis ist jedoch dann unbillig, wenn der Dritte den Vertrag mit einer (juristischen) Person schließt, die mit dem Vertragspartner des Handelsvertreters einen (faktischen) Konzern[460] bildet, so dass der wirtschaftliche Erfolg gleichwohl eintritt. Daher wird dem Handelsvertreter in diesen Fällen trotzdem ein Provisionsanspruch zuerkannt.[461] Dabei ist unerheblich, ob die Gestaltung zwecks (vermeintlichen) Ausschlusses des Provisionsanspruchs – also missbräuchlich – gewählt wurde; entscheidend ist allein der Eintritt des wirtschaftlichen Erfolgs.

⇨ *Fall Nr. 34 – Provision (Grundfall, Variante 10)*

§ 87 II HGB enthält eine Regelung zum sog. **Bezirks- bzw. Kundenkreisvertreter**: **43** Ist dem Handelsvertreter ein bestimmter Bezirk oder ein bestimmter Kundenkreis zugewiesen, so hat er Anspruch auf Provision auch für die Geschäfte, die ohne seine

---

[455] *Canaris*, HandelsR, § 15 Rn. 57 (S. 262).
[456] Baumbach/Hopt/*Hopt*, § 87 Rn. 7.
[457] Vgl. *Canaris*, HandelsR, § 15 Rn. 58 (S. 262).
[458] Vgl. BGHZ 26, 161.
[459] Vgl. im Einzelnen *Canaris*, HandelsR, § 15 Rn. 60 (S. 263) m.w.N.; noch weitergehend zugunsten der Abschlussfreiheit des Unternehmers Baumbach/Hopt/*Hopt*, § 87 Rn. 8, der wohl jegliche Einschränkung ablehnt.
[460] Zum Konzernrecht siehe *Bitter/Heim*, GesR, § 3 Rn. 227 ff. (AG) und § 4 Rn. 290 ff. (GmbH).
[461] Baumbach/Hopt/*Hopt*, § 87 Rn. 14.

Mitwirkung mit Personen seines Bezirkes oder seines Kundenkreises während des Vertragsverhältnisses abgeschlossen werden (§ 87 II 1 HGB). Damit besteht insbesondere bei Direktabschlüssen des Unternehmers innerhalb des Bezirks/Kundenkreises ein Provisionsanspruch des Handelsvertreters. Ob der Handelsvertreter als Bezirks- bzw. Kundenkreisvertreter eingesetzt ist, hängt von der vertraglichen Vereinbarung mit dem Unternehmer ab. Neben einer ausdrücklichen Bezeichnung als Bezirks- bzw. Kundenkreisvertreter genügt im Regelfall auch die Zusicherung von Kundenschutz, das Versprechen von Provisionen auch für solche Geschäfte, die innerhalb eines bestimmten Bezirks getätigt wurden, oder eine Klausel, wonach alle „direkten oder indirekten" oder „unmittelbaren und mittelbaren" Geschäfte innerhalb eines bestimmten Bezirks provisionspflichtig sind.[462] Ein Provisionsanspruch besteht aber auch beim Bezirks- und Kundenkreisvertreter nicht (vgl. zum „normalen" Handelsvertreter § 87 I 2 HGB), wenn und soweit die Provision nach § 87 III HGB einem ausgeschiedenen Handelsvertreter zusteht (§ 87 II 2 HGB).

⇨ *Fall Nr. 36 – Rasches Ende*

44   § 87 III HGB enthält eine **Sonderregel für Verträge** zwischen Unternehmer und Drittem, die erst **nach Beendigung des Handelsvertretervertrags** zustande kommen. Nur wenn die Voraussetzungen des abschließenden § 87 III 1 HGB[463] vorliegen, besteht in diesen Fällen ein Provisionsanspruch:

- Der frühere Handelsvertreter hat das Geschäft vermittelt oder es eingeleitet und so vorbereitet, dass der Abschluss überwiegend auf seine Tätigkeit zurückzuführen ist, und das Geschäft ist innerhalb einer angemessenen Frist nach Beendigung des Vertragsverhältnisses abgeschlossen worden (§ 87 III 1 Nr. 1 HGB), oder
- vor Beendigung des Vertragsverhältnisses ist das Angebot des Dritten zum Abschluss eines Geschäfts, für das der Handelsvertreter nach § 87 I 1 HGB oder § 87 II 1 HGB Anspruch auf Provision hat, dem Handelsvertreter oder dem Unternehmer zugegangen (§ 87 III 1 Nr. 2 HGB).

45   Wichtig ist im Rahmen von § 87 III 1 Nr. 1 HGB: Eine bloß mittelbare (Mit-)Verursachung, die bei bestehendem Vertrag gemäß § 87 I 1 Alt. 1 HGB ausreicht und bei Nachbestellungen und Folgeaufträgen i.S.v. § 87 I 1 Alt. 2 HGB sogar unwiderleglich vermutet wird (→ Rn. 36f.), genügt nicht, um die bei beendigtem Vertrag erforderliche „Vermittlung" bzw. „Einleitung und Vorbereitung" zu begründen.[464] Der Handelsvertreter muss vielmehr im Hinblick auf den konkreten Vertrag tätig geworden sein.

46   Zu beachten ist ferner, dass, wenn und soweit die Voraussetzungen des § 87 III HGB zugunsten des ausgeschiedenen Handelsvertreters vorliegen, ein neuer Handelsvertreter, mit dem bei Vertragsschluss ein Handelsvertretervertrag besteht, keine Provision erhält, auch wenn Zurückführbarkeit i.S.v. § 87 I 1 Alt. 1 HGB vorliegen sollte (§ 87 I 2 HGB): Der Unternehmer soll nicht doppelt zahlen müssen. Nicht außer Betracht bleiben darf dabei aber § 87 III 2 HGB, wonach der Anspruch auf Provision nach § 87 III 1 HGB dem nachfolgenden Handelsvertreter anteilig zusteht, wenn wegen besonderer Umstände eine Teilung der Provision der Billigkeit entspricht. Hierunter fällt insbesondere eine besondere Mitwirkung des Nachfolgehandelsvertreters beim Geschäftsabschluss.[465] Konsequenz von § 87 III 2 HGB ist,

---

[462] Vgl. MüKoHGB/*von Hoyningen-Huene*, § 87 Rn. 73 f.
[463] Vgl. das Wort „nur" in § 87 III 1 HGB.
[464] Vgl. Baumbach/Hopt/*Hopt*, § 87 Rn. 42.
[465] Baumbach/Hopt/*Hopt*, § 87 Rn. 46.

dass (auch) dem ausgeschiedenen Handelsvertreter nur ein anteiliger Anspruch zusteht mit der Folge, dass § 87 I 2 HGB wiederum nur bezüglich dieses Anteils („soweit") für den Nachfolgevertreter eingreift. § 87 I 2 HGB und § 87 III 2 HGB stehen daher in einer Wechselbeziehung zueinander und widersprechen sich nicht.

⇨ *Fall Nr. 34 – Provision (Grundfall, Variante 5)*

bb) Zweite Bedingung: Ausführung des Vertrags durch den Unternehmer

Die komplex strukturierte Vorschrift des § 87a HGB (bitte lesen!) stellt die zweite und dritte Bedingung für den Provisionsanspruch des Handelsvertreters auf (vgl. zur Konstruktion einer dreifachen Bedingung → Rn. 35). 47

Gemäß § 87a I 1 HGB besteht der Anspruch nur, wenn und soweit der Unternehmer das Geschäft ausgeführt hat. Diese Bedingung ist gemäß § 87a I 2, 3 HGB begrenzt disponibel; der Provisionsanspruch entsteht – unabhängig von einer Vereinbarung – spätestens mit der Ausführung durch den Dritten (§ 87a I 3 HGB). 48

Führt der Unternehmer das Geschäft nicht aus, so kann die aufschiebende Bedingung aus § 87a I 1 HGB nicht eintreten. Demnach könnte der Handelsvertreter allein dadurch um seinen Provisionsanspruch gebracht werden, dass der Unternehmer das Geschäft ohne sachlichen Grund nicht durchführt. Dieses unbillige Ergebnis will § 87a III HGB vermeiden. Nach § 87a III 1 HGB steht dem Handelsvertreter auch dann ein Provisionsanspruch zu, wenn feststeht, dass der Unternehmer das Geschäft nicht ausführen wird, es sei denn, der Unternehmer hat die Nichtausführung nicht zu vertreten (§ 87a III 2 HGB). Das Vertretenmüssen des Unternehmers wird dabei, wie sich aus dem Wortlaut des § 87a III 2 HGB ergibt, vermutet. Die somit erforderliche Entlastung durch den Unternehmer erfordert den Vortrag und ggf. Beweis von Tatsachen, die Vorsatz, Fahrlässigkeit, die Übernahme eines Beschaffungsrisikos (vgl. § 276 BGB) sowie die Verwirklichung eines seiner Sphäre zurechenbaren Risikos ausschließen.[466] Gerade der zuletzt genannte Aspekt ist oft entscheidend: Für ein Vertretenmüssen i.S.v. § 87a III 2 HGB genügt es auch, wenn die Umstände, auf denen die Nichtausführung des Geschäfts beruht, dem betrieblichen oder unternehmerischen Risikobereich des Hauptunternehmers zuzuordnen sind.[467] 49

⇨ *Fall Nr. 34 – Provision (Grundfall, Variante 6 und Abwandlung 1)*

cc) Dritte Bedingung: Keine Nichtausführung durch den Dritten

§ 87a III HGB muss gegenüber § 87a II HGB abgegrenzt werden, da häufig dann, wenn feststeht, dass der Unternehmer das Geschäft nicht ausführt, zugleich feststeht, dass der Dritte das Geschäft nicht ausführt und § 87a II HGB für den letztgenannten Fall ein Entfallen des Provisionsanspruchs vorsieht (z.B. lässt ein Rücktritt des Abnehmers auch seine Leistungspflicht gemäß § 346 I BGB entfallen und es steht damit fest, dass er nicht ausführen wird). § 87a III HGB und § 87a II HGB schließen sich gegenseitig aus: § 87a II HGB kommt nach der h.M. nämlich *nur* dann zur Anwendung, wenn die (zweite) aufschiebende Bedingung aus § 87a I 1 HGB, nämlich die (ordnungsgemäße) Ausführung des Geschäfts durch den Unternehmer, eingetreten ist;[468] das Feststehen der Nichtleistung seitens des Dritten ist 50

---

[466] Vgl. *Canaris*, HandelsR, § 15 Rn. 69 (S. 264 f.); Baumbach/Hopt/*Hopt*, § 87a Rn. 26.

[467] Vgl. z.B. *BGH* ZIP 2008, 1080: Insolvenz des Unternehmers; Gegenbeispiel (kein Vertretenmüssen) bei *BGH* ZIP 2017, 1330, 1334 (Rn. 53 ff.): materiell rechtswidrige hoheitliche Bescheide, die die Durchführung des Geschäfts untersagen bzw. zur Rückabwicklung zwingen.

[468] Vgl. *BGH* ZIP 2008, 1080, 1081; Baumbach/Hopt/*Hopt*, § 87a Rn. 13; Ebenroth/Boujong/Joost/Strohn/*Löwisch*, § 87a Rn. 5, 33.

dann eine auflösende Bedingung. Zu denken ist insbesondere an den Fall, dass der Unternehmer – z.B. ein Verkäufer – seine Leistung erbracht hat – z.B. die Kaufsache gemäß § 433 I 1 BGB geliefert hat –, und der Abnehmer wegen Insolvenz nicht zahlt. In diesem Fall ist § 87a III HGB unanwendbar, da dieser – wie dargelegt (→ Rn. 49) – gerade an die Unmöglichkeit des Eintritts der Bedingung aus § 87a I 1 HGB anknüpft. Mit anderen Worten: **Nur bei bereits erfolgter (vertragsgemäßer) Leistung des Unternehmers gilt § 87a II HGB** (i.V.m. § 87a I 1 HGB); **ohne Leistung des Unternehmers hat § 87a III HGB** bei Leistungsstörungen **Vorrang**, auch wenn der Dritte den Vertrag nicht durchführt.[469] § 87a III HGB gilt damit vor allem in den Fällen der Nichtleistung des Dritten *exklusiv*, in denen diese auf die Nichtleistung des Unternehmers zurückzuführen ist.[470]

⇨ *Fall Nr. 34 – Provision (Abwandlung 1)*

51 Für die Fälle, in denen nach dem soeben Gesagten § 87a II HGB anwendbar ist, gilt: Die auflösende Bedingung des § 87a II HGB ist eingetreten, wenn objektiv feststeht, dass der Dritte das Geschäft nicht ausführt. Dabei ist zu beachten, dass der Unternehmer grundsätzlich gehalten ist, seinen fälligen und einredefreien (Gegenleistungs-)Anspruch gegen den Dritten gerichtlich geltend zu machen und die Vollstreckung des so erwirkten Titels zu betreiben anstatt sich mit dem vertragswidrigen Verhalten des Dritten abzufinden und vom Vertrag zurückzutreten.[471] Diese Verpflichtung im Verhältnis zum Handelsvertreter ergibt sich aus den Treue- und Rücksichtnahmepflichten des Unternehmers (→ Rn. 32), die ihn u.a. verpflichten, den Handelsvertreter nicht ohne vernünftigen und einleuchtenden Grund um seinen verdienten Provisionsanspruch zu bringen. Tritt der Unternehmer entgegen dieser Pflicht vom Vertrag mit dem Dritten zurück, entfällt der Provisionsanspruch nicht gemäß § 87a II HGB, da die Nichtleistung des Dritten nicht feststeht. Nur ausnahmsweise, nämlich bei Sinnlosigkeit gerichtlichen Vorgehens (etwa wenn der Dritte auf absehbare Zeit zahlungsunfähig ist), darf der Unternehmer davon absehen und steht die Nichtleistung des Dritten i.S.v. § 87a II HGB fest.

⇨ *Fall Nr. 34 – Provision (Grundfall, Variante 7 mit Vertiefungshinweis)*

dd) Umfang des Provisionsanspruchs

52 § 87b HGB regelt die Höhe des Provisionsanspruchs für den Fall, dass Unternehmer und Handelsvertreter eine Vereinbarung hierüber nicht getroffen haben.

53 Neben den soeben besprochenen Vermittlungs- bzw. Abschlussprovisionen kann der Handelsvertreter gemäß § 87 IV HGB auch eine **Inkassoprovision** für die von ihm auftragsgemäß eingezogenen Beträge verlangen.

d) Hilfsansprüche zwecks Ermöglichung und Sicherung der Provisionsanspruchsdurchsetzung

54 Der Handelsvertreter weiß oft nicht, ob ein provisionspflichtiges Geschäft zwischen dem Unternehmer und dem Dritten zustande gekommen (§ 87 I 1 HGB) bzw. ob ein zustande gekommenes Geschäft beiderseitig ausgeführt ist (§ 87a HGB). Weiter sind ihm die genauen Konditionen eines solchen Geschäfts nicht selten unbekannt.

---

[469] Im Einzelnen ist das Verhältnis zwischen den Absätzen 2 und 3 des § 87a HGB und damit auch die Reichweite des Vorrangs von § 87a III HGB allerdings umstritten; vgl. dazu vertiefend Ebenroth/Boujong/Joost/Strohn/*Löwisch*, § 87a Rn. 5, 33 m.w.N.

[470] *BGH* ZIP 2008, 1080; Baumbach/Hopt/*Hopt*, § 87a Rn. 18.

[471] Baumbach/Hopt/*Hopt*, § 87a Rn. 15.

Er kann seinen Provisionsanspruch aber nur dann effektiv und mit Erfolgsaussichten geltend machen, wenn er vom Unternehmer die o.g. und ggf. zusätzlich erforderlichen – weil für den Provisionsanspruch relevanten – Informationen erhält.

Der Gesetzgeber war sich dieser Interessenlage bewusst und hat daher eine Reihe 55 von Ansprüchen vorgesehen, die das Informationsbedürfnis des Handelsvertreters befriedigen sollen. Für den Unternehmer bestehen daher Auskunfts-, Informations-, Abrechnungs-, Rechenschafts- und Einsichtnahmeduldungspflichten (vgl. §§ 86a II 2, 87c I, 87c II, 87c III, 87c IV HGB). All diese Ansprüche des Handelsvertreters, die in der Praxis enorm wichtig sind, werden näher erläutert im

⇨ *Fall Nr. 34 – Provision (Abwandlung 3)*

e) Wettbewerbsverbote für Handelsvertreter und Unternehmer

Solange das Handelsvertreterverhältnis besteht, trifft den **Handelsvertreter** nach 56 wohl unbestrittener Auffassung in Rechtsprechung und Lehre ein **ungeschriebenes Wettbewerbsverbot**.[472] Hergeleitet wird das Wettbewerbsverbot aus der Natur des Vertragsverhältnisses, das als Dauerschuldverhältnis besondere Treue-, Rücksichtnahme- und Interessenwahrungspflichten begründet. Der Handelsvertreter darf also den Absatz von Konkurrenzprodukten grundsätzlich nur insoweit fördern, als der Hauptunternehmer dadurch nicht beeinträchtigt wird. Eine Beeinträchtigung liegt vor, sofern die Tätigkeit für den Konkurrenzunternehmer innerhalb des räumlichen und sachlichen Tätigkeitsbereichs des Handelsvertreters erfolgt. Unerheblich ist dabei die Art und Weise der Tätigkeit für den Konkurrenzunternehmer; erfasst werden alle Formen der Vertriebsmittlung.

Das ungeschriebene Wettbewerbsverbot endet mit der Beendigung des Handels- 57 vertretervertrages. Wie § 90a HGB entnommen werden kann, können die Parteien aber ein nachvertragliches Wettbewerbsverbot vereinbaren.

⇨ *Fall Nr. 35 – Wettbewerbsverbot (Frage 1)*

Welche Rechte bzw. Ansprüche der Unternehmer bei einer verbotenen Konkur- 58 renztätigkeit des Handelsvertreters hat, wird ausführlich dargestellt in

⇨ *Fall Nr. 35 – Wettbewerbsverbot (Frage 2)*

Auch für den **Unternehmer** kann sich aus den ihn treffenden Treue- und Rück- 59 sichtnahmepflichten ein Wettbewerbsverbot ergeben. Anders als für den Handelsvertreter ist das Wettbewerbsverbot für den Unternehmer indes nicht generell vertragsimmanent, sondern besteht nur im Einzelfall beim Hinzutreten weiterer Umstände; ein Wettbewerbsverbot für den Unternehmer ist also die Ausnahme von der Regel. Maßgeblich ist, ob der Handelsvertreter aufgrund der Umstände des Einzelfalls ausnahmsweise von einem gesicherten ausschließlichen Betätigungsfeld ausgehen durfte oder ob ihm klar sein musste, dass – wie regelmäßig – der durch ihn eröffnete Vertriebskanal für den Unternehmer nur eine zusätzliche Option ist.[473]

⇨ *Fall Nr. 36 – Rasches Ende (Frage 1)*

f) Vertragsbeendigung durch Kündigung

Der Handelsvertretervertrag ist für beide Seiten sowohl ordentlich (§ 89 HGB) als 60 auch außerordentlich (§ 89a HGB) kündbar. Die **ordentliche Kündigung** ist an keine

---

[472] BGHZ 42, 59, 61; 52, 171, 177; 112, 218, 221; *K. Schmidt*, HandelsR, § 27 Rn. 43 ff. (S. 871 ff.); *Canaris*, HandelsR, § 15 Rn. 41 ff. (S. 258 ff.).
[473] Vgl. *Canaris*, HandelsR, § 15 Rn. 77 (S. 266); Baumbach/Hopt/*Hopt*, § 86a Rn. 17.

weitere Voraussetzung als die Einhaltung der – nach § 89 I, II HGB zu bestimmenden – Kündigungsfrist gebunden.

60a   Vereinbaren die Parteien eine von der von der gesetzlichen Regelung in § 89 I HGB abweichende Kündigungsfrist, darf diese gemäß § 89 II 1 Hs. 2 HGB für den Unternehmer nicht kürzer sein als für den Handelsvertreter. Diese zwingende gesetzliche Regelung stellt eine Schutzvorschrift zu Gunsten des Handelsvertreters dar, die verhindern soll, dass dieser einseitig in seiner Entschließungsfreiheit beschnitten wird. Eine solche einseitige Beschränkung der Entschließungsfreiheit kann sich nicht nur unmittelbar durch die Vereinbarung ungleicher Kündigungsfristen, sondern auch mittelbar dadurch ergeben, dass an die Kündigung des Handelsvertreters wesentliche, eine Vertragsbeendigung erschwerende Nachteile geknüpft werden. Derartige Vereinbarungen sind gemäß § 134 BGB wegen Verstoßes gegen § 89 II 1 Hs. 2 HGB nichtig.[474]

60b   Im Gegensatz zur ordentlichen setzt die **außerordentliche Kündigung** einen **wichtigen Kündigungsgrund** voraus. Ein solcher ist nach allgemeiner Definition gegeben, wenn es dem Kündigenden unter Berücksichtigung aller Umstände des Einzelfalls und unter Abwägung der beiderseitigen Interessen nicht zumutbar ist, den Vertrag bis zum Ablauf der Frist für eine ordentliche Kündigung fortzuführen (vgl. auch § 314 I 2 BGB). Hierzu haben sich sowohl zugunsten des Unternehmers als auch zugunsten des Handelsvertreters verschiedene Fallgruppen mit einer Vielzahl von Einzelfallentscheidungen ergeben; auf die vertiefende Literatur wird daher verwiesen.[475] Wie bei § 626 BGB muss auch im Rahmen von § 89a HGB der grundsätzliche Vorrang der Abmahnung beachtet werden (vgl. auch § 314 II BGB); dagegen gilt die Zwei-Wochen-Frist des § 626 II BGB wegen der eigenständigen Regelung in § 89a HGB nicht, sondern die Kündigungserklärung muss (nur) binnen „angemessener Frist" erfolgen (vgl. auch § 314 III BGB).

⇨ *Fall Nr. 35 – Wettbewerbsverbot (Frage 2)*
⇨ *Fall Nr. 36 – Rasches Ende (Frage 1)*
⇨ *Fall Nr. 37 – Ausgleichende Gerechtigkeit (Frage 1)*

61   Bei einer wirksamen außerordentlichen Kündigung ist der Kündigungsempfänger unter den Voraussetzungen des § 89a II HGB zum Ersatz des Schadens verpflichtet, der aus der Aufhebung des Vertragsverhältnisses resultiert.

⇨ *Fall Nr. 36 – Rasches Ende (Frage 2)*

62   Im Zusammenhang mit der ordentlichen Kündigung gemäß § 89 HGB ergeben sich noch zwei Spezialprobleme:

aa) Ordentliche Kündigung bei Kettenverträgen

63   Handelsvertreterverhältnisse können – nicht anders als Arbeitsverträge[476] – auch in der Weise begründet werden, dass ein befristeter Handelsvertretervertrag geschlossen wird (z.B. auf ein Jahr) und am Ende des (jeweiligen) Befristungszeitraums (immer) ein neuer, meist aber inhaltsgleicher Vertragsschluss erfolgt (sog. Kettenver-

---

[474] Vgl. zum Ganzen *BGH* NJW 2016, 242, 245 (Rn. 26 ff.) bezüglich einer Klausel, nach der ein dem Handelsvertreter gewährter Bürokostenzuschuss für die Dauer einer mehrjährigen Kündigungsfrist entfallen soll.

[475] Baumbach/Hopt/*Hopt*, § 89a Rn. 17 ff. (Kündigungsgründe des Unternehmers), 22 ff. (Kündigungsgründe des Handelsvertreters); *K. Schmidt*, HandelsR, § 27 Rn. 63 ff. (S. 878 ff.).

[476] Bei Befristungen von Arbeitsverträgen sind allerdings die besonderen Grenzen des Gesetzes über Teilzeitarbeit und befristete Arbeitsverträge (TzBfG) zu beachten.

träge). Obwohl hier rechtlich jeweils selbstständige Vertragsverhältnisse vorliegen, handelt es sich wirtschaftlich um ein einheitliches Handelsvertreterverhältnis.

Die Kündigungsfristen des § 89 I HGB finden auf die jeweiligen Verträge an sich **64** keine Anwendung, da es an einem „Vertrag auf unbestimmte Zeit" fehlt; auch § 89 III HGB ist nicht einschlägig, da nicht das für bestimmte Zeit eingegangene Vertragsverhältnis fortgesetzt, sondern ein neues begründet wird. Damit eine solche Gestaltung aber nicht zur Umgehung der Kündigungsfristen des § 89 HGB genutzt werden kann, erfolgt im Rahmen der Kündigungsvorschriften eine **zusammenfassende Betrachtung** entsprechend den wirtschaftlichen Gegebenheiten: Das durch Kettenverträge entstandene Handelsvertreterverhältnis wird so behandelt, als sei es durch einen einheitlichen, auf unbestimmte Zeit geschlossenen Vertrag begründet worden.[477] Dies hat zur Folge, dass das (einheitliche) Handelsvertreterverhältnis nur unter Beachtung der Kündigungsfristen des § 89 I HGB beendet werden kann. Soll also eine Beendigung zum Ende des vertraglichen Befristungszeitraums erfolgen, muss dies vorher fristgemäß durch eine „Kündigung" erklärt werden. Erfolgt die Erklärung nicht derart frühzeitig, dass bei einer „normalen" Kündigung eines Vertrags auf unbestimmte Zeit eine Beendigung zum Ende des vertraglichen Befristungszeitraums eintreten würde, endet auch der befristete Vertrag nicht zu diesem Zeitpunkt, sondern erst dann, wenn auch eine normale Kündigung wirken würde. Welche Frist dabei beachtet werden muss, bestimmt sich entsprechend dem Rechtsgedanken des § 89 III 2 HGB nach der Gesamtdauer aller befristeten Verträge.

Vertiefend sei darauf hingewiesen, dass die **Behandlung als einheitlicher, auf un- 65 bestimmte Zeit geschlossener Vertrag** auch im Übrigen sachgerecht ist. Die zusammenfassende Betrachtung beschränkt sich also nicht auf die Kündigungsvorschriften, auch wenn sie ihre Rechtfertigung in erster Linie daraus zieht, dass die Kündigungsfristen nicht ausgehebelt werden sollen. Insbesondere gilt sie auch im Rahmen des Ausgleichsanspruchs des Handelsvertreters (→ Rn. 67 ff.): Bei der Berechnung der Höhe des Ausgleichsanspruchs sind die Vorteile des Unternehmers (§ 89b I 1 Nr. 1 HGB) nicht allein anhand des letzten befristeten Vertrags zu bestimmen; maßgeblich ist stattdessen, welche Vorteile der Handelsvertreter dem Unternehmer über die Gesamtdauer des Handelsvertreterverhältnisses verschafft hat. Im Rahmen von § 89b II HGB, der eine Deckelung des Ausgleichsanspruchs und dabei eine Orientierung an den Provisionen der Vorjahre vorsieht (→ Rn. 81), ist von einem einheitlichen Handelsvertreterverhältnis auszugehen.

bb) Ordentliche Kündigung bei Laufzeit über fünf Jahre

Handelsvertreterverträge können eine *vereinbarte* Laufzeit von über fünf Jahren **66** haben (Vertrag auf **bestimmte** Zeit). Für Dienstverträge sieht § 624 BGB in diesem Fall ein Kündigungsrecht des Dienstverpflichteten nach Ablauf von fünf Jahren vor. Fraglich ist, ob § 624 BGB auch auf Handelsvertreterverträge anwendbar ist, was ein Kündigungsrecht des Handelsvertreters nach fünf Jahren zur Folge hätte. Die h.L. bejaht die Frage grundsätzlich für *reine* Handelsvertreterverträge;[478] der *BGH* hat sich dagegen in einem Fall gegen die Anwendbarkeit von § 624 BGB entschieden, in dem gleichzeitig ein Grundstück überlassen wurde und der Vertrag damit auch ein mietvertragliches Element aufwies, also kein *reiner* Handelsvertretervertrag war.[479] In der Literatur wird die Frage der Anwendbarkeit von § 624 BGB auf der-

---

[477] Baumbach/Hopt/*Hopt*, § 89 Rn. 20 m.w.N.; siehe zu einer vergleichbaren Fiktion im Bereich des Arbeitsrechts §§ 14, 16 TzBfG.

[478] *Canaris*, HandelsR, § 15 Rn. 94 (S. 270) m.w.N.

[479] BGHZ 52, 171.

artige gemischte Verträge nicht einheitlich beantwortet: Ein Teil spricht sich für ein gespaltenes Kündigungsrecht aus mit der Folge, dass der dienstrechtliche Teil des Vertrags nach § 624 BGB kündbar ist;[480] nach a.A. entspricht dies nicht dem Parteiwillen und § 624 BGB bleibt daher insgesamt unangewendet.[481]

g) Ausgleichsanspruch des Handelsvertreters (§ 89b HGB)

67 Von großer Bedeutung für die Geschäfts- und Gerichtspraxis ist der Ausgleichsanspruch des Handelsvertreters nach § 89b HGB. § 89b I 1 HGB lautet:

> „Der Handelsvertreter kann von dem Unternehmer nach der Beendigung des Vertragsverhältnisses einen angemessenen Ausgleich verlangen, wenn und soweit
>
> 1. der Unternehmer aus der Geschäftsverbindung mit neuen Kunden, die der Handelsvertreter geworben hat, auch nach Beendigung des Vertragsverhältnisses erhebliche Vorteile hat, und
>
> 2. die Zahlung eines Ausgleichs unter Berücksichtigung aller Umstände, insbesondere der dem Handelsvertreter aus Geschäften mit diesen Kunden entgehenden Provisionen, der Billigkeit entspricht."

68 Rechtspolitischer Hintergrund des Ausgleichsanspruchs ist der Umstand, dass der Unternehmer auch nach Beendigung des Vertragsverhältnisses noch Vorteile aus der Arbeit des Handelsvertreters haben kann, für die er diesem aber keine Vergütung (Provision) mehr zahlen muss, da § 87 HGB auf Geschäftsabschlüsse *während* des laufenden Vertragsverhältnisses abstellt (→ Rn. 36, 44 ff.). Der Ausgleichsanspruch soll demnach eine Vergütung für Leistungen des Handelsvertreters gewähren, die durch die Provisionen noch nicht voll abgegolten sind, bzw. verhindern, dass der Unternehmer „kostenlos" die Vorteile aus den vom Handelsvertreter hergestellten Geschäftsverbindungen zieht;[482] dem Unternehmer sollen keine Vorteile verbleiben, die er nicht vergütet hat (**Vorteilsabschöpfung**).[483]

69 Nach h.M. ist § 89b HGB bei einem durchgeführten Handelsvertreterverhältnis auch dann anwendbar, wenn es nichtig oder mit der Wirkung des § 142 BGB angefochten ist.[484]

aa) Voraussetzungen des Ausgleichsanspruchs

70 Der Ausgleichsanspruch des Handelsvertreters hat drei positive Voraussetzungen:

(1) Der **Handelsvertretervertrag** muss **beendet** sein: Im Rahmen von § 89b I 1 HGB ist der Grund der Beendigung irrelevant (anders ggf. gemäß § 89b III HGB, dazu → Rn. 75 ff.). In Betracht kommen u.a.: Kündigung, Zeitablauf, auflösende Bedingung, Tod. Der Anspruch besteht auch dann, wenn die Beendigung während einer vereinbarten „Probezeit" erfolgt.[485]

71 (2) Aus der Geschäftsverbindung mit den vom Handelsvertreter geworbenen Neukunden müssen sich **auch in der Zukunft erhebliche Vorteile für den Unternehmer** ergeben (§ 89b I 1 Nr. 1 HGB): Da § 89b I 1 Nr. 1 HGB eine „Geschäftsverbindung" erfordert, kommen als relevante Kunden nur Stamm-, nicht Laufkunden in Betracht;

---

[480] *Canaris*, HandelsR, § 15 Rn. 95 (S. 270) m.w.N.

[481] Baumbach/Hopt/*Hopt*, § 89 Rn. 7 m.w.N.

[482] *Canaris*, HandelsR, § 15 Rn. 98 (S. 271).

[483] Vgl. dazu näher *Canaris*, HandelsR, § 15 Rn. 98 ff. (S. 271 ff.); siehe auch *K. Schmidt*, HandelsR, § 27 Rn. 69 (S. 880 f.): Vergütung des Handelsvertreters für den von ihm erschlossenen Markt bzw. Kapitalisierung der noch ausstehenden Vergütungen.

[484] Vgl. *K. Schmidt*, HandelsR, § 27 Rn. 74 (S. 882) m.w.N.; a.A. *Canaris*, HandelsR, § 15 Rn. 120 ff. (S. 276 f.).

[485] *EuGH* ZIP 2018, 933, 934 f. (Rn. 18 ff.).

nur bei Stammkunden ist die für einen „Kundenstamm" erforderliche Beständigkeit gegeben.[486] „Geworben" hat der Handelsvertreter die Stammkunden, wenn er für das Entstehen der Geschäftsverbindung mitursächlich geworden ist.[487]

Allerdings verlangt das Gesetz zusätzlich, dass es sich um **„neue Kunden"**, also im Grundsatz um solche handelt, die mit dem Unternehmer vor dem vertragsgemäßen Tätigwerden des Handelsvertreters noch kein Umsatzgeschäft getätigt haben; die Werbung für ein vom Unternehmer ausgeweitetes Sortiment reicht danach nicht aus.[488] Davon zu unterscheiden ist aber nach der Rechtsprechung des *EuGH* und *BGH* der Fall, dass der Vertrieb *anderer* Waren an schon vorhandene Kunden von Seiten des Handelsvertreters Vermittlungsbemühungen und eine besondere Verkaufsstrategie im Hinblick auf die Begründung einer speziellen Geschäftsverbindung erfordert hat, insbesondere soweit diese Waren zu einem anderen Teil der Produktpalette des Unternehmers gehören.[489]

71a

Der Werbung eines neuen Kunden gleichgestellt ist die **erhebliche Erweiterung einer Geschäftsbeziehung** (§ 89b I 2 HGB). Diese kann qualitativ (andere Produkte) oder auch quantitativ (gleiche Produkte) sein.[490] Je großzügiger man mit einer Annahme der *Erheblichkeit* ist,[491] umso weniger drängend ist die zuvor diskutierte Frage nach einem Neukunden. Auch bei der Erweiterung einer Geschäftsbeziehung ist eine (Mit-)Ursächlichkeit der Tätigkeit des Handelsvertreters für die Umsatzsteigerung erforderlich.[492]

71b

Als **Vorteil** kommt in erster Linie die **Chance zu weiteren Geschäften** in Betracht; er kann aber auch in einem erhöhten Erlös bei einer Unternehmensveräußerung bestehen.

71c

(3) Die dritte Voraussetzung ergibt sich aus § 89b I 1 Nr. 2 HGB. Diese Vorschrift wurde durch den Gesetzgeber **zum 5. 8. 2009 neu formuliert**[493] und fasst seither zwei Regelungen zusammen, die zuvor in § 89b I 1 Nr. 2 und Nr. 3 HGB a.F. aufgespalten waren. Nach § 89b I 1 Nr. 2 HGB a.F. war Voraussetzung des Ausgleichsanspruchs, dass „der Handelsvertreter infolge der Beendigung des Vertragsverhältnisses Ansprüche auf Provision verliert, die er bei Fortsetzung desselben aus bereits abgeschlossenen oder künftig zustande kommenden Geschäften mit den von ihm geworbenen Kunden hätte". § 89b I 1 Nr. 3 HGB a.F. verlangte, dass „die Zahlung eines Ausgleichs unter Berücksichtigung aller Umstände der Billigkeit entspricht". Die alte Regelung gemäß § 89b I 1 Nr. 2 und Nr. 3 HGB a.F. stimmte mit der heutigen Rechtslage also insofern überein, als ein Ausgleichsanspruch nur besteht, wenn dies der Billigkeit entspricht (§ 89b I 1 Nr. 3 HGB a.F., § 89 I 1 Nr. 2 HGB). Im Unterschied zum alten Recht (§ 89b I 1 Nr. 2 HGB a.F.) ist der Ausgleichsanspruch des Handelsvertreters heute aber nicht mehr von vornherein durch seine Provisions-

72

---

[486] *K. Schmidt*, HandelsR, § 27 Rn. 76 (S. 883).

[487] Dazu Baumbach/Hopt/*Hopt*, § 89b Rn. 14.

[488] BGHZ 212, 201, 204 = ZIP 2017, 135, 136 (Rn. 10) m.w.N.

[489] BGHZ 212, 201, 205 f. = ZIP 2017, 135, 136 f. (Rn. 12 f.) im Anschluss an *EuGH* NJW 2016, 2244; dazu auch Baumbach/Hopt/*Hopt*, § 89b Rn. 14.

[490] BGHZ 56, 242, 245 = NJW 1971, 1611, 1612; Baumbach/Hopt/*Hopt*, § 89b Rn. 13.

[491] Vgl. Baumbach/Hopt/*Hopt*, § 89b Rn. 13 gegen die (ältere) Rechtsprechung, welche die Wesentlichkeit – freilich nicht abschließend – bei einer Erweiterung um 100 % bejaht hat (so im Fall BGHZ 56, 242 = NJW 1971, 1611.

[492] BGHZ 56, 242, 244 = NJW 1971, 1611.

[493] Vgl. Art. 6a des Gesetzes zur Neuregelung der Rechtsverhältnisse bei Schuldverschreibungen aus Gesamtemissionen und zur verbesserten Durchsetzbarkeit von Ansprüchen von Anlegern aus Falschberatung (BGBl. Teil I Nr. 50 vom 4. 8. 2009, S. 2512).

verluste infolge der Beendigung des Vertragsverhältnisses begrenzt; vielmehr sind eventuelle Provisionsverluste lediglich ein (wenn auch wichtiges) Kriterium im Rahmen der Gesamtabwägung, ob ein Ausgleichsanspruch der Billigkeit entspricht (§ 89b I 1 Nr. 2 HGB).[494]

73   Für die Fallprüfung bedeutet dies: Zunächst ist eine **Prognose unter der Hypothese der Vertragsfortführung** anzustellen. Zu prüfen ist, ob sich aus einem Vergleich des dabei gefundenen Ergebnisses mit der tatsächlichen Lage ergibt, dass der Handelsvertreter infolge der Beendigung des Vertragsverhältnisses **Ansprüche auf Provision verliert**, die er bei Fortsetzung desselben aus künftig zustande kommenden Geschäften mit den von ihm geworbenen Kunden hätte. Es ist also auch auf die einzelnen Provisionstatbestände (→ Rn. 34 ff.) einzugehen, wobei in der Praxis vor allem § 87 I 1 Alt. 2 HGB (Nachbestellungen bzw. Folgeaufträge) große Bedeutung zukommt. Gerade dafür hätte der Handelsvertreter nämlich in der Zukunft ohne weiteren Arbeitseinsatz Provisionen bezogen, wenn der Handelsvertretervertrag nicht beendet worden wäre.[495] Im Rahmen von § 89b I 1 Nr. 2 HGB sind dabei aber nur Vermittlungs- und Abschlussprovisionen beachtlich, nicht dagegen z.B. Inkasso- oder Verwaltungsprovisionen.

74   Durch diese Prüfung der verlorenen Provisionen wird das wichtigste Kriterium für die gemäß § 89b I 1 Nr. 2 HGB anzustellende **Billigkeitsabwägung** gewonnen. Die Billigkeitsabwägung soll darüber hinaus eine einzelfallbezogene und -gerechte Lösung ermöglichen, indem sie dem Tatbestand des Ausgleichsanspruchs die dafür erforderliche Offenheit gibt. Es sind nämlich schlicht zu viele Aspekte im Rahmen der Zuerkennung und Bemessung des Ausgleichsanspruchs zu berücksichtigen, als dass starre Tatbestandsmerkmale dem Rechnung tragen könnten. Daher muss immer eine Abwägung unter Berücksichtigung aller vertragsbezogenen Umstände des Einzelfalls vorgenommen werden.[496]

bb) Ausschluss des Ausgleichsanspruchs

75   § 89b III HGB sieht den kompletten Ausschluss des Ausgleichsanspruchs unter bestimmten Voraussetzungen vor. Die genannten Ausschlusstatbestände sind abschließend, eng auszulegen und nur begrenzt analogiefähig, da die wirtschaftlichen Folgen für den Handelsvertreter sehr schwerwiegend sein können.[497] Außerhalb der Fälle des § 89b III HGB ist stattdessen eine Berücksichtigung aller Umstände des Einzelfalls im Rahmen der Billigkeitsprüfung gemäß § 89b I 1 Nr. 2 HGB mit der Folge einer Kürzung des Ausgleichsanspruchs sachgerechter; im Ausnahmefall kann aufgrund der Billigkeit aber auch ein völliger Anspruchsausschluss erfolgen.[498] Im Einzelnen bestehen folgende Ausschlussgründe:

---

[494] Basis der Gesetzesänderung ist die Entscheidung *EuGH* BB 2009, 1607 (vgl. BT-Drs. 16/13672, S. 22), wonach der Ausgleichsanspruch des Handelsvertreters nicht von vornherein durch seine Provisionsverluste infolge der Beendigung des Vertragsverhältnisses begrenzt wird, wenn die dem Unternehmer verbleibenden Vorteile höher zu bewerten sind. Vgl. zu den Auswirkungen der Gesetzesänderung für den Ausgleichsanspruch des Handelsvertreters beim Vertrieb von Dauerverträgen *Thume*, BB 2015, 387 f.

[495] Zur fehlenden Berücksichtigung einer Insolvenz des Handelsvertreters bei der Prüfung, ob ihm Provisionen entgehen, vgl. *BGH* ZIP 2010, 2350 (Rn. 22 ff.) im Hinblick auf den Regelungszweck des § 89b HGB, der auf die Vergütung *in der Vergangenheit* erbrachter Leistungen gerichtet ist.

[496] Vgl. zu den Umständen, die beim Billigkeitsurteil ggf. von Bedeutung sind, *K. Schmidt*, HandelsR, § 27 Rn. 78 (S. 883 f.).

[497] *BGH* NJW 2007, 3493, 3495 (Rz. 15) zum Vertragshändler (dazu → Rn. 94 ff.).

[498] *BGH* NJW 2007, 3493, 3495 (Rz. 15) m.w.N. zum Vertragshändler (dazu → Rn. 94 ff.).

(1) Der **Handelsvertreter hat den Vertrag gekündigt**, ohne hierzu begründeten An- 76
lass aufgrund eines Verhaltens des Unternehmers gehabt zu haben oder ohne dass
ihm die Fortsetzung aufgrund seiner persönlichen Verhältnisse unzumutbar war
(§ 89b III Nr. 1 HGB). Der Kündigung des Handelsvertreters steht es über den
Wortlaut des § 89b III Nr. 1 HGB hinaus gleich, wenn bei Kettenverträgen – und
damit bei einem unbefristeten Handelsvertreterverhältnis (→ Rn. 63 ff.) – die Vertragsbeendigung auf der Ablehnung eines Angebots des Unternehmers auf Abschluss
eines weiteren befristeten Handelsvertretervertrags durch den Handelsvertreter beruht.[499] Nicht unter § 89 III Nr. 1 HGB zu fassen sind dagegen Fälle der einver-
nehmlichen Vertragsauflösung[500] und der Änderungskündigung durch den Unternehmer mit anschließender Angebotsablehnung durch den Handelsvertreter.[501]

(2) Der **Unternehmer** hat den Vertrag **aus wichtigem Grund gekündigt** und der 77
wichtige Grund bestand in einem schuldhaften Verhalten des Handelsvertreters
(§ 89b III Nr. 2 HGB). Zu beachten ist, dass hier – anders als bei § 89a I HGB – grundsätzlich keine Zurechnung von Fremdverschulden über § 278 BGB erfolgt, sondern
vielmehr ein eigenes Verschulden des Handelsvertreters erforderlich ist.[502] Der Tatbestand des § 89b III Nr. 2 HGB wird insbesondere auch bei einem schuldhaft herbeige-
führten Tod des Handelsvertreters diskutiert.[503] Der *BGH* geht dabei von dem folgenden wichtigen Rechtsprechungsgrundsatz aus: Verunglückt ein Handelsvertreter
aufgrund eigenen schuldhaften Verhaltens und hätte, falls der Handelsvertreter über-
lebt hätte, dessen schuldhaftes Verhalten dem Unternehmer einen wichtigen Kündigungsgrund gegeben, so greift hinsichtlich des Ausgleichsanspruchs des/der Erben aus
§§ 89b I HGB, 1922 BGB zwar nicht § 89b III Nr. 2 HGB ein, jedoch ist das Verschulden des Handelsvertreters im Rahmen der Billigkeitsprüfung (§ 89b I 1 Nr. 2 HGB) zu
berücksichtigen.[504]

(3) Der dritte Ausschlussgrund ist die **einverständliche Vertragsübernahme** (§ 89b 78
III Nr. 3 HGB): Ein Anderer tritt aufgrund einer Vereinbarung zwischen Unternehmer
und Handelsvertreter anstelle des Handelsvertreters in das Handelsvertreterverhältnis
ein. Hier erhält der ausgeschiedene Handelsvertreter regelmäßig eine Vergütung vom
Eintretenden, so dass er nicht zusätzlich einen Ausgleich vom Unternehmer erhalten
muss/soll. Zwingend erforderlich ist die Vereinbarung einer Vergütung und deren Zahlung für einen Ausschluss gemäß § 89b III Nr. 3 HGB nach der h.M. aber nicht; entscheidend soll allein die Eintrittsvereinbarung und damit der Umstand sein, dass der
Vertrag als solcher fortbesteht.[505] Der Ausscheidende muss also darauf achten, dass
vertraglich eine Vergütungsverpflichtung seines Nachfolgers vorgesehen wird.

Wichtig ist in diesen Fällen, dass der Eintretende auch Provisionen aus Folgeauf- 79
trägen und Nachbestellungen (§ 87 I 1 Alt. 2 HGB; → Rn. 36) von Kunden erhält, die
sein Vorgänger geworben hat, und dass, sollte der Vertrag mit dem neu eingetretenen
Handelsvertreter später beendet werden, im Rahmen der Bemessung seines Aus-

---

[499] Baumbach/Hopt/*Hopt*, § 89b Rn. 54.

[500] Baumbach/Hopt/*Hopt*, § 89b Rn. 54: auch wenn auf Initiative des Handelsvertreters.

[501] *BGH* NJW 2007, 3493, 3494 ff. (Rn. 13 ff.) zum Vertragshändler (dazu → Rn. 94 ff.).

[502] *BGH* NJW 2007, 3068.

[503] Beispiel nach BGHZ 41, 129: Handelsvertreter H besucht auf einer Geschäftsreise eine
Bar und verlässt diese gegen 4 Uhr morgens mit der erheblich alkoholisierten 19jährigen J. H
übergibt der J die Schlüssel für seinen Wagen und lässt sich von ihr zu seinem Hotel fahren.
Infolge der Alkoholisierung der J kommt es zu einem Verkehrsunfall mit tödlichem Ausgang
für H.

[504] Vgl. die Nachweise bei *K. Schmidt*, HandelsR, § 27 Rn. 88 ff. (S. 887 f.).

[505] Baumbach/Hopt/*Hopt*, § 89b Rn. 68.

gleichsanspruchs auch der von seinem Vorgänger geschaffene Kundenstamm zu berücksichtigen ist. Dies ergibt sich aus dem Rechtsinstitut der Vertragsübernahme: Der Übernehmer nimmt infolge des Eintritts in denselben Vertrag genau die Stellung ein, die der Übergeber innehatte, d.h. alle Rechtspositionen gehen auf ihn über.[506] Beides ist für den Unternehmer auch nicht unbillig, da er erstens nur nach einer Ausgleichszahlung zur provisionsfreien weiteren Nutzung des vom Vorgänger geschaffenen Kundenstamms berechtigt ist/sein soll und er zweitens aus diesem Kundenstamm auch zukünftig, d.h. nach Beendigung des Vertrags mit dem Nachfolger, Vorteile haben wird, die nach dem § 89b HGB zugrunde liegenden Rechtsgedanken abgeschöpft werden sollen (→ Rn. 68) und mangels Zahlung an den Vorgänger bisher noch nicht abgeschöpft wurden.

80   Als Alternative zu dem Weg, der § 89b III Nr. 3 HGB zugrunde liegt (Vertragsübernahme), steht für einen Wechsel des Handelsvertreters folgende Gestaltung zur Verfügung: Der ausscheidende Handelsvertreter erhält einen Ausgleich vom Unternehmer, weil der Nachfolger nicht direkt und aufgrund einer Vereinbarung unter Beteiligung des Ausscheidenden in dessen Vertrag eintritt und damit der Tatbestand des § 89b III Nr. 3 HGB mangels Fortbestands des ursprünglichen Handelsvertretervertrags als solchem nicht eingreift. Sodann bzw. parallel schließt der „Nachfolger" einen neuen Vertrag mit dem Unternehmer, nach dem der Nachfolger aber eine sog. **Einstandszahlung** an den Unternehmer zu leisten hat, die sich der Höhe nach an dem vom Unternehmer an den Ausscheidenden gezahlten Ausgleich orientiert. Im Ergebnis trägt also auch hier der Nachfolger den Ausgleich des ausgeschiedenen Handelsvertreters. Damit sich dies für den Nachfolger auch wirtschaftlich rentiert, muss er in dem von ihm geschlossenen Handelsvertretervertrag vorsehen, dass – wie es bei einer Vertragsübernahme der Fall ist (→ Rn. 79) – der von seinem „Vorgänger" geschaffene Kundenstamm bezüglich Provisionen und Ausgleich auch zu seinen Gunsten wirkt. Fehlt eine ausdrückliche Vereinbarung, wird man eine solche Regelung in der Regel aber trotzdem als konkludent vereinbart anzusehen haben, wenn die Einstandszahlung betragsmäßig in etwa dem Ausgleich des Vorgängers entspricht, da der Nachfolger einen solchen Betrag natürlich nur aufwenden wird, wenn er von dem Kundenstamm des Vorgängers profitiert.[507] Ansonsten würde der Unternehmer auch unbillig begünstigt: Er hätte die Einstandszahlung ohne Gegenleistung erhalten.

cc) Höhe des Ausgleichsanspruchs

81   Der Höhe nach muss der Ausgleichsanspruch, wie § 89b I 1 HGB ausdrücklich besagt, „angemessen" sein. Aus der Formulierung von § 89b I 1 HGB („soweit") folgt weiter, dass die Höhe des Ausgleichsanspruchs dem Betrag entspricht, der sich als niedrigster aus den Nummern 1 und 2 ergibt. Die Regelungen der Nummern 1 und 2 sind also nicht nur Tatbestandsvoraussetzungen, sondern bilden auch Obergrenzen. Vorzugehen ist somit wie folgt:[508] Es sind zunächst die **Vorteile des Unternehmers** zu ermitteln (§ 89b I 1 Nr. 1 HGB).[509] Diese stellen die **Obergrenze des Ausgleichsanspruchs** dar. Anschließend sind die entgangenen Provisionen des Handelsvertreters zu berechnen (wichtigstes Kriterium im Rahmen des § 89b I 1 Nr. 2 HGB; → Rn. 72). Übersteigen die Vorteile des Unternehmers die entgangenen Provi-

---

[506] Vgl. *Röthel/Heßeler*, WM 2008, 1001: „Übergang der vertraglichen Stellung als Ganzes"; „Fortbestand der Identität des Vertrags".

[507] Vgl. Baumbach/Hopt/*Hopt*, § 89b Rn. 73.

[508] Vgl. im Einzelnen *Christoph*, NJW 2010, 647 ff.

[509] Bei Kettenverträgen sind die Vorteile aus allen befristeten Verträgen zusammenzufassen (vgl. → Rn. 65).

sionen des Handelsvertreters, so ist in einem dritten Schritt zu prüfen, ob der Betrag der entgangenen Provisionen aufgrund der Billigkeit zu erhöhen ist (bis zur Höchstgrenze der Vorteile des Unternehmers) oder ob die Billigkeit die Beibehaltung des Betrags oder gar eine Reduzierung desselben gebietet. Übersteigen hingegen die Vorteile des Unternehmers die entgangenen Provisionen des Handelsvertreters nicht, so ist im Rahmen der Billigkeitsprüfung lediglich zu eruieren, ob eine Reduzierung des Betrags der Vorteile des Unternehmers geboten ist. Schließlich ist die Deckelung aus § 89b II HGB zu beachten, welche als Höchstbetrag eine nach dem Durchschnitt der letzten fünf Jahre berechnete Jahresprovision festlegt. Bei Kettenverträgen gilt insoweit eine einheitliche Betrachtung (→ Rn. 65).

dd) Vertragliche Begrenzungen des Anspruchs/Ausschlussfrist

Da der Ausgleichsanspruch nach dem Vorgesagten einen erheblichen, bis zu einer **81a** Jahresprovision reichenden Umfang haben kann, besteht ein vitales Interesse der Unternehmer daran, den Anspruch im Handelsvertretervertrag einzuschränken oder gar ganz auszuschließen. Dem schiebt allerdings § 89b IV 1 HGB einen Riegel vor, indem die Vorschrift derartige Begrenzungen verbietet, soweit sie *im Voraus* vereinbart werden.[510] Es hat allerdings nicht an Versuchen gefehlt, jene gesetzliche Regel in der Praxis zu umgehen, etwa durch eine Vertragsbestimmung, wonach ein Teil der dem Handelsvertreter laufend zu zahlenden Vergütung auf den künftigen Ausgleichsanspruch angerechnet werden soll. Derartige Abreden verstoßen allerdings nach der Rechtsprechung des *BGH* im Zweifel gegen die zwingende Vorschrift des § 89b IV 1 HGB und sind daher in der Regel gemäß § 134 BGB nichtig.[511] Für wirksam erachtet hat der *BGH* hingegen eine formularmäßige Vertragsbestimmung, wonach der Handelsvertreter mit der Geltendmachung des Ausgleichsanspruchs auf Leistungen aus einer unternehmensfinanzierten Altersversorgung (Treuegeld) verzichtet.[512] Dadurch wird der Ausgleichsanspruch nämlich nicht beschränkt und dem Handelsvertreter – zur Vermeidung einer Doppelbelastung des Unternehmers – faktisch lediglich ein Wahlrecht eingeräumt, ob er den Ausgleichsanspruch oder den Anspruch auf das Treuegeld geltend machen will.[513]

Der Ausgleichsanspruch ist gemäß § 89b IV 2 HGB binnen eines Jahres nach Be- **81b** endigung des Vertragsverhältnisses geltend zu machen.

⇨ *Fall Nr. 37 – Ausgleichende Gerechtigkeit (Frage 2)*

III. Vertragshändler und Franchisenehmer

Von großer praktischer Bedeutung ist das Recht der Vertragshändler und der **82** Franchisenehmer.

1. Gemeinsamkeiten

Vertragshändler und Franchisenehmer sind Eigenhändler, das heißt, sie erwerben **83** die Produkte des Hauptunternehmers und **vertreiben** diese **im eigenen Namen und**

---

[510] Dazu *BGH* NJW 2003, 3350 (juris-Rn. 14); näher *K. Schmidt*, HandelsR, § 27 Rn. 95 ff. (S. 888 f.).
[511] *BGH* ZIP 2017, 137, 138 (Rn. 22 ff.) mit der Ausnahme, dass die Parteien auch ohne die Anrechnungsabrede keine höhere Provision vereinbart hätten, als dem Teil der Gesamtvergütung entspricht, der nach Abzug des abredegemäß auf den Ausgleichsanspruch anzurechnenden Teils verbleibt, wobei die Beweislast hierfür den Unternehmer trifft.
[512] *BGH* ZIP 2017, 775, 778 (Rn. 41 ff.) mit Hinweis auf *BGH* NJW 2003, 3350.
[513] *BGH* NJW 2003, 3350 (juris-Rn. 15, 18).

für eigene Rechnung an Abnehmer; sie kaufen und (weiter-)verkaufen also Waren oder Dienstleistungen.

84 Die Rechte und Pflichten im Innenverhältnis zwischen dem Hauptunternehmer und dem Vertragshändler/Franchisenehmer bestimmen sich zum einem nach dem Vertragshändlervertrag/Franchisevertrag, der als **Rahmenvertrag** die Grundlagen des Rechtsverhältnisses schafft, und zum anderen nach den **einzelnen Kaufverträgen**, die der Vertragshändler/Franchisenehmer auf der Grundlage des Rahmenvertrags mit dem Hauptunternehmer zum Erwerb von dessen Produkten abschließt. Im Außenverhältnis tritt der Vertragshändler/Franchisenehmer gegenüber den Abnehmern im eigenen Namen und für eigene Rechnung auf.[514] Vertragspartner der Abnehmer wird deshalb nur der Vertragshändler/Franchisenehmer. Wer beispielsweise bei dem örtlichen Opel-Vertragshändler ein Auto kauft, schließt keinen Vertrag mit der Adam Opel AG in Rüsselsheim, bei welcher vielmehr nur der Vertragshändler seinerseits einkauft. Deshalb bestehen z.B. auch keine kaufvertraglichen Gewährleistungsansprüche des Endkunden aus §§ 434 ff. BGB unmittelbar gegen den Hersteller, sondern nur innerhalb der jeweiligen Vertragsbeziehung, d.h. vom Endkunden gegen den Vertragshändler und von diesem gegen den Hersteller.[515]

85 Allerdings kann sich im Einzelfall auch die Frage stellen, ob eine Erklärung des Vertragshändlers/Franchisenehmers gegenüber Dritten/Abnehmern aufgrund der Verwendung gleicher bzw. ähnlicher Marken oder Kennzeichen im Namen des Hauptunternehmers/Franchisegebers abgegeben ist (§ 164 I BGB), und ob der Hauptunternehmer/Franchisegeber – ein Handeln in seinem Namen unterstellt – die Erklärung nach den Grundsätzen der Anscheins- oder Duldungsvollmacht auch gegen sich wirken lassen muss. Der *BGH* hat beide Fragen für den Fall verneint, dass (nur) *ähnliche* Marken oder Kennzeichen benutzt werden: Ein Handeln im Namen des Hauptunternehmers/Franchisegebers scheide nach den Grundsätzen des unternehmensbezogenen Geschäfts[516] aus und eine Rechtsscheinsvollmacht werde durch die bloße Verwendung ähnlicher Bezeichnungen nicht begründet.[517] Ausdrücklich offen gelassen hat der *BGH*, ob eine andere Beurteilung angebracht ist, wenn *identische* Bezeichnungen verwendet werden, ohne dass ersichtlich wird, dass es sich jeweils um rechtlich selbstständige Unternehmen handelt.[518]

2. Vertragshändler[519]

86 Vertragshändler ist ein Kaufmann, dessen Unternehmen **in die Vertriebsorganisation** eines Herstellers von Markenwaren in der Weise **eingegliedert** ist, dass er durch Vertrag mit dem Hersteller/Unternehmer oder einem von diesem eingesetzten Zwischenhändler **ständig** damit **betraut** ist, im eigenen Namen und auf eigene Rechnung die Vertragswaren im Vertragsgebiet zu vertreiben und ihren Absatz zu fördern, die

---

[514] Vgl. zum Außenverhältnis zwischen dem Vertragshändler/Franchisenehmer und dem Dritten ausführlich *Canaris*, HandelsR, § 17 Rn. 51 ff. (S. 295 ff.) (Vertragshändler), § 18 Rn. 70 ff. (S. 317 ff.) (Franchisenehmer).

[515] Von der gesetzlichen Gewährleistung zu trennen sind Ansprüche aus einer selbstständigen Garantie, die der Hersteller gegenüber den Endkunden (= Vertragspartnern des Händlers) übernimmt.

[516] Dazu allgemein → Fall Nr. 7 – Nachlässigkeit; ausführlicher *Bitter/Röder*, BGB AT, § 10 Rn. 51 ff.

[517] *BGH* NJW 2008, 1214, 1215 (Rn. 11, 14) m. Anm. *Witt*.

[518] *BGH* NJW 2008, 1214, 1215 (Rn. 14) m. Anm. *Witt*.

[519] Vgl. zum Recht des Vertragshändlers *K. Schmidt*, HandelsR, § 28 Rn. 11 ff. (S. 900 ff.); *Canaris*, HandelsR, § 17 (S. 282 ff.).

Funktionen und Risiken seiner Händlertätigkeit hieran auszurichten und im Geschäftsverkehr das Herstellerzeichen neben der eigenen Firma herauszustellen.[520] So ist etwa ein Kraftfahrzeug-Vertragshändler für den Geschäftsverkehr als solcher erkennbar, weil er in der Regel nur die Fahrzeuge eines Herstellers vertreibt und sein Geschäft – auch in der optischen Gestaltung nach außen – auf jenen Autohersteller ausrichtet. Dies unterscheidet ihn von dem gewöhnlichen Eigenhändler, der Produkte vieler Hersteller und Marken vertreibt, etwa ein Lebensmittelmarkt wie ALDI und REWE oder ein Elektronikhandel wie SATURN und Media Markt.

Mit dem Handelsvertreter gemeinsam hat der Vertragshändler die ständige Betreu- **87** ung und die Interessenwahrungs- sowie Absatzförderungs- bzw. Bemühenspflicht; genau in dieser intensiven Bindung an die Interessen des Unternehmers/Herstellers besteht der Unterschied zum „normalen" Eigenhändler/selbstständigen Zwischenhändler (dazu sogleich). Die Unterscheidung zum Handelsvertreter liegt darin, dass der Vertragshändler **im eigenen Namen auf eigene Rechnung** handelt, also kauft und verkauft, womit auch der Unterschied zum Kommissionsagenten klar wird, der zwar im eigenen Namen, aber für fremde Rechnung auftritt (→ Rn. 104).

Zur **Terminologie:** Im Verhältnis zum Begriff des Eigenhändlers muss beachtet wer- **88** den, dass jeder Vertragshändler selbstverständlich auch ein Eigenhändler ist, weil er Waren ein- und wieder verkauft, aber eben wegen der besonderen Interessenbindung kein „normaler"; der gewöhnliche Eigenhändler unterhält zum Unternehmer nur eine Käufer-Verkäufer-Beziehung. Die Begriffe sollten daher nicht synonym verwendet werden, auch wenn der *BGH* teilweise so verfährt.[521] Welches **Maß an Eingliederung in das Vertriebssystem und an Interessenbindung** zum Überschreiten der Schwelle vom „normalen" Eigenhändler zum Vertragshändler erforderlich ist, wird in Rechtsprechung und Literatur durch die folgenden Formulierungen beschrieben:[522] Der *BGH* verlangt, dass der Händler die Interessen des Unternehmers „in einer der Geschäftsbesorgung ähnlichen Weise wahrnimmt"[523] bzw. dass eine „agenturvertragsähnliche Interessenverbindung" besteht.[524] Eine weitere gebräuchliche Formulierung fordert – wenn auch im Rahmen der analogen Anwendung von § 89b HGB (→ Rn. 94 ff.) – die „handelsvertretergleiche Einbindung in das Vertriebssystem/die Absatzorganisation des Unternehmers".[525]

Das „Recht des Vertragshändlers" hat **große praktische Bedeutung.** Insbesondere **89** im Bereich des Kraftfahrzeug- und Getränkehandels werden oft Vertragshändlersysteme eingerichtet; aber auch sonst werden Vertragshändler zum Absatz von Waren genutzt. Spezielle gesetzliche Regelungen zum Vertragshändlervertrag existieren jedoch nicht. Ob der Vertragshändler Kaufmann ist, bestimmt sich nach den §§ 1 ff. HGB (→ § 2). In aller Regel wird die Kaufmannseigenschaft aus § 1 HGB folgen.

---

[520] Definition nach *Ulmer*, Der Vertragshändler, 1969, S. 206. Im Rahmen der praktischen Anwendung der Definition ist zu beachten, dass der Vertrieb von Markenware zwar die Regel, aber nicht zwingend ist; vgl. *K. Schmidt*, HandelsR, § 28 Rn. 11 (S. 900 f.); siehe auch *Canaris*, HandelsR, § 17 Rn. 4 ff. (S. 283), dessen Definition etwas weiter gefasst ist und der zusätzlich darauf hinweist, dass die Pflicht zur Herausstellung des Herstellerzeichens und die Beschränkung auf ein Vertragsgebiet nicht konstitutiv sein können.
[521] Vgl. dazu *Canaris*, HandelsR, § 17 Rn. 3 (S. 283).
[522] Vgl. dazu *Canaris*, HandelsR, § 17 Rn. 4 f. (S. 283).
[523] BGHZ 54, 338, 344.
[524] BGHZ 74, 136, 140.
[525] So *BGH* WM 2007, 1983 = NJW-RR 2007, 1327; in diese Richtung auch *Canaris*, HandelsR, § 17 Rn. 4 (S. 283), der fordert, dass der Absatzmittler in ähnlicher Weise wie ein Handelsvertreter damit betraut sein muss, den Absatz der Produkte des Unternehmers zu fördern.

a) Zweistufigkeit der Vertragskonstruktion

90 Wie bereits erwähnt, ist das vertragliche Verhältnis zwischen dem Unternehmer und dem Vertragshändler zweistufig konstruiert: Auf der ersten Stufe steht der Vertragshändlervertrag als Rahmenvertrag und Dauerschuldverhältnis, der die auf zweiter Stufe stehenden einzelnen Kaufverträge i.S.v. § 433 BGB umspannt. Die zweite Stufe dient dabei der Durchführung der auf erster Stufe begründeten Liefer- und Kaufpflichten; die Kauf- bzw. Werklieferungsverträge sind Abwicklungsgeschäfte zum Vertragshändlervertrag.

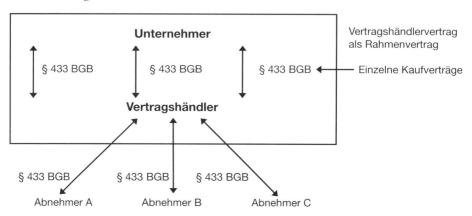

Die **Rechtsnatur des** Vertragshändler- bzw. **Rahmenvertrags** ist **umstritten.** Die h.M. geht von einem gemischttypischen Vertrag mit geschäftsbesorgungs-, dienst-, handelsvertreter- und kaufrechtlichen Elementen (§§ 675 I, 611 ff., 433 ff. BGB; 84 ff. HGB) aus.[526] Insgesamt von dem zweistufig konstruierten Vertragsverhältnis zwischen Unternehmer und Vertragshändler zu trennen sind die Rechtsverhältnisse des Vertragshändlers zu seinen Abnehmern, die sich ebenfalls als Kaufverträge i.S.v. § 433 BGB darstellen.

b) Pflichten der Parteien

91 Die aus dem Vertragshändlervertrag folgenden Pflichten der Parteien sind in erster Linie dem Vertragstext selbst zu entnehmen; hilfsweise kann auch auf die §§ 86, 86a HGB analog zurückgegriffen werden (→ Rn. 99). Grundsätzlich und typischerweise bestehen folgende Pflichten:[527]

92 Der **Vertragshändler** ist – wie bereits dargelegt – zur Interessenwahrung (Treuepflicht) und zum Bemühen um die Absatzförderung verpflichtet (→ Rn. 87). Hieraus folgt auch eine grundsätzliche Kaufpflicht des Vertragshändlers.[528] Meist verpflichtet sich der Vertragshändler zudem, beim Auftreten am Markt bestimmte Werbematerialien und Markensymbole des Hauptunternehmers zu verwenden, während dem Vertragshändler im Gegenzug häufig das Alleinvertriebsrecht in dem

---

[526] Vgl. im Einzelnen *K. Schmidt,* HandelsR, § 28 Rn. 12 (S. 902 f.) m.w.N.; *Canaris,* HandelsR, § 17 Rn. 9 ff. (S. 284 f.) m.w.N. und weiteren Differenzierungen sowie zu anderen Auffassungen.

[527] Vgl. zur Pflichtenstellung der Parteien näher *Canaris,* HandelsR, § 17 Rn. 31 ff. (S. 290 ff.), der die nachfolgend genannten Pflichten und weitere Fragen (z.B. Möglichkeiten der Preisgestaltung des Unternehmers, Pflicht des Unternehmers zur Rücknahme des Warenlagers bei Vertragsbeendigung und Gleichbehandlungspflicht des Unternehmers) vertiefend behandelt.

[528] *Canaris,* HandelsR, § 17 Rn. 31 (S. 290 f.).

Vertragsgebiet eingeräumt wird. Darüber hinaus muss der Vertragshändler die Weisungen des Unternehmers (§§ 675, 665 BGB) befolgen und Auskünfte erteilen (§§ 675, 666 BGB), jeweils natürlich nur im gesetzlich bzw. vertraglich vorgesehenen Umfang. Darüber hinaus unterliegt er – aus denselben Gründen wie der Handelsvertreter (→ Rn. 56) – einem Wettbewerbsverbot.[529]

Der **Unternehmer** ist verpflichtet, dem Vertragshändler Waren in dem vertraglich 93 festgelegten Umfang zu liefern; es besteht also ein Bezugsrecht des Vertragshändlers. Ein Wettbewerbsverbot trifft den Unternehmer wie beim Handelsvertreterverhältnis nicht generell; nur beim Hinzutreten weiterer Umstände (insbesondere einer vertraglichen Vereinbarung) besteht ein Alleinvertriebsrecht des Vertragshändlers. Da durch den Rahmenvertrag ein Dauerschuldverhältnis begründet wird, bestehen intensivierte Treuepflichten des Unternehmers: Er darf sich nicht willkürlich über die Interessen des Vertragshändlers hinwegsetzen.

c) Ausgleichsanspruch analog § 89b HGB

Sind die Vertriebsbemühungen des Vertragshändlers erfolgreich, so baut er sich in 94 der Praxis häufig einen gewissen Kreis von Stammkunden auf, die ihm regelmäßig die Produkte des Hauptunternehmers abnehmen. Handelt es sich bei diesen Produkten um Markenware, so werden die Kunden regelmäßig nicht nur an den Vertragshändler, sondern (meist in noch stärkerem Maße) auch an den Hauptunternehmer gebunden. Folge davon ist, dass der Hauptunternehmer auch nach der Beendigung des Vertragshändlervertrages mit einem konkreten Vertragshändler von dessen Vertriebserfolgen profitieren kann. Die Situation ist vergleichbar mit derjenigen nach der Beendigung eines Handelsvertretervertrages. Deshalb spricht sich die h.M.[530] grundsätzlich für die Möglichkeit aus, § 89b HGB analog anzuwenden und dem Vertragshändler einen Ausgleichsanspruch zu gewähren.

Die **Voraussetzungen dieser Analogie** sind innerhalb der h.M. allerdings umstrit- 95 ten. Nach der Rechtsprechung des *BGH*[531] muss

– der Vertragshändler
– einem Handelsvertreter gleich oder ähnlich in die Absatz- und Vertriebsorganisation des Hauptunternehmers eingegliedert sowie
– durch den Vertragshändlervertrag verpflichtet sein, bei der Beendigung des Vertrages seinen Kundenstamm dem Hauptunternehmer durch die Übermittlung der Kundendaten zu überlassen.

Im Rahmen der Prüfung dieser Analogievoraussetzungen ist zu beachten, dass 96 zwischen den Tatbestandsmerkmalen „**Vertragshändler**" einerseits und „**handelsvertretergleiche/-ähnliche Einbindung**" andererseits – entgegen dem *BGH* – sprachlich nicht differenziert werden sollte: Der Eigenhändler ist nämlich nur dann zum Vertragshändler „aufgewertet", wenn er handelsvertretergleich/-ähnlich in die Vertriebsorganisation des Unternehmers eingebunden ist (→ Rn. 88). Dementsprechend sollte unter einem einheitlichen Prüfungspunkt „Vertragshändler" das eigenhändlergemäße Auftreten im Außenverhältnis (im eigenen Namen auf eigene Rechnung) *und* die handelsvertretergleiche/-ähnliche Einbindung geprüft werden. In der Sache

---

[529] Vgl. *K. Schmidt*, HandelsR, § 28 Rn. 14f. (S. 902 f.) zu den wettbewerbsrechtlichen Problemen in diesem Zusammenhang.

[530] BGHZ 29, 83, 87ff.; 68, 340, 343; *K. Schmidt*, HandelsR, § 28 Rn. 45ff. (S. 913ff.); *Canaris*, HandelsR, § 17 Rn. 24ff. (S. 288ff.); speziell zum praktisch wichtigen Anwendungsfall des Kfz-Vertragshändlers *Schmülling*, GWR 2015, 224ff.

[531] BGHZ 29, 83, 87ff.; 68, 340, 34; *BGH* WM 2007, 1983 = NJW-RR 2007, 1327 m.w.N.

führt diese Vorgehensweise jedoch zu keinem anderen Maßstab. Ob das Tatbestandsmerkmal der handelsvertretergleichen/-ähnlichen Einbindung erfüllt ist, muss im Wege einer **Gesamtbetrachtung** festgestellt werden, in die viele verschiedene Indizien und Gesichtspunkte einzustellen sind. In erster Linie ist maßgeblich, ob den Eigenhändler – handelsvertreterähnlich – Verkaufsförderungs-, Informations- und Berichtspflichten treffen, und inwieweit Kontroll-, Überwachungs-, und Weisungsbefugnisse des Unternehmers bestehen.[532]

97 Insbesondere der dritte genannte Prüfungspunkt, die „**Pflicht zur Überlassung des Kundenstamms**" (→ Rn. 95), stößt in der Literatur nicht nur auf Zustimmung: *Karsten Schmidt*[533] stellt stattdessen auf die Kontinuität des Kundenstamms ab, d.h. die Zurechenbarkeit des Kundenstamms zum Unternehmer. *Canaris*[534] dagegen hält eine Übertragungspflicht in jedem Fall für erforderlich, sieht es aber als verfehlt an, dass diese Pflicht nach der Rechtsprechung des *BGH* im konkreten Vertrag zu suchen ist; er hält die Pflicht für regelmäßig vertragsimmanent und leitet dies aus der geschäftsbesorgungsrechtlichen Komponente des Vertragshändlerverhältnisses (§§ 675 I, 666 BGB) bzw. einer ergänzenden Vertragsauslegung ab.

97a In der Praxis hat es von Seiten der Unternehmer (Hersteller) zur Vermeidung einer Ausgleichspflicht analog § 89b HGB jedenfalls nicht an Versuchen gefehlt, die vom *BGH* aufgestellte Voraussetzung einer Pflicht zur Übertragung des Kundenstamms zu „umgehen", indem **Möglichkeiten des Abrufs der Kundendaten** geschaffen wurden, sei es durch eine im Rahmen der laufenden Geschäftsbeziehung bestehende Mitteilungsverpflichtung des Vertragshändlers oder eine direkte Verknüpfung der EDV-Systeme von Hersteller und Vertragshändler, sei es durch die Übernahme von Garantien gegenüber den Endkunden, deren Wirkung von einer Meldung des Endkunden beim Hersteller abhängig ist oder schlicht dadurch, dass die Nutzung des verkauften Produkts beim Endkunden – wie häufig bei Software – von einer Registrierung beim Hersteller abhängig gemacht wird. Der *BGH* hat darauf durch eine Ausdehnung seiner Rechtsprechung zur analogen Anwendung des § 89b HGB reagiert: Die Verpflichtung des Vertragshändlers zur Übertragung des Kundenstamms muss sich nicht ausdrücklich und unmittelbar aus dem schriftlichen Händlervertrag ergeben; sie kann auch aus anderen, dem Vertragshändler auferlegten Pflichten folgen.[535] Andererseits soll die „bloß faktische Kontinuität des Kundenstamms" aber nicht ausreichen.[536] Die Analogie zu § 89b HGB ist ferner ausgeschlossen, wenn die Daten beim Unternehmer (Hersteller) oder einem von ihm mit der Kundenbetreuung oder Marktforschung beauftragten Dritten nach dem Ende des Vertragshändlervertrags gelöscht werden müssen, weil dann keine (tatsächliche) Nutzungsmöglichkeit (mehr) besteht.[537] Details finden sich in unserem

⇨ *Fall Nr. 38 – Vertragshändler*

98 Für die Fallprüfung sei noch darauf hingewiesen, dass zusätzlich zu den genannten Voraussetzungen der Analogie natürlich noch die Voraussetzungen des § 89b HGB (→ Rn. 70 ff.) zu prüfen sind. Auch hierzu sei verwiesen auf den

⇨ *Fall Nr. 38 – Vertragshändler*

---

[532] Vgl. *Canaris*, HandelsR, § 17 Rn. 19 (S. 287) m.N. aus der ständ. Rspr. des *BGH*.

[533] *K. Schmidt*, HandelsR, § 28 Rn. 46 ff. (S. 914 ff.).

[534] *Canaris*, HandelsR, § 17 Rn. 26 (S. 289).

[535] *BGH* ZIP 2017, 822, 825 (Rn. 29 a.E.) m.w.N.

[536] *BGH* ZIP 2017, 822, 825 (Rn. 30 a.E.) m.w.N.; siehe aber auch → Rn. 140a zum Kommissionsagenten.

[537] *BGH* NJW 1996, 2159 = ZIP 1996, 1131; *BGH* ZIP 2015, 1642, 1643 f. (Rn. 13 ff.).

Liegen die Analogievoraussetzungen vor, so gilt analog auch die für den Handels- **98a** vertretervertrag bereits vorgestellte Vorschrift des § 89b IV 1 HGB (→ Rn. 81a). Der Ausgleichsanspruch kann also im Voraus grundsätzlich nicht abbedungen werden.[538]

Die Frage nach der analogen Anwendung von Handelsvertreterrecht stellt sich **99** außer bei § 89b HGB auch noch bei anderen Vorschriften. Dabei gilt: Die §§ 89, 89a, 90, 90a HGB sind weitgehend anwendbar; zur Bestimmung der beiderseitigen Pflichten kann auch auf die §§ 86, 86a HGB zurückgegriffen werden.[539]

3. Franchisenehmer*

Auch für den Franchisevertrag fehlen gesetzliche Regelungen. Der Rahmenvertrag **100** ist ebenso wie der Vertragshändlervertrag ein besonderer Geschäftsbesorgungsvertrag mit Dienstleistungscharakter (§§ 675 ff., 611 ff. BGB). Er ähnelt dem Vertragshändlervertrag, bindet den Hilfsunternehmer (Franchisenehmer) aber noch stärker in die Vertriebsorganisation des Hauptunternehmers (Franchisegeber) ein; der Franchisenehmer kann demnach als „gesteigerte Form des Vertragshändlers" bezeichnet werden. So verpflichtet der Franchisevertrag den Franchisenehmer nicht nur dazu, die Produkte des Franchisegebers unter Verwendung von dessen Marken zu vertreiben, sondern darüber hinaus auch dazu, das gesamte Vertriebs- und Geschäftskonzept des Franchisegebers zu übernehmen und anzuwenden sowie das Vertriebssystem des Franchisegebers zu fördern (**Konzeptanwendungs- und Systemförderungspflichten des Franchisenehmers**) und eine Franchisegebühr zu entrichten (**Gebührenpflicht des Franchisenehmers**). Der Franchisegeber verdient im Gegensatz zum Unternehmer im Rahmen eines Vertragshändlervertrags also nicht nur am Verkauf seiner Ware. Zu dem Vertriebs- und Geschäftskonzept des Franchisegebers können zum Beispiel die einheitliche Gestaltung der Geschäftsräume, das Tragen bestimmter Berufskleidung oder das Zubereiten der Speiseprodukte des Franchisegebers nach präzisen Vorgaben gehören.

Im Gegenzug (= synallagmatische Hauptleistungspflicht und damit Gegenleistung **101** für die Franchisegebühr) ist der Franchisegeber dazu verpflichtet, dem Franchisenehmer das zur Verwendung des Konzepts notwendige Know-how und das Organisationssystem zur Verfügung zu stellen (**Gebrauchsgewährungspflicht des Franchisegebers** als pacht-/lizenzrechtliche Komponente des Franchisevertrags), den Franchisenehmer einzuarbeiten, Werbung und Marketing zu betreiben und das bestehende Vertriebs- und Geschäftskonzept weiterzuentwickeln (**Förderungspflichten des Franchisegebers**). Beispiele für Franchisesysteme in der Vertriebspraxis sind McDonald's, Benetton, Novotel, Sixt und Eismann. Dabei wird in einigen Fällen das Produkt vom Franchisegeber hergestellt und vom Franchisenehmer nur vertrieben (z.B. die Kleidungsstücke bei Benetton oder die Tiefkühlprodukte von Eismann), in anderen Fällen hingegen das dem Endkunden angebotene Produkt vom Franchisenehmer selbst nach den Weisungen und dem Konzept des Franchisegebers hergestellt (z.B. die Burger bei McDonald's) bzw. als Dienst- oder sonstige Leistung angeboten (z.B. die Übernachtung bei Novotel oder die Autovermietung bei Sixt).

---

[538] *BGH* ZIP 2016, 1169 ff. (Rn. 21 ff.) mit einer Ausnahme unter den Voraussetzungen des § 92c HGB.

[539] Vgl. hierzu *K. Schmidt*, HandelsR, § 28 Rn. 42 f. (S. 912 f.); *Canaris*, HandelsR, § 17 Rn. 20 ff.

* Vgl. zum Recht des Franchisenehmers *K. Schmidt*, HandelsR, § 28 Rn. 22 ff. (S. 904 ff.); *Canaris*, HandelsR, § 18 (S. 297 ff.).

102   Nach der Beendigung des Franchisevertrages hat der Franchisenehmer einen **Aus-gleichsanspruch analog § 89b HGB**, sofern die Voraussetzungen vorliegen, unter denen der Vertragshändler einen solchen Anspruch hat (→ Rn. 94 ff.).[540]

102a   Die **handelsvertretergleiche/-ähnliche Einbindung** ist dabei aufgrund der vertraglichen Konzeptanwendungs- und Systemförderungspflicht in der Regel evident. Es kommt daher nicht in dem Maße wie beim Vertragshändler auf die Umstände des Einzelfalls an. Dies befreit allerdings nicht davon, das erweiterte Pflichtenprogramm durch Einsichtnahme in den konkreten Vertrag erst einmal festzustellen. Wird der Franchisenehmer im Einzelfall durch seine Subordination unter den Franchisegeber im Rahmen von dessen Vertriebskonzept so sehr in seiner wirtschaftlichen Bewegungsfreiheit eingeschränkt, dass er zum Arbeitnehmer oder zur arbeitnehmerähnlichen Person wird, kommt auch die Anwendung des Arbeitsrechts in Betracht.[541] Dann aber geht es nicht mehr um den hier allein behandelten Vertrieb durch selbstständige Kaufleute und damit auch nicht mehr um einen Gegenstand des Handelsrechts.

102b   Soweit hingegen die analoge Anwendung des § 89b HGB in Rede steht, ist die vom *BGH* aufgestellte Voraussetzung einer **Pflicht zur Überlassung des Kundenstamms** (→ Rn. 95) problematisch. Da der *BGH* eine bloß faktische Kontinuität des Kundenstamms nicht genügen lässt (→ Rn. 97a), hat der VII. Zivilsenat des *BGH* einen Ausgleichsanspruch für den Betrieb eines anonymen Massengeschäfts (Bäckereikette) verneint; der vom Franchisenehmer geworbene, im Wesentlichen anonyme Kundenstamm sei nach Vertragsbeendigung nicht ohne Weiteres für den Franchisegeber nutzbar, insbesondere wenn der Franchisenehmer am selben Standort – beispielsweise unter eigenem Kennzeichen – weiterhin ein Geschäft betreiben kann und von dieser Möglichkeit Gebrauch macht.[542] Soweit der Franchisenehmer verpflichtet ist, die Geschäftsräume nach Vertragsbeendigung an den Franchisegeber oder einen Dritten herauszugeben, rechtfertige die sich daraus für den Franchisegeber etwa ergebende tatsächliche Möglichkeit, diese Räume an einen neuen Franchisenehmer zu übergeben oder dort selbst ein entsprechendes Geschäft zu betreiben, eine entsprechende Anwendung des § 89b HGB nicht.[543] Ganz anders sieht dies freilich der I. Zivilsenat des *BGH* für den Kommissionsagenten (→ Rn. 140a).

IV. Kommissionär und Kommissionsagent

103   Das Recht des Kommissionärs und des Kommissionsagenten ist durch die Besonderheit des Handelns im eigenen Namen, aber für fremde Rechnung geprägt. Gewöhnlich handelt eine Person entweder im eigenen Namen und für eigene Rechnung (z.B. ein gewöhnlicher Händler oder auch ein Vertragshändler, → Rn. 82 ff.) oder die Person handelt im fremden Namen und zugleich für fremde Rechnung (z.B. ein Stellvertreter im Sinne der §§ 164 ff. BGB oder auch der Handelsvertreter und Handelsmakler im Sinne der §§ 84 ff., 93 ff. HGB, → Rn. 4 ff.). Jeweils wird dann Vertragspartner genau diejenige Person, der das Geschäft auch wirtschaftlich zuzu-

---

[540] *Canaris*, HandelsR, § 18 Rn. 29 ff. (S. 304 f.); *Hübner*, HandelsR, § 5 E II 1 c (S. 158); offen BGHZ 204, 166, 171 = ZIP 2015, 583, 584 (Rn. 17).

[541] Dazu *Oetker*, HandelsR, § 6 Rn. 81 f. m.w.N.

[542] BGHZ 204, 166, 171 = ZIP 2015, 583, 584 (Rn. 17 f.); bestätigend *BGH* ZIP 2017, 822, 825 (Rn. 31).

[543] BGHZ 204, 166, 172 = ZIP 2015, 583, 584 (Rn. 19).

ordnen ist. Eine Ausnahmekonstellation entsteht demgegenüber, wenn jemand zwar im eigenen Namen auftritt, das Geschäft aber (treuhänderisch) für Rechnung eines Hintermanns abschließt. Weil dann die durch das Handeln im eigenen Namen begründete formale Zuordnung (zum Kommissionär) von der durch das Handeln für fremde Rechnung entstehenden wirtschaftlichen Zuordnung (zum Kommittenten) abweicht (→ Rn. 104), ergeben sich schwierige Rechtsfragen, sei es im Vollstreckungs- und Insolvenzrecht (→ Rn. 114), bei Aufrechnungslagen (→ Rn. 115 ff.), bei treuwidrigen Verfügungen des Kommissionärs (→ Rn. 123 ff.), im Schadensrecht (→ Rn. 134) sowie im Bereicherungsrecht bei Verfügungen über fremdes Gut (→ Rn. 135 ff.). Da die meisten Rechtsregeln nämlich nur auf den gesetzlichen „Normalfall" zugeschnitten sind, in dem die rechtliche und die wirtschaftliche Zuordnung parallel laufen, ergeben sich Probleme der Rechtsanwendung bei der Kommission. In ganz vielen Rechtsbereichen gilt es dann jeweils zu entscheiden, ob die formale oder die wirtschaftliche Zuordnung durchschlagen soll, und es kann bisher kaum festgestellt werden, dass die h.M. die Gesamtproblematik hinreichend in den Blick nimmt, wenn sie für jedes Rechtsproblem isolierte Lösungen entwickelt, die zudem noch zwischen dem Kommissionsrecht und dem allgemeinen Treuhandrecht differieren.[544]

1. Gemeinsamkeiten

Kommissionär und Kommissionsagent haben gemeinsam, dass sie – wie bereits erwähnt – jeweils im eigenen Namen, aber für fremde Rechnung Waren oder Wertpapiere kaufen (Einkaufskommission) oder verkaufen (Verkaufskommission). Da der Kommissionär/Kommissionsagent im eigenen Namen handelt, wird er und nicht der Kommittent (= derjenige, für dessen Rechnung das Geschäft geschlossen wird) Vertragspartner des Dritten (vgl. § 392 I HGB im Gegensatz zu § 164 BGB). Der Kommissionär/Kommissionsagent ist gerade kein unmittelbarer Stellvertreter, der im fremden Namen Verträge schließt.[545] Wirtschaftliche Risiken des Geschäfts gehen aber zulasten des Kommittenten, denn für seine Rechnung ist das Geschäft geschlossen. Das Kommissionsgeschäft wird daher auch als **mittelbare Stellvertretung**[546] bezeichnet. Es sind zwei jeweils strikt voneinander zu trennende Rechtsverhältnisse zu unterscheiden: zum einen das Außenverhältnis zwischen Kommissionär/Kommissionsagent und dem Dritten, zum anderen das Innenverhältnis zwischen Kommissionär/Kommissionsagent und Kommittent. Den im Außenverhältnis mit dem Dritten geschlossenen Vertrag nennt man das **Ausführungsgeschäft**, welcher insbesondere in einem Kaufvertrag bestehen kann. Im Innenverhältnis besteht der als Geschäftsbesorgungsvertrag zu qualifizierende **Kommissionsvertrag** (→ Rn. 106), welcher den Kommissionär/Kommissionsagenten verpflichtet, die aus dem Ausführungsgeschäft erlangten Vorteile auf den Kommittenten zu überführen (→ Rn. 109). Der zu diesem Zweck abgeschlossene Verfügungsvertrag, durch welchen erlangte Güter oder Gelder auf den Kommittenten übertragen werden, wird als **Abwicklungsgeschäft** bezeichnet (s. Grafik). Der Hauptanwendungsbereich des Kommissionsgeschäfts liegt im Wertpapierhandel (Effektenkommission), bei dem die Banken oder sonstige Börsenhändler als Kom-

104

---

[544] Versuch einer Systematisierung demgegenüber bei *Bitter*, Rechtsträgerschaft für fremde Rechnung, 2006.

[545] Zum Handeln im fremden Namen (Offenkundigkeit) siehe *Bitter/Röder*, BGB AT, § 10 Rn. 29 ff.

[546] Dazu *Bitter/Röder*, BGB AT, § 10 Rn. 6 f.

missionäre auftreten, weil der einzelne Kunde nicht direkt zum Handel an der Börse zugelassen ist.[547]

2. Kommissionär

105　Gesetzliche Regelungen zum Kommissionär finden sich in den §§ 383 ff. HGB, wobei diese Vorschriften allerdings auch dann zur Anwendung kommen, wenn andere als Kaufgeschäfte für fremde Rechnung abgeschlossen werden (uneigentliche Kommission i.S.v. § 406 I 1 HGB) oder jemand nur gelegentlich für fremde Rechnung handelt (unregelmäßige Kommission i.S.v. § 406 I 2 HGB). Mit der Abschaffung von § 1 II Nr. 6 HGB a.F. ist die gesetzliche Anordnung der Kaufmannseigenschaft für Kommissionäre entfallen. Ob ein Kommissionär Kaufmann ist, richtet sich nun nach den allgemeinen Vorschriften der §§ 1 ff. HGB (→ § 2). Das Vorliegen der Kaufmannseigenschaft ist allerdings nach § 383 II HGB nicht Voraussetzung für die Anwendung der §§ 383 ff. HGB, sodass auch Kleinunternehmer, die als Kommissionäre tätig werden, erfasst sind (→ § 2 Rn. 22).

a) Rechtsnatur des Kommissionsvertrages

106　Die Rechtsnatur des Kommissionsvertrages ist umstritten. In Betracht kommen sowohl die Einordnung als entgeltlicher Geschäftsbesorgungsvertrag mit Dienstvertrags- oder aber Werkvertragscharakter. Praktisch relevant wird die Frage nach der Rechtsnatur bei Kündigungen. Wendete man Werkvertragsrecht an, so könnte gemäß § 649 BGB der Besteller (= Kommittent) jederzeit kündigen, nicht aber der Unternehmer (= Kommissionär). Hingegen könnten nach Dienstvertragsrecht beide Vertragsteile jederzeit kündigen (§§ 621 Nr. 5, 627 BGB).

107　Die größere Bedeutung ist jedoch im Bereich des Schadensersatzverlangens des Kommittenten gegen den Kommissionär nach §§ 280 I, III, 281, 283 BGB zu sehen. Ginge man von einem werkvertraglichen Charakter der Kommission aus (beispielsweise wegen der erfolgsbezogenen Provisionsregelung in § 396 I HGB), so hätte der Kommittent nur die Nichtherbeiführung des Erfolgs durch den Kommissionär zu beweisen. Letzterer müsste sich dann bezüglich seines nach § 280 I 2 BGB vermuteten Verschuldens entlasten. Unterstellte man hingegen einen dienstvertraglichen Charakter (etwa wegen der Bemühungen um den Abschluss des Ausführungsgeschäfts), so hätte der Kommittent bereits im Rahmen der Pflichtverletzung nachzuweisen, dass der Kommissionär seine Dienste nicht mit der Sorgfalt eines ordentlichen Kaufmanns erbracht hat. Der Gegenbeweis des Kommissionärs wäre dann immer noch möglich, vermutlich aber meistens nicht nötig, da schon der Nachweis der Pflichtverletzung häufig scheitern wird. Als Mittelweg erweist sich die von

---

[547] Dies ist auch beim sog. „direct broking" nicht anders. Für die (direkte) Teilnahme am Börsenhandel bedarf es nämlich einer Zulassung durch die Börsengeschäftsführung gemäß § 19 BörsG.

Karsten Schmidt vorgeschlagene Einordnung als Werkvertrag mit Dienstvertrags-elementen.[548]

b) Pflichten des Kommissionärs

Den Kommissionär treffen vielgestaltige Pflichten. So muss er den Weisungen des **108** Kommittenten Folge leisten (§ 384 I Hs. 2 HGB), um sich nicht der Schadensersatz-pflicht aus § 385 HGB auszusetzen. Insbesondere muss er die vom Kommittenten vorgegebenen Preisgrenzen beachten (§ 386 HGB). **Die Interessen des Kommitten-ten sind zu wahren**, indem beim Abschluss des Ausführungsgeschäfts die Sorgfalt eines ordentlichen Kaufmanns angewandt wird und für den Kommittenten mög-lichst vorteilhafte Bedingungen erzielt werden. Aus dieser Interessenwahrungspflicht wird teilweise auch ein Wettbewerbsverbot dergestalt herausgelesen, dass der Kommissionär vor Abschluss des Ausführungsgeschäfts nicht berechtigt ist, gleich-laufende Eigengeschäfte zu tätigen, welche die Chancen des Kommittenten schmä-lern.[549]

Besonders hervorzuheben ist die Pflicht des Kommissionärs zur **Herausgabe des** **109** **Erlangten** (§ 384 II Hs. 2 HGB). Bei einer Einkaufskommission muss der Kommis-sionär entweder den Anspruch gegen den Dritten auf Übereignung der Kaufsache an den Kommittenten abtreten (der Kommissionär wird zunächst Inhaber des An-spruchs gegen den Dritten!), oder aber, sofern er den Gegenstand vom Dritten be-reits erhalten hat, diesen herausgeben bzw. übereignen (→ Rn. 130 ff.). Für den Fall der Verkaufskommission bedeutet die Herausgabepflicht, dass der Kommissionär die Kaufpreisforderung gegen den Dritten an den Kommittenten abtreten muss. Sollte der Kommissionär die Forderung bereits eingezogen haben, so muss er ent-weder das Bargeld oder aber die Kontogutschrift herausgeben. In der Praxis wird häufig eine Vorausabtretung (antizipierte Abtretung) der Ansprüche gegen den Drit-ten vereinbart, so dass der Kommittent schon mit Abschluss des Ausführungsge-schäfts Inhaber der Forderung wird. Wird dies jedoch nicht vereinbart, so bleibt der Kommissionär Inhaber der Forderung, wie § 392 I HGB ausdrücklich regelt.

c) Der Provisionsanspruch des Kommissionärs (§ 396 I HGB)

Von größter Bedeutung für den Kommissionär ist sein Anspruch auf Provision **110** nach § 396 I HGB. Um den Anspruch auf Provisionszahlung zu erlangen, muss ein wirksamer Kommissionsvertrag bestehen und das Geschäft zur Ausführung ge-kommen sein. Wann das Geschäft als „zur Ausführung gekommen" zu betrachten ist, regelt das Gesetz nicht. Der bloße Abschluss des Ausführungsgeschäfts mit dem Dritten reicht dafür nicht. Vielmehr ist nach h.M. das Geschäft erst dann ausge-führt, wenn der Dritte seine vertraglichen Verpflichtungen erfüllt hat.[550]

Ein Provisionsanspruch besteht aber auch dann, wenn die Ausführung des Ge- **111** schäfts aus einem in der Person des Kommittenten liegenden Grund unterbleibt (§ 396 I 2 Hs. 2 HGB), wobei es nicht auf Vertretenmüssen i.S.v. § 276 BGB an-kommt. Grundsätzlich ist darauf abzustellen, ob der Grund der Risikosphäre des Kommittenten zuzurechnen ist.[551] So hat der Kommissionär beispielsweise An-spruch auf Provision, wenn die Ausführung des Geschäfts deshalb unterbleibt, weil

---

[548] *K. Schmidt*, HandelsR, § 31 Rn. 50 ff. (S. 1014 ff.).

[549] *Canaris*, HandelsR, § 30 Rn. 15 (S. 457 f.); wohl auch MüKoHGB/*Häuser*, § 384 Rn. 34.

[550] *Canaris*, HandelsR, § 30 Rn. 42 (S. 464); *K. Schmidt*, HandelsR, § 31 Rn. 76 (S. 1025 f.); MüKoHGB/*Häuser*, § 396 Rn. 6.

[551] *Canaris*, HandelsR, § 30 Rn. 43 (S. 464); Ebenroth/Boujong/Joost/Strohn/*Krüger*, § 396 Rn. 11; Baumbach/Hopt/*Hopt*, § 396 Rn. 3.

der Kommittent keine Ware liefert oder aber mangelhafte und der Dritte deshalb zurücktritt.[552]

112   Umstritten ist vor allem im Rahmen der Verkaufskommission, ob der Kommissionär einen Anspruch auf Provision hat, wenn das Geschäft nur deshalb nicht zur Ausführung kommt, weil der **Kommittent durch seine Lieferanten nicht beliefert** wurde. Eine Ansicht will diese Fälle nicht der Risikosphäre des Kommittenten zurechnen, weil der Wortlaut des § 396 I 2 Hs. 2 HGB von einem Grund spricht, der „nur […] in der Person des Kommittenten" liegt.[553] Für die Nichtbelieferung sei gerade nicht ausschließlich der Kommittent verantwortlich. Die Gegenansicht will das Risiko der Nichtbelieferung dem Kommittenten auferlegen und verpflichtet diesen zur Provisionszahlung.[554] Ausschlaggebend ist letztlich, dass der Kommittent es in der Hand hat, sorgfältige Lieferanten auszuwählen. Der Ausfall eines Lieferanten ist zwar strenggenommen kein beherrschbares Risiko für den Kommittenten, aber immerhin ein zurechenbares. Jedenfalls erscheint es ungerecht, den Kommissionär mit dem Risiko der Nichtbelieferung zu beschweren, denn er besitzt keine Auswahlmöglichkeit in Bezug auf die Lieferanten. Schließlich entspricht die Pflicht des Kommittenten, auch im Fall der eigenen Nichtbelieferung die Provision zahlen zu müssen, der Verteilung des wirtschaftlichen Risikos bei der Kommission. Dieses liegt beim Kommittenten.[555] Es ist also nur konsequent, ihn das Risiko tragen zu lassen, wenn zu vergütender Aufwand entsteht, welcher sich letztlich nicht auszahlt. Der Wortlaut von § 396 I 2 Hs. 2 HGB steht der vorzugswürdigen Ansicht nicht entgegen, denn dass der Grund „nur […] in der Person des Kommittenten" liegt, kann auch so verstanden werden, dass er jedenfalls nicht in der Sphäre des Kommissionärs anzusiedeln ist.

⇨ *Fall Nr. 39 – Krawatten-Krawall*
⇨ *Fall Nr. 40 – Der kleine Unterschied*

d) Aufwendungsersatzanspruch des Kommissionärs (§§ 396 II HGB, 675, 670 BGB)

113   Dem Kommissionär steht auch ein Aufwendungsersatzanspruch gegen den Kommittenten zu (§§ 396 II HGB, 675, 670 BGB). Klassische Aufwendungen (= freiwillige Vermögensopfer) sind Fahrt-, Fracht- oder Telefonkosten, Zölle, aber beispielsweise auch Kaufpreise, die der Kommissionär bei der Einkaufskommission bezahlt hat. Die Tätigkeit des Kommissionärs als solche kann nicht über den Aufwendungsersatz vergütet werden, denn diese ist bereits durch die Provision abgedeckt.[556] Begründet der Kommissionär eine Forderung gegen sich, so hat er nach § 257 S. 1 BGB Anspruch auf Freistellung gegenüber dem Kommittenten. Im Gegensatz zu den Provisionszahlungen ist Aufwendungsersatz immer zu leisten, auch dann, wenn das Geschäft nicht zur Ausführung gekommen ist.

e) Kommittentenschutz in Insolvenz und Zwangsvollstreckung (§ 392 II HGB)

114   Wie bereits erwähnt, wird der Kommissionär mit Abschluss des Ausführungsgeschäfts gemäß § 392 I HGB Inhaber der Forderungen gegen den Dritten (→ Rn. 109). Es besteht dann für den Kommittenten ein Bedürfnis nach einem Schutz dieser vom

---

[552] *Canaris*, HandelsR, § 30 Rn. 43 (S. 464); MüKoHGB/*Häuser*, § 396 Rn. 18; a.A. bei Lieferung mangelhafter Ware *OLG Zweibrücken* OLGZ 1986, 486.
[553] *Canaris*, HandelsR, § 30 Rn. 43 (S. 464); MüKoHGB/*Häuser*, § 396 Rn. 18.
[554] Ebenroth/Boujong/Joost/Strohn/*Krüger*, § 396 Rn. 11; Staub/*Koller*, § 396 Rn. 27.
[555] *Canaris*, HandelsR, § 30 Rn. 4 (S. 455).
[556] MüKoHGB/*Häuser*, § 396 Rn. 49.

Kommissionär für fremde Rechnung gehaltenen Forderung für den Fall, dass Gläubiger des Kommissionärs auf diese Forderung – sei es im Wege der Einzelzwangsvollstreckung durch Pfändung oder im Insolvenzfall – zugreifen. Diesen Schutz gewährt § 392 II HGB, der den Kommittenten bei Einzelzwangsvollstreckungen zur Drittwiderspruchsklage gemäß § 771 ZPO, in der Insolvenz des Kommissionärs zur Aussonderung gemäß § 47 InsO berechtigt.[557] § 392 II HGB ordnet nämlich im Verhältnis des Kommissionärs zu dessen Gläubigern eine **gesetzliche Fiktion** ("gelten") der Forderungsinhaberschaft des Kommittenten an. Es handelt sich um eine "nur" wirtschaftliche Zuordnung der Forderung zum Kommittenten, denn formell ist und bleibt der Kommissionär Forderungsinhaber (Treuhand).[558]

⇨ *Fall Nr. 41 – Halskette I*

f) Wirkung des § 392 II HGB in verschiedenen Aufrechnungskonstellationen

Während die vollstreckungsrechtlichen Wirkungen des § 392 II HGB weitgehend **115** geklärt sind (zu Ausnahmen → Rn. 127ff.), bestehen Meinungsverschiedenheiten zu der Frage, wie sich die gesetzliche Fiktion in verschiedenen Aufrechnungskonstellationen auswirkt. Aus § 392 II HGB könnte nämlich folgen, dass die für die Aufrechnung nach §§ 387 ff. BGB notwendige Gegenseitigkeit der Forderungen im Verhältnis zwischen dem Kommissionär und dem Dritten zu verneinen ist, wenn einerseits dem Dritten eine Forderung gegen den Kommissionär zusteht, die Forderung des Kommissionärs gegen den Dritten aus dem Ausführungsgeschäft jedoch als Forderung des Kommittenten "gilt". Im Ansatz ist danach zu unterscheiden, wer die Aufrechnung erklärt.[559]

aa) Aufrechnung durch den Dritten

Die Rechtsprechung[560] und Teile der Literatur[561] erlauben die Aufrechnung des **116** Dritten gegen die treuhänderisch gehaltene Forderung des Kommissionärs aus dem Ausführungsgeschäft ganz generell bis zur Grenze der Arglist. Die Rechte des Dritten könnten nicht vom Innenverhältnis zwischen Kommissionär und Kommittent bestimmt werden. Die Gegenseitigkeit der Forderungen sei also zu bejahen. Andere Teile der Literatur[562] stimmen dem Ergebnis zu, wählen jedoch eine andere Begründung: § 392 II HGB sei nicht auf den Fall zugeschnitten, dass ein Gläubiger des Kommissionärs zugleich dessen Vertragspartner ist. Diese Doppelrolle des Gläubigers führe dazu, dass § 392 II HGB keine Anwendung finde, wenn der Dritte aufrechne. Die Fiktion der Forderungsinhaberschaft des Kommittenten komme somit nicht zum Tragen.

Nach Ansicht von *Karsten Schmidt*[563] darf der Dritte nur mit konnexen Gegenfor- **117** derungen aufrechnen. Konnexe Gegenforderungen sind solche, die im Zusammenhang mit dem Ausführungsgeschäft stehen. Im Gegensatz dazu sei die Aufrechnung

---

[557] MüKoHGB/*Häuser*, § 392 Rn. 32 und 36 m.w.N.; näher *Bitter*, Rechtsträgerschaft, S. 49, 189 ff.

[558] Ausführlich zum treuhänderischen Charakter von § 392 II HGB *Bitter*, Rechtsträgerschaft, S. 48 ff., 189 ff., 298 ff.

[559] Siehe die ausführliche Darstellung der Aufrechnungsproblematik bei *Bitter*, Rechtsträgerschaft, S. 435 ff., insbesondere S. 440 ff. sowie S. 478 ff.

[560] *BGH* NJW 1969, 276.

[561] Baumbach/Hopt/*Hopt*, § 392 Rn. 12; Ebenroth/Boujong/Joost/Strohn/*Krüger*, § 392 Rn. 12.

[562] *Canaris*, HandelsR, § 30 Rn. 77 ff. (S. 475 f.).

[563] *K. Schmidt*, HandelsR, § 31 Rn. 121 ff. (S. 1043 ff.), insbesondere Rn. 133 ff. (S. 1047 ff.).

mit inkonnexen Gegenforderungen dem Dritten deshalb verwehrt, weil er mit diesen Forderungen wie jeder andere Drittgläubiger anzusehen sei. Drittgläubiger hätten aber wegen § 392 II HGB und der darin enthaltenen Fiktion mangels Gegenseitigkeit keine Aufrechnungsmöglichkeit, da die Forderung nach dieser Vorschrift nicht als Forderung des Kommissionärs, sondern als Forderung des Kommittenten gelte.

118   Eine vermittelnde Ansicht differenziert nach der **Offenkundigkeit des Kommissionsverhältnisses für den Dritten**.[564] Im Grundsatz sei zwar – in Übereinstimmung mit der Ansicht von *Karsten Schmidt* – die Aufrechnung mit einer inkonnexen Gegenforderung unzulässig, da § 392 II HGB die Forderung aus dem Ausführungsgeschäft, wirtschaftlich betrachtet, bereits dem Kommittenten zuordne. Jedoch sei zu berücksichtigen, dass der Dritte durch die nur „wirtschaftliche" Zuordnung der Forderung zum Hintermann nicht schlechter gestellt werden dürfe, als wenn die Forderung im Wege einer (gesetzlichen) Zession sogar rechtlich auf den Hintermann (Kommittenten) übergegangen sei. Bei der Zession sei der Dritte nämlich nach § 406 BGB geschützt, falls er beim Erwerb seiner Gegenforderung keine Kenntnis vom Forderungsübergang habe. Um den Dritten nicht in seinem **Vertrauen auf eine Aufrechnungslage** zu enttäuschen, ist nach dieser Ansicht die Aufrechnungsbefugnis des Dritten an dessen Kenntnis zu koppeln. Weiß er um das Kommissionsgeschäft, so werde er nicht in seinem Vertrauen enttäuscht. Ist er diesbezüglich jedoch unwissend, müsse ihm in entsprechender **Anwendung des Gedankens aus § 406 BGB** die Aufrechnungsbefugnis gegeben werden.

119   Für letztere Ansicht spricht die fehlende Schutzwürdigkeit eines solchen Dritten, der in Kenntnis der Tatsache, dass das Geschäft für fremde Rechnung geschlossen ist, eine Forderung gegen den Kommissionär erwirbt. Es erscheint nicht notwendig, ihn dann mit der Ansicht der Rechtsprechung zu schützen, zumal die in § 392 II HGB zum Ausdruck kommenden Interessen des Kommittenten an der wirtschaftlichen Zuordnung der Forderung als höherwertig anzusehen sind. Die wirtschaftliche Forderungsinhaberschaft des Kommittenten zu entwerten, indem dem Dritten selbst bei Kenntnis vom Kommissionsgeschäft die Aufrechnung gegenüber dem Kommissionär mit inkonnexen Forderungen erlaubt wird, scheint unangemessen. Dagegen ist derjenige Inhaber einer inkonnexen Forderung schutzwürdig, der gerade wegen der zu erlangenden Aufrechnungsmöglichkeit – in Unkenntnis der Geschäftsführung für fremde Rechnung – das Geschäft eingegangen ist. Diesem Dritten die Aufrechnung zu versagen, ist mit den Gedanken der Schuldnerschutzvorschriften der §§ 404 ff. BGB nicht vereinbar. Sein Interesse an der Aufrechnungslage ist bei einer Unkenntnis vom Kommissionsgeschäft als höherwertig anzusehen. Da auf diese Weise flexible und interessengerechte Ergebnisse erzielt werden, erscheint also die vermittelnde Ansicht als vorzugswürdig, die übrigens für Treuhandkonten auch von der ganz h.M., insbesondere der Rechtsprechung, geteilt wird.[565]

⇨ *Fall Nr. 43 – Kommode in Kommission*

bb) Aufrechnung durch den Kommissionär

120   Die wohl h.L.[566] erlaubt im umgekehrten Fall dem Kommissionär die Aufrechnung sogar bei inkonnexen Forderungen. Argumentiert wird damit, dass der Kom-

---

[564] *Bitter*, Rechtsträgerschaft, S. 435 ff., insbesondere S. 440, 445 ff. mit Ergebnis auf S. 451.
[565] Nachweise bei *Bitter*, in: Schimansky/Bunte/Lwowski, § 33 Rn. 109; ausführlicher *Bitter*, Rechtsträgerschaft, S. 438 ff.
[566] Ebenroth/Boujong/Joost/Strohn/*Krüger*, § 392 Rn. 12; Koller/Kindler/Roth/Morck/*Roth*, § 392 Rn. 3; kritisch Baumbach/Hopt/*Hopt*, § 392 Rn. 4.

mittent so bei drohender Zahlungsunfähigkeit des Dritten bessergestellt werde, weil anstelle der „schlechten" (weil höchstwahrscheinlich nicht werthaltigen) Forderung gegen den Dritten eine „gute" Forderung gegen den Kommissionär in derselben Höhe aus §§ 280 I, III, 283 BGB trete.

Ein großer Teil der Literatur[567] und wohl auch der *BGH*[568] billigen dem Kom- **121** missionär jedoch keine Aufrechnungsbefugnis zu. Die dem Kommittenten wirtschaftlich durch § 392 II HGB zugeordnete Forderung erlaube keine Aufrechnung durch den Kommissionär, dem das Innenverhältnis bekannt sei. § 392 II HGB biete **Schutz vor treuwidrigen Verfügungen durch den Kommissionär**, wozu auch die hier in Rede stehende Aufrechnung gezählt werden müsse.[569] Nach dieser Ansicht wäre die Gegenseitigkeit der Forderungen, da wirtschaftlich zu bestimmen, zu verneinen.

Ausschlaggebend ist der dem § 392 II HGB immanente Kommittentenschutz, **122** weshalb entgegen der h.L. eine Aufrechnung durch den Kommissionär nicht möglich ist. § 392 II HGB zeigt, dass der Kommittent geschützt werden soll. Dem widerspricht es, dass der Kommissionär die dem Kommittenten wirtschaftlich zugeordnete Forderung ganz oder teilweise durch Aufrechnung zum Erlöschen bringen kann. Wenn davon in Fällen der Aufrechnung durch den Dritten Ausnahmen gemacht werden (→ Rn. 118 f.), so bedeutet das keine Abkehr von diesem Gedanken, sondern ist durch höherwertige Interessen des Dritten gerechtfertigt. Auch der Verweis der h.L. auf mögliche Schadensersatzansprüche des Kommittenten gegen den Kommissionär ist nicht zielführend, da der Kommittent dann das Insolvenzrisiko des Kommissionärs trüge, was aber durch § 392 II HGB gerade verhindert werden soll.

⇨ *Fall Nr. 43 – Kommode in Kommission*

g) Auswirkungen des § 392 II HGB auf Verfügungen des Kommissionärs

Ebenso wie § 392 II HGB Meinungsverschiedenheiten bei den Aufrechnungs- **123** konstellationen hervorruft, wirkt er auf die Diskussion um sonstige Verfügungen des Kommissionärs ein. In der Regel handelt es sich dabei um die Abtretung der Forderung gegen den Dritten an einen Gläubiger des Kommissionärs.

Die Rechtsprechung[570] geht von der **relativen Unwirksamkeit** einer solchen Ab- **124** tretung aus. Der Grund für die Unwirksamkeit der Abtretung liege darin, dass der Kommittent einer Pfändung der Forderung durch den Gläubiger mit einer Drittwiderspruchsklage nach § 771 ZPO widersprechen könnte (→ Rn. 114). Dann müsse der Kommittent auch eine Abtretung nicht gegen sich gelten lassen. Die in der Literatur herrschende Meinung[571] folgt dieser Ansicht. Sie formuliert das Argument aber teilweise ein wenig anders: Der Gläubiger des Kommissionärs solle nicht im Wege einer rechtsgeschäftlichen Vereinbarung erlangen, was ihm im Wege der Zwangsvollstreckung verwehrt bliebe. Daraus folgt nach dieser teilweise vertretenen Ansicht eine weitere Konsequenz, zu der sich die Rechtsprechung bislang nicht geäußert hat: Die Abtretung sei nur dann unwirksam, wenn der Gläubiger bereits **vor der Abtretung Gläubiger des Kommissionärs** war.[572] So könne bei einem Neugeschäft mit einem Dritten (beispielsweise einem Forderungskauf) die Forderung

---

[567] *K. Schmidt*, HandelsR, § 31 Rn. 133 ff. (S. 1047 ff.), insbesondere Rn. 136 f. (S. 1049 f.); *Bitter*, Rechtsträgerschaft, S. 483 ff., insbesondere S. 489.

[568] BGH NJW 1969, 276; siehe dazu die Analyse bei *Bitter*, Rechtsträgerschaft, S. 479 ff.

[569] *Bitter*, Rechtsträgerschaft, S. 483 ff., insbesondere S. 489.

[570] BGHZ 104, 123 = NJW 1988, 3203, 3204; *BGH* NJW 1959, 1678 (LS).

[571] *Canaris*, HandelsR, § 30 Rn. 75 f. (S. 474 f.); Baumbach/Hopt/*Hopt*, § 392 Rn. 10; Ebenroth/Boujong/Joost/Strohn/*Krüger*, § 392 Rn. 10; MüKoHGB/*Häuser*, § 392 Rn. 18 ff.

[572] *Canaris*, HandelsR, § 30 Rn. 75 f. (S. 474 f.); MüKoHGB/*Häuser*, § 392 Rn. 18.

wirksam erworben werden, denn eine Gläubigerstellung sei zuvor nicht gegeben gewesen.

125 Eine abweichende Meinung in der Literatur[573] hingegen will aus § 392 II HGB dem Kommittenten **Schutz gegen alle treuwidrigen Verfügungen** gewähren. Der Kommittent sei als wirtschaftlicher Forderungsinhaber schutzwürdig und die Beschränkung der Unwirksamkeit durch die herrschende Meinung auf Fälle der Abtretung an Altgläubiger sei nicht überzeugend. Es werde übersehen, dass der Dritte beim Beispiel des Forderungskaufs zum Zeitpunkt der Erfüllung bereits Gläubiger des Kommissionärs sei. Durch den Abschluss des Kaufvertrages über die Forderung werde der Dritte ein Gläubiger des Kommissionärs, so dass bei Vornahme der Verfügung (= die Abtretung) § 392 II HGB Anwendung finde.[574] Nur auf den Zeitpunkt des Abschlusses des schuldrechtlichen Geschäfts abzustellen und danach zu entscheiden, ob es sich um einen Alt- oder Neugläubiger handelt, überzeuge nicht. Weiterhin sei die Forderung dem Vermögen des Kommittenten wirtschaftlich zugeordnet, weshalb dieser einen Eingriff des Kommissionärs zur Tilgung von dessen Privatverbindlichkeiten nicht hinnehmen müsse.[575]

126 Die zuletzt genannte Ansicht erscheint deshalb vorzugswürdig, weil sie im Gegensatz zur in der Literatur herrschenden Meinung die Zufälligkeiten in Bezug auf Alt- oder Neugläubigereigenschaft vermeidet. Wie auch das Beispiel des Forderungskaufs zeigt, erfolgt die Einteilung in Alt- und Neugläubiger nach der herrschenden Meinung ohnehin nicht konsequent und ist daher abzulehnen. Weiterhin deutet der Wortlaut von § 392 II HGB die Unterscheidung nicht an. Vielmehr legt der den § 392 II HGB tragende Gedanke des Kommittentenschutzes es nahe, Letzteren unabhängig von der Eigenschaft als Alt- oder Neugläubiger zu gewähren.

h) Analogie zu § 392 II HGB bei Surrogaten?

127 Über § 392 II HGB i.V.m. § 771 ZPO kann der Kommittent verhindern, dass sich Gläubiger des Kommissionärs im Wege der Zwangsvollstreckung aus der Forderung gegen den Dritten befriedigen (→ Rn. 114). Umstritten ist, ob § 392 II HGB auch dann Anwendung findet, wenn die Forderung durch Erfüllung erloschen ist und an ihre Stelle ein sogenanntes Surrogat getreten ist. Bei der Verkaufskommission ist das Surrogat der Forderung in der Regel der bar bezahlte Kaufpreis des Dritten oder die von diesem veranlasste Kontogutschrift zugunsten des Kommissionärs. Das Surrogat der Forderung bei der Einkaufskommission sind die erworbenen Gegenstände. Selbstverständlich muss der Kommissionär die Surrogate an den Kommittenten herausgeben (§ 384 II Hs. 2 HGB; → Rn. 109). Aber in diesem Zusammenhang stellt sich die Frage, ob zugunsten des Kommittenten ein Vollstreckungsschutz besteht, wenn Gläubiger des Kommissionärs die Surrogate pfänden wollen.

128 Aus der Tatsache, dass sich der Wortlaut von § 392 II HGB nur auf *Forderungen* erstreckt, ziehen die Rechtsprechung und Teile der Literatur den Schluss, dass § 392 II HGB nicht analog auf das Surrogat anzuwenden sei.[576] Die mittlerweile herrschende Lehre[577] will § 392 II HGB analog auf das Surrogat anwenden, solange

---

[573] *Bitter*, Rechtsträgerschaft, S. 487 ff.

[574] *Bitter*, Rechtsträgerschaft, S. 488.

[575] *Bitter*, Rechtsträgerschaft, S. 488.

[576] BGH NJW 1981, 918, 919; MüKoHGB/*Häuser*, § 392 Rn. 43, 45.

[577] *Bitter*, Rechtsträgerschaft, S. 191 ff.; Baumbach/Hopt/*Hopt*, § 392 Rn. 7; Koller/Kindler/Roth/Morck/*Roth*, § 392 Rn. 5; Ebenroth/Boujong/Joost/Strohn/*Füller*, § 392 Rn. 6 f.; *K. Schmidt*, HandelsR, § 31 Rn. 138 ff. (S. 1050 f.); *Canaris*, HandelsR, § 30 Rn. 81 ff. (S. 476 ff.).

dieses unterscheidbar im Vermögen des Kommissionärs vorhanden ist. Zum einen sei nicht einzusehen, warum ein Gläubiger des Kommissionärs, der vor dem Einzug der Forderung vollstreckt, anders behandelt werden soll als der, der nach dem Einzug der Forderung vollstreckt. Die Zufälligkeit des Zeitpunkts könne nicht ausschlaggebend sein für den Erfolg der Vollstreckung. Zum anderen wird darauf hingewiesen, dass ein ausdrücklicher Schutz für Surrogate während des Gesetzgebungsverfahrens zum ADHGB[578] zunächst vorgesehen war und er später allein aufgrund gesetzgeberischer Zufälligkeiten nicht ins Gesetz aufgenommen wurde; die dadurch entstandene Lücke könne durch eine Analogie zu § 392 II HGB geschlossen werden.[579] Schließlich seien auch die transportrechtlichen Vorschriften der §§ 422 II, 457 S. 2 HGB, die beide ausdrücklich das Surrogat mit einbeziehen, dem Rechtsgedanken des § 392 II HGB nachgebildet, sodass letztere Vorschrift auch auf Surrogate anwendbar sei.[580]

Letztlich ist die Analogie zu § 392 II HGB vorzugswürdig, weil sie logische Brü- **129** che vermeidet. Die Gegenmeinung macht im Hinblick auf den fehlenden Schutz der Surrogate ohnehin nicht ernst, weil sie Hilfskonstruktionen zum Eigentumserwerb des Kommittenten bei der Einkaufskommission entwickelt hat, mit denen die Folgen der Ablehnung einer Analogie zu § 392 II HGB faktisch umgangen werden (→ Rn. 130).

⇨ *Fall Nr. 42 – Halskette II*

i) Der Eigentumserwerb bei der Einkaufskommission

Wie bereits angesprochen, wird der Kommissionär Vertragspartner des Dritten **130** (→ Rn. 104). Bei Vornahme des dinglichen Geschäfts wird grundsätzlich der Kommissionär Eigentümer der gekauften Sache, denn er erklärt auch die dingliche Einigung im eigenen Namen. Er ist dann verpflichtet, im Rahmen seiner Herausgabepflicht aus § 384 II Hs. 2 HGB dem Kommittenten das Eigentum zu übertragen (→ Rn. 109). Da die Rechtsprechung und Teile der Literatur § 392 II HGB nicht analog auf Surrogate anwenden wollen (→ Rn. 128), besteht ein Bedürfnis dafür, den Kommittenten möglichst schnell zum Eigentümer der Sache werden zu lassen. Erst wenn er Eigentümer ist, kann er nach § 771 ZPO gegen eine Zwangsvollstreckung durch Gläubiger des Kommissionärs vorgehen und genießt er nach § 47 InsO i.V.m. § 985 BGB Schutz in der Insolvenz des Kommissionärs.

Die Weiterübertragung des Eigentums beim Erwerb durch mittelbare Stellvertre- **131** tung (mit Durchgangserwerb des Kommissionärs) kann nach § 929 BGB durch Einigung und Übergabe erfolgen, oder aber die Übergabe wird durch Vereinbarung eines Besitzkonstituts ersetzt (§ 930 BGB). Die Einigung und das Besitzkonstitut können im Rahmen der Übereignung nach §§ 929, 930 BGB auch antizipiert (= im Voraus erklärt) werden, was zur Folge hat, dass der Durchgangserwerb beim Kommissionär nur eine logische Sekunde dauert. Umstritten ist bei der Übereignung nach §§ 929, 930 BGB – unabhängig davon, ob eine antizipierte oder später erklärte Einigung gegeben ist –, ob es eines nach außen erkennbaren Aktes bedarf, der die Übereignung kenntlich macht.[581] Dies könnte beispielsweise durch gesonderte Lagerung der Ware oder besondere Kennzeichnung geschehen. Richtigerweise wird man

---

[578] Zur Historie → § 1 Rn. 9.
[579] *Bitter*, Rechtsträgerschaft, S. 198 ff.
[580] *Canaris*, HandelsR, § 30 Rn. 83 (S. 477 f.) unter Hinweis auf BT-Drs. 13/8445, S. 56.
[581] Für einen nach außen erkennbaren Akt: *Canaris*, HandelsR, § 30 Rn. 67 (S. 472); Baumbach/Hopt/*Hopt*, § 383 Rn. 26.

wohl auf den äußerlich erkennbaren Akt verzichten können, denn §§ 929, 930 BGB verlangen gerade keinen nach außen erkennbaren Publizitätsakt. Warum für Kommissionsgeschäfte etwas anderes gelten soll, ist nicht ersichtlich. Eher wird man darauf abstellen müssen, ob der Gegenstand individualisierbar ist.[582]

132 Der unmittelbare Eigentumserwerb des Kommittenten (ohne Durchgangserwerb des Kommissionärs) ist im Wege eines dinglichen Geschäfts für den, den es angeht, möglich.[583] Die h.M.[584] will das Geschäft für den, den es angeht, nur für Bargeschäfte des täglichen Lebens zulassen, da dieser Grundsatz eine Ausnahme zum Offenkundigkeitsprinzip darstellt. Häufig sind Ausführungsgeschäfte im Rahmen der Kommission aber keine Bargeschäfte des täglichen Lebens. Die Begrenzung der h.M. überzeugt jedoch – wie im Lern- und Fallbuch zum BGB AT näher dargelegt – allenfalls für das schuldrechtliche Geschäft für den, den es angeht.[585] Für das dingliche Geschäft für den, den es angeht, kann es – entgegen der h.M. – nicht auf den Bargeschäftscharakter ankommen. Der Veräußerer kann nämlich ohnehin nicht verhindern, dass der Erwerber das Eigentum nach dem Erwerb auf einen Dritten überträgt.[586] Dann kann er auch kein Interesse daran haben, dass ein Direkterwerb des Dritten unterbleibt.

133 Die Konstruktionen zum Eigentumsübergang bei der Einkaufskommission zeigen deutlich, dass das Schutzbedürfnis des Kommittenten anerkannt wird. Allerdings wird auch klar, dass sich die h.M. letztlich wertungsmäßig widerspricht. Die beschränkte Rechtsfolge, nämlich die bloß wirtschaftliche Zuordnung des Surrogats zum Vermögen des Kommittenten durch analoge Anwendung des § 392 II HGB, lehnt sie ab (→ Rn. 128). Indem sie aber den Kommittenten möglichst schnell zum Eigentümer machen will – gleichgültig auf welchem Wege – erkennt sie sogar eine weitergehende Rechtsfolge an.[587] In der Klausur und in der Rechtspraxis muss die Frage nach dem genauen Eigentumsübergang in der Regel nicht geklärt werden, wenn § 392 II HGB analog angewandt wird. Die besseren Argumente sprechen aber für einen direkten Erwerb durch den Kommittenten mittels eines dinglichen Geschäfts für den, den es angeht, vorausgesetzt der Kommissionär hat den hierfür erforderlichen Vertreterwillen.[588]

⇨ *Fall Nr. 44 – Bild in Flammen*

k) Besonderheiten im Schadensrecht

134 Lehnt man den Direkterwerb des Kommittenten bei der Einkaufskommission ab, weil man den Anwendungsbereich für ein dingliches Geschäft für den, den es angeht, enger als hier vertreten zieht oder weil im konkreten Fall der Vertreterwille des Kommissionärs nicht vorhanden ist, wird der Kommissionär (zunächst) formalrechtlich Eigentümer des erworbenen Gutes, während es wirtschaftlich dem Kommittenten gehört. Die dadurch begründete, auch von anderen Treuhandverhältnissen bekannte Rechtsträgerschaft für fremde Rechnung bringt bei einer Beschädigung des Treuguts durch Dritte Besonderheiten auch im Schadensrecht mit

---

[582] So auch *K. Schmidt*, HandelsR, § 31 Rn. 117 (S. 1041 f.); Koller/Kindler/Roth/Morck/*Roth*, § 383 Rn. 20.

[583] Dazu allgemein *Bitter/Röder*, BGB AT, § 10 Rn. 45 ff.

[584] BGHZ 154, 276, 279 = NJW-RR 2003, 921, 922; MüKoBGB/*Schubert*, § 164 Rn. 132 ff.

[585] Dazu *Bitter/Röder*, BGB AT, § 10 Rn. 41 ff.

[586] *Bitter/Röder*, BGB AT, § 10 Rn. 45 ff.; *Bitter*, Rechtsträgerschaft, S. 238 ff.

[587] *Bitter*, Rechtsträgerschaft, S. 221 ff.

[588] Siehe erneut *Bitter/Röder*, BGB AT, § 10 Rn. 45 ff.

sich, weil dann im Rahmen des § 823 I BGB zu entscheiden ist, ob es auf die formale Eigentümerstellung des Kommittenten oder die wirtschaftliche Zuordnung zum Kommittenten ankommt.[589] Ferner stellt sich bei einer Nicht- oder Schlechterfüllung durch den Vertragspartner des Ausführungsgeschäfts die Frage, ob der Kommissionär im Rahmen seiner nur ihm zustehenden vertraglichen Ansprüche auch einen Schaden geltend machen kann, der seinem Hintermann, dem Kommittenten, durch die unterbliebene, verspätete oder mangelhafte Lieferung entstanden ist. Diese im allgemeinen Schuldrecht unter dem Stichwort der sog. Drittschadensliquidation erörterten Probleme werden ebenfalls näher diskutiert in unserem

⇨ *Fall Nr. 44 – Bild in Flammen*

l) Bereicherungsrechtliche Besonderheiten bei Verfügungen über fremdes Gut

Schwierigkeiten macht das Handeln des Kommissionärs im eigenen Namen, aber **135** für fremde Rechnung auch im Bereicherungsrecht, wenn ein Verkaufskommissionär über fremdes, nicht dem Kommittenten gehörendes Gut verfügt. Erwirbt in diesem Fall der Partner des Ausführungsgeschäfts die Sache gutgläubig vom Kommissionär gemäß §§ 932 ff. BGB oder wegen seines guten Glaubens (nur) an die Verfügungsmacht gemäß § 366 HGB (→ § 7 Rn. 39 ff.), stellt sich die schwierige Folgefrage, von wem der Berechtigte gemäß § 816 I 1 BGB Herausgabe des Erlangten verlangen kann und ob insoweit zwischen der Provision, welche üblicherweise vom Verkaufserlös einbehalten wird, und dem Restkaufpreis zu unterscheiden ist.[590]

Bei juristischer Betrachtung ist Verfügender i.S.v. § 816 I 1 BGB der Kommissio- **136** när, weil dieser ja beim Ausführungsgeschäft im eigenen Namen handelt und folglich Vertragspartner nicht nur des schuldrechtlichen Verpflichtungs-, sondern auch des sachenrechtlichen Verfügungsgeschäfts ist (→ Rn. 104). Die mittelbare Stellvertretung unterscheidet sich insoweit von der unmittelbaren, bei welcher die Willenserklärung des Vertreters dem Vertretenen zugerechnet wird und folglich auch (nur) der Vertretene im Sinne des § 816 I 1 BGB verfügt. Da der Kommissionär als mittelbarer Stellvertreter selbst verfügt, wird er von einem Teil des Schrifttums im Rahmen des Bereicherungsausgleichs gegenüber dem Berechtigten als der Verpflichtete angesehen, zumal das „Erlangte" im Sinne des § 816 I 1 BGB in der Befreiung von der Verbindlichkeit liege, die der Kommissionär selbst im eigenen Namen eingegangen sei. Werde der Kommissionär vom Berechtigten in Anspruch genommen, könne er aufgrund des zum Kommittenten bestehenden Geschäftsbesorgungsverhältnisses bei jenem Regress nehmen.[591]

Andere wollen die insbesondere in § 392 II HGB zum Ausdruck kommende wirt- **137** schaftliche Zuordnung des Ausführungsgeschäfts zum Hintermann, dem Kommittenten, auch im Rahmen des § 816 I 1 BGB berücksichtigen. Das „Erlangte" i.S.v. § 816 I 1 BGB sei die Forderung aus dem Ausführungsgeschäft und diese werde gemäß § 392 II HGB dem Kommittenten zugeordnet; eine Abtretung an den Berechtigten sei als treuwidrige Verfügung (→ Rn. 123 ff.) nicht einmal möglich. Deshalb richte sich der Anspruch aus § 816 I 1 BGB gegen den Kommittenten und nur gegen diesen; im Umfang erfasse er den vollen Erlös einschließlich der vom Kommissionär einbehaltenen Provision.[592]

---

[589] Dazu eingehend *Bitter*, Rechtsträgerschaft, S. 369 ff.
[590] Dazu eingehend *K. Schmidt*, HandelsR, § 31 Rn. 106 ff. (S. 1036 ff.); *Canaris*, HandelsR, § 30 Rn. 89 ff. (S. 479 f.).
[591] In diesem Sinne MüKoBGB/*Schwab*, § 816 Rn. 11.
[592] So *Canaris*, HandelsR, § 30 Rn. 89 ff. (S. 90 f.).

138   Eine dritte Ansicht geht davon aus, dass der Kommissionär zwar grundsätzlich als Verfügender zur Herausgabe gemäß § 816 I 1 BGB verpflichtet, er aber nach der Weiterleitung des – nach Abzug seiner Provision verbleibenden – Restkaufpreises an den Kommittenten insoweit gemäß § 816 III BGB entreichert ist.[593] Der Berechtigte könne dann aber auf den Kommittenten zugreifen, was entweder als „Durchgriff auf den hinter dem verfügenden Treuhänder stehenden Treugeber"[594] oder in (entsprechender) Anwendung des § 822 BGB begründet wird.[595] Die einbehaltene Provision soll der Kommissionär behalten dürfen, weil er insoweit gemäß §§ 397, 399 i.V.m. § 366 III HGB durch ein Pfand- und Befriedigungsrecht gesichert gewesen sei.[596]

3. Kommissionsagent

139   Der Kommissionsagentenvertrag ist gesetzlich nicht geregelt. Er verbindet Elemente des Kommissionsvertrages und des Handelsvertretervertrages. Wie der Verkaufskommissionär übernimmt es der Kommissionsagent, Produkte des Hauptunternehmers im eigenen Namen und für Rechnung des Hauptunternehmers zu verkaufen. Im Unterschied zum Kommissionär und entsprechend einem Handelsvertreter ist der Kommissionsagent mit dieser Aufgabe aber *ständig* betraut.

140   Im Außenverhältnis (Kommissionsagent – Dritter) findet § 392 HGB Anwendung; das Innenverhältnis (Kommittent – Kommissionsagent) unterliegt in erster Linie den kommissionsrechtlichen Vorschriften der §§ 383 ff. HGB.[597] Wegen der ständigen Betrauung werden außerdem die Vorschriften über den Handelsvertretervertrag (§§ 84 ff. HGB) zum Teil analog angewendet. Die Anwendung oder Nichtanwendung richtet sich danach, ob die Norm gerade im Zusammenhang steht mit der Ständigkeit der Betrauung.[598]

140a   Für den Kommissionsagenten ist vor allem die von der h.M.[599] befürwortete **analoge Anwendung von § 89b HGB** von Bedeutung. Diese hat der I. Zivilsenat des *BGH* in einem Urteil aus dem Jahr 2016 mit dem Hinweis darauf bejaht, dass sich die erforderliche **Pflicht zur Überlassung des Kundenstamms** (→ Rn. 95) beim Kommissionsagenten angesichts des geschäftsbesorgungsrechtlichen Charakters **bereits aus dem Gesetz** ergebe (§ 384 II HGB)[600] und damit jenes Argument bemüht, das *Canaris* beim Vertragshändler *gegen* die Rechtsprechung anführt (→ Rn. 97). Den Umstand, dass es sich um ein anonymes Massengeschäft handelt (Sonderpostenhandel), hat der I. Zivilsenat zudem – exakt gegenteilig zum VIII. Zivilsenat des *BGH* im Franchiserecht (→ Rn. 102b) – als Argument *für* und nicht gegen die analoge Anwendung des § 89b HGB eingesetzt: Bei einem stationären Sonderpostenmarkt benötige der Hersteller oder Lieferant für eine Übernahme des Kundenstamms nicht in gleicher Weise wie beim Verkauf hochwertiger Wirtschaftsgüter den

---

[593] *OLG Hamburg* MDR 1954, 356, 357; *K. Schmidt*, HandelsR, § 31 Rn. 111 (S. 1038); für Entreicherung auch BGHZ 47, 128 = WM 1967, 394, weshalb die Frage nach dem „Verfügen" offen gelassen werden konnte.

[594] So *K. Schmidt*, HandelsR, § 31 Rn. 115 (S. 1040).

[595] So Baumbach/Hopt/*Hopt*, § 383 Rn. 23; siehe auch *Oetker*, HandelsR, § 9 Rn. 34.

[596] *OLG Hamburg* MDR 1954, 356, 357 f.; im Ergebnis zustimmend *K. Schmidt*, HandelsR, § 31 Rn. 112 (S. 1039) m.w.N.

[597] *Canaris*, HandelsR, § 16 Rn. 4 (S. 279).

[598] MüKoHGB/*Häuser*, § 406 Rn. 24; *Canaris*, HandelsR, § 16 Rn. 6 (S. 280).

[599] *BGH* ZIP 2017, 822, 825 ff. (Rn. 26 ff., insbes. Rn. 32 ff.); *K. Schmidt*, HandelsR, § 28 Rn. 45 ff. (S. 913 ff.); Baumbach/Hopt/*Hopt*, § 84 Rn. 19.

[600] *BGH* ZIP 2017, 822, 825 f. (Rn. 37 f.).

Zugang zu vollständigen Kundendaten.[601] Dabei stellt der I. Zivilsenat ausdrücklich auf die *faktische Kontinuität des Kundenstamms* ab,[602] obwohl er zugleich betont, dass diese *im Vertragshändlerverhältnis* nach der *BGH*-Rechtsprechung keine Analogie zu § 89b HGB rechtfertigt.[603] In der Sache wird damit jene Rechtsprechungslinie in Zweifel gezogen.

Die Provision für den Kommissionsagenten bestimmt sich analog §§ 87 ff. HGB, **141** wobei insbesondere § 87 II, III HGB hervorzuheben sind. Die dort geregelten Provisionen sind Ausdruck der ständigen Betrauung des Handelsvertreters, weshalb sie sinngemäß auch auf den Kommissionsagenten anzuwenden sind. Im Gegenzug muss der Kommissionsagent sich aber bei Nichtausführung des Geschäfts auf § 87a III 2 HGB verweisen lassen und kann die Provision nicht nach der insoweit günstigeren Vorschrift des § 396 I 2 Hs. 2 HGB fordern.[604] Die Ständigkeit der Betrauung rechtfertigt diesen Gedanken, da provisionsträchtige Geschäfte für die Zukunft zu erwarten sind und der Kommissionsagent Ausfälle darüber kompensieren kann. Ähnlich ist der Gedankengang beim Aufwendungsersatzanspruch, der sich nach § 87d HGB und nicht nach §§ 396 II HGB, 675 I, 670 BGB richtet. Der Kommissionsagent kann seine Lagerkosten besser kalkulieren und soll diese in seine Provisionsberechnung einfließen lassen.[605]

§ 10. Recht des grenzüberschreitenden Handelskaufs

Bei einem grenzüberschreitenden Handelskauf, also bei einem Handelskauf, bei **1** dem Verkäufer und Käufer ihren Sitz nicht in demselben Staat haben, stellt sich die Frage, welches Recht auf den Kaufvertrag zur Anwendung kommt.*

I. Grundlagen

In der Regel wollen die Parteien nicht, dass im Streitfall das Recht des Staats der **2** jeweils anderen Partei Anwendung findet. Viel leichter fällt es, sich auf einheitliche Regeln zu einigen, die sich aus internationalen Gepflogenheiten oder einer internationalen Rechtsordnung ergeben. Dem tragen die International Commercial Terms (Incoterms) der International Chamber of Commerce (ICC) und die United Nations Convention on Contracts for the International Sale of Goods (CISG) Rechnung.

---

[601] *BGH* ZIP 2017, 822, 826 (Rn. 44).
[602] *BGH* ZIP 2017, 822, 826 (Rn. 43 a.E.).
[603] *BGH* ZIP 2017, 822, 826 (Rn. 43 a.E.).
[604] *Canaris*, HandelsR, § 16 Rn. 8 (S. 280).
[605] *Canaris*, HandelsR, § 16 Rn. 8 (S. 280).
* Vom Recht des grenzüberschreitenden Handelskaufs werden in diesem Buch die International Commercial Terms (Incoterms) der International Chamber of Commerce (ICC) und die United Nations Convention on Contracts for the International Sale of Goods (CISG) behandelt. Vgl. zu den International Commercial Terms (Incoterms) etwa Baumbach/Hopt/*Hopt*, 2. Teil, Handelsrechtliche Nebengesetze, (6) Incoterms und andere Handelskaufklauseln; vgl. zur United Nations Convention on Contracts for the International Sale of Goods (CISG) insbesondere die Online-Datenbank www.cisg-online.ch, die sich vor allem bei der Rechtsprechungsrecherche als sehr hilfreich erweist. Soweit nachfolgend für zitierte Entscheidungen CISG-online Nummern angegeben werden, sind die Entscheidungen unter diesen Nummern in der Datenbank leicht zu finden.

1. International Commercial Terms (Incoterms)

3   Die Parteien eines grenzüberschreitenden Handelskaufs können die Anwendung fremden Rechts dadurch weitgehend ausschließen, dass sie eine Vielzahl von Rechtsfragen in dem Kaufvertrag individuell regeln, so dass der Rückgriff auf (irgendein) nationales Kaufrecht nur bei den wenigen nicht geregelten Rechtsfragen erforderlich und möglich ist. In der Praxis erfolgt die individuelle Regelung einzelner Rechtsfragen häufig durch Bezugnahme auf die International Commercial Terms (Incoterms) der International Chamber of Commerce (ICC). Dabei handelt es sich um einen **Katalog von Vertragsklauseln**, die aufgrund ihrer häufigen Verwendung in der Praxis von der International Chamber of Commerce (ICC) mit Auslegungserläuterungen versehen wurden. Dieser Klauselkatalog wurde von der International Chamber of Commerce (ICC) erstmals 1936 aufgestellt. Nach mehrmaliger Überarbeitung stammt die aktuelle Fassung aus dem Jahr 2010 (Incoterms 2010).[606]

4   Zu den Incoterms 2010 gehören die folgenden Vertragsklauseln:
– CFR   cost and freight (= Kosten und Fracht)
– CIF   cost, insurance, freight (= Kosten, Versicherung, Fracht)
– CIP   carriage and insurance paid (= frachtfrei versichert)
– CPT   carriage paid to (= frachtfrei)
– DAT   delivered at terminal (= geliefert Terminal)
– DAP   delivered at place (= geliefert Ort)
– DDP   delivered duty paid (= geliefert verzollt)
– EXW   ex works (= ab Werk)
– FAS   free alongside ship (= frei Längsseite Schiff)
– FCA   free carrier (= frei Frachtführer)
– FOB   free on board (= frei an Bord)

5   Wird eine dieser Vertragsklauseln in einen Handelskaufvertrag aufgenommen, so gilt sie zwischen den Parteien mit dem Inhalt, der ihr durch die Auslegungserläuterungen der International Chamber of Commerce (ICC) verliehen wird, es sei denn, aus den Umständen des Einzelfalles ergibt sich im Wege der Vertragsauslegung, dass die Parteien der Klausel eine abweichende Bedeutung beimaßen.[607]

2. United Nations Convention on Contracts for the International Sale of Goods (CISG) – UN-Kaufrecht

6   Schon in den zwanziger Jahren des 20. Jahrhunderts wurden vom Institut International pour l'Unification du Droit Privé (UNIDROIT) Bemühungen zur internationalen Vereinheitlichung des Rechts für den grenzüberschreitenden Warenverkehr aufgenommen. Diese Bemühungen mündeten im Jahre 1964 in die sog. Haager Kaufgesetze, namentlich das Einheitliche Gesetz über den Abschluss von internationalen Kaufverträgen über bewegliche Sachen (EAG) und das Einheitliche Gesetz über den internationalen Kauf beweglicher Sachen (EKG). Als völkerrechtliche Verträge galten die Haager Kaufgesetze nur in denjenigen Staaten, die sie in Geltung setzten. Dazu entschlossen sich weltweit aber nur neun Staaten, sodass die Haager Kaufgesetze nicht die erhoffte internationale Rechtsvereinheitlichung bringen konn-

---

[606] Soll für einen Vertrag die Geltung eines der Incoterms vereinbart werden, so sollte dies stets unter Angabe der gemeinten Fassung geschehen, z.B.: „Der Kaufpreis versteht sich FOB Bremen gemäß Incoterms *2010*."
[607] *BGH* ZIP 2013, 44, 46 ff.

ten. Deshalb nahm sich ab 1968 die zwei Jahre zuvor ins Leben gerufene United Nations Commission on International Trade Law (UNCITRAL) der Aufgabe der Kaufrechtsvereinheitlichung an, und auf Grundlage ihrer Arbeit wurde im April 1980 die United Nations Convention on Contracts for the International Sale of Goods (CISG) fertig gestellt, für die im deutschen Sprachraum zumeist der Begriff UN-Kaufrecht verwendet wird.

Das UN-Kaufrecht (CISG) ist ein völkerrechtlicher Vertrag, der **kaufrechtliche** 7 **Sonderregelung für den grenzüberschreitenden Handelskauf von Waren** enthält. Es ist inzwischen von rund 90 Staaten in Geltung gesetzt worden, darunter sind die Bundesrepublik Deutschland und die meisten ihrer wichtigen Handelspartner.

Die **Bedeutung des UN-Kaufrechts (CISG) für den deutschen Juristen** darf nicht 8 unterschätzt werden. Falls die Anwendungsvoraussetzungen des UN-Kaufrechts (CISG) erfüllt sind und soweit der Regelungsbereich des UN-Kaufrechts (CISG) betroffen ist, geht das UN-Kaufrecht (CISG) den innerstaatlichen Regelungen des BGB und des HGB vor (vgl. Art. 3 Nr. 2 EGBGB). Diesem Vorrang kommt vor allem hinsichtlich derjenigen Regelungskomplexe Relevanz zu, bei denen die Regelung des internen deutschen Rechts und die des UN-Kaufrechts (CISG) divergieren, z.B.:

Nach dem internen deutschen Recht setzt der Rücktritt vom Kaufvertrag wegen 9 eines Sachmangels (§§ 437 Nr. 2, 434 BGB) grundsätzlich eine Nachfristsetzung voraus (§ 323 I BGB). Anderseits ist der Rücktritt bei Beachtung dieses Erfordernisses nur ausgeschlossen, wenn der Mangel unerheblich ist (§ 323 V 2 BGB). Das UN-Kaufrecht (CISG) gestattet die Vertragsaufhebung aufgrund eines Sachmangels hingegen nur dann, wenn der Sachmangel eine wesentliche Vertragsverletzung darstellt, wobei gegebenenfalls eine Nachfristsetzung nicht erforderlich ist (Art. 45 I lit. a, 49 I lit. a, 25 CISG).[608]

Nach dem internen deutschen Recht kann sich eine Vertragspartei von der 10 Schadensersatzhaftung aufgrund einer Pflichtverletzung (§ 280 I 1 BGB) durch den Nachweis fehlenden Vertretenmüssens entlasten (§ 280 I 2 BGB). Gelingt dieser Nachweis nicht, so haftet sie grundsätzlich für den gesamten kausal verursachten Schaden (§§ 249 ff. BGB). Im Gegensatz dazu normiert das UN-Kaufrecht (CISG) eine verschuldensunabhängige Schadensersatzhaftung für Pflichtverletzungen (Art. 45 I lit. b CISG bzw. Art. 61 I lit. b CISG), die nur bei einem unvorhersehbaren, unvermeidbaren und unüberwindbaren Hinderungsgrund außerhalb des Einflussbereichs entfällt (Art. 79 I, II CISG). Diese Haftung ist jedoch auf vorhersehbare Schäden beschränkt (Art. 74 CISG).

Das UN-Kaufrecht (CISG) ist in **vier Teile** untergliedert: Teil I (Art. 1-13 CISG) 11 normiert die Anwendungsvoraussetzungen, den Regelungsbereich und einige allgemeine Bestimmungen. In Teil II (Art. 14-24 CISG) ist der Vertragsschluss geregelt. Teil III (Art. 25-88 CISG), das Kernstück des UN-Kaufrechts (CISG), bestimmt die Rechte und Pflichten der Parteien sowie die mit einer Pflichtverletzung verbundenen Rechtsbehelfe. Teil IV (Art. 89-101 CISG) schließlich enthält die völkerrechtlichen Schlussklauseln. An dieser Untergliederung orientiert sich der weitere Gang der Darstellung:[609]

---

[608] Vgl. hierzu BGHZ 201, 290, 308 f. = ZIP 2014, 1838, 1843 (Rn. 48 ff.); BGHZ 202, 258, 266 ff. = ZIP 2015, 176, 177 ff. (Rn. 21 ff.).

[609] Betont sei aber, dass in Klausuren und sonstigen Prüfungssituationen, in denen das UN-Kaufrecht (CISG) anzuwenden ist, nur dann damit angefangen werden kann, die Anwendungsvoraussetzungen des UN-Kaufrechts (CISG) zu prüfen, wenn die Fallfrage darauf abzielt (vgl. Fälle Nummern 45 bis 48). Ist hingegen nach Ansprüchen der Parteien gefragt (vgl.

II. Anwendungsvoraussetzungen des UN-Kaufrechts

12 Die Anwendbarkeit des UN-Kaufrechts (CISG) hängt von **fünf Anwendungsvoraussetzungen** ab, die kumulativ erfüllt sein müssen:
- Kaufvertrag über Ware (Art. 1 I CISG; → Rn. 13 ff.)
- Parteiniederlassungen in verschiedenen Staaten (Art. 1 I, II CISG; → Rn. 21)
- Hinreichende Beziehung zu Vertragsstaat(en) (Art. 1 I lit. a, b CISG; → Rn. 22)
- kein Anwendungsausschluss (Art. 2, 6 CISG; → Rn. 23 ff.)
- zeitlicher Anwendungsbereich eröffnet (Art. 100 CISG)

1. Kaufvertrag über Ware (Art. 1 I CISG)

13 Waren i.S.v. Art. 1 I CISG sind grundsätzlich nur **bewegliche Sachen**. Damit sind insbesondere Immobilien und Rechte keine Waren, sodass entsprechende Kaufverträge nicht dem UN-Kaufrecht (CISG) unterliegen. Viel diskutiert sind die Fragen, ob Ware i.S.v. Art. 1 I CISG betroffen ist, wenn Software online, also unverkörpert, geliefert wird oder wenn ein Unternehmenskauf als asset deal[610] ausgestaltet ist: Gegen die Annahme, auch **unverkörperte Software** sei als Ware i.S.v. Art. 1 I CISG anzusehen, kann vor allem vorgebracht werden, dass auf diesen Fall die Vorschriften des UN-Kaufrechts (CISG), vor allem die Art. 66 ff. CISG zum Gefahrübergang, nicht recht passen. Die h.M. nimmt gleichwohl und zu Recht an, dass online gelieferte Software Ware i.S.v. Art. 1 I CISG ist.[611] Die Vorschriften des UN-Kaufrechts (CISG), die – wie insbesondere die Art. 66 ff. CISG – auf verkörperte Gegenstände zugeschnitten sind, können anpassend ausgelegt werden. Eine solche anpassende Auslegung ist gegenüber der Unanwendbarkeit des UN-Kaufrechts (CISG) vorzugswürdig, denn die Art und Weise, wie Software übertragen wird (auf einem Datenträger verkörpert oder online), ist kein Aspekt, der für die Anwendbarkeit des UN-Kaufrechts (CISG) ausschlaggebend sein sollte.

14 Der **asset deal**[612] fällt nach wohl h.M. hingegen nicht in den Anwendungsbereich des UN-Kaufrechts (CISG).[613] Für den Regelfall, in dem das zu übertragende Betriebsvermögen überwiegend nicht aus beweglichen Sachen, sondern aus Rechten (z.B. Forderungen, Markenrechte), sonstigen immateriellen Werten (z.B. Kundenstamm, good will) und Immobilien besteht, überzeugt dies. Setzt sich das Betriebsvermögen hingegen überwiegend aus beweglichen Sachen zusammen, etwa weil große Lagerbestände vorhanden sind, so ist ein Vertrag über Ware i.S.v. Art. 1 I CISG gegeben, der dem UN-Kaufrecht (CISG) unterfällt.[614]

Fälle Nummern 49 bis 61), dann ist – ebenso wie auch bei Maßgeblichkeit des internen deutschen Rechts – zunächst eine Anspruchsgrundlage zu nennen, aus der sich der zu prüfende Anspruch ergeben könnte. Sodann ist zu prüfen, ob die Anwendungsvoraussetzungen des UN-Kaufrechts (CISG) erfüllt sind und ob der Regelungsbereich des UN-Kaufrechts (CISG) betroffen ist. Anschließend sind die Voraussetzungen der Anspruchsgrundlage zu prüfen.

[610] Vgl. zur Differenzierung zwischen *share deal* und *asset deal* → § 5 Rn. 3 f. Dass der *share deal* als Rechtskauf nicht auf die Übertragung von Ware i.S.v. Art. 1 I CISG gerichtet ist und somit nicht in den Anwendungsbereich des UN-Kaufrechts (CISG) fällt, ist unstreitig (vgl. auch Art. 2 lit. d Fall 1 CISG).

[611] Vgl. etwa *Schlechtriem/Schroeter*, UN-Kaufrecht, Rn. 86; MüKoHGB/*Mankowski*, Art. 1 CISG Rn. 27 m.w.N.; a.A. wohl Schlechtriem/Schwenzer/*Ferrari*, Art. 1 Rn. 38.

[612] Zur Abgrenzung zwischen *asset deal* und *share deal* allgemein → § 5 Rn. 3 f.

[613] Vgl. etwa Schlechtriem/Schwenzer/*Ferrari*, Art. 1 Rn. 36 m.w.N.

[614] *Schlechtriem/Schroeter*, UN-Kaufrecht, Rn. 79.

Verträge über Ware unterliegen nur dann dem UN-Kaufrecht (CISG), wenn sie **15** Kaufverträge i.S.v. Art. 1 I CISG sind. Der Kaufvertragsbegriff wird vom UN-Kaufrecht (CISG) nicht näher definiert. Den Art. 30, 53 CISG kann jedoch eine (grobe) Begriffsbestimmung entnommen werden: Kaufverträge i.S.v. Art. 1 I CISG sind Verträge, die den **Austausch „Ware gegen Geld"** zum Gegenstand haben.[615] Praktisch bedeutsam und im Einzelnen umstritten ist insbesondere, ob die folgenden Verträge als Kaufverträge zu qualifizieren sind (für die folgenden Klammereinschübe gilt: „ja" bedeutet, dass ein Kaufvertrag gegeben ist, „nein" weist auf das Gegenteil hin): Vorvertrag, der zum Abschluss eines Kaufvertrags verpflichtet (ja[616]); Kaufoptionsvertrag, der ein einseitiges Recht zum Warenabruf gibt (ja[617]); Finanzierungsleasingvertrag (nein[618]); Vertrag über Softwareerwerb auf Zeit (nein[619]). Bei einer Vertragshändlerbeziehung unterfällt der Vertragshändlervertrag (Rahmenvertrag) nicht dem UN-Kaufrecht (CISG); die zur Durchführung dieses Vertrags abgeschlossenen einzelnen Lieferverträge werden aber regelmäßig vom UN-Kaufrecht (CISG) erfasst.[620]

In Art. 3 CISG erfahren **Werklieferungsverträge**, also Verträge über die Lieferung **16** herzustellender Ware, und gemischte Verträge, die sowohl auf die Lieferung von Waren als auch auf die Erbringung von Dienstleistungen gerichtet sind, spezielle Regelungen:

Nach Art. 3 I CISG stehen Werklieferungsverträge Kaufverträgen gleich, es sei denn, **17** dass der Besteller einen wesentlichen Teil der für die Herstellung notwendigen Stoffe selbst zur Verfügung stellt. Dahinter steht der Gedanke, dass Verträge über die Herstellung von Waren aus Stoffen des Bestellers nicht Kauf-, sondern Werkverträge sind. **Stoffe** i.S.v. Art. 3 I CISG sind Materialien; Baupläne und Know-how werden nicht erfasst.[621] Lässt sich also ein Besteller nach seinen eigenen technischen Spezifikationen Waren herstellen, ohne das zur Herstellung notwendige Material zu stellen, so handelt es sich um einen Kaufvertrag im Sinne des UN-Kaufrechts (CISG).

Größtes praktisches Problem des Art. 3 I CISG ist es, zu bestimmen, ob die vom **18** Besteller gestellten Materialien einen **wesentlichen Teil** der zur Herstellung notwendigen Stoffe verkörpern:[622] Wichtigstes Kriterium zur Bestimmung der Wesentlichkeit ist das Wertverhältnis, in dem die vom Besteller gestellten Materialien einerseits und die von der anderen Partei beigesteuerten Materialien andererseits zueinander stehen. Dabei können die Stoffe des Bestellers auch dann als wesentlich angesehen werden, wenn sie eine Wertquote von weniger als 50 % erreichen (arg. Vergleich mit Art. 3 II CISG: „der überwiegende Teil"). Bei einer Wertquote von lediglich 15 % wird man aber nicht mehr überzeugend vertreten können, die Materialien würden aufgrund ihres Wertes einen wesentlichen Teil der für die Herstellung notwendigen Stoffe ausmachen.[623] Als weiteres Kriterium zur Bestimmung der Wesent-

---

[615] Vgl. *BGH* ZIP 2014, 2036, 2037 f. (Rn. 13) zu einer Rückkaufverpflichtung mit leasingspezifischem Hintergrund.
[616] Vgl. *Schlechtriem/Schroeter*, UN-Kaufrecht, Rn. 63.
[617] Vgl. *Schlechtriem/Schroeter*, UN-Kaufrecht, Rn. 63; näher *Schumacher*, IHR 2005, 147 ff.
[618] Vgl. Schlechtriem/Schwenzer/*Ferrari*, Art. 1 Rn. 28; vgl. allgemein zum Finanzierungsleasingvertrag → § 7 Rn. 62 f.
[619] Vgl. *Schlechtriem/Schroeter*, UN-Kaufrecht, Rn. 87.
[620] Vgl. Schlechtriem/Schwenzer/*Ferrari*, Art. 1 Rn. 31.
[621] Schlechtriem/Schwenzer/*Ferrari*, Art. 3 Rn. 10.
[622] Vgl. hierzu etwa Schlechtriem/Schwenzer/*Ferrari*, Art. 3 Rn. 6 ff.
[623] Vgl. Staudinger/*Magnus*, Art. 3 CISG Rn. 16.

lichkeit der vom Besteller gestellten Stoffe ist deren Bedeutung für das Endprodukt heranzuziehen. So kann ein vom Besteller gestellter Computerchip, der die Herstellung eines neuartigen Produkttyps überhaupt erst möglich macht, einen wesentlichen Teil der zur Herstellung notwendigen Stoffe ausmachen, auch wenn der Wert des Chips im Vergleich zum übrigen notwendigen Material eher gering ist.

19   Nach wohl h.M. richtet sich die Frage, ob Werklieferungsverträge dem UN-Kaufrecht (CISG) unterliegen, ausschließlich nach Art. 3 I CISG, nicht auch nach Art. 3 II CISG:[624] Art. 3 I CISG sei als **abschließende Regelung** für Verträge über herzustellende Ware anzusehen. Es gehe deshalb fehl, die Anwendbarkeit des UN-Kaufrechts (CISG) auf einen Werklieferungsvertrag, der nach Art. 3 I CISG vom Anwendungsbereich des UN-Kaufrechts (CISG) erfasst wird, unter Berufung auf Art. 3 II CISG mit dem Argument abzulehnen, der Herstellungsaufwand überwiege die Verpflichtung zur Warenlieferung. Bei einem Werklieferungsvertrag liege vielmehr eine Lieferverpflichtung vor, in der eventuelle Herstellungsarbeiten aufgehen. Nach der Gegenmeinung sind auch Herstellungsarbeiten nach Art. 3 II CISG zu berücksichtigen:[625] Es komme für die Frage, ob ein Werklieferungsvertrag als Kaufvertrag i.S.v. Art. 1 I CISG anzusehen sei, deshalb nicht nur auf Art. 3 I CISG, sondern auch auf Art. 3 II CISG und somit auf das Verhältnis an, in dem die Material- zu den sonstigen Herstellungskosten stehen (→ Fall Nr. 45).

20   Ein **gemischter Vertrag** aus Warenlieferung und Dienstleistung ist beispielsweise dann gegeben, wenn sich eine Partei zur Lieferung einer industriellen Fertigungsanlage (Warenlieferung) und darüber hinaus dazu verpflichtet, die Mitarbeiter des Bestellers im Umgang mit der Anlage zu schulen (Dienstleistung). Nach Art. 3 II CISG unterliegt ein solcher Vertrag dann nicht dem UN-Kaufrecht (CISG), wenn die **Dienstleistungselemente die Warenlieferungselemente überwiegen.** Problematisch ist wiederum, wie das Überwiegen bestimmt werden kann:[626] In erster Linie ist auf das Wertverhältnis abzustellen, in dem die zu liefernden Waren einerseits und die zu erbringenden Dienste andererseits zueinander stehen, wobei der Schwellenwert bei 50 % liegt (vgl. den Wortlaut von Art. 3 II CISG: „der überwiegende Teil"). Ein wertmäßiger Vorrang der Dienstleistungsverpflichtung gegenüber der Warenlieferungsverpflichtung kann also nur angenommen werden, wenn der Wert der Dienstleistungen höher ist als der Wert der Waren. Als weitere Kriterien, auf die zusätzlich zum Wertverhältnis abgestellt werden kann, kommen der Parteiwille und die Parteiinteressen in Betracht.

⇨ *Fall Nr. 45 – Kaufvertrag*

2. Parteiniederlassungen in verschiedenen Staaten (Art. 1 I, II CISG)

21   Art. 1 I CISG bestimmt, dass das UN-Kaufrecht (CISG) nur dann zur Anwendung kommt, wenn die Vertragsparteien ihre Niederlassungen in verschiedenen Staaten haben. Falls eine Partei mehrere Niederlassungen hat, ist diejenige maßgebend, die unter Berücksichtigung der vor und bei Vertragsschluss den Parteien bekannten oder von ihnen in Betracht gezogenen Umstände die engste Beziehung zu dem Vertrag und zu seiner Erfüllung aufweist (Art. 10 lit. a CISG). Hat eine Partei keine Niederlassung, so ist ihr gewöhnlicher Aufenthalt maßgebend (Art. 10 lit. b CISG). Nach Art. 1 II CISG wird die Tatsache, dass die Parteien ihre Niederlassung in ver-

---

[624] Vgl. *Schlechtriem/Schroeter*, UN-Kaufrecht, Rn. 65 ff.; näher *Schäfer*, IHR 2003, 118 ff.
[625] Vgl. Schlechtriem/Schwenzer/*Ferrari*, Art. 1 Rn. 38 (bezogen auf Software).
[626] Vgl. hierzu etwa Schlechtriem/Schwenzer/*Ferrari*, Art. 3 Rn. 13 ff.

schiedenen Staaten haben, nicht berücksichtigt, wenn sie sich nicht aus dem Vertrag, aus früheren Geschäftsbeziehungen oder aus Verhandlungen oder Auskünften ergibt, die vor oder bei Vertragsschluss zwischen den Parteien geführt oder von ihnen erteilt worden sind. Im Gegensatz zur Niederlassung der Parteien kommt es auf deren Staatsangehörigkeit nicht an (Art. 1 III CISG).

⇨ *Fall Nr. 46 – Kanada oder Kalifornien?*

3. Hinreichende Beziehung zu Vertragsstaat(en) (Art. 1 I lit. a, b CISG)

Nach Art. 1 I lit. a, b CISG kommt das UN-Kaufrecht (CISG) nur dann zur An- **22** wendung, wenn entweder beide Staaten, in denen die Parteien ihre Niederlassungen haben, Vertragsstaaten des UN-Kaufrechts sind (lit. a), oder die Regelungen des Internationalen Privatrechts (IPR) zur Anwendung des Rechts eines Vertragsstaats führen (lit. b). Während die Alternative des Art. 1 I lit. a CISG in allen Vertragsstaaten des UN-Kaufrechts (CISG) Gültigkeit besitzt, gilt Art. 1 I lit. b CISG nur in den Staaten, die – wie die Bundesrepublik Deutschland[627] – keinen Vorbehalt nach Art. 95 CISG erklärt haben. Daraus ergeben sich für ein deutsches Gericht die **folgenden Prüfungsschritte** für die Bestimmung, ob das UN-Kaufrecht (CISG) anwendbar ist:

- Erster Prüfungsschritt: Sind beide Staaten, in denen die Parteien ihre Niederlassungen haben, Vertragsstaaten des UN-Kaufrechts?[628] Ggf. ist das UN-Kaufrecht (CISG) aufgrund von Art. 1 I lit. a CISG anwendbar.
- Zweiter Prüfungsschritt: Verweisen die Regelungen des deutschen Internationalen Privatrechts (IPR) auf das Recht eines Vertragsstaats, der keinen Vorbehalt nach Art. 95 CISG erklärt hat? Ggf. ist das UN-Kaufrecht (CISG) nach Art. 1 I lit. b CISG anwendbar.

Beispiel: Ein Verkäufer mit Sitz in Deutschland verkauft Waren an einen Käufer mit Sitz in England. Das Vereinigte Königreich ist nicht Vertragsstaat. Art. 4 I lit. a der Verordnung (EG) Nr. 593/2008 (sog. Rom I-Verordnung) verweist auf das Recht des Verkäuferstaates, also auf Deutschland. Deutschland hat keinen Vorbehalt nach Art. 95 CISG erklärt. Folglich ist das UN-Kaufrecht nach Art. 1 I lit. b CISG auf den Vertrag anwendbar.

4. Kein Anwendungsausschluss (Art. 2, 6 CISG)

Die Anwendbarkeit des UN-Kaufrechts (CISG) kann aufgrund gesetzlicher An- **23** ordnung oder aufgrund vertraglicher Vereinbarung ausgeschlossen sein:

Gesetzliche Ausschlussgründe sind in Art. 2 CISG normiert. Besondere Bedeutung **24** kommt Art. 2 lit. a CISG zu, der die Anwendbarkeit des UN-Kaufrechts (CISG) auf solche Kaufverträge ausschließt, die sich auf **Ware für den persönlichen Gebrauch** oder den Gebrauch in der Familie oder im Haushalt beziehen, es sei denn, dass der Verkäufer vor oder bei Vertragsschluss weder wusste noch wissen musste, dass die

---

[627] Vgl. aber Art. 2 des Gesetzes zu dem Übereinkommen der Vereinten Nationen vom 11. 4. 1980 über Verträge über den internationalen Warenkauf sowie zur Änderung des Gesetzes zu dem Übereinkommen vom 19. 5. 1956 über den Beförderungsvertrag im internationalen Straßengüterverkehr (CMR), sog. Vertragsgesetz (VertragsG), abgedruckt und kommentiert bei *Schlechtriem/Schwenzer.* Nach dieser Vorschrift bleibt Art. 1 I lit. b CISG außer Betracht, wenn die Regeln des Internationalen Privatrechts (IPR) zur Anwendung des Rechts eines Staates führen, der einen Vorbehalt nach Art. 95 CISG erklärt hat.

[628] Hinweis: Ein ständig aktualisiertes Verzeichnis der Vertragsstaaten des UN-Kaufrechts (CISG) und ihrer Vorbehalte ist unter www.cisg-online.ch verlinkt.

Ware für einen solchen Gebrauch gekauft wird.[629] Nicht anwendbar ist das UN-Kaufrecht (CISG) nach Art. 2 CISG außerdem auf den Kauf bei Versteigerungen (lit. b), aufgrund von Zwangsvollstreckungs- oder anderen gerichtlichen Maßnahmen (lit. c), von Wertpapieren oder Zahlungsmitteln (lit. d), von Seeschiffen, Binnenschiffen, Luftkissenfahrzeugen oder Luftfahrzeugen (lit. e) und von elektrischer Energie (lit. f).

25   Dass die Anwendbarkeit des UN-Kaufrechts (CISG) **vertraglich ausgeschlossen** werden kann, stellt Art. 6 CISG ausdrücklich klar. Ein solcher Ausschluss kann auch konkludent erfolgen. Deshalb ist insbesondere in der Wahl des Rechts eines *Nicht*vertragsstaats (z.B.: „Dieser Vertrag unterliegt portugiesischem Recht.") regelmäßig ein vertraglicher Ausschluss des UN-Kaufrechts (CISG) zu sehen. Anderes gilt für die **Wahl des Rechts eines Vertragsstaats** des UN-Kaufrechts (CISG):[630] Die ganz h.M., die inzwischen in vielen Vertragsstaaten als gesicherte Rechtsprechung gelten darf,[631] geht davon aus, dass die Wahl des Rechts eines Vertragsstaats (z.B.: „Dieser Vertrag unterliegt dem Recht der Bundesrepublik Deutschland.") das UN-Kaufrecht (CISG) mit einschließt, weil zum Recht eines Vertragsstaats des UN-Kaufrechts (CISG) eben auch das UN-Kaufrecht (CISG) selbst gehört. Ein Ausschluss nach Art. 6 CISG ist demnach nur gegeben, wenn bei der Rechtswahl explizit entweder auf das interne Recht des Staates Bezug genommen (z.B.: „Dieser Vertrag unterliegt dem Recht des Bürgerlichen Gesetzbuchs und des Handelsgesetzbuchs der Bundesrepublik Deutschland.") oder das UN-Kaufrecht (CISG) ausgeschlossen wird (z.B.: „Dieser Vertrag unterliegt dem Recht der Bundesrepublik Deutschland. Die Anwendung des UN-Kaufrechts (CISG) ist ausgeschlossen.").

⇨ *Fall Nr. 47 – Rechtswahl mit Tücken*

III. Regelungsbereich des UN-Kaufrechts

26   Sind für einen bestimmten Vertrag die Anwendungsvoraussetzungen des UN-Kaufrechts (CISG) erfüllt, so ist damit noch nicht gesagt, welche der Rechtsfragen, die das Vertragsverhältnis aufwirft, nach dem UN-Kaufrecht (CISG) zu beantworten sind. Maßgeblich ist das UN-Kaufrecht (CISG) nämlich nur insoweit, wie sein Regelungsbereich betroffen ist. Dieser umfasst nach Art. 4 S. 1 CISG nur den **Abschluss des Kaufvertrags** und die aus dem Kaufvertrag erwachsenden **Rechte und Pflichten der Parteien**. Wie Art. 4 S. 2 CISG ausdrücklich klarstellt, liegen damit insbesondere Fragen der Vertragsgültigkeit und der Eigentumswirkungen des Kaufvertrags außerhalb des Regelungsbereichs des UN-Kaufrechts (CISG). Sie sind folglich nach dem innerstaatlichen Recht zu beantworten, das nach den Regelungen des Internationalen Privatrechts (IPR) anwendbar ist.

27   Außerhalb des Regelungsbereichs des UN-Kaufrechts (CISG) liegen insbesondere die folgenden Sachprobleme:

– Geschäftsfähigkeit (vgl. §§ 104 ff. BGB[632]),
– Stellvertretung (vgl. §§ 164 ff. BGB[633], 48 ff. HGB[634]),

---

[629] Die fehlende Kaufmannseigenschaft des Käufers schadet aber nicht (vgl. Art. 1 III CISG).
[630] Vgl. Schlechtriem/Schwenzer/*Ferrari*, Art. 6 Rn. 21 ff. m.w.N.
[631] Darunter die Bundesrepublik Deutschland, vgl. *BGH* ZIP 2014, 2036, 2037 (Rn. 11); *BGH* RIW 1999, 385.
[632] Dazu *Bitter/Röder*, BGB AT, § 9.
[633] Dazu *Bitter/Röder*, BGB AT, § 10.
[634] Zur handelsrechtlichen Stellvertretung → § 6.

– Gesetzesverstoß und Sittenwidrigkeit (vgl. §§ 134, 138 BGB[635]),
– Verjährung (vgl. §§ 194 ff., 438 BGB[636], Art. 3 VertragsG[637]).

Eine differenzierende Betrachtung ist bei Willensmängeln, der Verbindlichkeit von **28** Allgemeinen Geschäftsbedingungen und der Aufrechnung nötig: Willensmängel (vgl. §§ 119, 120, 123 BGB) sind im UN-Kaufrecht (CISG) abschließend geregelt hinsichtlich von Irrtümern über die Sachmangelfreiheit der Kaufsache (Art. 35 ff., 45 CISG) und über die Leistungsfähigkeit der anderen Seite (Art. 71 CISG). Insofern scheidet ein Rückgriff auf innerstaatliches Recht deshalb aus. Nicht geregelt sind hingegen der Inhalts- und der Erklärungsirrtum (vgl. § 119 I BGB) sowie Täuschung und Drohung (§ 123 BGB). Insofern kommt also innerstaatliches Recht zur Anwendung.[638]

Ob Allgemeine Geschäftsbedingungen **in den Vertrag einbezogen** sind (vgl. **29** §§ 305 II, III, 305c I BGB), ist eine Frage des Vertragsschlusses und richtet sich nach den Regelungen des UN-Kaufrechts (CISG), namentlich nach den Vertragsschlussregelungen der Art. 14 ff. CISG sowie nach der Auslegungsregel des Art. 8 CISG.[639] Die **Inhaltskontrolle** von Allgemeinen Geschäftsbedingungen (vgl. §§ 307 ff. BGB) betrifft hingegen die Gültigkeit der Bedingungen. Sie ist deshalb anhand der anwendbaren innerstaatlichen Normen vorzunehmen. Kommt es dabei darauf an, inwiefern von normiertem Recht abgewichen wird (vgl. etwa § 307 II Nr. 1 BGB), so gibt jedoch das UN-Kaufrecht (CISG) den Vergleichsmaßstab vor.

Die Frage, ob sich die Aufrechnung von Forderungen nach dem UN-Kaufrecht **29a** (CISG) bestimmt, beantwortet der *BGH* differenzierend:[640] Die Aufrechnung gegenseitiger Geldforderungen, die aus demselben dem UN-Kaufrecht (CISG) unterliegenden Vertragsverhältnis resultieren, bestimmt sich nach (ungeschriebenen) Maßstäben des UN-Kaufrechts (CISG), wobei Folge der Aufrechnung ist, dass die gegenseitigen Forderungen – soweit keine Aufrechnungsausschlüsse vereinbart worden sind – durch Verrechnung erlöschen, soweit sie betragsmäßig übereinstimmen. Im Übrigen richtet sich die Aufrechnung nicht nach dem UN-Kaufrecht (CISG), sondern nach dem anwendbaren innerstaatlichen Recht.

⇨ *Fall Nr. 48 – Todesfall beim Abnehmer des Käufers*

IV. Allgemeine Bestimmungen des UN-Kaufrechts

Art. 6 CISG stellt den Grundsatz der **Dispositivität des UN-Kaufrechts (CISG)** **30** auf: Die Parteien können die Anwendung des UN-Kaufrechts (CISG) vertraglich ausschließen (→ Rn. 25) oder, vorbehaltlich von Art. 12 CISG (→ Rn. 36), von seinen Bestimmungen abweichen oder deren Wirkung ändern.

In Art. 7 CISG finden sich Regelungen zur **Auslegung des UN-Kaufrechts (CISG)** **31** und zur **Füllung von Lücken**, die das UN-Kaufrecht (CISG) aufweist. In Art. 7 I

---

[635] Dazu *Bitter/Röder*, BGB AT, § 6 Rn. 25 ff. (§ 134 BGB) bzw. § 6 Rn. 35 ff. (§ 138 BGB).

[636] Zur Verjährung siehe allgemein *Bitter/Röder*, BGB AT, § 3 Rn. 30 ff.

[637] Gemeint ist das Gesetz zu dem Übereinkommen der Vereinten Nationen vom 11. 4. 1980 über Verträge über den internationalen Warenkauf sowie zur Änderung des Gesetzes zu dem Übereinkommen vom 19. 5. 1956 über den Beförderungsvertrag im internationalen Straßengüterverkehr (CMR). Art. 3 dieses Gesetzes ist abgedruckt und kommentiert bei *Schlechtriem/Schwenzer*.

[638] Dazu *Bitter/Röder*, BGB AT, § 7 Rn. 55 ff.

[639] Zur Auslegung von AGB gemäß Art. 8 CISG vgl. *BGH* ZIP 2014, 2036, 2038 f. (Rn. 20 f.).

[640] Vgl. BGHZ 202, 258, 278 ff. = ZIP 2015, 176, 182 f. (Rn. 53 ff.); *BGH* ZIP 2014, 1883, 1885 (Rn. 18).

CISG werden drei Auslegungsmaximen aufgestellt: Erstens ist bei der Auslegung des UN-Kaufrechts (CISG) sein „internationaler Charakter" zu berücksichtigen. Die Auslegung hat also autonom zu erfolgen. Rückgriffe auf Begriffsdefinitionen, die im innerstaatlichen Recht anerkannt sind, verbieten sich. Zweitens muss auf die „einheitliche Anwendung" des UN-Kaufrechts (CISG) hingewirkt werden. Diesem Gebot wird gerecht, wer bei der Auslegung nach den international sehr weitgehend anerkannten Auslegungsmethoden auf Wortlaut[641] und Entstehungsgeschichte[642] abstellt und bei der Rechtsrecherche auch ausländische Rechtsprechung und Literatur berücksichtigt. Drittens muss die Auslegung darauf abzielen, die „Wahrung des guten Glaubens im internationalen Handel" zu fördern. Ob dieser dritten Auslegungsmaxime eigenständige praktische Bedeutung zukommt, ist zweifelhaft.

32 Nach Art. 7 II CISG sind Fragen, die im UN-Kaufrecht (CISG) geregelte Gegenstände betreffen, aber durch die Bestimmungen des UN-Kaufrechts (CISG) nicht ausdrücklich entschieden werden (sog. „interne Lücken"),[643] wie folgt zu beantworten: Primär ist zu versuchen, aus den allgemeinen Grundsätzen, die dem UN-Kaufrecht (CISG) zugrunde liegen, eine Lösung abzuleiten. Dies kann insbesondere im Wege des Analogieschlusses geschehen.[644] Sekundär, falls das UN-Kaufrecht (CISG) entsprechende Grundsätze nicht erkennen lässt, ist das Recht maßgebend, das nach den Regeln des Internationalen Privatrechts (IPR) anzuwenden ist.

33 Art. 8 CISG bestimmt, wie **Parteierklärungen auszulegen** sind. Es gelten ähnliche Grundsätze wie im innerdeutschen Recht nach §§ 133, 157 BGB. Primär ist auf den wirklichen Willen des Erklärenden abzustellen, vorausgesetzt, dass der Erklärungsempfänger diesen Willen kannte oder darüber nicht in Unkenntnis sein konnte (Art. 8 I CISG). Fehlt es an dieser Voraussetzung, so ist die Bedeutung maßgeblich, die eine vernünftige Person der gleichen Art wie der Erklärungsempfänger und unter den gleichen Umständen der Erklärung beigemessen hätte (Art. 8 II CISG). Dabei sind bei der Bestimmung dessen, was der Erklärende erklären wollte und was eine vernünftige Person in der Situation des Erklärungsempfängers verstanden hätte, alle erheblichen Umstände zu berücksichtigen, wozu insbesondere auch das spätere Verhalten der Parteien gehört (Art. 8 III CISG).

34 Art. 9 CISG regelt, unter welchen Voraussetzungen **Handelsbräuche** rechtlich verbindliche Geltung erlangen. Nach Art. 9 I CISG sind die Parteien an die Gebräuche, mit denen sie sich einverstanden erklärt haben, und an die Gepflogenheiten gebunden, die zwischen ihnen entstanden sind. Diese Folge ergibt sich bereits aus den allgemeinen Auslegungsgrundsätzen des Art. 8 CISG, sodass Art. 9 I CISG keine

---

[641] Authentisch sind nur der arabische, chinesische, englische, französische, russische und spanische Wortlaut des UN-Kaufrechts (CISG), vgl. die Unterzeichnungsklausel nach Art. 101 CISG. Bei der deutschen Fassung handelt es sich hingegen nur um eine Übersetzung. Bei problematischen Auslegungsfragen sollten Auslegungsargumente auf den deutschen Wortlaut deshalb nur gestützt werden, soweit sie im Wortlaut des UN-Kaufrechts (CISG) in (zumindest) einer der authentischen Versionen Bestätigung finden.

[642] Materialien aus dem Entstehungsprozess des UN-Kaufrechts (CISG) sind beispielsweise unter www.uncitral.org einsehbar.

[643] Im Gegensatz zu den „internen Lücken" betreffen „externe Lücken" solche Rechtsfragen, die außerhalb des durch Art. 4 CISG normierten Regelungsbereichs des UN-Kaufrechts (CISG) liegen (→ Rn. 26 ff.) und deren Beantwortung sich deshalb stets nach dem innerstaatlichen Recht richtet, das durch die Regeln des Internationalen Privatrechts (IPR) berufen ist.

[644] Beispiel: Art. 13 CISG, wonach der Ausdruck „schriftlich" für die Zwecke des UN-Kaufrechts (CISG) auch Mitteilungen durch Telegramm oder Fernschreiben umfasst, ist im Wege einer auf Art. 7 II CISG gestützten Analogie auch auf Mitteilungen per Telefax oder Email zu erweitern (vgl. hierzu sogleich Rn. 37).

eigenständige Bedeutung zukommt. Bedeutsam ist aber Art. 9 II CISG, wonach die Gebräuche des internationalen Handels zwischen den Vertragsparteien Geltung erlangen, soweit die folgenden drei Voraussetzungen erfüllt sind: Erstens muss der Brauch den Parteien von Verträgen dieser Art in dem betreffenden Geschäftszweig weithin bekannt sein und von ihnen regelmäßig beachtet werden. Zweitens muss der Brauch nicht nur bei Inlandsgeschäften, sondern auch bei Geschäften mit grenzüberschreitendem Bezug Beachtung finden. Drittens ist Voraussetzung, dass die Parteien den Brauch kannten oder kennen mussten.

Viel diskutiert ist insbesondere, in welchen Fällen der Handelsbrauch von der **35** konstitutiven Wirkung des Schweigens auf ein **kaufmännisches Bestätigungsschreiben**[645] Geltung erlangt:[646] Vielfach wird – unabhängig von den soeben genannten drei Voraussetzungen – einfach darauf abgestellt, ob ein entsprechender Brauch an den Niederlassungen beider Parteien gilt. Überzeugend ist aber allein, auch in diesem Fall die Voraussetzungen des Art. 9 II CISG durchzuprüfen und dem Schweigen auf ein kaufmännisches Bestätigungsschreiben nur dann konstitutive Wirkung zuzusprechen, wenn diese Voraussetzungen erfüllt sind. Letzteres wird allerdings regelmäßig der Fall sein, wenn ein entsprechender Brauch an den Niederlassungen beider Parteien gilt.[647]

Art. 11 CISG stellt klar, dass nach dem UN-Kaufrecht (CISG) der **Abschluss eines** **36** **Kaufvertrags grundsätzlich formfrei** möglich ist. Art. 12, 96 CISG eröffnet jedoch einem Vertragsstaat, nach dessen innerstaatlichen Rechtsvorschriften Kaufverträge schriftlich abzuschließen oder nachzuweisen sind, die Möglichkeit, einen Vorbehalt dahin zu erklären, dass Art. 11 CISG nicht gilt, wenn eine Vertragspartei ihre Niederlassung in diesem Staat hat.[648] Umstritten ist, welche Rechtsfolgen ein solcher Vorbehalt auslöst:[649] Zum Teil wird angenommen, dass die Formvorschriften des Vorbehaltsstaates Anwendung fänden. Zum Teil wird auf die Formvorschriften abgestellt, auf die die Regeln des Internationalen Privatrechts (IPR) verweisen, wobei wiederum umstritten ist, ob bei einer Verweisung auf die Regelungen eines Vertragsstaats des UN-Kaufrechts (CISG), der einen Vorbehalt nach Art. 12, 96 CISG nicht erklärt hat, Art. 11 CISG oder die Formvorschriften des innerstaatlichen Rechts maßgeblich sind. Ein Schriftformerfordernis kann sich außer aus einem Vorbehalt nach Art. 12, 96 CISG auch aus einer vertraglichen Schriftformklausel ergeben. Die in der Klausel liegende Abweichung von Art. 11 CISG ist nach Art. 6, 29 II CISG zulässig.

Nach Art. 13 CISG umfasst der **Ausdruck „schriftlich"** für die Zwecke des UN- **37** Kaufrechts (CISG) auch Mitteilungen durch Telegramm oder Fernschreiben. Im Hinblick auf die grundsätzliche Formfreiheit (Art. 11 CISG) ist der Anwendungsbereich des Art. 13 CISG recht klein. Bedeutsam kann Art. 13 CISG vor allem im Rahmen von Art. 21 II CISG (verspätete schriftliche Annahme) werden. Ob Art. 13 CISG außerdem auch dann maßgeblich ist, wenn wegen eines Vorbehalts nach Art. 12, 96 CISG (→ Rn. 36) ein innerstaatliches Schriftformerfordernis zu beach-

---

[645] Zur konstitutiven Wirkung von Schweigen auf ein kaufmännisches Bestätigungsschreiben im innerdeutschen Recht → § 7 Rn. 10 ff.

[646] Vgl. Schlechtriem/Schwenzer/*Schmidt-Kessel*, Art. 9 Rn. 22 ff.

[647] Als Staaten, in denen dem Schweigen auf ein kaufmännisches Bestätigungsschreiben konstitutive Wirkung beigemessen wird, werden neben Deutschland unter anderem Dänemark, Polen, die Türkei, die Schweiz, Spanien (mit Einschränkungen) und die USA (in beschränktem Umfang) genannt (vgl. Schlechtriem/Schwenzer/*Schmidt-Kessel*, Art. 9 Rn. 24).

[648] Ein solcher Vorbehalt nach Art. 12, 96 CISG besteht beispielsweise für die Russische Föderation.

[649] Vgl. etwa MüKoHGB/*Ferrari*, Art. 12 CISG Rn. 4 f.

ten ist, wird nicht einheitlich beurteilt:[650] Zum Teil wird Art. 13 CISG für anwendbar gehalten. Zum Teil werden hingegen die Vorschriften des internen Rechts auch hinsichtlich der Schriftlichkeitsdefinition als maßgeblich angesehen. Bei vertraglichen Schriftformklauseln ist vorrangig durch Auslegung nach Art. 8 CISG zu ermitteln, was die Parteien als „schriftlich" auffassen wollten. Erst in zweiter Linie ist auf Art. 13 CISG zurückzugreifen. Dass Art. 13 CISG mit dem Telegramm und dem Fernschreiben zwei Kommunikationsmittel nennt, deren Bedeutung heutzutage hinter anderen, moderneren Kommunikationsmitteln zurücksteht, wird allgemein als misslich empfunden. Deshalb ist weitgehend anerkannt, dass Art. 13 CISG im Wege einer auf Art. 7 II CISG gestützten Analogie auch auf Mitteilungen per Telefax und Email zu erweitern ist.[651]

V. Vertragsschlussregelungen

38   Regelungen zum Vertragsschluss[652] enthält das UN-Kaufrecht (CISG) in seinem Teil II (Art. 14-24 CISG). Hinsichtlich dieses Teils hatten Dänemark, Finnland, Norwegen und Schweden ursprünglich einen **Vorbehalt nach Art. 92 CISG** erklärt,[653] diesen jedoch zwischenzeitlich zurückgenommen, so dass Teil II nun auch auf jene Länder uneingeschränkt zur Anwendung kommt.

39   Ebenso wie das innerdeutsche Recht[654] gehen die Art. 14-24 CISG davon aus, dass Verträge durch

– Angebot (→ Rn. 40 f.) und
– Annahme (→ Rn. 42 ff.)

zustande kommen (vgl. Art. 23 CISG).

1. Angebot

40   Die **Voraussetzungen eines Angebots** sind Art. 14 CISG zu entnehmen. Nach Art. 14 I 1 CISG stellt ein Vorschlag zum Abschluss eines Vertrags nur dann ein Angebot dar, wenn er bestimmt genug ist (erste Voraussetzung) und den Willen des Antragenden zum Ausdruck bringt, im Falle der Annahme gebunden zu sein (zweite Voraussetzung). Anders als der missverständliche Wortlaut des Art. 14 I 1 CISG glauben machen mag, liegt eine weitere Voraussetzung nicht darin, dass der Vorschlag an eine oder mehrere bestimmte Personen gerichtet sein muss. Das ergibt sich mittelbar aus Art. 14 II CISG, wonach ein Vorschlag an einen unbestimmten Personenkreis im Zweifel eine *invitatio ad offerendum* ist, im Einzelfall aber auch ein Angebot sein kann. Unter welchen Umständen ein Vorschlag bestimmt genug ist, legt Art. 14 I 2 CISG fest. Danach muss der Vorschlag die Ware bezeichnen und ausdrücklich oder stillschweigend die Menge und den Preis festsetzen oder deren Festsetzung ermöglichen.[655] Ob ein Vorschlag den Bindungswillen des Annehmenden

---

[650] Vgl. etwa MüKoHGB/*Ferrari*, Art. 13 CISG Rn. 6.

[651] Vgl. etwa Staudinger/*Magnus*, Art. 13 CISG Rn. 5.

[652] Dazu umfassend und rechtsvergleichend *J. Schmidt*, Der Vertragsschluss, 2013.

[653] War an einem Vertrag eine Partei aus einem dieser Länder beteiligt, so konnten die Art. 14-24 CISG deshalb nur dann Anwendung finden, wenn die Regeln des Internationalen Privatrechts (IPR) auf das Land eines Vertragsstaats verwiesen, der nicht zu den aufgezählten Vorbehaltsstaaten gehörte (vgl. Art. 1 I lit. a, b CISG).

[654] Dazu *Bitter/Röder*, BGB AT, § 5 Rn. 10 ff.

[655] Damit steht Art. 14 I 2 CISG in einem gewissen Spannungsverhältnis zu Art. 55 CISG, näher hierzu sogleich Fall Nr. 49.

zum Ausdruck bringt, bestimmt sich primär nach der besonderen Auslegungsregel des Art. 14 II CISG, sekundär nach der allgemeinen Auslegungsregel des Art. 8 CISG.

⇨ *Fall Nr. 49 – „Kostenloser" Flugzeugmotor*

Art. 15 CISG regelt das **Wirksamwerden eines Angebots**. Erforderlich ist, dass das **41** Angebot zugeht i.S.v. Art. 24 CISG (Art. 15 I CISG), ohne dass dem Empfänger vor dem Zugang oder gleichzeitig damit eine Rücknahmeerklärung zugeht i.S.v. Art. 24 CISG (Art. 15 II CISG). Inwiefern eine Partei **an ein Angebot gebunden** ist, richtet sich nach Art. 16 CISG. Anders als im deutschen Recht (vgl. § 145 BGB), ist ein Angebot grundsätzlich solange frei widerruflich, bis der Empfänger seine Annahmeerklärung abgesandt hat (Art. 16 I CISG). Zu diesem Grundsatz werden jedoch zwei Ausnahmen normiert: Ein Angebot kann nicht widerrufen werden, wenn es durch Bestimmung einer festen Frist zur Annahme oder auf andere Weise zum Ausdruck bringt, dass es unwiderruflich ist (Art. 16 II lit. a CISG), oder wenn der Empfänger vernünftigerweise darauf vertrauen konnte, dass das Angebot unwiderruflich ist, und er im Vertrauen auf das Angebot gehandelt hat (Art. 16 II lit. b CISG). Ein solches Handeln im Vertrauen auf das Angebot kann sowohl in einem aktiven Tun (z.B. Einstellen von Mitarbeitern), als auch in einem passiven Unterlassen (z.B. Nichteinholen eines Vergleichsangebots) liegen. Nach Art. 17 CISG **erlischt ein Angebot**, sobald dem Anbietenden eine Ablehnungserklärung zugeht i.S.v. Art. 24 CISG.

2. Annahme

Die **Grundvoraussetzungen einer Annahme** bestimmt Art. 18 I 1 CISG. Danach **42** ist eine Annahme eine Erklärung oder ein sonstiges Verhalten des Empfängers (erste Voraussetzung), das eine Zustimmung zum Angebot ausdrückt (zweite Voraussetzung). Als Erklärung oder sonstiges Verhalten des Empfängers kommt nach Art. 18 I 2 CISG Schweigen oder Untätigkeit allein nicht in Betracht.[656] Eine Zustimmung zum Angebot, wie sie Art. 18 I 1 CISG voraussetzt, ist nur dann gegeben, wenn die Erklärung oder das sonstige Verhalten Bindungswille erkennen lässt. Ob dies der Fall ist, bestimmt sich durch Auslegung nach Art. 8 CISG.

Unter welchen Umständen eine **Annahme wirksam wird**, bestimmt sich nach **43** Art. 18 II, III, 20 ff. CISG: Grundsätzlich ist Zugang i.S.v. Art. 24 CISG erforderlich (Art. 18 II 1 CISG). Eine Ausnahme gilt, wenn der Anbietende durch sein Angebot auf den Zugang verzichtet hat oder ein solcher Verzicht den Gepflogenheiten oder den Gebräuchen zwischen den Parteien entspricht (Art. 18 III CISG): Dann ist – ebenso wie in den Fällen des § 151 BGB – zwar nicht die Annahmeerklärungshandlung selbst, aber deren Zugang beim Anbietenden entbehrlich. Verbindlichkeit erlangt die Annahme in diesem Fall in dem Zeitpunkt, in dem die Annahmeerklärungshandlung vorgenommen wird. Nicht wirksam wird eine Annahme dann, wenn dem Anbietenden vor oder in dem Zeitpunkt, in dem die Annahme dem Anbietenden zugeht i.S.v. Art. 24 CISG (Normalfall des Art. 18 II 1 CISG) bzw. in dem die Annahmeerklärungshandlung vorgenommen wird (Ausnahmefall des Art. 18 III CISG), eine Rücknahmeerklärung des Annehmenden zugeht i.S.v. Art. 24 CISG (Art. 22 CISG). Außerdem hängt die Wirksamkeit einer Annahme davon ab, dass die Annahme rechtzeitig erfolgt. Ist in dem Angebot eine Annahmefrist bestimmt, so

---

[656] Zur konstitutiven Wirkung von Schweigen auf ein kaufmännisches Bestätigungsschreiben *als Handelsbrauch nach Art. 9 II CISG* → Rn. 35.

gilt diese; anderenfalls ist das Angebot innerhalb angemessener Frist anzunehmen (Art. 18 II 2 CISG). Ein mündliches Angebot ist sofort anzunehmen, wenn sich aus den Umständen nichts anderes ergibt (Art. 18 II 3 CISG). Einzelheiten der Fristenberechnung regelt Art. 20 CISG. Dass eine Annahme verspätet erfolgte, ist in den Fällen des Art. 21 CISG ausnahmsweise unbeachtlich.

44   Ein Vertragsschluss wird durch die Annahme schließlich nur dann bewirkt, wenn sie **inhaltlich mit dem Angebot übereinstimmt**. Nach Art. 19 I CISG führt grundsätzlich jede Abweichung von dem Angebot dazu, dass die Annahmeerklärungshandlung nicht als Annahme, sondern als Ablehnung des Angebots in Form eines Gegenangebots aufzufassen ist. Eine Ausnahme gilt nach Art. 19 II CISG für unwesentliche Abweichungen. Auf solche unwesentlichen Abweichungen hat der Anbietende unverzüglich zu reagieren, indem er den Annehmenden auf die Abweichung hinweist oder eine entsprechende Mitteilung absendet. Unterlässt er dies, so bilden die Bedingungen des Angebots mit den in der Annahme enthaltenen Änderungen den Vertragsinhalt. Art. 19 III CISG stellt ausdrücklich klar, dass Abweichungen, die sich auf Preis, Bezahlung, Qualität und Menge der Ware, Ort und Zeit der Lieferung, Umfang der Haftung oder die Beilegung von Streitigkeiten beziehen, als wesentlich anzusehen sind. Solche Abweichungen sind somit nicht nach Art. 19 II CISG, sondern nach Art. 19 I CISG zu beurteilen.

⇨ *Fall Nr. 50 – Battle of forms*

VI. Rechte und Pflichten der Parteien im UN-Kaufrecht

45   Die Rechte und Pflichten der Parteien sowie die Rechtsfolgen einer Pflichtverletzung sind in Teil III des UN-Kaufrechts (CISG) geregelt, der die Art. 25–88 CISG umfasst. Dieser Teil III ist in fünf Kapitel untergliedert: Kapitel I (Art. 25–29 CISG) enthält allgemeine Bestimmungen. In Kapitel II (Art. 30–52 CISG) sind die Pflichten des Verkäufers und die Rechtsbehelfe des Käufers bei einer Pflichtverletzung durch den Verkäufer geregelt. Spiegelbildlich dazu sind in Kapitel III (Art. 53–65 CISG) die Pflichten des Käufers und die Rechtsbehelfe des Verkäufers bei einer Pflichtverletzung durch den Käufer normiert. In Kapitel IV (Art. 66–70 CISG) finden sich Regelungen zum Übergang der (Preis-)Gefahr. Kapitel V (Art. 71–88 CISG) schließlich enthält – ebenso wie Kapitel I – allgemeine Bestimmungen.[657] Diese Regelungen aus Teil III des UN-Kaufrechts (CISG) werden im Folgenden in einem weitgehend anspruchsprüfungs- und damit falllösungsorientierten Aufbau dargestellt, wobei die folgenden Fragenkomplexe behandelt werden:

- Rechtsbehelfe des Käufers bei einer Pflichtverletzung durch den Verkäufer (dabei inzident Pflichten des Verkäufers, [Preis-]Gefahrübergang und relevante allgemeine Bestimmungen; → Rn. 46 ff.)
- Rechtsbehelfe des Verkäufers bei einer Pflichtverletzung durch den Käufer (dabei inzident Pflichten des Käufers und relevante allgemeine Bestimmungen; → Rn. 115 ff.)
- Anspruch auf (Fälligkeits-)Zinsen (→ Rn. 125 f.)
- Pflichten und Rechte bezüglich der Erhaltung der Ware (→ Rn. 127 ff.)

---

[657] Bei der Schaffung des UN-Kaufrechts (CISG) hätte es sich deshalb angeboten, die Vorschriften des Kapitels V in Kapitel I zu verorten (vgl. *Schlechtriem/Schroeter*, UN-Kaufrecht, Rn. 306).

1. Rechtsbehelfe des Käufers bei einer Pflichtverletzung des Verkäufers

Die wichtigsten Rechtsbehelfe des Käufers bei einer Pflichtverletzung durch den **46**
Verkäufer sind in Art. 45 I CISG in Bezug genommen. Danach kann dem Käufer bei
einer Pflichtverletzung durch den Verkäufer das Recht zustehen,

- (Nach-)Erfüllung zu verlangen (Art. 45 I lit. a, 46 CISG; → Rn. 69 ff.),
- den Vertrag aufzuheben (Art. 45 I lit. a, 49 CISG; → Rn. 84 ff.),
- den Kaufpreis zu mindern (Art. 45 I lit. a, 50 CISG; → Rn. 91 ff.) und
- Schadensersatz zu verlangen (Art. 45 I lit. b, 74-77 CISG; → Rn. 94 ff.).

Diese Rechtsbehelfe stehen dem Käufer jedoch nur unter bestimmten Vorausset- **47**
zungen zu. Diese Voraussetzungen lassen sich wie folgt kategorisieren:

- allgemeine Rechtsbehelfsvoraussetzungen, die bei jedem der genannten Rechtsbehelfe zu prüfen sind (→ Rn. 48 ff.)
- besondere Rechtsbehelfsvoraussetzungen, die je nach Rechtsbehelf des Käufers
unterschiedlich sind (→ Rn. 68 ff.)

a) Allgemeine Rechtsbehelfsvoraussetzungen

Zu den allgemeinen Rechtsbehelfsvoraussetzungen zählt, dass **48**
- es zu einem **wirksamen Vertragsschluss** gekommen ist (→ Rn. 38 ff.),
- der Verkäufer eine **Pflichtverletzung** begangen hat (→ Rn. 49 ff.) und
- er von dieser Pflichtverletzung **nicht nach Art. 80 CISG** befreit ist (→ Rn. 67).

aa) Pflichtverletzung durch den Verkäufer

Nach Art. 30 CISG ist der Verkäufer dazu verpflichtet, die Ware zu liefern, die sie be- **49**
treffenden Dokumente zu übergeben[658] und das Eigentum an der Ware zu übertra-
gen.[659] In der Praxis sowie in Klausuren und sonstigen Prüfungssituationen werden
Rechtsbehelfe des Käufers zumeist auf eine **Verletzung der Warenlieferungspflicht** des
Verkäufers zu stützen sein. Eine solche Pflichtverletzung ist in dreierlei Hinsicht denkbar, denn die Warenlieferungspflicht ist nur dann ordnungsgemäß erfüllt, wenn die
Ware – erstens – am richtigen Ort (→ Rn. 50) und – zweitens – zur richtigen Zeit
(→ Rn. 51) geliefert wird sowie – drittens – vertragsgemäß (→ Rn. 52 ff.), insbeson-
dere auch frei von Rechten und Ansprüchen Dritter ist (→ Rn. 66):

aaa) Richtiger Lieferort

Der **Lieferort** wird durch Art. 31 CISG vorgegeben. Ist ein bestimmter Lieferort **50**
vertraglich vereinbart, so ist dieser maßgeblich (Art. 31 vor lit. a CISG; vgl. auch
Art. 6 CISG). In den übrigen Fällen ist zunächst zu prüfen, ob die Parteien (ausdrücklich oder konkludent) vereinbart haben, dass der Verkäufer für den Transport
der Ware zu sorgen hat. Gegebenenfalls schuldet der Verkäufer die Übergabe der
Ware an den ersten Beförderer zur Übermittlung an den Käufer (Art. 31 lit. a CISG:
Schickschuld; für Einzelheiten vgl. Art. 32 CISG). Anderenfalls ist der Verkäufer
lediglich dazu verpflichtet, die Ware dem Käufer am Lagerungs- oder Herstellungs-
ort bzw. an der Niederlassung des Verkäufers zur Verfügung zu stellen (Art. 31
lit. b, c CISG: Holschuld).

---

[658] Für Einzelheiten zur Dokumentenübergabe vgl. Art. 34 CISG.
[659] Die Art und Weise der Eigentumsübertragung richtet sich nicht nach dem UN-Kaufrecht
(CISG), sondern nach dem innerstaatlichen Recht, auf das die Regelungen des Internationalen
Privatrechts (IPR) verweisen (vgl. Art. 4 S. 2 lit. b CISG).

bbb) Richtige Lieferzeit

51   Die Lieferzeit ist in Art. 33 CISG geregelt. Ist ein bestimmter Lieferzeit**punkt** im Vertrag bestimmt oder kann er aufgrund des Vertrags bestimmt werden, so ist die Lieferung zu diesem Zeitpunkt geschuldet (Art. 33 lit. a CISG; vgl. auch Art. 6 CISG). Ist hingegen ein bestimmter Lieferzeit**raum** im Vertrag bestimmt oder kann er aufgrund des Vertrags bestimmt werden, so kann der Verkäufer jederzeit innerhalb dieses Zeitraums liefern, sofern sich nicht aus den Umständen ergibt, dass der Käufer den Zeitpunkt zu wählen hat (Art. 33 lit. b CISG). Fehlt eine vertragliche Vereinbarung völlig, so hat der Verkäufer innerhalb einer angemessenen Frist nach Vertragsschluss zu liefern (Art. 33 lit. c CISG).

ccc) Vertragsgemäßheit der Ware

52   Von außerordentlich großer Bedeutung für Praxis und Prüfungswesen sind die Regelungen zur Vertragsmäßigkeit der Ware in Art. 35 ff. CISG:

53   (1) Den **Maßstab der Vertragsmäßigkeit** legt Art. 35 CISG fest. Nach Art. 35 I CISG kommt es primär darauf an, dass die Ware den vertraglichen Vereinbarungen entspricht. Bei einer qualitativen Abweichung („Qualität"), einer Zuweniglieferung („Menge"), einer Falschlieferung („Art") oder einer Abweichung in Bezug auf Verpackung oder Material ist die Ware nicht vertragsgemäß. Wenn vertragliche Vereinbarungen nicht getroffen wurden, sind sekundär die in Art. 35 II CISG festgeschriebenen Kriterien maßgeblich: Hat der Verkäufer dem Käufer Ware als Probe oder Muster vorgelegt, so muss die gelieferte Ware der Probe bzw. dem Muster entsprechen (Art. 35 II lit. c CISG). Verfolgt der Käufer mit der Ware einen bestimmten Zweck und wurde dieser Zweck dem Verkäufer bei Vertragsschluss ausdrücklich oder auf andere Weise zur Kenntnis gebracht, so muss die gelieferte Ware sich für diesen Zweck eignen, sofern sich nicht aus den Umständen ergibt, dass der Käufer auf die Sachkenntnis und das Urteilsvermögen des Verkäufers nicht vertraute oder vernünftigerweise nicht vertrauen konnte (Art. 35 II lit. b CISG). In den übrigen Fällen muss sich die gelieferte Ware für die Zwecke eignen, für die Ware der gleichen Art für gewöhnlich gebraucht wird (Art. 35 II lit. a CISG). Zusätzlich muss die Ware in einer Weise verpackt sein, die für Ware dieser Art üblich oder, falls es eine solche übliche Verpackungsweise nicht gibt, für die Erhaltung und den Schutz der Ware angemessen ist (Art. 35 II lit. d CISG).

54   Nach Art. 35 III CISG haftet der Verkäufer für eine Vertragswidrigkeit der Ware nach Art. 35 *II* CISG (nicht: Art. 35 *I* CISG) jedoch nicht, wenn der Käufer diese Vertragswidrigkeit bei Vertragsschluss kannte oder darüber nicht in Unkenntnis sein konnte.

⇨ *Fall Nr. 51 – Neuseeländische Muscheln*

55   (2) Als den **Zeitpunkt, der für die Vertragsmäßigkeit der Ware entscheidend ist,** nennt Art. 36 I CISG den Zeitpunkt, in dem die (Preis-)Gefahr auf den Käufer übergeht.[660] Damit sind die Art. 66 ff. CISG in Bezug genommen. Diesen Vorschriften liegt der Regelungsgedanke zugrunde, dass die (Preis-)Gefahr grundsätzlich in dem Moment vom Verkäufer auf den Käufer übergehen soll, in dem der Verkäufer seine Lieferverpflichtung nach Art. 31 CISG erfüllt hat:

56   **Art. 67 CISG** bezieht sich auf die Fälle, in denen die Parteien (ausdrücklich oder konkludent) vereinbart haben, dass der Verkäufer für den Transport der Ware zu

---

[660] Zur Bedeutung des Art. 36 II CISG vgl. etwa Schlechtriem/Schwenzer/*Schwenzer*, Art. 36 Rn. 5 ff.

sorgen hat. Für diese Fälle ordnet Art. 31 lit. a CISG an, dass der Verkäufer die Ware an den ersten Beförderer zur Übermittlung an den Käufer zu übergeben hat. Mit dieser Übergabe geht – nicht anders als beim **Versendungskauf** gemäß § 447 BGB – die (Preis-)Gefahr auf den Käufer über (Art. 67 I CISG), vorausgesetzt, die Ware ist dem Vertrag eindeutig zugeordnet (Art. 67 II CISG).

Art. 68 CISG betrifft einen in Art. 31 CISG nicht gesondert geregelten Fall, näm- 57 lich den Verkauf von Ware, die sich im Moment des Vertragsschlusses auf dem Transport (z.B. per LKW, Schiff oder Flugzeug) befindet. Es geht also um **rollende, schwimmende oder fliegende Ware**. In diesem Fall geht die (Preis-)Gefahr grundsätzlich im Moment des Vertragsschlusses auf den Käufer über (Art. 68 S. 1 CISG). Abweichend davon erfolgt der (Preis-)Gefahrübergang rückwirkend schon in dem Moment, in dem die Ware an den Beförderer übergeben wurde, der die Dokumente über den Beförderungsvertrag ausgestellt hat, falls die Umstände diesen Schluss nahe legen (Art. 68 S. 2 CISG). Als ein solcher Umstand gilt insbesondere, dass der Verkäufer eine Transportversicherung zugunsten des (noch zu bestimmenden) Käufers abgeschlossen hat,[661] wie dies beispielsweise bei Vereinbarung der CIF-Klausel aus den Incoterms 2010 (→ Rn. 3 ff.) der Fall sein muss. Wenn allerdings der Verkäufer bei Abschluss des Kaufvertrags wusste oder wissen musste, dass die Ware untergegangen oder beschädigt war, und er dies dem Käufer nicht offenbart hat, geht der Untergang oder die Beschädigung zulasten des Verkäufers (Art. 68 S. 3 CISG).

Art. 69 CISG bezieht sich auf die in Art. 67 f. CISG nicht geregelten Fälle. Nach 58 Art. 31 lit. b, c CISG beschränkt sich die Lieferverpflichtung des Verkäufers in diesen Fällen darauf, dem Käufer die Ware zur Verfügung zu stellen (**Holschuld**). Dementsprechend geht die (Preis-)Gefahr jedenfalls dann über, wenn der Verkäufer die Ware dem Käufer übergibt (Art. 69 I Alt. 1 CISG). Aber auch ohne Warenübergabe kann es zum (Preis-)Gefahrübergang kommen. Dabei sind zwei Fälle zu unterscheiden: Hat der Käufer die Ware an einem anderen Ort als einer Niederlassung des Verkäufers zu übernehmen, so geht die (Preis-)Gefahr über, sobald die Lieferung fällig ist und der Käufer Kenntnis davon hat, dass ihm die Ware an diesem Ort zur Verfügung steht (Art. 69 II CISG). In den übrigen Fällen kommt es zum Übergang der (Preis-)Gefahr, wenn der Verkäufer die Ware zur Verfügung stellt und der Käufer durch die Nichtabnahme der Ware eine Vertragsverletzung begeht (Art. 69 I Alt. 2 CISG). Dabei gilt es jeweils zu beachten, dass Ware, die noch nicht individualisiert ist, erst dann als dem Käufer zur Verfügung gestellt gilt, wenn sie eindeutig dem Vertrag zugeordnet worden ist (Art. 69 III CISG).

(3) War die gelieferte Ware im Zeitpunkt des (Preis-)Gefahrübergangs vertrags- 59 widrig, so ist weiter zu prüfen, ob die Vertragswidrigkeit nach Art. 38 bis 40, 44 CISG **durch Zeitablauf geheilt** worden ist. Gegebenenfalls kann in der Vertragswidrigkeit nämlich keine Pflichtverletzung gesehen werden, die den Käufer berechtigen könnte, Rechtsbehelfe geltend zu machen.

Dabei bestehen – ebenso wie bei § 377 HGB (→ § 7 Rn. 50) – **zwei Alternativen** 60 **für den Prüfungsaufbau**: Entweder man diskutiert unter dem Prüfungspunkt „Pflichtverletzung durch den Verkäufer" zunächst die Voraussetzungen der Art. 35 f. CISG und sodann die Heilungsvorschriften der Art. 38 bis 40, 44 CISG. Oder man zieht unter den Prüfungspunkt „Pflichtverletzung durch den Verkäufer" nur die Voraussetzungen der Art. 35 f. CISG, fährt dann mit der Prüfung der sonstigen Voraussetzungen des jeweiligen Mangelrechtsbehelfs fort und thematisiert erst am Ende

---

[661] Vgl. etwa Schlechtriem/Schwenzer/*Hachem*, Art. 68 Rn. 9 m.w.N.

unter einem eigenen Prüfungspunkt, ob die Geltendmachung des Mangelrechtsbehelfs nach den Heilungsvorschriften der Art. 38 bis 40, 44 CISG ausgeschlossen ist. Für die erste Aufbaualternative spricht vor allem der enge gesetzessystematische Zusammenhang zwischen den Art. 35 f. CISG einerseits und den Art. 38 bis 40, 44 CISG andererseits. Da es – anders als bei § 377 HGB – auch keine übliche Aufbaupraxis zu geben scheint, wird diese erste Alternative dem Buch und den dazugehörigen Falllösungen zugrunde gelegt.

61   **Ausgangspunkt der Heilungsprüfung ist Art. 39 CISG.** In Art. 39 II CISG wird eine absolute Ausschlussfrist normiert. Danach ist die Vertragswidrigkeit in jedem Fall geheilt, wenn der Käufer die Vertragswidrigkeit nicht spätestens innerhalb von **zwei Jahren**, nachdem ihm die Ware tatsächlich übergeben worden ist, dem Verkäufer anzeigt, es sei denn, dass diese Frist mit einer vertraglichen Garantiefrist unvereinbar ist. Insoweit handelt es sich – ähnlich der Verjährung bei Sachmängeln im nationalen Recht (§ 438 BGB) – um eine **absolute Ausschlussfrist.**

62   Schon vor Ablauf der zwei Jahre wird die Vertragswidrigkeit der Ware nach Art. 39 I CISG geheilt, wenn der Käufer dem Verkäufer die Vertragswidrigkeit nicht innerhalb einer angemessenen Frist nach dem Zeitpunkt anzeigt, in dem der Käufer sie festgestellt hat oder hätte feststellen müssen, und dabei die Art der Vertragswidrigkeit genau bezeichnet. Die **Versäumung rechtzeitiger Rüge** hat insoweit ganz ähnliche Folgen wie im nationalen Recht (vgl. zu § 377 HGB → § 7 Rn. 50 ff.).

63   Wann der Käufer eine Vertragswidrigkeit hätte feststellen müssen, richtet sich nach dessen **Obliegenheit zur Untersuchung der Ware.** Diese ist in Art. 38 CISG geregelt. Die Vorschrift besagt zunächst nichts dazu, welche Untersuchungsmaßnahmen vom Käufer zu ergreifen sind. Besteht insofern – ausnahmsweise – eine Parteivereinbarung (vgl. Art. 6 CISG) oder ein geltender Handelsbrauch (vgl. Art. 9 CISG), so ist die Vereinbarung bzw. der Brauch maßgeblich.[662] Ansonsten hat der Verkäufer solche Untersuchungsmaßnahmen durchzuführen, die in Anbetracht aller Umstände, insbesondere der Warenart und -menge sowie ihrer Verpackung, angemessen sind.[663] Dabei werden – ebenso wie im Rahmen von § 377 HGB (→ § 7 Rn. 55) – bei größeren Warenlieferungen Stichproben regelmäßig ausreichend, aber auch erforderlich sein.[664]

64   Die zu beachtende **Untersuchungsfrist** hingegen erfährt in Art. 38 CISG eine detaillierte Regelung. Die Ware ist innerhalb so kurzer Frist zu untersuchen oder untersuchen zu lassen, wie es die Umstände erlauben (Art. 38 I CISG). Dabei beginnt die Untersuchungsfrist im praktisch besonders bedeutsamen Fall der Schickschuld nach Art. 31 lit. a CISG grundsätzlich erst dann, wenn die Ware am Bestimmungsort eingetroffen ist (Art. 38 II CISG). Wird die Ware jedoch vom Käufer umgeleitet oder von ihm weiterversandt, ohne dass er ausreichend Gelegenheit hatte, sie zu untersuchen, und kannte der Verkäufer bei Vertragsschluss die Möglichkeit einer solcher Umleitung oder Weiterversendung oder musste er sie kennen, so kann die Untersuchung bis nach dem Eintreffen der Ware an ihrem neuen Bestimmungsort aufgeschoben werden (Art. 38 III CISG).

65   Auch wenn Heilung nach Art. 39 CISG eingetreten ist, können dem Käufer in bestimmten Ausnahmefällen gleichwohl Rechtsbehelfe wegen der Vertragswidrigkeit der Ware zustehen. Dies ergibt sich aus **Art. 40, 44 CISG.** Nach Art. 40 CISG kann sich der Verkäufer auf die Art. 38 f. CISG nämlich nicht berufen, wenn die Vertragswidrigkeit

---

[662] Schlechtriem/Schwenzer/*Schwenzer*, Art. 38 Rn. 11.
[663] Vgl. Schlechtriem/Schwenzer/*Schwenzer*, Art. 38 Rn. 12 ff.
[664] Schlechtriem/Schwenzer/*Schwenzer*, Art. 38 Rn. 14.

auf Tatsachen beruht, die er kannte oder über die er nicht in Unkenntnis sein konnte und die er dem Käufer nicht offenbart hat. Art. 44 bestimmt, dass Art. 39 I CISG (nicht: Art. 39 II CISG) dem Käufer nicht das Recht nimmt, den Kaufpreis nach Art. 50 CISG zu mindern oder Schadensersatz, außer für entgangenen Gewinn, zu verlangen, wenn er eine vernünftige Entschuldigung dafür hat, dass er die erforderliche Anzeige unterlassen hat. Dass ein Käufer, den eine Rügeobliegenheit nach Art. 39 I CISG traf, eine solche vernünftige Entschuldigung für das Unterlassen der Rüge vorbringen kann, dürfte jedoch allenfalls in seltenen Ausnahmefällen denkbar sein.

⇨ *Fall Nr. 52 – Gefrorener Käse*
⇨ *Fall Nr. 53 – Stahlbleche*

(4) Dass die vom Verkäufer gelieferte Ware grundsätzlich **frei von Rechten und** **66** **Ansprüchen Dritter**, also rechtsmangelfrei, sein muss, wird in den Art. 41 f. CISG festgeschrieben. Die Art. 43 f. CISG enthalten Regelungen zur Heilung von Rechtsmängeln, die strukturell den Heilungsvorschriften hinsichtlich der Vertragswidrigkeit der Ware in Art. 38 bis 40, 44 CISG ähneln.

bb) Keine Befreiung des Verkäufers nach Art. 80 CISG

Nach Art. 80 CISG kann sich eine Partei auf die Nichterfüllung von Pflichten **67** durch die andere Partei nicht berufen, soweit diese Nichterfüllung durch ihre, der ersten Partei, Handlung oder Unterlassung verursacht wurde. Geht eine Pflichtverletzung des Verkäufers also auf ein Tun oder ein Unterlassen des Käufers zurück, so stehen dem Käufer aufgrund der Pflichtverletzung keine Rechtsbehelfe zu. So liegt es beispielsweise, wenn die Warenlieferung durch den Verkäufer nur deshalb unterbleibt, weil der Käufer es entgegen der vertraglichen Vereinbarung unterlässt, die für die Warenherstellung notwendigen Pläne vorzulegen oder die erforderlichen Einfuhrgenehmigungen zu beschaffen.

⇨ *Fall Nr. 54 – Verspätetes Akkreditiv*

b) Besondere Rechtsbehelfsvoraussetzungen

Im Anschluss an die allgemeinen sind die besonderen Rechtsbehelfsvoraussetzun- **68** gen zu prüfen, von denen
– der Anspruch auf (Nach-)Erfüllung (Art. 45 I lit. a, 46 CISG; → Rn. 69 ff.),
– die Vertragsaufhebung (Art. 45 I lit. a, 49 CISG; → Rn. 84 ff.),
– die Kaufpreisminderung (Art. 45 I lit. a, 50 CISG; → Rn. 91 ff.) und
– der Anspruch auf Schadensersatz (Art. 45 I lit. b, 74-77 CISG; → Rn. 94 ff.)
  abhängen:

aa) Anspruch auf (Nach-)Erfüllung

Anspruchsgrundlage für den Anspruch des Käufers auf (Nach-)Erfüllung sind die **69** Art. 45 I lit. a, 46 CISG. Der Anspruch steht dem Käufer zu, wenn außer den drei allgemeinen Rechtsbehelfsvoraussetzungen (Vertragsschluss, Pflichtverletzung, keine Befreiung nach Art. 80 CISG; dazu → Rn. 48 ff.) auch die folgenden **besonderen Voraussetzungen des Nacherfüllungsanspruchs** erfüllt sind:

aaa) Keine vorherige Wahl eines unvereinbaren Rechtsbehelfs

Zunächst darf der Käufer nicht bereits einen anderen Rechtsbehelf ausgeübt haben, **70** der mit dem (Nach-)Erfüllungsverlangen unvereinbar ist (Art. 46 I CISG). Zu den mit dem (Nach-)Erfüllungsverlangen unvereinbaren Rechtsbehelfen gehört zunächst die Vertragsaufhebung nach Art. 45 I lit. a, 49 CISG, weil diese zum Untergang der Vertragspflichten und zur Rückabwicklung des Geschäfts führt (vgl. Art. 81 CISG). Auch die Minderung nach Art. 45 I lit. a, 50 CISG schließt einen (Nach-)Erfüllungsanspruch aus, da ihr der Regelungsgedanke zugrunde liegt, dass der Käufer gerade deshalb nur einen verminderten Kaufpreis bezahlen soll, weil er die nicht vertragsgemäße Ware akzeptiert. Schließlich kommt ein (Nach-)Erfüllungsanspruch nicht neben dem Verlangen nach Schadensersatz *statt der Leistung* (in der Terminologie des § 280 III BGB) nach Art. 45 I lit. b, 74-77 CISG in Betracht, da mit dem Schadensersatz *statt der Leistung* das Erfüllungsinteresse des Käufers in Geld abgegolten wird.

71   Besteht die Pflichtverletzung des Verkäufers in der Lieferung nicht vertragsgemäßer Ware, so kann der (Nach-)Erfüllungsanspruch entweder auf Ersatzlieferung oder auf Nachbesserung gerichtet sein. Insofern sind besondere Prüfungspunkte zu beachten:

bbb) Anspruch auf Ersatzlieferung

72   Ersatzlieferung kann der Käufer **nur bei einer wesentlichen Vertragsverletzung** verlangen (Art. 46 II CISG). Der Begriff der wesentlichen Vertragsverletzung ist in Art. 25 CISG legaldefiniert. Danach ist die von einer Partei begangene Vertragsverletzung wesentlich, wenn sie für die andere Partei solchen Nachteil zur Folge hat, dass ihr im Wesentlichen entgeht, was sie nach dem Vertrag hätte erwarten dürfen, es sei denn, dass die vertragsbrüchige Partei diese Folge nicht vorausgesehen hat und eine vernünftige Person der gleichen Art diese Folge unter den gleichen Umständen auch nicht vorausgesehen hätte. Dass Ersatzlieferung nur bei einer wesentlichen Vertragsverletzung verlangt werden kann, geht auf den folgenden Regelungsgedanken zurück: Bei einem berechtigten Ersatzlieferungsverlangen ist der Käufer verpflichtet, die gelieferte, nicht vertragsgemäße Ware an den Verkäufer zurückzugeben. Diese Rückgabepflicht wird vom UN-Kaufrecht (CISG) zwar nicht ausdrücklich angeordnet, aber – vor allem in Art. 82 I CISG – als selbstverständlich vorausgesetzt.[665] Die damit verbundenen Kosten und Risiken sollen im internationalen Handel, bei dem der Transport zumeist über große Entfernungen erfolgt, nur dann hingenommen werden, wenn die Lieferung der vertragswidrigen Ware die Schwelle zum wesentlichen Vertragsbruch überschreitet.[666] Ist dies nicht der Fall, sollen die Interessen des Käufers durch Nachbesserung, Minderung oder Schadensersatz befriedigt werden.[667] Ob eine konkrete Vertragsverletzung wesentlich i.S.v. Art. 25 CISG ist, hängt in hohem Maße von den Umständen des Einzelfalls ab.

73   Für Verletzungen der Lieferpflicht durch den Verkäufer lassen sich im Grundsatz zwei Fallgruppen der wesentlichen Vertragsverletzung bilden:[668] Bei einer **Nichtlieferung** wird man eine solche Vertragsverletzung in der Regel nur dann annehmen können, wenn die Lieferung (objektiv oder subjektiv) unmöglich ist, wenn der Verkäufer die Lieferung endgültig und ernsthaft verweigert oder wenn es sich um ein Geschäft mit einem festen, für den Käufer in gesteigertem Maße bedeutsamen Liefertermin handelt (z.B. Saisonware). Diese Fallgruppe ist allerdings nur bei der – später zu behandelnden – Vertragsaufhebung nach Art. 49 CISG (→ Rn. 84 ff.), nicht hingegen bei der Ersatzlieferung relevant, weil Letztere an die nicht vertragsgemäße Lieferung anknüpft

---

[665] Anspruchsgrundlage für den Rückgabeanspruch des Verkäufers ist Art. 81 II 1 CISG analog (vgl. *Schlechtriem/Schroeter*, UN-Kaufrecht, Rn. 458).

[666] Vgl. hierzu BGHZ 201, 290, 308 f. = ZIP 2014, 1838, 1843 (Rn. 50); BGHZ 202, 258, 267 = ZIP 2015, 176, 178 (Rn. 24).

[667] Vertragsaufhebung muss hingegen ebenso ausscheiden wie Ersatzlieferung (vgl. Art. 49 I lit. a CISG), weil auch die Vertragsaufhebung mit dem Rücktransport der gelieferten Ware verbunden ist (vgl. Art. 81 II 1 CISG); vgl. zur Vertragsaufhebung → Rn. 87.

[668] Vgl. Schlechtriem/Schwenzer/*Schroeter*, Art. 25 Rn. 37 ff.

(Art. 46 II CISG). Liefert der Verkäufer solch **vertragswidrige Ware**, so ist die darin liegende Pflichtverletzung nach zweifelhafter, aber ganz h.M. nur dann wesentlich, wenn keine Mangelbeseitigung durch den Verkäufer innerhalb angemessener Frist zu erwarten ist und keine dem Käufer zumutbare Möglichkeit besteht, die mangelhafte Ware zu verwenden oder weiter zu veräußern; näher hierzu

⇨ *Fall Nr. 55 – Kobaltsulfat I*

Über die Wesentlichkeit der Vertragsverletzung hinaus setzt ein Ersatzlieferungs- 74 anspruch grundsätzlich voraus, dass **der Käufer die Ware im Wesentlichen in dem Zustand zurückgeben kann, in dem er sie erhalten hat** (Art. 82 I CISG). Ist ihm dies nicht möglich, so kann der Käufer Nachlieferung nur verlangen, wenn der Untergang oder die Verschlechterung der Ware entweder nicht auf einer Handlung oder Unterlassung des Käufers beruht (Art. 82 II lit. a CISG) oder auf eine Untersuchungsmaßnahme nach Art. 38 CISG zurückgeht (Art. 82 II lit. b CISG) oder wenn der Käufer die Ware im normalen Geschäftsverkehr verkauft oder der normalen Verwendung entsprechend verbraucht oder verändert hat, bevor er die Vertragswidrigkeit entdeckt hat oder hätte entdecken müssen (Art. 82 II lit. c CISG).

Auch in Art. 82 CISG schlägt sich das – soeben bereits angesprochene – Rege- 75 lungsziel des UN-Kaufrechts (CISG) nieder, den Rücktransport der gelieferten Ware vom Käufer zum Verkäufer nach Möglichkeit zu vermeiden. Das wird besonders deutlich, wenn man Art. 82 CISG den §§ 346 II, III, 439 IV BGB gegenüberstellt: Art. 82 CISG erfüllt für den Nachlieferungsanspruch aus Art. 45 I lit. a, 46 I, II CISG eine ähnliche Funktion wie §§ 346 II, III, 439 V BGB für den Nachlieferungsanspruch aus §§ 437 Nr. 1, 434, 439 I Alt. 2 BGB. Jedoch ist der Regelungsansatz völlig unterschiedlich: Im innerdeutschen Recht kann der Käufer Nachlieferung unabhängig von seinen Rückgabemöglichkeiten verlangen. Der Untergang oder die Verschlechterung der Ware können allerdings Wertersatzansprüche des Verkäufers auslösen. Im UN-Kaufrecht (CISG) hingegen können der Warenuntergang und die Warenverschlechterung bereits dem Nachlieferungsanspruch entgegenstehen. Der Käufer ist dann auf Nachbesserung, Minderung und Schadensersatz beschränkt.[669] Während es also im innerdeutschen Recht auch bei eingeschränkter Rückgabemöglichkeit zum Rücktransport der Ware (und zur Entschädigung des Verkäufers im Wege des Wertersatzes) kommt, wird im UN-Kaufrecht (CISG) der Rücktransport gerade einer zwischenzeitlich veränderten Ware vermieden (und der Käufer ist im Wege der Nachbesserung, der Minderung oder des Schadensersatzes zu entschädigen).

In **zeitlicher Hinsicht** ist außerdem erforderlich, dass der Käufer sein Nachliefe- 76 rungsbegehren entweder zusammen mit einer Anzeige nach Art. 39 CISG oder innerhalb einer angemessenen Frist danach geltend macht (Art. 46 II a.E. CISG).

ccc) Anspruch auf Nachbesserung

Im Gegensatz zur Ersatzlieferung wird bei der **Nachbesserung** die gelieferte Ware 77 grundsätzlich nicht zum Verkäufer zurücktransportiert, denn Erfüllungsort der Nachbesserung ist der Ort, an dem sich die Ware nach dem Vertrag befindet.[670] Die Ware verbleibt also regelmäßig beim Käufer und wird dort vom Verkäufer in den geschuldeten Zustand versetzt. Da die Nachbesserung deshalb nicht – wie die Nachlieferung – mit besonderen Rücktransportkosten und -risiken verbunden ist, ist

---

[669] Vertragsaufhebung muss hingegen ebenso ausscheiden wie Ersatzlieferung (vgl. Art. 82 I CISG), weil auch die Vertragsaufhebung mit dem Rücktransport der gelieferten Ware verbunden ist (vgl. Art. 81 II 1 CISG); vgl. zur Vertragsaufhebung → Rn. 87.

[670] Vgl. Schlechtriem/Schwenzer/*Müller-Chen*, Art. 46 Rn. 45.

sie nicht auf die Fälle einer wesentlichen Vertragsverletzung i.S.v. Art. 25 CISG beschränkt. Nachbesserung kann der Käufer schon dann verlangen, wenn die Nachbesserung dem Verkäufer zumutbar ist (Art. 46 III 1 CISG). In zeitlicher Hinsicht ist – ebenso wie bei der Nachlieferung – auch bei der Nachbesserung erforderlich, dass der Käufer sein Begehren entweder zusammen mit einer Anzeige nach Art. 39 CISG oder innerhalb einer angemessenen Frist danach geltend macht (Art. 46 III 2 CISG).

ddd) Alternativität von Ersatzlieferung und Nachbesserung

78   Sind sowohl die Voraussetzungen eines Nachlieferungsanspruchs als auch eines Nachbesserungsanspruchs erfüllt, **hat der Käufer grundsätzlich die Wahl**, welchen der beiden Rechtsbehelfe er vorzieht.

79   Problematisch ist jedoch, ob dieses Wahlrecht des Käufers durch das Recht des Verkäufers auf Nacherfüllung aus Art. 48 CISG eine Einschränkung erfährt. Nach Art. 48 I 1 CISG kann der Verkäufer einen Mangel in der Erfüllung seiner Pflichten auch nach dem Liefertermin auf eigene Kosten beheben, wenn dies keine unzumutbare Verzögerung nach sich zieht und dem Käufer weder unzumutbare Unannehmlichkeiten noch Ungewissheit über die Erstattung seiner Auslagen durch den Verkäufer verursacht. Wenn nun der Verkäufer die vom Käufer gewählte Art der Nacherfüllung mit dem Hinweis darauf verweigert, dass bezüglich der anderen Art der Nacherfüllung die Voraussetzungen des Art. 48 I 1 CISG gegeben seien und er nur diese Art der Nacherfüllung zu erbringen bereit sei, so stellt sich die Frage, wessen Recht (Nacherfüllungsanspruch des Käufers aus Art. 46 CISG oder Nacherfüllungsrecht des Verkäufers aus Art. 48 CISG) vorgeht und somit die maßgebliche Art der Nacherfüllung bestimmt. Praktische Bedeutung erlangt die Frage allerdings wohl nur selten: Nachlieferung kann der Käufer nur bei einer *wesentlichen* Vertragsverletzung i.S.v. Art. 25 CISG verlangen (vgl. Art. 46 II CISG). Ist eine solche gegeben, so dürften die Voraussetzungen des Art. 48 I 1 CISG in Bezug auf eine Nachbesserung kaum je erfüllt sein. Auf der anderen Seite steht dem Käufer ein Nachbesserungsanspruch nur dann zu, wenn die Nachbesserung dem Verkäufer zumutbar ist (vgl. Art. 46 III 1 CISG). Ist dies aber der Fall, dann wird der Verkäufer die Nachbesserung der regelmäßig mit größerem Aufwand verbundenen Nachlieferung meist vorziehen. Kommt es in einem zu lösenden Fall gleichwohl einmal zu einer Kollision zwischen dem Nacherfüllungsanspruch des Käufers aus Art. 46 CISG und dem Nacherfüllungsrecht des Verkäufers aus Art. 48 CISG, dann ist dem Nacherfüllungsrecht des Verkäufers aus Art. 48 CISG der Vorrang einzuräumen.[671]

eee) Begrenzung des Anspruchs auf Erfüllung in Natur

80   Eine Grenze des Anspruchs auf (Nach-)Erfüllung ergibt sich aus Art. 28 CISG. Nach dieser Vorschrift braucht ein Gericht, wenn eine Partei von einer anderen Partei die Erfüllung einer Verpflichtung verlangt, eine Entscheidung auf Erfüllung in Natur nur zu fällen, wenn es dies auch nach seinem eigenen Recht bei gleichartigen Kaufverträgen täte. Diese Regelung wird vor dem Hintergrund der folgenden rechtsvergleichenden Betrachtung verständlich:[672]

81   Dem **kontinentaleuropäischen Recht** erscheint es wie selbstverständlich, dass der Gläubiger eines Anspruchs von dem Schuldner die **Erfüllung in Natur** verlangen kann. Wer sich beispielsweise vertraglich zur Lieferung einer Sache verpflichtet, kann auf eben diese Lieferung verklagt werden.

---

[671] Vgl. Schlechtriem/Schwenzer/*Müller-Chen*, Art. 48 Rn. 20.
[672] Vgl. etwa Schlechtriem/Schwenzer/*Müller-Chen*, Art. 28 Rn. 1 ff.

Demgegenüber wird im **Common Law** das Recht eines Gläubigers zur Erfüllung 82
in Natur ("specific performance") nur unter bestimmten, engen Voraussetzungen
gewährt. Im Regelfall bleibt der Gläubiger darauf beschränkt, bei fehlender Erfüllung in Natur **Schadensersatz** zu verlangen.

Diesen Gegensatz hat man im UN-Kaufrecht (CISG) mit einem Kompromiss 83
zu überbrücken versucht. Einerseits kann der Gläubiger – dem kontinentaleuropäischen Vorbild entsprechend – nach Art. 46 CISG bzw. Art. 62 CISG Erfüllung in
Natur verlangen. Andererseits wird – als Zugeständnis an den Ansatz des Common
Law – dem Erfüllungsanspruch in Art. 28 CISG eine Grenze gesetzt. Höchst problematisch ist, welcher Art innerstaatliche Normen sein müssen, um im Rahmen von
Art. 28 CISG Bedeutung zu erlangen. Ausgangspunkt diesbezüglicher Überlegungen
muss der Regelungszweck des Art. 28 CISG sein. Die Vorschrift soll den Gerichten
ermöglichen, dann, wenn Bedenken gerade gegen den Erfüllungszwang als solchen
(im Gegensatz zum Schadensersatz) bestehen, einen vollstreckbaren Titel auf Erfüllung in Natur zu versagen.[673] Nach richtiger, wenngleich umstrittener Ansicht ist
deshalb von deutschen Gerichten im Rahmen von Art. 28 CISG die Vorschrift des
§ 275 I bis III BGB zu beachten,[674] denn die darin enthaltenen Regelungen stehen
gerade dem Erfüllungszwang (und nicht auch dem Schadensersatz, vgl. § 275 IV
BGB) entgegen. Dasselbe muss im Rahmen des Anspruchs auf (Nach-)Erfüllung für
§ 439 IV BGB gelten. In der Rechtsfolge ordnet Art. 28 CISG ein Ermessen des Gerichts an. Hat also ein deutsches Gericht über eine Klage des Käufers auf (Nach-)
Erfüllung zu entscheiden, die zwar grundsätzlich berechtigt ist, im innerdeutschen
Recht aber an §§ 275 I bis III, 439 IV BGB scheitern würde, so steht es im Ermessen
des Gerichts, ob es zur (Nach-)Erfüllung (in Natur) verurteilt oder nicht.

bb) Vertragsaufhebung

Die **Rechtsfolgen der Vertragsaufhebung** sind in den **Art. 81, 84 CISG** geregelt: 84
Die vertraglichen Pflichten erlöschen mit Ausnahme etwaiger Schadensersatzpflichten und eventueller Vereinbarungen zur Beilegung von Streitigkeiten und zu den
Rechten und Pflichten der Parteien nach Vertragsaufhebung (Art. 81 I CISG). Den
Parteien stehen gegenseitige Ansprüche auf Rückgewähr des Geleisteten und auf
Vorteilsausgleichung zu (Art. 81 II, 84 CISG).

Diese Rechtsfolge kann der Käufer aber nur herbeiführen, wenn die Vorausset- 85
zungen der Art. 45 I lit. a, 49 CISG erfüllt sind. Zu diesen gehören zunächst die drei
allgemeinen Rechtsbehelfsvoraussetzungen (Vertragsschluss, Pflichtverletzung, keine
Befreiung nach Art. 80 CISG; dazu → Rn. 48 ff.). Hinzu kommen die folgenden **besonderen Vertragsaufhebungsvoraussetzungen:**

aaa) Wesentliche Vertragsverletzung oder Nachfristsetzung

Die zentralen Voraussetzungen einer Vertragsaufhebung durch den Käufer wer- 86
den in Art. 49 I CISG normiert. Danach ist Vertragsaufhebung nur dann möglich,
wenn die Pflichtverletzung durch den Verkäufer entweder eine wesentliche Vertragsverletzung i.S.v. Art. 25 CISG darstellt (Art. 49 I lit. a CISG)[675] oder in einer
Nichtlieferung besteht und der Verkäufer nicht innerhalb einer vom Käufer nach
Art. 47 I CISG gesetzten Nachfrist liefert oder erklärt, dass er nicht innerhalb der so
gesetzten Nachfrist liefern wird (Art. 49 I lit. b CISG).

---

[673] Vgl. Schlechtriem/Schwenzer/*Müller-Chen*, Art. 28 Rn. 10.

[674] Vgl. *Schlechtriem/Schroeter*, UN-Kaufrecht, Rn. 338, indes nur auf § 275 I BGB Bezug
nehmend; a.A. etwa MüKoHGB/*Benicke*, Art. 28 CISG Rn. 10.

[675] Zur wesentlichen Vertragsverletzung → Rn. 72 ff.

87   Auch in diesen Bestimmungen kommt das – bereits mehrfach angesprochene
(→ Rn. 72, 75, 77) – Regelungsziel des UN-Kaufrechts (CISG) zum Ausdruck, dass
der Rücktransport von Ware vom Käufer an den Verkäufer möglichst nicht erfolgen
soll.[676] Diesem Regelungsziel entspricht es, für die Vertragsaufhebung zwischen den
Fällen einer Nichtlieferung und den übrigen Fällen zu differenzieren. Ist keine Ware
geliefert worden, kann es auch nicht zum Rücktransport kommen. Die Aufhebung
muss deshalb nicht davon abhängig gemacht werden, dass die hohe Hürde einer
wesentlichen Vertragsverletzung i.S.v. Art. 25 CISG übersprungen wird. Anders verhält es sich, wenn Ware geliefert worden ist. Kommt es in einem solchen Fall zum
Rücktritt, so ist die Ware zum Verkäufer zurückzutransportieren (vgl. Art. 81 II 1
CISG). Die damit verbundenen Kosten und Risiken sind – ebenso wie bei der Nachlieferung (vgl. Art. 46 II CISG und dazu → Rn. 72) – nur dann hinnehmbar, wenn
die Pflichtverletzung des Verkäufers wesentlich i.S.v. Art. 25 CISG ist.

⇨ *Fälle Nr. 56 und 57 – Kobaltsulfat II und III*
⇨ *Fall Nr. 58 – Schuhe*
⇨ *Fall Nr. 59 – Fassadenelemente*
⇨ *Fall Nr. 60 – Weintrauben*

bbb) Frist zur Vertragsaufhebung

88   Für den Fall, dass der Verkäufer Ware geliefert hat, ist die Aufhebung des Vertrages
außerdem an die Aufhebungsfristen des Art. 49 II CISG gebunden. Bei einer verspäteten Lieferung muss der Käufer die Aufhebung innerhalb einer angemessenen Frist erklären, nachdem er erfahren hat, dass die Lieferung erfolgt ist (Art. 49 II lit. a CISG).
Bei einer anderen Vertragsverletzung als verspäteter Lieferung hat der Käufer die
Vertragsaufhebung innerhalb einer angemessenen Frist zu erklären, nachdem er die
Vertragsverletzung kannte oder kennen musste (Art. 49 II lit. b Ziff. i CISG) bzw.
nachdem eine vom Käufer nach Art. 47 I CISG gesetzte Nachfrist abgelaufen ist
oder nachdem der Verkäufer erklärt hat, dass er seine Pflichten nicht innerhalb der
Nachfrist erfüllen wird (Art. 49 II lit. b Ziff. ii CISG). Hat der Verkäufer eine Nacherfüllung angeboten und gemäß Art. 48 II CISG dem Käufer für sein Einverständnis
eine Frist gesetzt, muss der Käufer die Vertragsaufhebung innerhalb einer angemessenen Frist erklären, nachdem die vom Verkäufer gesetzte Frist abgelaufen ist oder
der Käufer erklärt hat, dass er die Erfüllung nicht annehmen wird (Art. 49 II lit. b
Ziff. iii CISG).

ccc) Möglichkeit einer Rückgabe der Ware (Art. 82 CISG)

89   Weiter kann der Vertragsaufhebung Art. 82 CISG entgegenstehen. Die Vorschrift
erfüllt für die Vertragsaufhebung nach Art. 45 I lit. a, 49 CISG eine ähnliche Funktion wie § 346 II, III BGB für den Rücktritt nach §§ 323, 326 V BGB, verfolgt dabei
jedoch einen anderen Regelungsansatz. Für Einzelheiten sei auf die entsprechenden
Ausführungen beim Nachlieferungsanspruch verwiesen (→ Rn. 74 f.).

ddd) Erklärung der Vertragsaufhebung

90   Die Vertragsaufhebung setzt nach Art. 26 CISG eine Vertragsaufhebungserklärung
gegenüber der anderen Partei voraus. Auf diese Vertragsaufhebungserklärung ist
Art. 27 CISG anwendbar, wonach bei einer Mitteilung, die eine Partei gemäß Teil III
des UN-Kaufrechts (CISG) mit den nach den Umständen geeigneten Mitteln macht,

---

[676] Vgl. hierzu BGHZ 201, 290, 308 f. = ZIP 2014, 1838, 1843 (Rn. 50); BGHZ 202, 258,
267 = ZIP 2015, 176, 178 (Rn. 24).

eine Verzögerung oder ein Irrtum bei der Übermittlung der Mitteilung oder das Nichteintreffen der Mitteilung beim Adressaten der mitteilenden Partei grundsätzlich nicht das Recht nimmt, sich auf die Mitteilung zu berufen. Durch diese Regelung wird dem Mitteilenden das Transportrisiko genommen. Bringt er die Mitteilung mit geeigneten Mitteln auf den Weg zum Adressaten, so wirken sich die Verzögerung, die inhaltliche Veränderung und sogar der Verlust der Mitteilung für den Mitteilenden nicht negativ aus. Umstritten ist allerdings, in welchem Zeitpunkt die Mitteilung wirksam wird. Zum Teil wird angenommen, die Mitteilung werde bereits mit der Absendung durch den Mitteilenden wirksam.[677] Nach der Gegenmeinung erlangt die Mitteilung erst in dem Moment Wirksamkeit, in dem sie beim Adressaten eingeht (bei inhaltlicher Veränderung der Mitteilung) bzw. in dem sie bei gewöhnlichem Transportverlauf beim Adressaten eingegangen wäre (bei Verzögerung oder Verlust der Mitteilung).[678]

cc) Kaufpreisminderung

Rechtsfolge der Kaufpreisminderung nach Art. 45 I lit. a, 50 CISG ist, dass der **91** Kaufpreis in dem Verhältnis herabgesetzt wird, in dem der Wert, den die tatsächlich gelieferte Ware im Zeitpunkt der Lieferung hatte, zu dem Wert steht, den vertragsgemäße Ware zu diesem Zeitpunkt gehabt hätte (vgl. Art. 50 S. 1 CISG). Für die Berechnung des geminderten Kaufpreises ist also die folgende Formel maßgeblich:

$$\frac{\text{geminderter Kaufpreis}}{\text{vereinbarter Kaufpreis}} = \frac{\text{Wert der gelieferten Ware}}{\text{Wert der geschuldeten Ware}}$$

Nach dem geminderten Kaufpreis aufgelöst ergibt sich:

$$\text{geminderter Kaufpreis} = \frac{\text{Wert der gelieferten Ware} \times \text{vereinbarter Kaufpreis}}{\text{Wert der geschuldeten Ware}}$$

Wie Art. 50 S. 1 CISG ausdrücklich klarstellt, ist die Kaufpreisminderung auch **92** dann möglich, wenn der Kaufpreis bereits gezahlt worden ist. In einem solchen Fall kann der Käufer vom Verkäufer die Rückerstattung des zu viel gezahlten Betrags verlangen, auch wenn dies im UN-Kaufrecht (CISG) nicht ausdrücklich festgeschrieben ist. Als Anspruchsgrundlage für den Rückerstattungsanspruch des Käufers wird zum Teil Art. 50 CISG selbst angesehen.[679] Zum Teil wird der Anspruch auf die analoge Anwendung des Art. 81 II 1 CISG gestützt.[680]

Die Kaufpreisminderung nach Art. 45 I lit. a, 50 CISG hängt zunächst von den **93** drei allgemeinen Rechtsbehelfsvoraussetzungen (Vertragsschluss, Pflichtverletzung, keine Befreiung nach Art. 80 CISG; dazu → Rn. 48 ff.) ab. Zu prüfen sind außerdem die folgenden **besonderen Voraussetzungen der Kaufpreisminderung:**

Die Kaufpreisminderung kommt nur bei der **Lieferung nichtvertragsgemäßer Ware** in Betracht (Art. 50 S. 1 CISG). Insbesondere wenn der Verkäufer gar nicht liefert, scheidet die Minderung deshalb aus.

Ferner ist die Kaufpreisminderung **nachrangig gegenüber den Nacherfüllungsrechten des Verkäufers** aus Art. 37, 48 CISG. Behebt der Verkäufer nach Art. 37, 48 CISG einen Mangel in der Erfüllung seiner Pflichten oder weigert sich der Käufer, Erfüllung durch den Verkäufer nach diesen Vorschriften anzunehmen, so kann der Käufer den Kaufpreis nicht mindern (Art. 50 S. 2 CISG).

---

[677] So etwa Schlechtriem/Schwenzer/*Schroeter*, Art. 27 Rn. 13.
[678] So etwa Bamberger/Roth/*Saenger*, Art. 27 CISG Rn. 10.
[679] So Schlechtriem/Schwenzer/*Müller-Chen*, Art. 50 Rn. 16.
[680] So *Schlechtriem/Schroeter*, UN-Kaufrecht, Rn. 502.

Das UN-Kaufrecht (CISG) schreibt zwar nicht ausdrücklich fest, dass die Minderung durch **Minderungserklärung** des Käufers gegenüber dem Verkäufer erfolgt, setzt dies aber erkennbar voraus (vgl. Art. 50 S. 1 CISG). Für die Minderungserklärung gilt Art. 27 CISG (dazu → Rn. 90).

dd) Anspruch auf Schadensersatz

94　Schadensersatzansprüche des Käufers wegen einer Pflichtverletzung des Verkäufers können sich aus Art. 45 I lit. b, 74-77 CISG ergeben. Erforderlich ist zunächst, dass die allgemeinen Rechtsbehelfsvoraussetzungen (Vertragsschluss, Pflichtverletzung, keine Befreiung nach Art. 80 CISG) erfüllt sind (dazu → Rn. 48 ff.). Darüber hinaus sind die **besonderen Voraussetzungen des Anspruchs auf Schadensersatz** zu prüfen:

aaa) Ausschluss der Schadensersatzpflicht nach Art. 79 CISG

95　Eine besondere Möglichkeit der Befreiung gerade von der Schadensersatzhaftung ist in Art. 79 CISG normiert (vgl. Art. 79 V CISG). Sie kommt **bei jeder Art der Pflichtverletzung** in Betracht. Die teilweise vertretene Ansicht, nach der die Vorschrift insbesondere unanwendbar sein soll, wenn der Verkäufer vertragswidrige Ware liefert, ist mit der ganz h.M. abzulehnen.[681] Wenn Schadensersatzansprüche der Parteien durch jede Art der Pflichtverletzung ausgelöst werden können, ohne dass nach der Art der Pflichtverletzung differenziert wird (vgl. Art. 45 I lit. b CISG bzw. Art. 61 I lit. b CISG), so ist es nur konsequent, wenn eine solche Differenzierung auch im Rahmen der Entlastungsregelung des Art. 79 CISG nicht vorgenommen wird.

96　(1) Nach Art. 79 I CISG hat eine Partei für die Nichterfüllung einer ihrer Pflichten nicht einzustehen, wenn sie beweist, dass die Nichterfüllung auf einem **außerhalb ihres Einflussbereichs liegenden Hinderungsgrund** beruht und dass von ihr vernünftigerweise nicht erwartet werden konnte, den Hinderungsgrund bei Vertragsschluss in Betracht zu ziehen oder den Hinderungsgrund oder seine Folgen zu vermeiden oder zu überwinden. Bei der Frage, ob ein konkreter Hinderungsgrund außerhalb des Einflussbereichs des Schuldners liegt, kann auf folgende Fallgruppen zurückgegriffen werden:

97　Außerhalb des Einflussbereichs liegen Hinderungsgründe **höherer Gewalt** wie z.B. Überschwemmungen, Erdbeben oder Stürme. Dasselbe gilt für verbindliche staatliche Maßnahmen wie etwa Import- oder Exportverbote oder -beschränkungen. Grundsätzlich innerhalb des Einflussbereichs des Schuldners liegen hingegen Störungen, die aus seinem Geschäftsbetrieb herrühren, sodass der Schuldner insbesondere für den Ausfall seiner Maschinen und für Fehler seiner Mitarbeiter einzustehen hat.

98　Sehr problematisch ist, inwiefern **Arbeitskampfmaßnahmen** wie insbesondere Streik innerhalb des Einflussbereichs des Schuldners liegen. Als Leitlinie bietet sich an, zwischen innerbetrieblichen Auseinandersetzung (die innerhalb des Einflussbereichs des Schuldners liegen) und überbetrieblichen Konflikten (die außerhalb des Einflussbereichs des Schuldners liegen können) zu unterscheiden.[682]

99　Grundsätzlich innerhalb des Einflussbereichs des Schuldners liegen auch **Beschaffungsschwierigkeiten**. Bedeutsam ist dies insbesondere für den Fall steigender Be-

---

[681] Vgl. Schlechtriem/Schwenzer/*Schwenzer*, Art. 79 Rn. 6 m.w.N. auch zur Gegenauffassung; dort wird zu Recht hinzugefügt, dass es kaum Fälle geben wird, in denen der Verkäufer bei Vertragswidrigkeit der Ware für sich in Anspruch nehmen kann, die Enthaftungsvoraussetzungen des Art. 79 CISG lägen tatbestandlich vor.

[682] Vgl. Schlechtriem/Schwenzer/*Schwenzer*, Art. 79 Rn. 21 ff.

schaffungskosten: Verkauft ein Verkäufer Ware, die er nicht bereits zur Verfügung hat, sondern noch beschaffen muss, und steigen in der Folgezeit die Beschaffungskosten unerwartet stark an, so kann dies im Regelfall keine Entlastung des Verkäufers bewirken. Eine Ausnahme ist mit der h.M. nur für die Fälle anzuerkennen, in denen der Preisanstieg eine „äußere Opfergrenze" überschreitet.[683] Wo diese Opfergrenze liegt, hängt vom Einzelfall ab. Weist das Geschäft von vornherein spekulative Züge auf, wird die Opfergrenze auch bei einer Verdreifachung des Marktpreises nicht erreicht.[684]

Nicht jeder Hinderungsgrund außerhalb des Einflussbereichs des Schuldners kann **100** diesen entlasten. Erforderlich ist vielmehr weiter, dass der Hinderungsgrund für den Schuldner unvorhersehbar, unvermeidbar und unüberwindbar war.

(2) Art. 79 II CISG enthält eine Sonderregelung für den Fall, dass die Nichterfül- **101** lung einer Partei auf der **Nichterfüllung durch einen Dritten**, dessen sich die Partei zur Vertragserfüllung bedient, beruht. Dritte im Sinne dieser Vorschrift sind nur eigenverantwortlich handelnde Personen, die nicht im Organisationsbereich des Schuldners unter dessen Verantwortung tätig werden; bei eigenen Leuten des Schuldners greift Art. 79 II CISG also nicht ein.[685] Zu beachten ist die Vorschrift aber insbesondere bei Subunternehmern, die eigenständig bestimmte Teile der vom Schuldner zu erbringenden Leistung ausführen.[686] In seinem Anwendungsbereich bewirkt Art. 79 II CISG, dass die Voraussetzungen des Art. 79 I CISG nicht nur hinsichtlich des pflichtverletzenden Schuldners (Art. 79 II lit. a CISG), sondern auch hinsichtlich des Dritten (Art. 79 II lit. b CISG) gegeben sein müssen.

⇨ *Fall Nr. 61 – Rebwachs*

bbb) Umfang des Schadensersatzes ohne gleichzeitige Vertragsaufhebung

Der Umfang des zu leistenden Schadensersatzes bestimmt sich nach Art. 74-77 **102** CISG. Nach diesen Vorschriften ist danach zu unterscheiden, ob Schadensersatz ohne eine Vertragsaufhebung oder neben einer Vertragsaufhebung verlangt wird. Verlangt der Käufer aufgrund einer Pflichtverletzung des Verkäufers Schadensersatz ohne gleichzeitige Vertragsaufhebung, so richtet sich der Umfang des Schadensersatzes nach Art. 74 CISG, welcher zwei Voraussetzungen normiert:

(1) **Kausalität.** Zu ersetzen sind nur solche Schäden, die durch die Pflichtver- **103** letzung des anderen Teils kausal verursacht worden sind. Erforderlich ist also ein Vergleich der tatsächlichen Vermögenssituation des Geschädigten mit der Vermögenssituation, in der sich der Geschädigte befände, wenn der andere Teil die Pflichtverletzung nicht begangen hätte. Dabei kann insbesondere auch die Reputation des Geschädigten bei anderen Marktteilnehmern (*good will*) in die Bezifferung der Vermögenslagen mit einzustellen sein, sodass ein Ansehensverlust einen ersatzfähigen Schaden darstellen kann.[687] Der von Art. 74 CISG geforderte Vergleich der tatsächlichen mit der hypothetischen Vermögenslage des Geschädigten führt dazu, dass eventuelle Vorteile, die der Geschädigte aus der Pflichtverletzung des anderen Teils hat (z.B. ersparte Aufwendung für die Lagerung der Ware), schadensmindernd zu berücksichtigen sind.

---

683 Vgl. MüKoBGB/*P. Huber*, Art. 79 CISG Rn. 17.

684 Vgl. *OLG Hamburg* OLGR Hamburg 1997, 149, CISG-online Nr. 261.

685 Schlechtriem/Schwenzer/*Schwenzer*, Art. 79 Rn. 34.

686 MüKoHGB/*Mankowski*, Art. 79 CISG Rn. 49.

687 Im Einzelnen str., vgl. etwa MüKoHGB/*Mankowski*, Art. 74 CISG Rn. 41 ff.

104   (2) **Vorhersehbarkeit des Schadens.** Über die Kausalität hinaus verlangt Art. 74 CISG, dass die eingetretenen Schäden von der vertragsbrüchigen Partei bei Vertragsschluss als mögliche Folge der Vertragsverletzung vorausgesehen wurden oder unter Berücksichtigung der Umstände, die die vertragsbrüchige Partei kannte oder kennen musste, hätten vorausgesehen werden müssen. Bei der folglich regelmäßig erforderlichen Prüfung der Schadensvoraussehbarkeit empfiehlt es sich, in zwei Schritten vorzugehen.

105   In einem ersten Schritt kann eine typisierende Betrachtung angestellt und dabei auf verschiedene **Fallgruppen** zurückgegriffen werden:[688] Vorhersehbar sind grundsätzlich die Schäden, die darin bestehen, dass der Wert der gelieferten Ware hinter dem Marktwert der geschuldeten Ware zurückbleibt. Bei Schäden aus dem Verhältnis des Käufers zu seinen Abnehmern ist zu differenzieren: Schäden, die daher rühren, dass dem Käufer eine Gewinnspanne in üblicher Höhe entgeht, sind vorhersehbar. Dasselbe gilt in der Regel für Schäden, die dem Käufer dadurch entstehen, dass er von seinen Abnehmern auf Schadensersatz in Anspruch genommen wird. Hingegen wird die Voraussehbarkeit regelmäßig fehlen, soweit dem Käufer unüblich hohe Gewinne entgehen und soweit er Vertragsstrafen an seine Abnehmer zu leisten verpflichtet ist. Regelmäßig voraussehbar sind hingegen die Schäden, die mit angemessenen Maßnahmen zur Schadensfeststellung (z.B. Einholung eines Gutachtens über die Qualität der gelieferten Ware) und zur Rechtsverfolgung (insbesondere Anwaltskosten) verbunden sind. Grundsätzlich nicht vorhersehbar sind hingegen Betriebsausfallschäden. Voraussehbar sind in der Regel hingegen Schäden an anderen Sachen des Käufers, die aus der bestimmungsgemäßen Verwendung der Kaufsache herrühren. Dasselbe gilt für frustrierte Aufwendungen, die der Käufer im Hinblick auf die Vertragsdurchführung gemacht hat und die den Umständen nach erforderlich oder zumindest angemessen waren (z.B. verauslagte Transport- und Zollkosten).

106   In einem zweiten Schritt ist das Ergebnis, das aufgrund der typisierenden Betrachtung im ersten Schritt gefunden wurde, mit Blick auf die Umstände des zu beurteilenden Einzelfalls zu überprüfen. Es ist also zu erörtern, ob der konkrete Einzelfall Umstände aufweist, die eine Abweichung von dem Ergebnis des ersten Schritts erfordern, oder ob es bei der Bewertung nach der typisierenden Betrachtung verbleibt.

107   (3) **Ergänzende Schranken.** Zusätzlich zu den in Art. 74 CISG normierten Voraussetzungen unterliegt ein Schadensersatzanspruch des Käufers ohne Vertragsaufhebung zwei Beschränkungen, die sich **aus dem Gesamtsystem der Rechtsbehelfe des Käufers** ergeben:

108   Zum einen kommt dem Nacherfüllungsrecht des Verkäufers aus Art. 48 CISG Vorrang gegenüber einem Anspruch des Käufers auf Schadensersatz *statt der Leistung* (in der Terminologie des § 280 III BGB) zu.[689] Soweit der Käufer also im Wege des Schadensersatzanspruchs sein Erfüllungsinteresse liquidieren will, kann er dies nur tun, wenn dem Verkäufer ein Nacherfüllungsrecht nach Art. 48 CISG nicht (mehr) zusteht. Abweichendes ergibt sich insbesondere nicht aus Art. 48 I 2 CISG, wonach der Käufer ungeachtet des Art. 48 CISG das Recht behält, Schadensersatz zu fordern. Art. 48 I 2 CISG bezieht sich nämlich nur auf Schadensersatzansprüche *neben der Leistung* (Ersatz für Verzögerungs- und Begleitschäden, vgl. § 280 I, II BGB), nicht aber auf den Schadensersatz *statt der Leistung*.

109   Zum anderen kann Schadensersatz statt der Leistung in Form des Schadensersatzes statt der *ganzen* Leistung (in der Terminologie des § 282 I 2, 3 BGB) ohne Vertragsauf-

---

[688] Vgl. etwa *Schlechtriem/Schroeter*, UN-Kaufrecht, Rn. 701 ff.
[689] Vgl. hierzu etwa MüKoBGB/*P. Huber*, Art. 48 CISG Rn. 20 ff.

hebung nicht verlangt werden.[690] Dies wird in Fällen relevant, in denen der Käufer vertragswidrige Ware geliefert bekommt und trotz der Warenlieferung sein **gesamtes** Erfüllungsinteresse als Schadensersatz liquidieren will, ohne dass der Wert der gelieferten Ware angerechnet wird. Dass der Käufer in einem solchen Fall die gelieferte vertragswidrige Ware an den Verkäufer zurückzugewähren hat, besagt das UN-Kaufrecht (CISG) zwar nicht ausdrücklich. Die darin liegende „interne Lücke" ist jedoch auf Grundlage von Art. 7 II CISG durch die analoge Anwendung von Art. 81 II 1 CISG zu schließen,[691] sodass dem Verkäufer ein Anspruch auf Rückgewähr gegen den Käufer zusteht. Damit ist das bereits mehrfach angesprochene Regelungsziel des UN-Kaufrechts (CISG) berührt, den Rücktransport von Ware vom Käufer an den Verkäufer wegen der damit verbundenen Kosten und Risiken nach Möglichkeit zu vermeiden (→ Rn. 72, 75, 77, 87). Diesem Regelungsziel wird insbesondere dadurch Rechnung getragen, dass dem Käufer, der vertragswidrige Ware geliefert bekommt, ein Recht zur Vertragsaufhebung nur dann zustehen kann, wenn die vertragswidrige Lieferung eine wesentliche Vertragsverletzung i.S.v. Art. 25 CISG darstellt (Art. 49 I lit. a CISG; dazu → Rn. 86 f.). Die darin zum Ausdruck kommende Wertung darf nicht dadurch unterlaufen werden, dass dem Käufer auch ohne Vertragsaufhebung ein Anspruch auf Schadensersatz statt der *ganzen* Leistung zuerkannt wird.[692]

ccc) Umfang des Schadensersatzes bei gleichzeitiger Vertragsaufhebung

Verlangt der Käufer aufgrund einer Pflichtverletzung des Verkäufers Schadensersatz und ist zudem der Vertrag aufgehoben (vgl. Art. 45 II, 81 I 1 a.E. CISG), so erlauben die Art. 75 f. CISG besondere Schadensberechnungsformen. **110**

Nach Art. 75 CISG kann der Käufer, wenn er einen Deckungskauf in angemessener Weise und innerhalb eines angemessenen Zeitraums nach der Aufhebung vorgenommen hat, den Unterschied zwischen dem im Vertrag vereinbarten Preis und dem Preis des Deckungskaufs verlangen. **111**

Nach Art. 76 CISG kann der Käufer, wenn er keinen Deckungskauf nach Art. 75 CISG vorgenommen und die Ware einen Marktpreis hat, den Unterschied zwischen dem im Vertrag vereinbarten Preis und dem Marktpreis als Schaden geltend machen. Dabei ist grundsätzlich auf den Marktpreis zur Zeit der Vertragsaufhebung abzustellen (vgl. Art. 76 I 1 CISG). Hat jedoch der Käufer den Vertrag aufgehoben, nachdem er die Ware übernommen hat, so ist der Marktpreis zur Zeit der Warenübernahme maßgeblich (vgl. Art. 76 I 2 CISG). **112**

Sowohl im Falle des Art. 75 CISG als auch im Falle des Art. 76 CISG ist der Käufer nicht gehindert, weitere Schäden nach Art. 74 CISG geltend zu machen (vgl. Art. 75 a.E., 76 I 1 a.E. CISG). **113**

ddd) Schadensminderungsobliegenheit (Art. 77 CISG)

Unabhängig davon, ob Schadensersatz ohne oder neben Vertragsaufhebung verlangt wird, kann eine Kürzung des Schadensersatzanspruchs wegen eines Verstoßes **114**

---

[690] Vgl. hierzu nur *Schlechtriem*, FS für Georgiades, S. 383 ff.
[691] Zur Lückenfüllung nach Art. 7 II CISG → Rn. 32.
[692] In der Literatur finden sich demgegenüber vielfach Aussagen, die in die Richtung deuten, es sei dem Käufer ohne Vertragsaufhebung nicht nur verwehrt, Schadensersatz statt der *ganzen* Leistung, sondern darüber hinaus, überhaupt Schadensersatz statt der Leistung zu verlangen (vgl. etwa MüKoBGB/*P. Huber*, Art. 74 CISG Rn. 9 ff. m.w.N.). Dies geht jedoch zu weit. Ein Konflikt mit dem Regelungsziel des UN-Kaufrechts (CISG), den Rücktransport der Ware vom Käufer an den Verkäufer nach Möglichkeit zu vermeiden, tritt nur dann auf, wenn der Verkäufer (vertragswidrige) Ware geliefert bekommt und deshalb Schadensersatz statt der *ganzen* Leistung verlangt, sodass er die gelieferte Ware an den Verkäufer zurückgewähren muss.

gegen die Schadensminderungsobliegenheit nach Art. 77 CISG vorzunehmen sein. Nach dieser Vorschrift hat eine Partei, die sich auf eine Vertragsverletzung beruft, alle den Umständen nach angemessenen Maßnahmen zur Verringerung des aus der Vertragsverletzung folgenden Verlusts, einschließlich des entgangenen Gewinns, zu treffen (Art. 77 S. 1 CISG). Versäumt sie dies, so kann die vertragsbrüchige Partei Herabsetzung des Schadensersatzes in Höhe des Betrags verlangen, um den der Verlust hätte verringert werden sollen (Art. 77 S. 2 CISG). Die von Art. 77 CISG statuierte Gläubigerobliegenheit setzt erst mit Kenntniserlangung des Gläubigers von den Umständen des (drohenden) Schadenseintritts ein; zur Behandlung ohne solche Kenntnis erfolgter, eigenständiger Pflichtverletzungen des Gläubigers, die zu Schadenseintritt oder -entwicklung beitragen, enthält das UN-Kaufrecht (CISG) keine explizite Regelung.[693] Für die letztgenannten Fälle wird gemäß Art. 7 II CISG ein den Art. 77, 80 CISG zugrunde liegender allgemeiner Grundsatz angenommen, nach dem die jeweiligen Verursachungsbeiträge bei der Schadensverteilung angemessen zu berücksichtigen sind.[694]

2. Rechtsbehelfe des Verkäufers bei einer Pflichtverletzung des Käufers

115   Die wichtigsten Rechtsbehelfe des Verkäufers bei einer Pflichtverletzung durch den Käufer sind in Art. 61 I CISG in Bezug genommen. Danach kann dem Verkäufer bei einer Pflichtverletzung durch den Käufer das Recht zustehen,

– Erfüllung, insbesondere Zahlung des Kaufpreises und Abnahme der Ware, zu verlangen (Art. 61 I lit. a, 62 CISG),
– den Vertrag aufzuheben (Art. 61 I lit. a, 64 CISG) und
– Schadensersatz zu verlangen (Art. 61 I lit. b, 74–77 CISG).

116   Diese Rechtsbehelfe stehen dem Verkäufer jedoch nur unter bestimmten Voraussetzungen zu. Diese Voraussetzungen lassen sich – ebenso wie hinsichtlich der Rechtsbehelfe des Käufers bei einer Pflichtverletzung durch den Verkäufer (→ Rn. 47 ff.) – wie folgt kategorisieren:

– allgemeine Rechtsbehelfsvoraussetzungen, die bei jedem der genannten Rechtsbehelfe zu prüfen sind (→ Rn. 117 ff.) und
– besondere Rechtsbehelfsvoraussetzungen, die je nachdem, welchen Rechtsbehelf der Verkäufer geltend machen will, unterschiedlich sind (→ Rn. 123 ff.).

a) Allgemeine Rechtsbehelfsvoraussetzungen

117   Zu den allgemeinen Rechtsbehelfsvoraussetzungen zählt, dass

– es zu einem **wirksamen Vertragsschluss** gekommen ist (→ Rn. 38 ff.),
– der Käufer eine **Pflichtverletzung** begangen hat (→ Rn. 118 ff.) und
– er von dieser Pflichtverletzung **nicht nach Art. 80 CISG befreit** ist (vgl. zu Art. 80 CISG in Bezug auf Pflichtverletzungen durch den Verkäufer → Rn. 67).

118   Zentrale Voraussetzung für einen Rechtsbehelf ist eine **Pflichtverletzung des Käufers**. Nach Art. 53 CISG ist der Käufer verpflichtet, den Kaufpreis zu zahlen (vgl. Art. 54 ff. CISG) und die Ware abzunehmen (vgl. Art. 60 CISG). In der Praxis sowie in Klausuren und sonstigen Prüfungssituationen werden Rechtsbehelfe des Verkäufers zumeist auf eine **Verletzung der Zahlungspflicht** des Käufers zu stützen sein. Eine solche Pflichtverletzung ist in viererlei Hinsicht denkbar, denn die Zah-

[693] *BGH* ZIP 2012, 2349, 2352 f.; *Schlechtriem/Schroeter*, UN-Kaufrecht, Rn. 743.
[694] *BGH* ZIP 2012, 2349, 2352 f.; *Schlechtriem/Schroeter*, UN-Kaufrecht, Rn. 743.

lungspflicht ist nur dann ordnungsgemäß erfüllt, wenn der Kaufpreis in der geschuldeten Höhe und unter Beachtung der erforderlichen Maßnahmen und Förmlichkeiten sowie am richtigen Ort und zur richtigen Zeit gezahlt wird:

Die **Kaufpreishöhe** muss nach Art. 14 I CISG prinzipiell in dem Vertrag bestimmt **119** oder aus dem Vertrag bestimmbar sein.[695] Dies gilt naturgemäß jedoch dann nicht, wenn auf einen Vertrag, der dem UN-Kaufrecht (CISG) zwar grundsätzlich unterfällt, Art. 14 I CISG keine Anwendung findet. Grund für die Unanwendbarkeit des Art. 14 I CISG kann vor allem ein – derzeit allerdings von keinem Vertragsstaat erklärter – Vorbehalt nach Art. 92 CISG sein, der die Anwendbarkeit aller Vertragsschlussregelungen aus Teil II des UN-Kaufrechts (CISG) ausschließt (→ Rn. 38). Denkbar ist auch, dass die Parteien das Erfordernis der Preisbestimmtheit oder -bestimmbarkeit aus Art. 14 I CISG (konkludent) abbedungen haben.[696] In diesen Fällen können auch solche Kaufverträge nach dem UN-Kaufrecht (CISG) zu beurteilen sein, die einen Kaufpreis weder bestimmen noch seine Bestimmung ermöglichen. Dann greift die Auslegungsregel des Art. 55 CISG ein, nach der bei einem gültig geschlossenen Vertrag, der den Kaufpreis weder festsetzt noch seine Festsetzung ermöglicht, mangels gegenteiliger Anhaltspunkte vermutet wird, dass die Parteien sich stillschweigend auf den Kaufpreis bezogen haben, der bei Vertragsabschluss allgemein für derartige Ware berechnet wurde, die in dem betreffenden Geschäftszweig unter vergleichbaren Umständen verkauft wurde. Eine weitere Auslegungsregel stellt Art. 56 CISG auf, wonach sich der Kaufpreis, wenn er nach dem Gewicht der Ware festgesetzt ist, im Zweifel nach dem Nettogewicht bestimmt.

Nach Art. 54 CISG gehört zur Kaufpreiszahlungspflicht des Käufers auch, die **120** **Maßnahmen** zu treffen **und** die **Förmlichkeiten** zu erfüllen, die der Vertrag oder Rechtsvorschriften erfordern, damit Zahlung geleistet werden kann. Angesprochen sind damit vertragliche Vereinbarungen zur Zahlungsart (z.B. Überweisung, Akkreditiv) sowie zu beachtende gesetzliche Zahlungsvorschriften (z.B. Devisen- und Transfervorschriften).

Über den **Zahlungsort** finden sich in Art. 57 I CISG nähere Bestimmungen. Ist der **121** Käufer nach dem Vertrag verpflichtet, den Kaufpreis an einem bestimmten Ort zu zahlen, so ist dieser Ort der Zahlungsort (Art. 57 I vor lit. a CISG; vgl. auch Art. 6 CISG). Fehlt eine vertragliche Vereinbarung, so ist zu unterscheiden: Ist die Zahlung gegen Übergabe der Ware oder von Dokumenten zu leisten, dann ist Zahlungsort der Ort, an dem die Übergabe stattfindet (Art. 57 I lit. b CISG). Ansonsten liegt der Zahlungsort bei der Niederlassung des Verkäufers (Art. 57 I lit. a CISG).

Der maßgebliche **Zahlungszeitpunkt** ist in Art. 58 f. CISG geregelt. In erster Linie **122** sind auch insofern eventuelle vertragliche Vereinbarungen einzuhalten (Art. 58 I a.A. CISG; vgl. auch Art. 6 CISG). Fehlen solche, so hat der Käufer den Kaufpreis zu zahlen, sobald der Verkäufer ihm die Ware oder die Dokumente, die zur Verfügung über die Ware berechtigen, zur Verfügung gestellt hat (vgl. Art. 58 I, II CISG). Der Käufer ist jedoch nicht verpflichtet, den Kaufpreis zu zahlen, bevor er Gelegenheit gehabt hat, die Ware zu untersuchen, es sei denn, die von den Parteien vereinbarten Lieferungs- und Zahlungsmodalitäten bieten hierzu keine Gelegenheit (Art. 58 III CISG). Ist nach diesen Regelungen der maßgebliche Zahlungszeitpunkt erreicht, so ist der Käufer zur Zahlung verpflichtet, ohne dass es einer Aufforderung oder der Einhaltung von Förmlichkeiten seitens des Verkäufers bedarf (Art. 59 CISG).

---

[695] Vgl. dazu Fall Nr. 49 – „Kostenloser" Flugzeugmotor.
[696] Vgl. auch hierzu Fall Nr. 49 – „Kostenloser" Flugzeugmotor.

b) Besondere Rechtsbehelfsvoraussetzungen

123　Im Anschluss an die allgemeinen Rechtsbehelfsvoraussetzungen sind die besonderen Rechtsbehelfsvoraussetzungen zu prüfen, von denen die Rechtsbehelfe des Verkäufers, auf die Art. 61 I CISG sich bezieht, abhängen. Diese besonderen Rechtsbehelfsvoraussetzungen ähneln strukturell jenen, die bei den Rechtsbehelfen des Käufers zu prüfen sind. Es sei deshalb auf die entsprechenden Ausführungen verwiesen (→ Rn. 68 ff.) und nur auf den praktisch besonders bedeutsamen Fall der **Vertragsaufhebung durch den Verkäufer wegen nicht erfolgter Zahlung** eingegangen:

124　Die Vertragsaufhebung durch den Verkäufer wegen nicht erfolgter Zahlung führt zu den **in Art. 81, 84 CISG festgelegten Rechtsfolgen** (→ Rn. 84). Sie steht dem Verkäufer offen, wenn die Voraussetzungen der Art. 61 I lit. a, 64 I CISG erfüllt sind. Zu diesen gehören neben den allgemeinen Rechtsbehelfsvoraussetzungen (→ Rn. 117 ff.) auch die **besonderen Vertragsaufhebungsvoraussetzungen**: Art. 64 I CISG fordert, dass die Nichtzahlung des Kaufpreises durch den Käufer entweder eine **wesentliche Vertragsverletzung** i.S.v. Art. 25 CISG darstellen muss (Art. 64 I lit. a CISG) oder dass der Käufer nicht innerhalb einer vom Verkäufer nach Art. 63 I CISG gesetzten **Nachfrist** zahlt oder dass der Käufer erklärt, dass er nicht innerhalb der so gesetzten Frist zahlen wird (Art. 64 I lit. b CISG). Dabei wird die Nichtzahlung des Kaufpreises nur selten als wesentliche Vertragsverletzung i.S.v. Art. 25 CISG anzusehen sein, die nach Art. 64 I lit. a CISG auch ohne Nachfristsetzung zur Vertragsaufhebung berechtigt. Zu denken ist etwa an Fälle, in denen der Käufer die Zahlung (bereits vor der Setzung einer Nachfrist durch den Verkäufer) ernsthaft und endgültig verweigert oder in denen der Verkäufer ein ganz besonderes Interesse an der rechtzeitigen Zahlung geltend machen kann (z.B. bei stark fluktuierenden Devisenmärkten).[697] Außerdem setzt die Vertragsaufhebung des Verkäufers wegen nicht erfolgter Zahlung nach Art. 26 CISG eine **Aufhebungserklärung** gegenüber dem Käufer voraus, auf die Art. 27 CISG anwendbar ist (→ Rn. 90).

3. Anspruch auf (Fälligkeits-)Zinsen

125　Art. 78 CISG normiert einen Anspruch auf (Fälligkeits-)Zinsen, der von **drei Voraussetzungen** abhängt: Der Zinsen begehrenden Partei muss ein fälliger Geldzahlungsanspruch zustehen (z.B. Anspruch auf Kaufpreiszahlung oder auf Schadensersatz), die andere Partei zahlt trotz der Fälligkeit nicht und die Nichtzahlung geht nicht auf einen Befreiungsgrund nach Art. 80 CISG zurück.

126　Im UN-Kaufrecht (CISG) nicht geregelt und dementsprechend höchst umstritten ist, welcher **Zinssatz** dem Anspruch aus Art. 78 CISG zugrunde zu legen ist:[698] Zum Teil wird vorgeschlagen, auf einen „international gültigen" Zinssatz zurückzugreifen, wie z.B. LIBOR (= London Interbank Offered Rate = Referenzzinssatz im Interbankengeschäft, der täglich neu festgesetzt und veröffentlicht wird). Diesem Vorschlag stehen Lösungen gegenüber, die auf den in einer internen Rechtsordnung geltenden Zinssatz abstellen wollen. Dabei besteht jedoch große Uneinigkeit, welche die maßgebliche Rechtsordnung sein soll. So wird teilweise auf das interne Recht des Verkäuferstaats, teilweise auf das interne Recht des Käuferstaats und teilweise auf das interne Recht des Staats, dem die Zahlungswährung zuzuordnen ist (und hilfsweise auf das interne Recht des Zahlungsorts), abgestellt. In der deutschen Rechtsprechung und Literatur wird hingegen überwiegend dasjenige interne Recht

---

[697] Vgl. *Schlechtriem/Schroeter*, UN-Kaufrecht, Rn. 568 ff.
[698] Vgl. zum Streitstand etwa Schlechtriem/Schwenzer/*Bacher*, Art. 78 Rn. 26 ff.

für maßgeblich gehalten, das durch das Internationale Privatrecht (IPR) des Forumstaats als auf den Vertrag anwendbares Recht festgelegt wird. Folgt man diesem zuletzt genannten Ansatz, so haben deutsche Gerichte den Zinssatz dem internen Recht zu entnehmen, auf das das deutsche Internationale Privatrecht (IPR) verweist.

4. Pflichten und Rechte bezüglich der Erhaltung der Ware

Sonderregelungen zur Erhaltung der Ware stellen die **Art. 85 ff. CISG** auf. Sie tragen dem Umstand Rechnung, dass Vertragsabwicklungsstörungen zu Situationen führen können, in denen beide Parteien versucht sein können, die Ware ihrem Schicksal zu überlassen. Die daraus resultierende Gefahr von Schäden gilt es nach Möglichkeit zu vermeiden. **127**

Regelungen finden sich zunächst zur **Warenerhaltungspflicht des Verkäufers.** Nimmt der Käufer die Ware nicht rechtzeitig ab oder versäumt er, falls Zahlung des Kaufpreises und Lieferung der Ware Zug um Zug erfolgen sollen, den Kaufpreis zu zahlen, und hat der Verkäufer die Ware noch in Besitz, oder ist er sonst in der Lage, über sie zu verfügen, so hat der Verkäufer die den Umständen angemessenen Maßnahmen zur Erhaltung der Ware zu treffen (Art. 85 S. 1 CISG). Zu diesen Maßnahmen kann insbesondere gehören, die Ware auf Kosten des Käufers in den Lagerräumen eines Dritten einzulagern, sofern daraus keine unverhältnismäßigen Kosten entstehen (vgl. Art. 87 CISG). Im Gegenzug zu der Warenerhaltungspflicht ist der Verkäufer berechtigt, die Ware gegenüber dem Käufer zurückzubehalten, bis dieser ihm seine angemessenen Aufwendungen erstattet hat (Art. 85 S. 2 CISG). Unter bestimmten Umständen kann der Verkäufer berechtigt oder sogar verpflichtet sein, die Ware an einen Dritten zu verkaufen (vgl. Art. 88 I, II CISG). In diesem Fall kann der Verkäufer sich hinsichtlich seiner angemessenen Kosten der Erhaltung und des Verkaufs der Ware aus dem Erlös befriedigen; nur den Überschuss schuldet er dem Käufer (vgl. Art. 88 III CISG). **128**

Als Gegenstück zur Warenerhaltungspflicht des Verkäufers wird eine **Warenerhaltungspflicht des Käufers** normiert. Hat der Käufer die Ware empfangen und beabsichtigt er, ein nach dem Vertrag oder dem UN-Kaufrecht (CISG) bestehendes Zurückweisungsrecht (z.B. Recht zur Vertragsaufhebung nach Art. 45 I lit. a, 49 CISG) auszuüben, so hat er die nach den Umständen angemessenen Maßnahmen zur Erhaltung der Ware zu treffen (Art. 86 I 1 CISG). Für diese Warenerhaltungspflicht des Käufers gelten dieselben Grundsätze wie für die soeben beschriebene Warenerhaltungspflicht des Verkäufers (vgl. Art. 87, 86 I 2, 88 CISG). **129**

Im Vorfeld der Warenerhaltungspflicht des Käufers kann eine **Pflicht des Käufers zur Inbesitznahme der Ware** bestehen. Ist die dem Käufer zugesandte Ware ihm am Bestimmungsort zur Verfügung gestellt worden und übt er das Recht aus, sie zurückzuweisen (z.B. durch Erklärung der Vertragsaufhebung), so hat er die Ware für Rechnung des Verkäufers in Besitz zu nehmen, sofern dies ohne Zahlung des Kaufpreises und ohne unzumutbare Unannehmlichkeiten oder unverhältnismäßige Kosten möglich ist (Art. 86 II 1 CISG). Dies gilt jedoch nicht, wenn der Verkäufer oder eine Person, die befugt ist, die Ware für Rechnung des Verkäufers in Obhut zu nehmen, am Bestimmungsort anwesend ist (Art. 86 II 2 CISG). An die Pflicht zur Inbesitznahme der Ware schließt sich die soeben dargestellte Warenerhaltungspflicht des Käufers an (vgl. Art. 86 II 3 CISG). **130**

Teil 2. Fälle und Lösungen

§ 11. Fälle zur Kaufmannseigenschaft

Fall Nr. 1 – Holzhandel

H betreibt in Siegburg einen recht ansehnlichen Holzhandel. Er hat 20 Mitarbeiter, von denen zwei in der Buchhaltung arbeiten. Der Umsatz beläuft sich auf € 3 Mio. pro Jahr. Um eine Eintragung im Handelsregister hatte er sich nicht gekümmert. Im August bekam H eine größere Holzlieferung vom Großhändler G aus Bayern. Das Holz wurde im Lager des H abgeladen, von einem Mitarbeiter des H aber erst nach zwei Wochen kontrolliert. Dabei stellten sich Mängel (Risse im Holz) heraus. Anhaltspunkte dafür, dass diese bei H entstanden sind – etwa durch unsachgemäße Lagerung – sind nicht ersichtlich. H verlangt von G, dass dieser neues mangelfreies Holz liefere. Dieser weigert sich und meint, dafür habe H sich früher melden müssen.

Lösung

H verlangt von G wegen der Risse im Holz Neulieferung. Ein Anspruch kann sich aus dem Recht des Käufers auf Nacherfüllung gemäß §§ 437 Nr. 1, 434, 439 BGB ergeben.

1. Voraussetzung hierfür ist zunächst ein **wirksamer Kaufvertrag** über das Holz zwischen G und H. Davon ist nach dem Sachverhalt auszugehen.

2. Weiterhin setzt der Nacherfüllungsanspruch einen **Sachmangel** gemäß § 434 BGB voraus. Ein Sachmangel in diesem Sinne liegt vor, wenn die tatsächliche Beschaffenheit der Sache nicht der geschuldeten Beschaffenheit entspricht (= negative Abweichung der Ist- von der Sollbeschaffenheit). Da das Holz Risse aufweist und sich deshalb nicht zum gewöhnlichen Gebrauch, nämlich dem Verkauf in der Holzhandlung des H, eignet, liegt ein solcher Mangel in der Variante des § 434 I 2 Nr. 2 BGB vor.

3. Dieser Sachmangel war auch bereits **bei Gefahrübergang** (= Übergabe; vgl. § 446 BGB) vorhanden, weil nichts dafür ersichtlich ist, dass die Risse erst im Lager des H entstanden sind.

4. Fraglich ist jedoch, ob der Nacherfüllungsanspruch hier nach den **Sonderregeln des Handelsrechts** ausgeschlossen ist. Gemäß **§ 377 HGB** besteht bei einem beiderseitigen Handelskauf eine Pflicht zur unverzüglichen Untersuchung und Rüge mangelhafter Ware. Unterlässt der Käufer die Rüge, gilt die Ware als genehmigt, soweit es sich nicht um einen verdeckten Mangel handelt (§ 377 II HGB).

a) Fraglich ist zunächst, ob es sich bei dem Kaufvertrag um ein **beiderseitiges Handelsgeschäft** handelt. Handelsgeschäfte sind gemäß § 343 HGB alle Geschäfte eines Kaufmanns, die zum Betriebe seines Handelsgewerbes gehören. Zu prüfen ist daher, ob H und G Kaufleute i.S.v. §§ 1ff. HGB sind. **Kaufmann** ist gemäß § 1 I HGB, wer ein Handelsgewerbe betreibt. Dies ist gemäß § 1 II HGB jeder Gewerbebetrieb, es sei denn, dass das Unternehmen nach Art oder Umfang einen in kaufmännischer Weise eingerichteten Geschäftsbetrieb nicht erfordert. Sowohl der

Großhandel des G als auch der Holzhandel des H sind Gewerbebetriebe. Davon, dass ein Großhandel **vollkaufmännisch** i.S.v. § 1 II HGB ist, kann ausgegangen werden. Aber auch der Betrieb des H mit 20 Mitarbeitern, von denen allein zwei in der Buchhaltung arbeiten, und dessen Umsatz sich auf € 3 Mio. pro Jahr beläuft, erfordert i.S.v. § 1 II HGB „einen in kaufmännischer Weise eingerichteten Geschäftsbetrieb". Bei einer derartigen Betriebsgröße kann nicht mehr von einem Kleingewerbebetrieb gesprochen werden.

Da somit G und H Kaufleute i.S.v. § 1 HGB sind, das konkrete Geschäft über das Holz zudem zum Betrieb ihres jeweiligen Handelsgewerbes gehört (§ 343 HGB), also kein Privatgeschäft ist, kommt § 377 HGB auf den Kauf zur Anwendung.

b) Die Ware wurde auch in die Verfügungsgewalt des H verbracht und somit **abgeliefert**. Sie war zu diesem Zeitpunkt – wie bereits dargelegt – **sachmangelhaft**.

c) Zu prüfen ist daher, ob die **Rügefrist versäumt** wurde. Die Risse im Holz waren im Rahmen einer gewöhnlichen Untersuchung erkennbar, so dass kein verdeckter Mangel vorliegt. Fraglich ist daher, ob die Prüfung und Rüge nach zwei Wochen noch „unverzüglich" i.S.v. § 377 I HGB erfolgt ist. Das Gesetz stellt darauf ab, inwieweit die Untersuchung „nach ordnungsgemäßem Geschäftsgange tunlich ist". Es ist also auf den ordnungsgemäßen Geschäftsgang einer Holzhandlung abzustellen. Dabei muss davon ausgegangen werden, dass im Lager angeliefertes Holz jedenfalls auf erkennbare Mängel unmittelbar nach der Lieferung überprüft wird, ehe es im Lager verstaut wird. Risse im Holz wären bei einer Untersuchung gefunden worden, so dass eine baldige Anzeige möglich gewesen wäre. Daher müsste spätestens nach zwei bis drei Tagen mit einer Rüge gerechnet werden. Zwei Wochen sind eindeutig zu lang.

Da die Rüge nicht unverzüglich erfolgte, gilt die Ware als genehmigt (§ 377 II HGB). Ein Nacherfüllungsanspruch gemäß §§ 437 Nr. 1, 434, 439 BGB besteht daher nicht.

Fall Nr. 2 – Altstadtkneipe I

Sportlehrer L betreibt nebenberuflich an den Abenden eine kleine Kneipe in der Bonner Altstadt. Eine Eintragung des Betriebs im Handelsregister ist nicht erfolgt. In der Regel übernimmt L die Bedienung allein. Nur an den Wochenenden und an Karneval hilft ihm die Schülerin S aus. Mit der Kneipe macht er durchschnittlich einen Umsatz von ca. € 2.500 und einen Gewinn von ca. € 750 pro Monat. Die Abrechnung macht er an einem Wochenende im Monat in seiner Wohnung. Eines Abends ist sein Freund G, der einen größeren Getränkehandel in Köln betreibt, gemeinsam mit B, einem Brauereibesitzer aus Köln, bei ihm in der Kneipe. Sie sprechen über die Schulden, die G bei B aus Getränkelieferungen hat. B kündigt dabei an, dass er G wegen der Schulden in Höhe von € 10.000 nicht mehr beliefern wolle. Daraufhin erklärt L dem B, er werde für seinen Freund G einstehen, wenn dieser nicht zahlen könne. B solle nur nicht die Belieferung einstellen. Als G später seine Schulden bei B nicht bezahlen kann und insolvent wird, verlangt B von L Zahlung. Zu Recht?

Lösung

Der Brauereibesitzer B verlangt vom Sportlehrer L Zahlung von € 10.000. Anspruchsgrundlage hierfür kann eine Bürgschaft des L für die Verbindlichkeiten des G sein (§ 765 i.V.m. § 433 II BGB).

Die Entstehung des Anspruchs aus der Bürgschaft setzt zweierlei voraus: erstens eine Hauptschuld eines Dritten und zweitens eine wirksame vertragliche Verpflichtung des Bürgen, für die Erfüllung der Hauptschuld einzustehen (vgl. §§ 765 I, 767 I 1 BGB).

1. Eine **Hauptschuld** des G gegenüber B besteht aus den Getränkelieferungen des B an G. Es handelt sich um einen Kaufvertrag, aus dem G als Käufer zur Kaufpreiszahlung verpflichtet ist (§ 433 II BGB).

2. Zu prüfen ist, ob sich L wirksam für diese Verbindlichkeit seines Freundes G verbürgt hat.

a) L hat in der Kneipe erklärt, er werde für G einstehen. Dies ist als Bürgschaftserklärung zu verstehen. Gemäß § 766 S. 1 BGB ist zur Gültigkeit des Bürgschaftsvertrags jedoch die **schriftliche Erteilung der Bürgschaftserklärung** erforderlich. Fehlt es an der gesetzlich vorgeschriebenen Form, ist der Vertrag gemäß § 125 S. 1 BGB nichtig. Da L nur mündlich erklärt hat, für G einstehen zu wollen, ist die Schriftform (§ 126 BGB) nicht eingehalten.

b) Fraglich ist jedoch, ob hier möglicherweise eine **Ausnahme vom Schriftformerfordernis nach den handelsrechtlichen Sondervorschriften** eingreift. Gemäß § 350 HGB findet § 766 S. 1 BGB keine Anwendung, wenn die Bürgschaft auf der Seite des Bürgen (hier L) ein Handelsgeschäft ist. Ein Handelsgeschäft i.S.v. § 343 HGB würde voraussetzen, dass L Kaufmann i.S.v. §§ 1 ff. HGB ist.

Bei der von L betriebenen Kneipe handelt es sich um einen Gewerbebetrieb i.S.v. § 1 I HGB, weil L hiermit eine erkennbar planmäßige, auf Dauer angelegte, selbständige, anbietende Tätigkeit an einem Markt ausübt. Zweifelhaft ist aber, ob dieser Betrieb auch vollkaufmännisch i.S.v. § 1 II HGB ist, also nach Art und Umfang einen in kaufmännischer Weise eingerichteten Geschäftsbetrieb erfordert. Kaufmännische Einrichtungen besitzt L nicht, insbesondere hat er keine kaufmännische Buchhaltung; er erledigt die Abrechnung vielmehr am Wochenende zu Hause. Auch die Umsatz- und Mitarbeiterzahlen sind recht bescheiden. Es handelt sich daher um einen typischen Kleingewerbetreibenden, der nicht unter § 1 II HGB fällt. Da L auch keine Eintragung in das Handelsregister (§ 2 HGB) herbeigeführt hat, findet § 350 HGB auf ihn keine Anwendung.

L ist somit bei Erteilung seiner Bürgschaft wie eine ganz gewöhnliche Privatperson zu behandeln. Es bleibt daher bei der Anwendung des § 766 S. 1 BGB. Da die Schriftform der Bürgschaft fehlt, ist der Vertrag nichtig (§ 125 BGB). B kann daraus keine Rechte herleiten. Der Anspruch besteht nicht.

Fall Nr. 3 – Altstadtkneipe II

Wie Fall Nr. 2, jedoch hatte sich L mit seiner Kneipe im Handelsregister Bonn eintragen lassen.

Lösung

1. Anders als im Fall Nr. 2 ist L hier möglicherweise als Kaufmann anzusehen, so dass die Formvorschrift des § 766 S. 1 BGB gemäß § 350 HGB für die Bürgschaft nicht gilt.

a) L hatte seine Kneipe im Handelsregister eintragen lassen. Er ist dann zwar ebenfalls nicht schon gemäß § 1 HGB **Kaufmann**, wohl aber gemäß § 2 HGB. Denn nach dieser Vorschrift gilt auch der Kleingewerbebetrieb als Handelsgewerbe, wenn die Firma im Handelsregister eingetragen ist (Kann-Kaufmann).

b) Ist L aber Kaufmann, muss für die Anwendbarkeit des § 350 HGB weiter geprüft werden, ob es sich bei der Erteilung der Bürgschaft auf seiner Seite um ein **Handelsgeschäft** i.S.v. § 343 HGB handelt. Erforderlich wäre, dass die Bürgschaftserteilung „zum Betrieb seines Handelsgewerbes" gehört, es sich also nicht um ein Privatgeschäft handelt. Hier könnte man zunächst daran denken, die Bürgschaftserteilung deshalb als Privatgeschäft anzusehen, weil G ein Freund des L ist. Entscheidend ist jedoch nicht das Innenverhältnis zwischen L und G, sondern das Vertragsverhältnis zwischen L und B, weil diese Partner des Bürgschaftsvertrages sind. Daher kommt es darauf an, ob die Bürgschaftserteilung aus Sicht des B als Handelsgeschäft des L erscheint. Dies ist hier der Fall, da L die Bürgschaft in seiner Kneipe abgegeben hat und er daher hätte klarstellen müssen, diese nur als Privatmann, nicht aber als Inhaber des Handelsgeschäfts übernehmen zu wollen. Im Zweifel gelten nämlich alle von einem Kaufmann vorgenommenen Rechtsgeschäfte als zum Betrieb seines Handelsgewerbes gehörig (§ 344 I HGB).

Da das Bürgschaftsversprechen somit auf Seiten des L ein Handelsgeschäft ist, kommt gemäß § 350 HGB die Formvorschrift des § 766 S. 1 BGB nicht zur Anwendung, so dass L die Bürgschaft formfrei, d.h. auch mündlich, wirksam erteilen konnte. Ein wirksamer Bürgschaftsvertrag liegt daher – anders als in Fall Nr. 2 – vor.

2. Zu prüfen ist aber noch, ob der Bürgschaft irgendwelche Einwendungen oder Einreden entgegenstehen. Zu denken ist insbesondere an die **Einrede der Vorausklage** gemäß § 771 BGB. Nach dieser Vorschrift kann der Bürge (hier L) die Befriedigung des Gläubigers (hier B) verweigern, solange nicht der Gläubiger eine Zwangsvollstreckung gegen den Hauptschuldner (hier G) ohne Erfolg versucht hat.

Insoweit kann sich jedoch schon nach bürgerlichem Recht eine Ausnahme aus § 773 I BGB ergeben. Nach Nr. 3 dieser Vorschrift ist die Einrede der Vorausklage ausgeschlossen, wenn über das Vermögen des Hauptschuldners das Insolvenzverfahren eröffnet ist. Aus dem Sachverhalt ergibt sich jedoch allein, dass G insolvent, also zahlungsunfähig, ist (vgl. § 17 InsO). Von der Eröffnung eines Insolvenzverfahrens ist nicht die Rede. Ehe dieses nicht eröffnet ist, steht damit trotz der Zahlungsunfähigkeit des G noch nicht fest, dass sich B nicht noch aus verwertbarem Vermögen des G im Wege der Zwangsvollstreckung befriedigen kann. Die Einrede der Vorausklage ist nicht gemäß § 773 I Nr. 3 BGB ausgeschlossen.

Der Ausschluss ergibt sich aber aus der handelsrechtlichen **Sonderregelung in § 349 HGB**, weil die Bürgschaft – wie bereits oben unter Ziff. 1 dargelegt – auf Seiten des Bürgen (L) ein Handelsgeschäft ist. L kann folglich den B nicht vorrangig an den Hauptschuldner verweisen, haftet vielmehr selbstschuldnerisch neben diesem.

Der Anspruch des B gegen L in Höhe von € 10.000 ist daher begründet und durchsetzbar.

Fall Nr. 4 – Rechtsanwalts-GmbH

Der Büromaschinen-Handel H hatte der im Handelsregister Bonn eingetragenen Rechtsanwalts-GmbH (R-GmbH) am 1. 3. 2012 fünf neue Kopiergeräte zum Gesamtpreis von € 25.000 geliefert. Mit dem geschäftsführenden Rechtsanwalt R war zuvor vereinbart worden, dass die Kaufpreiszahlung bei Lieferung per Scheck erfolgen sollte, wobei zu diesem Zeitpunkt der Liefertermin noch nicht feststand. Da R wegen eines unvorhergesehenen auswärtigen Termins am 1. 3. 2012 nicht anwesend war, sagte der die Rechnung entgegennehmende Bürovorsteher zu, den Rechnungsbetrag in Kürze zu überweisen. Erst Anfang September fällt der Buchhaltung des H auf, dass die Rechnung der R-GmbH immer noch nicht bezahlt ist. Kann H von der R-GmbH neben dem Kaufpreis auch Zinsen für die Monate März bis August verlangen?

Lösung

Fraglich ist, ob H von der R-GmbH Zinsen für die Monate März bis August verlangen kann.

1. Anspruch aus § 288 BGB

Als Anspruchsgrundlage kommt zunächst § 288 BGB in Betracht. Nach dieser Vorschrift ist eine Geldschuld während des **Verzugs** zu verzinsen. Der Verzugszinssatz beträgt im Regelfall für das Jahr fünf Prozentpunkte über dem Basiszinssatz (§ 288 I BGB), bei Rechtsgeschäften, an denen ein Verbraucher nicht beteiligt ist, für Entgeltforderungen nunmehr sogar neun (bisher acht) Prozentpunkte über dem Basiszinssatz (§ 288 II BGB).

a) Verzug kann gemäß § 286 I BGB eintreten, wenn eine fällige Schuld trotz **Mahnung** nicht beglichen wird.

Die Forderung aus dem Kaufvertrag über die Kopierer i.H.v. € 25.000 ist zwar fällig, weil die Zahlung (per Scheck) bei Lieferung vereinbart war und diese Lieferung zwischenzeitlich erfolgt ist. Für eine Mahnung ist jedoch nichts ersichtlich.

b) Ein Verzugseintritt gemäß § 286 II BGB kommt insbesondere dann in Betracht, wenn für die Leistung eine Zeit nach dem Kalender bestimmt ist (Nr. 1). Dies setzt allerdings voraus, dass der konkrete Zahlungstag bereits im ursprünglichen Vertrag selbst bestimmt ist, während sich der Zahlungstag hier erst nachträglich daraus ergibt, dass die Kopierer am 1. März angeliefert werden. Dies ist keine kalendermäßige Bestimmung i.S.v. § 286 II Nr. 1 BGB.

Nach § 286 II Nr. 2 BGB tritt Verzug ein, wenn der Leistung ein Ereignis vorauszugehen hat und eine angemessene Frist für die Leistung in der Weise bestimmt ist, dass sie sich von dem Ereignis nach dem Kalender berechnen lässt (Beispiele: 4 Wochen nach Lieferung; 2 Wochen nach Zugang einer Rechnung).[699] Die Frist darf nicht „auf Null" reduziert sein; wird die Fälligkeit – wie in dem hier zu beurteilenden Fall – unmittelbar durch ein Ereignis bestimmt („Zahlung bei Lieferung"), handelt es sich also nicht um einen Fall des § 286 II Nr. 2 BGB; der Gläubiger muss vielmehr zur Verzugsbegründung mahnen.[700]

Auch die anderen in Abs. 2 genannten Tatbestände (Nr. 3 und 4) greifen nicht ein.

c) Gemäß § 286 III BGB kommt der Schuldner einer Entgeltforderung spätestens in Verzug, wenn er nicht innerhalb von **30 Tagen nach Fälligkeit und Zugang einer Rechnung** oder gleichwertigen Zahlungsaufstellung leistet. Da die Rechnung mit der Lieferung am 1. März zugegangen ist, kam die R-GmbH Ende März gemäß § 286 III BGB in Verzug. Ob auf diese Folge in der Rechnung besonders hingewiesen worden ist (vgl. § 286 III 1 Hs. 2 BGB), kann offen bleiben, da die R-GmbH kein Verbraucher i.S.v. § 13 BGB ist.

---

[699] Dazu MüKoBGB/*Ernst*, § 286 Rn. 59 ff.
[700] MüKoBGB/*Ernst*, § 286 Rn. 63.

d) Nach § 286 IV BGB kommt der Schuldner nicht in Verzug, solange die Leistung infolge eines Umstands unterbleibt, den er nicht **zu vertreten** hat. Für eine Entlastung der R-GmbH ist jedoch nichts ersichtlich. Offenbar ist schlicht versäumt worden, die Rechnung zu bezahlen.

e) Da die R-GmbH somit ab Anfang April in Verzug war, hat sie für die Monate April bis August Verzugszinsen gemäß § 288 BGB zu zahlen. Die Zinshöhe bestimmt sich dabei nach § 288 II BGB, weil an dem Rechtsgeschäft keine Verbraucher beteiligt sind. Da der Basiszinssatz, der an die Stelle des Diskontsatzes der Deutschen Bundesbank getreten ist und von der Europäischen Zentralbank (EZB) halbjährlich angepasst wird, im Jahr 2012 durchgehend 0,12 % betrug, beläuft sich der von der R-GmbH zu leistende Verzugszinssatz gemäß § 288 II BGB auf 8,12 % für die Monate April bis August (zukünftig: 9 % über dem Basiszinssatz).

2. Anspruch aus § 353 HGB

Als Anspruchsgrundlage kommt darüber hinaus § 353 HGB in Betracht. Danach sind Kaufleute untereinander berechtigt, für ihre Forderungen aus beiderseitigen Handelsgeschäften bereits vom Tage der Fälligkeit – nicht erst des Verzuges – Zinsen zu fordern (sog. **Fälligkeitszinsen**). Da die Zahlung bereits am 1. März fällig war, könnte sich aus dieser Vorschrift ein Zinsanspruch auch für den Monat März ergeben.

a) Voraussetzung ist ein **beiderseitiges Handelsgeschäft** i.S.v. § 343 HGB. Zu prüfen ist daher, ob beide Vertragsparteien Kaufleute i.S.v. §§ 1 ff. HGB sind. Es kann davon ausgegangen werden, dass der Büromaschinen-Handel H Kaufmann nach § 1 HGB ist, also ein vollkaufmännisches Handelsgewerbe i.S.v. § 1 II HGB betreibt. Die Rechtsanwalts-GmbH ist hingegen nicht schon nach § 1 HGB Kaufmann, weil vom Gewerbebegriff die Freiberufler, insbesondere die Rechtsanwälte, traditionell nicht erfasst werden (→ § 2 Rn. 7). Da die Anwälte hier aber ihre Kanzlei in der Form einer GmbH betreiben, liegt die Kaufmannseigenschaft deshalb vor, weil die GmbH gemäß § 13 III GmbHG i.V.m. § 6 I HGB Formkaufmann ist. Auf die Art der von der GmbH betriebenen Geschäfte kommt es dann nicht an.

Da der Erwerb der Kopiergeräte zudem auf beiden Seiten zum Betrieb des „Handelsgeschäfts" gehört, liegt ein beiderseitiges Handelsgeschäft i.S.v. § 343 HGB vor. H kann daher ab 1. März von der R-GmbH Fälligkeitszinsen verlangen.

b) Die **Höhe der Zinsen** bestimmt sich hier nicht nach § 246 BGB (4 %), sondern – da auch insoweit eine handelsrechtliche Sondervorschrift eingreift – nach § 352 HGB. Der Zinssatz für den ersten Monat (März) beträgt daher 5 %.

Für die Monate April bis August wären zwar auch diese Fälligkeitszinsen von 5 % zu zahlen. Da insoweit aber der höhere Verzugszins eingreift (vgl. oben Ziff. 1), ist die Anspruchsgrundlage des § 353 HGB hier nicht relevant. Keinesfalls dürfen beide Zinssätze addiert werden (→ § 7 Rn. 59).

Ergebnis: Die R-GmbH schuldet für den März 5 % Zinsen, für April bis August 8,12 %.

Fall Nr. 5 – Der vertrauensselige Nichtkaufmann

Architekt A hat die Bestellung von Büromaterial seiner Sekretärin S übertragen und sie zur Bestellung bevollmächtigt. Bei der Suche nach einem preisgünstigen Anbieter wird S auf den Büromaterialversandhandel B-GmbH aufmerksam. Die

B-GmbH erscheint der S deshalb besonders interessant, weil sie einen Preisnachlass von 5 % gewährt, wenn der Besteller Kaufmann ist. Um von diesem Preisnachlass profitieren zu können, benutzt S für die Bestellungen bei der B-GmbH eine Vorlage, in deren Briefkopf A als „e.K." bezeichnet wird. Nach zwei Jahren, in denen S regelmäßig auf diese Weise Büromaterial bei der B-GmbH bestellt hat, sendet die B-GmbH auf Bestellung der S 30 Filzschreiber an A. S nimmt die Filzschreiber entgegen und legt sie ohne einen Blick auf die drei Packungen je 10 Stück zu werfen in den Schrank, in dem A das Büromaterial aufbewahrt. Als A zwei Monate später erstmals einen der Filzschreiber benutzen möchte, muss er feststellen, dass die Filzschreiber nicht – wie bestellt – mit blauer, sondern mit roter Tinte gefüllt sind und dies auch durch einen roten Punkt auf den Packungen vermerkt ist. Da A so viele rote Stifte nicht gebrauchen kann, möchte er wissen, ob er von der B-GmbH die Lieferung von blauen Filzschreibern gegen Rückgabe der roten verlangen kann.

Lösung

Fraglich ist, ob A von der B-GmbH gegen Rückgabe der roten Filzschreiber die Lieferung von blauen verlangen kann. Ein Anspruch könnte sich aus dem Recht des Käufers auf **Nacherfüllung** gemäß §§ 437 Nr. 1, 434 III, 439 BGB ergeben.

1. Wirksamer Kaufvertrag

Voraussetzung hierfür ist zunächst ein wirksamer Kaufvertrag über die Filzschreiber zwischen A und der B-GmbH.

a) Da A die Filzschreiber nicht selbst bestellt hat, ist zu prüfen, ob A sich die Bestellung durch S im Wege der **Stellvertretung** (§§ 164 ff. BGB) zurechnen lassen muss. Dadurch, dass S die Filzschreiber bestellt hat, hat sie eine eigene Willenserklärung abgegeben. Diese Willenserklärung hat S im Namen des A abgegeben, da S die Filzschreiber ausweislich des Briefkopfs für A bestellte (Offenkundigkeit). Dabei handelte S im Rahmen der von A erteilten Vollmacht, also mit Vertretungsmacht. Die Voraussetzungen einer wirksamen Stellvertretung nach §§ 164 ff. BGB liegen also vor.

> **Hinweis:** An diesem Ergebnis ändert sich auch dann nichts, wenn man die Bevollmächtigung der S durch A so versteht, dass S nicht zur Bestellung unter der Vorspiegelung der Kaufmannseigenschaft bevollmächtigt war. Denn in diesem Fall ergibt sich die Vertretungsmacht der S für die konkret in Streit stehende Bestellung aufgrund der vorangegangenen, mehrjährigen Bestellpraxis jedenfalls aus einer Duldungs- bzw. Anscheinsvollmacht.[701]

b) Das in der Bestellung durch S liegende Vertragsangebot des A muss die B-GmbH angenommen haben. Durch die Lieferung der Filzschreiber hat die B-GmbH das Angebot des A durch konkludente Willenserklärung angenommen.

2. Sachmangel bei Gefahrübergang

Weiterhin setzt der Nacherfüllungsanspruch einen Sachmangel i.S.v. § 434 BGB voraus. Ein Sachmangel in diesem Sinne liegt vor, wenn die tatsächliche Beschaffenheit der Sache nicht der geschuldeten Beschaffenheit entspricht (= negative Abweichung der Ist- von der Sollbeschaffenheit). Der mangelhaften Sache wird dabei gemäß § 434 III BGB der Fall gleichgestellt, in dem eine andere als die geschuldete

---

[701] Allgemein zur Duldungs- und Anscheinsvollmacht *Bitter/Röder*, BGB AT, § 10 Rn. 154 ff.

Sache geliefert wird (sog. Aliud-Lieferung). Da die Filzschreiber rot statt blau sind, liegt ein solcher Fall vor.

Dieser Mangel war auch bereits bei Gefahrübergang (= Übergabe; vgl. § 446 BGB) vorhanden.

3. Ausschluss der Gewährleistungsrechte nach § 377 HGB

Fraglich ist jedoch, ob der Nacherfüllungsanspruch hier nach den Sonderregeln des Handelsrechts ausgeschlossen ist. Gemäß § 377 HGB besteht bei einem beiderseitigen Handelskauf eine Obliegenheit zur unverzüglichen Untersuchung und Rüge mangelhafter Ware. Unterlässt der Käufer die Rüge, gilt die Ware als genehmigt, soweit es sich nicht um einen verdeckten Mangel handelt (§ 377 II HGB).

a) Zu prüfen ist zunächst, ob es sich um ein **beiderseitiges Handelsgeschäft** handelt. Handelsgeschäfte sind gemäß § 343 HGB alle Geschäfte eines Kaufmanns, die zum Betriebe seines Handelsgewerbes gehören. Zu fragen ist daher, ob A und die B-GmbH Kaufleute i.S.v. §§ 1 ff. HGB sind.

Kaufmann ist gemäß § 1 I HGB, wer ein Handelsgewerbe betreibt. Da A Architekt und somit Freiberufler ist, betreibt er kein Handelsgewerbe und ist somit nicht Kaufmann nach § 1 HGB (→ § 2 Rn. 7). Er könnte sich jedoch nach den Grundsätzen zum **„Scheinkaufmann kraft tatsächlichen Verhaltens"** wie ein Kaufmann behandeln lassen müssen (→ § 2 Rn. 38 ff.). Dafür sind zunächst der Rechtsschein des Kaufmanns und die Zurechenbarkeit dieses Rechtsscheins erforderlich. Weiter muss der Geschäftsgegner sich im Vertrauen auf die Kaufmannseigenschaft zum Geschäftsabschluss entschlossen haben und dabei gutgläubig gewesen sein.

Der **Rechtsschein**, dass A Kaufmann ist, wurde durch die Verwendung des Zusatzes „e.K." (= eingetragener Kaufmann) gesetzt, weil nur eine Person, die tatsächlich Kaufmann ist, im Handelsregister eingetragen werden kann.

Auch die **Zurechnung** des Rechtsscheins gegenüber A ist möglich. Zwar hat A den Zusatz „e.K." nicht selbst verwendet, den Rechtsschein also nicht selbst gesetzt, jedoch hätte er die Herstellung des Rechtsscheins erkennen und verhindern können. Die S hatte den Zusatz „e.K." hinter dem Namen des A gegenüber der B-GmbH schon zwei Jahre lang verwendet. Dies hätte A durch die Kontrolle nur einer einzigen Bestellung erkennen können. Auch der Blick auf die Rechnungen hätte dem A den Sachverhalt offenbaren müssen, weil diese einerseits an ihn als „e.K." adressiert sein mussten, dort andererseits der Rabatt für Kaufleute ausgewiesen wurde. Hätte er die Setzung des Rechtsscheins durch seine Sekretärin auf diese Weise erkannt, so wäre es ihm auch ohne Weiteres möglich und zumutbar gewesen, die Fortsetzung dieses Verhaltens durch eine Weisung an seine Arbeitnehmerin zu verhindern.

Nach dem Sachverhalt ist davon auszugehen, dass sich die B-GmbH im **Vertrauen auf den Rechtsschein** zum Abschluss des Geschäfts über die Filzschreiber entschloss. Dafür reicht es im Grundsatz schon aus, dass zunächst der Rechtsschein gesetzt wird und anschließend in dem Bewusstsein, alles sei in Ordnung, der Vertrag geschlossen wird (→ § 2 Rn. 41). Im hier zu beurteilenden Fall ist sogar – was nicht erforderlich ist – von einem *konkreten* Vertrauen und einer direkten Kausalität auszugehen, weil die B-GmbH den Rabatt von 5 % nur Kaufleuten gewährt, sie bei der Rabattgewährung also auf jene Eigenschaft vertraut haben muss.

Schließlich ist auch von einer **Gutgläubigkeit** der B-GmbH auszugehen. Diese ließe sich allenfalls im Hinblick auf die freiberufliche Tätigkeit des A mit der Begründung in Zweifel ziehen, die B-GmbH habe deshalb die fehlende Kaufmannseigenschaft erkennen müssen. Doch ist bereits umstritten, ob einfache Fahrlässigkeit des

Geschäftsgegners überhaupt schadet (→ § 2 Rn. 42). Jedenfalls aber wird man der B-GmbH insoweit keinen Sorgfaltsverstoß vorwerfen können. Es ist bereits fraglich, ob jeder Kaufmann wissen muss, dass Architekten im Grundsatz Freiberufler und damit keine Kaufleute sind. Zumindest aber gilt die Ausnahme von der Kaufmannseigenschaft nur für den *Kernbereich des freien Berufs*, sodass ein Architekt durchaus Kaufmann sein kann, wenn er neben der reinen Architektentätigkeit auch gewerbliche Leistungen erbringt (Beispiele: Erschließungstätigkeit; technisches Büro).[702] Der B-GmbH wird man insoweit keine Pflicht auferlegen können zu erforschen, ob ein derartiger Fall vorliegt oder nicht. Wenn das Architekturbüro zudem ausdrücklich als „e.K." firmiert, kann man es dem Geschäftsgegner nicht als fahrlässiges Verhalten vorwerfen, jene bewusst fehlerhafte Angabe nicht „enttarnt" zu haben. Die Sachlage ist hier ähnlich wie in den Fällen, in denen jemand ausdrücklich unter Fortlassen des Rechtsformzusatzes firmiert und sich dann später darauf beruft, der Geschäftsgegner habe den Fehler durch Einsicht ins Handelsregister rasch erkennen können.[703] Derartiges Verhalten wäre treuwidrig, weshalb der B-GmbH keine Bösgläubigkeit vorzuwerfen ist. Besonders gilt dies in dem hiesigen Fall, in dem es um Bestellungen geringwertiger Waren geht. Hier kann man es der B-GmbH erst recht nicht zum Vorwurf machen, fehlerhafte Angaben der Besteller nicht erkannt zu haben.

A muss sich deshalb nach den Grundsätzen zum „Scheinkaufmann kraft tatsächlichen Verhaltens" wie ein Kaufmann behandeln lassen.

Die B-GmbH ist nach § 13 III GmbHG i.V.m. § 6 I HGB **Formkaufmann**.

Da sich A somit wie ein Kaufmann behandeln lassen muss und die B-GmbH Formkaufmann ist, das konkrete Geschäft über die Filzschreiber zudem zum Betrieb des A und der B-GmbH gehört (§ 343 HGB), insbesondere kein Privatgeschäft ist, kommt § 377 HGB auf den Kauf zur Anwendung.

b) Die Filzschreiber wurden ferner bei A **abgeliefert** und damit zur Prüfung der Ware in seine Verfügungsgewalt gebracht. Zu diesem Zeitpunkt war der in der Aliud-Lieferung liegende **Mangel** bereits vorhanden.

c) Zu prüfen ist daher, ob die **Rügefrist versäumt** wurde. Dafür ist maßgeblich, ob es sich um einen offenen Mangel i.S.v. § 377 I HGB oder um einen verdeckten Mangel i.S.v. § 377 III HGB handelt. Eine Untersuchung der Filzschreiber sofort nach deren Ablieferung bei A hätte schon bei einem schlichten Blick auf die Packungen die fehlerhafte Lieferung offenbart, weil dort ein roter statt blauer Punkt angebracht war. Insoweit kann offen bleiben, ob man von dem Käufer von Schreibartikeln zusätzlich verlangen kann, nach der Ablieferung im Wege einer mindestens stichprobenartigen Untersuchung auch die Packungen zu öffnen und nachzuschauen, ob darin die richtige Ware vorhanden ist. Jedenfalls der Blick auf die Packungen und die Kontrolle, ob die gelieferten Produkte der Bestellung entsprechen, war „nach ordnungsgemäßem Geschäftsgang tunlich" im Sinne des Gesetzes. Nach § 377 I HGB hätte deshalb „unverzüglich" nach der unterbliebenen sofortigen Untersuchung gerügt werden müssen. Dies ist nicht erfolgt, da A die fehlerhafte Lieferung der Filzschreiber erst zwei Monate später feststellte.

Da die Rüge somit verspätet war, gilt die Ware nach § 377 II HGB als genehmigt. Ein Nacherfüllungsanspruch gemäß §§ 437 Nr. 1, 434, 439 BGB besteht daher nicht.

---

[702] Dazu Baumbach/Hopt/*Hopt*, § 1 Rn. 19 f.
[703] Dazu → Fall Nr. 7 – Nachlässigkeit; → § 4 Rn. 12.

§ 12. Fälle zum Firmenrecht

Fall Nr. 6 – Auskunft (un)limited

Eine in England gegründete Gesellschaft in der Rechtsform der private limited company möchte in Deutschland eine Zweigniederlassung betreiben. Kann sie dies unter der Firma „Auskunft Limited" tun, die sie in England in rechtmäßiger Weise verwendet?

Rechtsprechungshinweis: *LG Aachen* ZIP 2007, 1011

Lösung

Fraglich ist, ob die englische private limited company eine Zweigniederlassung in Deutschland unter der in England zulässigen Firma „Auskunft Limited" betreiben darf. Zu prüfen ist zunächst, ob sich diese Frage überhaupt nach deutschem Recht richtet. Erst danach kann gegebenenfalls geprüft werden, ob die gewünschte Firma mit den in Deutschland geltenden firmenrechtlichen Vorschriften vereinbar ist.

1. Anwendbarkeit deutschen Rechts

Bei Sachverhalten mit Verbindung zum Recht mehrerer Staaten bestimmen die Vorschriften des Internationalen Privatrechts, welche Rechtsordnung zur Anwendung kommt (vgl. Art. 3 EGBGB). Eine ausdrückliche Regelung zur Anwendbarkeit von firmenrechtlichen Vorschriften enthält das Internationale Privatrecht allerdings nicht. Sinn und Zweck der firmenrechtlichen Vorschriften sprechen dafür, dass auf die Firma der deutschen Zweigniederlassung einer ausländischen Gesellschaft deutsches Recht zur Anwendung kommt. Das Firmenrecht verfolgt in erster Linie den Zweck, den Geschäftsverkehr vor Firmen zu schützen, die als nichtssagende Bezeichnungen (§ 18 I HGB), wegen ihrer Ähnlichkeit zu anderen Firmen am selben Ort (§ 30 I HGB) oder aufgrund ihres irreführenden Gehalts (§ 18 II HGB) zu Verwechslungen oder Fehlvorstellungen führen können. Ob dies der Fall ist, kann nur aus Sicht der Verkehrsteilnehmer und deshalb am besten nach dem Recht des Ortes beurteilt werden, an dem der Firmenträger mit Teilnehmern des Geschäftsverkehrs in Berührung kommt. Deshalb bestimmt sich die Zulässigkeit einer Firma, die die deutsche Zweigniederlassung einer ausländischen Gesellschaft führen möchte, nach deutschem Recht.[704]

2. Zulässigkeit der Firma nach deutschem Firmenrecht

Im vorliegenden Fall sind indes europarechtliche Besonderheiten zu beachten. Ob die Firma „Auskunft Limited" mit dem deutschen Firmenrecht der §§ 17 ff. HGB vereinbar ist, ist daher in zwei Schritten zu prüfen: In einem ersten Schritt ist die gewünschte Firma am allgemeinen, für deutsche Gesellschaften geltenden Maßstab der §§ 17 ff. HGB zu messen. In einem zweiten Schritt muss dann geprüft werden, ob dieser Maßstab aufgrund vorrangiger europarechtlicher Vorgaben einer Korrektur bedarf, weil die Firma der Zweigniederlassung einer Gesellschaft aus einem anderen EU-Mitgliedsstaat in Frage steht.

---

[704] Vgl. *OLG München* NZG 2011, 157 und ZIP 2007, 1949, 1950 sowie *LG Aachen* ZIP 2007, 1011, 1012, jeweils m.w.N.

a) Kennzeichnungsfähigkeit und Unterscheidungskraft (§ 18 I HGB)

Die Firma „Auskunft Limited" begegnet vor allem im Hinblick auf die Firmengrundsätze der Kennzeichnungsfähigkeit und der Unterscheidungskraft (§ 18 I HGB) rechtlichen Bedenken. Diese Grundsätze verbieten insbesondere solche Firmen, die lediglich Gattungs- oder Branchenbezeichnungen enthalten und somit nicht geeignet sind, ein einzelnes Unternehmen der Gattung oder Branche zu kennzeichnen. Die Firma „Auskunft Limited" enthält neben dem Rechtsformzusatz „Limited" nur das Wort „Auskunft". Mit diesem Wort wird eine bestimmte Branche, nämlich die Branche von Unternehmen, bei denen Auskünfte und Informationen eingeholt werden können, beschrieben. Eine darüber hinaus gehende Kennzeichnungskraft kommt dem Wort nicht zu. Folglich geht die Firma „Auskunft Limited" über eine bloße Branchenbezeichnung nicht hinaus und ist somit nach § 18 I HGB grundsätzlich nicht zulässig.

b) Korrektur durch europarechtliche Vorgaben?

Fraglich ist jedoch, ob dieses Zwischenergebnis aufgrund vorrangiger europarechtlicher Vorgaben einer Korrektur bedarf, denn sofern nationales Recht mit Europarecht nicht vereinbar ist, gebietet es der Vorrang des europäischen Rechts, das nationale Recht soweit wie möglich korrigierend auszulegen. **Art. 49, 54 AEUV** (ehemals Art. 43, 48 EGV) sichern europäischen Gesellschaften das Recht zu, sich grundsätzlich in jedem Mitgliedsstaat frei niederzulassen (**Niederlassungsfreiheit**). Diese Freiheit ist nicht nur dann beeinträchtigt, wenn eine nationale Rechtsvorschrift den Zuzug fremder Gesellschaften gänzlich verbietet, sondern auch dann, wenn sie den Zuzug von bestimmten Voraussetzungen abhängig macht, es sei denn, diese Voraussetzungen sind nach dem europarechtlichen sog. „Vier-Kriterien-Test" gerechtfertigt. Danach können nationale Maßnahmen, die die Ausübung der durch das europäische Recht garantierten Grundfreiheiten behindern oder weniger attraktiv machen können, zulässig sein, wenn sie (1) in nichtdiskriminierender Weise angewandt werden, (2) zwingenden Gründen des Allgemeininteresses entsprechen, (3) zur Erreichung des verfolgten Ziels geeignet sind und (4) nicht über das hinausgehen, was zur Erreichung dieses Ziels erforderlich ist.[705] Vor diesem Hintergrund ist zunächst festzustellen, dass das Verbot der in England zulässigen Firma „Auskunft Limited" den Zuzug des Unternehmens nach Deutschland behindert und deshalb der Rechtfertigung bedarf. Die deutsche Regelung ist nicht diskriminierend, weil § 18 I HGB auf deutsche und ausländische Gesellschaften gleichermaßen Anwendung findet, ausländische Gesellschaften also nicht schlechter behandelt werden als deutsche. Sodann ist zu prüfen, ob zwingende Gründe des Allgemeininteresses für das Verbot sprechen. Als ein solcher Grund kommt das Bedürfnis des Geschäftsverkehrs in Betracht, dass verwechslungsträchtige und irreführende Firmen nicht verwendet werden (vgl. oben lit. a). Außer Frage steht, dass das Verbot der Firma „Auskunft Limited" geeignet ist, diesem Bedürfnis zu dienen, weil es den Gebrauch einer nichtssagenden und somit nicht merkfähigen

---

[705] Siehe EuGHE I 1999, 1459 = NJW 1999, 2027 – *Centros*, Tz. 34, unter Hinweis auf EuGHE I 1993, 1663 = EuZW 1993, 322 – *Kraus*, Tz. 32 und EuGHE I 1995, 4165 = NJW 1996, 579 – *Gebhard*, Tz. 37.; dazu eingehend *Bitter*, Niederlassungsfreiheit für Kapitalgesellschaften in Europa: Gläubigerschutz in Gefahr?, in: Tietze/McGuire et al. (Hrsg.), Europäisches Privatrecht – Über die Verknüpfung von nationalem und Gemeinschaftsrecht, Jb.J.ZivRWiss. 2004, Stuttgart 2005, S. 299 ff.; *ders.*, Flurschäden im Gläubigerschutzrecht durch „Centros & Co."? – Eine Zwischenbilanz, WM 2004, 2190 ff.

Firma verbietet. Fraglich ist allerdings, ob das Verbot der Firma „Auskunft Limited" im Hinblick auf den Schutz des Geschäftsverkehrs auch erforderlich und angemessen ist. Das *LG Aachen*[706] hat diese Frage in einer Entscheidung aus dem Jahr 2007 verneint. Eine Entscheidung des *OLG München* aus demselben Jahr nahm dieselbe Wertung vor, als sie einer englischen private limited company gestattete, in Deutschland eine Zweigniederlassung unter der Firma „Planung für Küche und Bad Ltd." einzurichten.[707] In einer späteren Entscheidung aus dem Jahr 2011 entschied das *OLG München* demgegenüber, dass die Firma „Zahnarztpraxis Ltd." mangels hinreichender Kennzeichnungsfähigkeit und Unterscheidungskraft unzulässig sei.[708] Dies entspricht der überwiegenden Ansicht im Schrifttum, die es als gerechtfertigt ansieht, die Niederlassungsfreiheit im Namen des Verkehrsschutzes vor kennzeichnungsunfähigen und unterscheidungskraftlosen Firmen einzuschränken.[709] Diese Ansicht überzeugt. Dies gilt insbesondere dann, wenn die im Mutterland verwendete Firma deutsche Begriffe enthält, die zwar im Mutterland zur Kennzeichnung eines Unternehmens geeignet sein mögen, nicht aber in Deutschland, weil sie dort eine gesamte Branche benennen.

Die Zweigniederlassung der englischen private limited company dürfte deshalb in Deutschland nicht die Firma „Auskunft Limited" führen.

Fall Nr. 7 – Nachlässigkeit

Der Malermeister O hatte auf Anraten seines Anwalts vor einiger Zeit seinen Malerbetrieb in der Rechtsform einer GmbH organisiert. Weil er sich mit den rechtlichen Details nicht so auskennt, verwendete er auch nach Gründung der GmbH seine alten Briefbögen weiter, auf denen sich nur die Bezeichnung „Werner Obermüller Malerbetrieb" fand. Unter Verwendung eines solchen Briefbogens hatte er mit der Wohnungsbaugesellschaft W einen Auftrag über den Anstrich dreier Häuser abgeschlossen. Da er sich hierbei und bei anderen Projekten finanziell und personell übernommen hatte, wurde die GmbH rasch insolvent. O teilt der W daher mit, dass er sich zur Ausführung des Auftrags nicht in der Lage sehe, zumal er persönlich nicht drei Häuser allein anstreichen könne. W kann ein anderes Unternehmen zur Durchführung des Auftrags nur zu einem Mehrpreis von € 10.000 gewinnen und möchte wissen, ob ihr O persönlich für diesen Schaden haftet.

Lösung

Fraglich ist, ob W gegen O einen Anspruch auf Zahlung von € 10.000 hat.

Anspruchsgrundlage hierfür können §§ 280 I, III, 281 BGB sein. Nach § 281 I BGB kann der Gläubiger, soweit der Schuldner die Leistung nicht erbringt, unter den Voraussetzungen des § 280 I BGB **Schadensersatz statt der Leistung** verlangen.

---

[706] *LG Aachen* ZIP 2007, 1011 ff.

[707] *OLG München* ZIP 2007, 1949 ff.

[708] *OLG München* NZG 2011, 157.

[709] Vgl. die Anmerkung zum zitierten Urteil des *LG Aachen* von *Drygala/Keltsch*, EWiR 2007, 435, 436 m.w.N.; vgl. auch *K. Schmidt*, in: Lutter (Hrsg.), Europäische Auslandsgesellschaften in Deutschland, 2005, S. 15, 29 ff.

1. Haftung des O aus eigener Schuld?

Zu prüfen ist zunächst, ob überhaupt ein Schuldverhältnis i.S.v. § 280 I BGB zwischen W und O besteht. O wäre nämlich nur dann Schuldner und hätte demgemäß für die Nichterfüllung (= Pflichtverletzung) des mit W geschlossenen Werkvertrags (§ 631 BGB) einzustehen, wenn dieser Vertrag zwischen W und O persönlich zustande gekommen ist. Dafür ist entscheidend, ob O als Privatmann oder in Stellvertretung (§§ 164 ff. BGB) für die GmbH gehandelt hat.

Ein ausdrückliches Auftreten im Namen der GmbH liegt nicht vor. Es ergibt sich auch nicht i.S.v. § 164 I 2 Alt. 2 BGB aus den Umständen, dass O für „seine" GmbH handeln wollte.

Vom stellvertretungsrechtlichen Grundsatz der Offenkundigkeit gibt es jedoch auch begrenzte Ausnahmen. Nach den im Lern- und Fallbuch zum BGB AT dargestellten Grundsätzen über das **unternehmensbezogene Rechtsgeschäft** kommt auch ohne ausdrücklichen Hinweis der Vertrag im geschäftlichen Bereich im Zweifel mit dem Inhaber des Unternehmens zustande, weil der Vertragspartner, der es erkennbar mit einem – für sich nicht rechtsfähigen – Unternehmen zu tun hat, im Zweifel mit dem Unternehmensträger in rechtliche Beziehungen treten will, um insbesondere zur Erfüllung seiner Ansprüche auf das Unternehmensvermögen zugreifen zu können.[710] Unternehmensträger, d.h. Inhaber des Unternehmens, ist hier die GmbH. Damit scheidet ein Werkvertrag unmittelbar zwischen W und O, aus dem sich der Schadensersatzanspruch ergeben könnte, aus.

2. Haftung des O aus Rechtsschein für eine Schuld der GmbH

O kann jedoch aus dem Gesichtspunkt des Rechtsscheins für einen gegen die GmbH gerichteten Schadensersatzanspruch der W einzustehen haben.

a) Voraussetzungen der Rechtsscheinhaftung

Die Voraussetzungen einer solchen Rechtsscheinhaftung sind, dass (1) der Rechtsschein einer persönlichen Haftung des O gesetzt wurde, (2) dieser Rechtsschein dem O zurechenbar ist, (3) W im Vertrauen auf diesen Rechtsschein gehandelt hat und (4) Gutgläubigkeit von W gegeben ist.

aa) O hat weder ausdrücklich noch durch einen schriftlichen Vermerk auf die haftungsbeschränkte Rechtsform hingewiesen. Auf seinem Briefbogen fand sich nur die Bezeichnung „Werner Obermüller Malerbetrieb", wodurch er den **Rechtsschein** hervorgerufen hat, es handele sich um ein einzelkaufmännisches Unternehmen mit persönlicher Haftung des Inhabers.

bb) Da er den alten Briefbogen persönlich verwendete, hat er diesen Rechtsschein selbst zu verantworten und damit **zurechenbar** gesetzt. Anders als im Fall Nr. 5 stellt sich damit nicht die Frage der Zurechnung des Verhaltens Dritter (dort der Sekretärin des A).

cc) Erst im Anschluss an die Verursachung des Rechtsscheins kam der Vertrag mit W zustande, sodass W **im Vertrauen auf den Rechtsschein gehandelt** hat. Eine Kausalität in dem – engeren – Sinn, dass W bei einem Wissen um die Existenz der GmbH und deren Stellung als Vertragspartner den Auftrag nie vergeben hätte, ist nicht erforderlich (→ § 2 Rn. 41).

---

[710] Dazu *Bitter/Röder*, BGB AT, § 10 Rn. 51 ff.; ferner *BGH* ZIP 2012, 2159, 2160 (Rn. 10) m.w.N.

dd) Schließlich ist W auch **schutzbedürftig**, da nichts dafür ersichtlich ist, dass sie von der Existenz der GmbH wusste oder eine entsprechende Kenntnis hätte haben müssen. Allenfalls könnte man fragen, ob W nicht vor Abschluss des Vertrags ins Handelsregister hätte schauen müssen und dort hätte sehen können, dass das Unternehmen des O inzwischen in der Rechtsform der GmbH betrieben wird. Möglicherweise könnte sich O gar gemäß § 15 II HGB auf diese Eintragung berufen. Es ist jedoch anerkannt, dass jene Vorschrift teleologisch zu reduzieren ist, wenn unabhängig vom Handelsregister ein besonderer Rechtsschein gesetzt wird. Wer im (schriftlichen) Rechtsverkehr unzulässig ohne den Zusatz GmbH auftritt, kann den Geschäftsgegner später nicht darauf verweisen, das Unternehmen sei aber doch als GmbH ordnungsgemäß im Handelsregister eingetragen (→ § 4 Rn. 12). Man wird auch nicht im Rahmen der einem Kaufmann abverlangten Sorgfalt (§ 347 HGB) allgemein fordern können, vor Geschäftsabschlüssen Einsicht ins Handelsregister zu nehmen. Vielmehr gehört diese Registereinsicht nur bei einem sich aufdrängenden Verdacht der Unrichtigkeit gemachter Angaben oder bei bedeutenden Geschäftsabschlüssen zu dem einem Kaufmann als sorgfaltsgemäß abverlangten Verhalten.[711] Der Auftrag an einen Malermeister, drei Häuser anzustreichen, ist jedoch für eine Wohnungsbaugesellschaft – anders als etwa der Großauftrag zur Errichtung mehrerer Häuser – noch kein so bedeutendes Geschäft, dass man eine vorherige Einsicht ins Register erwarten kann.

Hinweis: Eine andere Ansicht ist hier durchaus vertretbar. Dann müsste man allerdings auch die Streitfrage entscheiden, ob im Rahmen der handelsrechtlichen Rechtsscheinstatbestände – abweichend vom bürgerlichen Recht (§ 173 BGB) – nur grobe Fahrlässigkeit schadet (→ § 3 Rn. 17b). Von einem grob fahrlässigen Verhalten der W kann nämlich nicht ausgegangen werden, weil sich die Unrichtigkeit des Briefbogens des O in keiner Weise für W aufdrängte.

Daher haftet O aus dem von ihm veranlassten Rechtsschein persönlich für die aus dem Vertrag resultierenden Verbindlichkeiten der GmbH.

b) Schadensersatzanspruch gegen die GmbH (§§ 280 I, III, 281 BGB)

Zu prüfen bleibt, ob ein Schadensersatzanspruch aus §§ 280 I, III, 281 BGB gegen die GmbH tatsächlich besteht.

aa) Da die GmbH den Auftrag nicht wie vereinbart ausgeführt hat, liegt eine **Pflichtverletzung** i.S.v. § 280 I BGB vor.

bb) Dafür, dass die Pflichtverletzung nicht von der GmbH **zu vertreten** wäre (§ 280 I 2 BGB), ist nichts ersichtlich. O hatte sich als Geschäftsführer der GmbH vielmehr finanziell und personell übernommen, so dass diese die Nichterfüllung auch i.S.v. § 276 BGB zu vertreten hat.

cc) Allerdings setzt § 281 I BGB im Grundsatz für den Schadensersatz statt der Leistung (W will die ursprüngliche Leistung nicht mehr, sondern stattdessen Schadensersatz) voraus, dass dem Schuldner eine angemessene **Frist zur Nacherfüllung** gesetzt wurde.

Dies wäre anders, wenn die Leistung der GmbH unmöglich wäre (vgl. die dann eingreifende Anspruchsgrundlage § 283 BGB). Dass O mitteilt, er sehe sich zur Ausführung des Auftrags nicht in der Lage, zumal er persönlich nicht drei Häuser allein anstreichen könne, begründet jedoch keine Unmöglichkeit im Rechtssinne, weder objektiv noch subjektiv. Vielmehr könnte O – wenn er nur Geld hätte – die Arbeiten

---

[711] Siehe *Jung*, HandelsR, § 8 Rn. 44 zum Scheinkaufmann.

jederzeit durch angestellte Maler oder durch einen Subunternehmer ausführen lassen. Dass er die erforderlichen Mittel wegen Insolvenz nicht mehr hat, führt nicht zur Unmöglichkeit im Rechtssinne („Geld hat man zu haben").

Die danach grundsätzlich erforderliche Nachfristsetzung kann aber ausnahmsweise gemäß § 281 II BGB entbehrlich sein, wenn O im Namen der GmbH die Leistung ernsthaft und endgültig verweigert hat. Da die GmbH insolvent ist und O daraufhin erklärt, den Auftrag auch persönlich nicht ausführen zu können und zu wollen, liegt eine derartige Verweigerung vor. Es ist nicht ersichtlich, wie O – etwa durch gutes Zureden der W – noch dazu gebracht werden könnte, für einen Anstrich der drei Häuser zu sorgen. W kann daher sofort von O persönlich Schadensersatz in Höhe von € 10.000 verlangen.

Fall Nr. 8 – ESO Tankstelle

Herr Erwin Segbrecht-Osterloh betreibt mehrere freie Tankstellen in Brandenburg. Die Firma seines von Potsdam aus betriebenen Mineralölhandels möchte er nach seinen Initialen gestalten und meldet deshalb „ESO Mineralölhandel Potsdam e.K." als Firma zum Handelsregister an. Was kann die ESSO Deutschland GmbH aus Hamburg tun, wenn das Handelsregister die Bezeichnung einträgt und die Tankstellen des Herrn Segbrecht-Osterloh fortan unter dieser Firma betrieben werden?

Hinweis: Es sind nur firmenrechtliche Rechtsbehelfe zu prüfen.

Lösung

Fraglich ist, welche firmenrechtlichen Rechtsbehelfe der ESSO Deutschland GmbH gegen die Firmenführung durch O zustehen.

1. Registerrechtliches Firmenmissbrauchsverfahren (§ 37 I HGB)

Die ESSO Deutschland GmbH könnte beim Registergericht ein registerrechtliches Firmenmissbrauchsverfahren nach § 37 I HGB anregen. Ein Anspruch auf Einschreiten besteht insoweit allerdings nicht und es ist wohl auch unwahrscheinlich, dass das Registergericht gegen die von ihm selbst eingetragene Firma vorgeht.

2. Unterlassungsanspruch (§ 37 II HGB)

Näher liegt deshalb ein Unterlassungsanspruch gemäß § 37 II HGB. Nach dieser Vorschrift kann derjenige, der durch den unbefugten Gebrauch einer Firma in seinen Rechten verletzt ist, von dem Verwender Unterlassung des Gebrauchs der Firma verlangen. Da es sich bei § 37 II HGB um einen Anspruch wegen unzulässigen Firmengebrauchs handelt, ist Voraussetzung des Anspruchs, dass der verwendete Namen firmenrechtlich unzulässig ist. Zu prüfen ist daher, ob ein Verstoß gegen die **Firmengrundsätze** vorliegt und die ESSO Deutschland GmbH dadurch in eigenen Rechten verletzt ist.

a) Kennzeichnungsfähigkeit (§ 18 I HGB)

Eine Firma muss zunächst kennzeichnungsfähig sein (§ 18 I HGB). Dies ist bei der Firma „ESO Mineralölhandelsgesellschaft Potsdam e.K." der Fall, da es sich nicht um eine schlichte Gattungsbezeichnung handelt, sondern die Zusätze „ESO" und „Potsdam" die Firma für den Geschäftsverkehr „merkbar" machen und ihr dadurch Kennzeichnungskraft verleihen.

b) Unterscheidungskraft (§ 18 I HGB)

Weiterhin muss die Firma Unterscheidungskraft besitzen (§ 18 I HGB). Diese fehlt, wenn der Name nicht hinreichend von anderen potenziell denkbaren Namen abgrenzbar ist, z.B. bei der alleinigen Verwendung eines verbreiteten Familiennamens. Eine solche Bezeichnung liegt hier nicht vor; vielmehr kann der Mineralölhandel des O durch die schon erwähnten Zusätze von anderen Unternehmen gleicher Art unterschieden werden.

c) Firmenwahrheit (§ 18 II HGB)

Ein Verstoß gegen die Firmenwahrheit (§ 18 II HGB) liegt vor, wenn die Bezeichnung irreführend ist. Über den geschäftlichen Betrieb des Unternehmens wird jedoch durch die gewählte Firma nicht irregeführt. Vielmehr entspricht die Bezeichnung „Mineralölhandel Potsdam" voll den Tatsachen eines von Potsdam aus betriebenen Tankstellennetzes.

Eine Irreführung könnte jedoch in der Aufnahme des Zusatzes „ESO" liegen, wenn damit bei den maßgeblichen Geschäftskreisen der Eindruck erweckt würde, das Unternehmen sei mit der bekannten Mineralölhandelsgesellschaft ESSO Deutschland GmbH identisch oder doch jedenfalls verbunden.

Der Eindruck einer *Identität* kann sicher nicht entstehen, weil sich die Firma „ESO Mineralölhandelsgesellschaft Potsdam e.K." deutlich von der ESSO Deutschland GmbH unterscheidet, die zudem in Hamburg residiert. Eine Irreführung kann deshalb allenfalls darin liegen, dass die Firma im Rechtsverkehr den Eindruck erweckt, es handele sich um ein Tochterunternehmen der ESSO Deutschland GmbH oder doch jedenfalls um ein Unternehmen, das in Potsdam mit Produkten der ESSO Deutschland GmbH handelt.

Ob ein solcher Eindruck von der Firma ausgeht, erscheint jedoch nicht ausgemacht. Wer die komplette Bezeichnung „ESO Mineralölhandelsgesellschaft Potsdam e.K." – etwa auf einem Briefbogen der Gesellschaft – zur Kenntnis nimmt, muss damit nicht notwendig eine Verbindung zur ESSO Deutschland GmbH herstellen. Anderes mag sicher gelten, soweit die Tankstelle nach außen allein mit der Kurzbezeichnung ESO auftritt, diese etwa in großer Schrift an der Tankstelle anbringt, weil sodann ein vorbeifahrender Autofahrer – jedenfalls bei einer den ESSO-Tankstellen angenäherten farblichen Gestaltung der Tankstelle – bei flüchtiger Betrachtung ESO mit ESSO verwechseln mag. Aus diesem Grund löst die Verwendung einer Markenbezeichnung (!) ESO für eine Tankstelle sicherlich Ansprüche aus dem Markenrecht sowie dem Recht des unlauteren Wettbewerbs (UWG) aus. Die Irreführungsgefahr ist jedoch bei der ausformulierten Firmenbezeichnung nicht in gleicher Weise gegeben, weshalb § 18 II HGB nicht eingreift (a.A. gut vertretbar).

d) Rechtsformzusatz (§ 19 HGB)

Der erforderliche Rechtsformzusatz (§ 19 HGB) ist hier mit der Bezeichnung „e.K." vorhanden.

e) Firmenausschließlichkeit (§ 30 I HGB)

Zu prüfen ist, ob auch der Grundsatz der Firmenausschließlichkeit (= Firmenunterscheidbarkeit; § 30 I HGB) erfüllt ist. Auf den ersten Blick könnte man hier der Ansicht sein, dass sich die Bezeichnung „ESO" nicht ausreichend von dem berühmten Namen „ESSO" unterscheidet und deshalb ein Verstoß gegen § 30 I HGB vorliegt. § 30 I HGB verlangt aber nur, dass sich die neue Firma von allen *an demselben Ort oder in derselben Gemeinde* bereits bestehenden und in das Handelsregister eingetragenen Firmen deutlich unterscheidet. Da die ESSO Deutschland GmbH in Hamburg eingetragen ist, es hier aber um einen Eintrag in Potsdam geht, kann eine fehlende Unterscheidbarkeit nicht vorliegen. § 30 I HGB will nur die Unterscheidbarkeit vor Ort sicherstellen, damit – insbesondere für Klagen unter der Firma (§ 17 II HGB) – eine klare Zuordnung möglich ist. Weitergehende Zwecke, insbesondere solche des Marken- oder Wettbewerbsrechts, verfolgt die Vorschrift nicht. Auch der Firmengrundsatz des § 30 I HGB ist daher von O eingehalten.

f) Ergebnis

Damit entfällt ein Anspruch aus § 37 II HGB schon mangels unbefugten Firmengebrauchs (a.A. zu § 18 II HGB gut vertretbar), so dass es auf die zweite Frage einer Verletzung der ESSO Deutschland GmbH in eigenen Rechten nicht mehr ankommt.

Sonstige Ansprüche aus Namens-, Marken- und Wettbewerbsrecht sind nicht zu prüfen, wären aber im konkreten Fall sicher begründet.

§ 13. Fälle zum Handelsregister

Fall Nr. 9 – Böse Überraschung

B ist Inhaber eines Baumarktes in Mannheim. Er hatte einige Zeit überlegt, ob er seinem Angestellten A oder X oder vielleicht beiden Prokura erteilen solle. Nachdem er sich für A als Prokuristen entschieden hatte, bat er seinen Mitarbeiter M, einen Notar damit zu betrauen, die Unterlagen für die Anmeldung zur Eintragung des A als Prokuristen im Handelsregister zu erstellen. Da es vorher lange Zeit ein hin und her gegeben und B mal A und mal X als möglichen Prokuristen genannt hatte, verwechselte M die Namen und nannte dem Notar den X als einzutragenden Prokuristen. B sah sich die vom Notar entworfenen Anmeldeunterlagen bei der Unterschrift nicht näher an und bemerkte den Fehler deshalb nicht, so dass X als Prokurist im Handelsregister eingetragen und bekanntgemacht wurde. Sechs Monate später nahm X, der über die fehlende Prokuraerteilung nicht sehr erfreut war und deshalb das Unternehmen zwischenzeitlich verlassen hatte, im Namen des B bei der C-Bank ein Darlehen über € 10.000 auf, das er sich sogleich bar auszahlen ließ. Er zeichnete dabei mit dem Zusatz „ppa". Die C-Bank, die keine Kenntnis von den vorangehenden Vorgängen, insbesondere nicht davon hatte, dass X das Unternehmen verlassen hatte, verlangt bei Fälligkeit von B Rückzahlung des Darlehens. Mit Recht?

Lösung

Die C-Bank kann gegen B einen Anspruch auf Rückzahlung des Darlehens aus § 488 I 2 BGB haben. Nach dieser Vorschrift ist der Darlehensnehmer u.a. verpflichtet, das zur Verfügung gestellte Darlehen bei Fälligkeit zurückzuerstatten. Voraussetzung ist, dass B „Darlehensnehmer", also Vertragspartner des mit der C-Bank geschlossenen Darlehensvertrags ist.

Da B das Darlehen nicht selbst aufgenommen hat, kann der Vertrag nur im Wege der **Stellvertretung** durch X zustande gekommen sein. Zu prüfen ist daher, ob sich B die auf den Abschluss des Darlehensvertrags gerichtete Willenserklärung des X gemäß §§ 164 ff. BGB zurechnen lassen muss.

1. Eine wirksame Stellvertretung setzt zunächst eine **eigene Willenserklärung des Vertreters** voraus. Diese liegt vor, weil X gegenüber der C-Bank erklärt hat, ein Darlehen über € 10.000 aufnehmen zu wollen. Botenschaft, bei der eine fremde Willenserklärung überbracht wird, kommt hier ersichtlich nicht in Betracht.

2. Diese Willenserklärung wurde von X auch **im Namen des Vertretenen** (hier B) abgegeben, als er ausdrücklich „ppa" gezeichnet hat.

3. Zuletzt ist die erforderliche **Vertretungsmacht** des X zu prüfen. X hätte Vertretungsmacht, wenn er tatsächlich Prokurist des B gewesen wäre. Dies ist allerdings nicht der Fall, weil B ihm nie Vollmacht in Form der Prokura erteilt hat. Der Umstand, dass X als Prokurist im Handelsregister eingetragen wurde, macht ihn nicht tatsächlich zum Prokuristen. Die Vertretungsmacht fehlt deshalb.

4. Möglicherweise muss sich B aber gemäß § 15 III HGB (**positive Publizität**) so behandeln lassen, als ob X Prokura und damit Vertretungsmacht für ihn gehabt hätte. Dafür sind die Voraussetzungen des § 15 III HGB zu prüfen (→ § 4 Rn. 14 ff.):

a) Zunächst muss es sich bei der Erteilung der Prokura um eine **eintragungspflichtige Tatsache** handeln. Da nach § 53 I HGB die Erteilung der Prokura zur Eintragung im Handelsregister anzumelden „ist", liegt eine eintragungspflichtige Tatsache vor.

b) Zweitens ist eine **unrichtige Bekanntmachung** erforderlich. Damit ist nicht nur eine isoliert falsche Bekanntmachung bei richtiger Eintragung gemeint (sog. Bekanntmachungsfehler i.e.S.), sondern insbesondere auch der Fall erfasst, dass Eintragung *und* Bekanntmachung unrichtig sind, die Bekanntmachung also – wie die Eintragung – von der Realität abweicht. Da X tatsächlich nicht Prokurist ist, aber als solcher eingetragen und bekanntgemacht wurde, liegt jener Fall vor.

c) Wie sich aus der Formulierung „in dessen Angelegenheiten die Tatsache einzutragen war" ergibt, muss der durch die (Eintragung und) Bekanntmachung gesetzte Rechtsschein dem Kaufmann **zurechenbar** sein. Die Voraussetzung der Zurechenbarkeit der Bekanntmachung soll in erster Linie die Anwendung des § 15 III HGB zu Lasten gänzlich Unbeteiligter vermeiden (Beispiel → § 4 Rn. 20). Ein solcher Fall liegt hier aber nicht vor, weil B die Eintragung und damit auch die Bekanntmachung selbst veranlasst hat. Im konkreten Fall hat er sogar – was aber für die Anwendung des § 15 III HGB nicht erforderlich ist – deren Fehlerhaftigkeit veranlasst, weil er sich die Anmeldeunterlagen vor der Unterschrift nicht durchgesehen hat. Die Zurechnung ist daher völlig unproblematisch.

d) Der Abschluss des Darlehensvertrags erfolgte im Geschäftsverkehr, weshalb er auf Seiten der C-Bank zumindest von einem **abstrakten Vertrauen** getragen ist, sollte die C-Bank nicht sogar – was naheliegt, aber für die Anwendung des § 15 III HGB nicht erforderlich ist – ins Handelsregister und/oder die Bekanntmachung Einsicht genommen und damit aktuell vertraut haben.

e) Die C-Bank hatte auch **keine Kenntnis von der Unrichtigkeit**, so dass der Vertrauensschutz des § 15 III HGB zu ihren Gunsten eingreift. Sie kann sich gegenüber B darauf berufen, dass X Prokurist sei.

5. Der C-Bank kann auch nicht vorgeworfen werden, es sei wegen der Barauszahlung des Darlehens an X objektiv evident gewesen, dass X außerhalb seiner Befugnisse für B handelte, so dass die Bank bei der Auszahlung des Darlehens grob fahrlässig gehandelt habe. Wäre dieser Vorwurf begründet, so ließe dies zwar nicht die Publizitätswirkung des § 15 III HGB entfallen, denn diese entfällt nur bei positiver Kenntnis von der Unrichtigkeit der Bekanntmachung (vgl. oben Ziff. 4 lit. e). Es läge dann aber ein Fall des offenkundigen Missbrauchs der Vertretungsmacht vor (vgl. hierzu → § 6 Rn. 29, 31 ff.), so dass die C-Bank sich im Ergebnis nicht darauf berufen könnte, X habe wirksam für B gehandelt. Jedoch genügt der bloße Umstand einer Barauszahlung, auch wenn Barauszahlungen im heutigen Geschäftsverkehr eher unüblich sind, bei einem für einen Baumarkt eher geringen Betrag von € 10.000 nicht als Anknüpfungspunkt für grob fahrlässiges Verhalten der C-Bank. Die C-Bank kann sich daher darauf berufen, dass X Vertretungsmacht für B besessen habe.

Die Voraussetzungen einer wirksamen Stellvertretung liegen damit vor. B muss sich die Willenserklärung des X zurechnen lassen. Damit ist ein Darlehensvertrag zwischen B und der C-Bank zustande gekommen, aus dem B zur Rückzahlung des Darlehens verpflichtet ist. Der geltend gemachte Anspruch besteht.

Hinweis: Bei dem vorliegenden Sachverhalt kann man nach § 171 BGB zum gleichen Ergebnis gelangen wie nach § 15 III HGB. Die Verlautbarung der Prokura im Handelsregister ist als „öffentliche Bekanntmachung" i.S.v. § 171 I BGB anzusehen,[712] weshalb sie den X „jedem Dritten gegenüber zur Vertretung befugt". Die allgemeine zivilrechtliche Norm würde allerdings dann nicht helfen, wenn der Dritte fahrlässig verkennt, dass eine Vollmacht tatsächlich nicht erteilt wurde. § 173 BGB ist nämlich auf diesen Fall der nicht erloschenen, sondern niemals bestehenden Vollmacht entsprechend anwendbar.[713] Dann hilft nur die Publizität des Handelsregisters gemäß § 15 III HGB, weil der durch das Handelsregister ausgelöste Rechtsschein nur durch die positive Kenntnis des Dritten zerstört wird. § 15 III HGB geht in derartigen Fällen als Spezialtatbestand der allgemeinen Regel des § 171 BGB vor.[714]

Fall Nr. 10 – Der ungetreue Prokurist I

H hatte als Inhaber der im Handelsregister Mannheim eingetragenen Firma „Holzhandlung Wunderland e.K." im Juli seinem Angestellten P Prokura erteilt und dies auch ordnungsgemäß im Handelsregister eintragen lassen. Im August erfuhr H, dass P mehrfach Gelder der Holzhandlung veruntreut hatte und widerrief daher sofort die Prokura. Leider versäumte er es in seinem Ärger, den Widerruf der Prokura zur Eintragung im Handelsregister anzumelden. Im Oktober schloss P einen Kaufvertrag im Namen der „Holzhandlung Wunderland e.K." mit D, der von dem Widerruf der Prokura keine Kenntnis hatte. Kann D von H Erfüllung des Vertrags (= Zahlung des Kaufpreises in Höhe von € 5.000) verlangen?

Lösung

Fraglich ist, ob D von H Zahlung des Kaufpreises in Höhe von € 5.000 verlangen kann.

---

[712] Dazu RGZ 133, 229, 233.
[713] *BGH* NJW 1985, 730; MüKoBGB/*Schubert*, § 173 Rn. 2.
[714] Staudinger/*Schilken*, § 171 Rn. 8; MüKoBGB/*Schubert*, § 171 Rn. 12; auf eine Spezialität des § 15 I HGB hinweisend Staub/*Joost*, § 52 Rn. 16.

Anspruchsgrundlage kann § 433 II BGB sein, wonach der Käufer verpflichtet ist, dem Verkäufer den vereinbarten Kaufpreis zu zahlen. Voraussetzung ist, dass zwischen D und H ein Kaufvertrag zustande gekommen ist. Da H nicht selbst an dem Vertragsschluss beteiligt war, ist zu prüfen, ob er sich die Willenserklärung des P im Wege der **Stellvertretung** (§§ 164 ff. BGB) zurechnen lassen muss.

1. Eine wirksame Stellvertretung setzt zunächst eine **eigene Willenserklärung** des Vertreters voraus. Diese liegt vor, weil P mit D einen Kauf vereinbart hat.

2. Diese Willenserklärung wurde von P auch im **Namen des Vertretenen** H abgegeben, da er den Kaufvertrag ausdrücklich im Namen der „Holzhandlung Wunderland e.K." (= Firma des H) geschlossen hat.

3. Zudem ist die erforderliche **Vertretungsmacht** des P zu prüfen. P hätte Vertretungsmacht, wenn er zur Zeit des Vertragsschlusses Prokurist der Holzhandlung gewesen wäre. Dies ist allerdings nicht der Fall, weil H die Prokura bereits zuvor widerrufen hatte. Der Umstand, dass P noch als Prokurist im Handelsregister eingetragen war, führt nicht dazu, dass dieser tatsächlich noch Prokura hatte. Denn beim Widerruf der Prokura handelt es sich – ebenso wie bei deren Erteilung – nur um eine deklaratorische Eintragung. Die Prokura (= in § 48 HGB geregelter Sonderfall der Vollmacht i.S.v. § 167 BGB) erlischt mit dem Widerruf (§§ 52 HGB, 168 S. 2 BGB); die spätere Eintragung stellt diese Rechtslage nur klar.

4. Möglicherweise muss sich H aber gemäß § 15 I HGB (**negative Publizität**) so behandeln lassen, als ob P Prokura und damit Vertretungsmacht für ihn gehabt hätte. Dafür sind die Voraussetzungen des § 15 I HGB zu prüfen (→ § 4 Rn. 24 ff.):

a) Zunächst muss es sich bei dem Widerruf der Prokura um eine **eintragungspflichtige Tatsache** handeln. Dies ist gemäß § 53 II HGB der Fall, da das Erlöschen einzutragen „ist". Dabei ist nach dem Sachverhalt davon auszugehen, dass die dem P zuvor erteilte und jetzt widerrufene Vollmacht tatsächlich eine Prokura i.S.v. § 48 HGB war, weil sie vom Inhaber eines Handelsgeschäfts erteilt wurde. Die Firma des H lautet nämlich „Holzhandlung Wunderland e.K.", weshalb H zumindest nach § 2 HGB, vermutlich aber bereits nach § 1 HGB Kaufmann ist.

b) Das Erlöschen ist **weder** im Handelsregister **eingetragen noch bekanntgemacht** worden.

c) H als Inhaber des Betriebs hätte das Erlöschen der Prokura eintragen lassen müssen, so dass die Tatsache **in seinen Angelegenheiten** einzutragen war. Die fehlende Eintragung und der hierdurch hervorgerufene Rechtsschein sind ihm folglich **zurechenbar**.

d) Der Abschluss des Kaufvertrags erfolgte im Geschäftsverkehr, weshalb er auf Seiten des D zumindest von einem **abstrakten Vertrauen** getragen ist. Ob D zuvor Einsicht ins Handelsregister und/oder die Bekanntmachung genommen hat, ist unerheblich.

e) D war auch **gutgläubig**, da er keine Kenntnis von dem Erlöschen der Prokura hatte.

Das Erlöschen der Prokura kann daher dem D von Seiten des H nicht entgegengehalten werden. H muss sich deshalb so behandeln lassen, als ob P noch Prokura gehabt hätte. Wäre dies aber der Fall, hätte P Vertretungsmacht für H gehabt. Der Vertrag wirkt damit gegen H. Dieser ist zur Kaufpreiszahlung verpflichtet.

Hinweis: Bei dem vorliegenden Sachverhalt kann man – ähnlich wie in Fall Nr. 9 – nach § 171 BGB zum gleichen Ergebnis gelangen. Die Verlautbarung der Prokura im Handelsregister ist –

wie gesagt – als „öffentliche Bekanntmachung" i.S.v. § 171 I BGB anzusehen,[715] weshalb sie nach dem Rechtsscheinstatbestand des § 171 II BGB bestehen bleibt, bis die Kundgebung in derselben Weise, wie sie erfolgt ist, widerrufen wird. Die allgemeine zivilrechtliche Norm würde allerdings dann nicht helfen, wenn der Dritte fahrlässig das Erlöschen der Vertretungsmacht verkannt hat (vgl. § 173 BGB). Dann hilft nur die Publizität des Handelsregisters gemäß § 15 I HGB, weil der durch das Handelsregister ausgelöste Rechtsschein nur durch die positive Kenntnis des Dritten zerstört wird. § 15 I HGB geht in derartigen Fällen als Spezialtatbestand der allgemeinen Regel des § 171 BGB vor.[716]

Fall Nr. 11 – Der ungetreue Prokurist II

Wie Fall Nr. 10, jedoch hatte H es auch bereits versäumt, die Erteilung der Prokura zum Handelsregister anzumelden.

Lösung

Gegenüber dem Grundfall (→ Fall Nr. 10) ergibt sich im Ergebnis keine Änderung. Die negative Publizität des § 15 I HGB setzt nicht voraus, dass das Handelsregister positiv die Unwahrheit sagt (also eine Prokura verlautbart, die nicht existiert). Die registerrechtliche Vertrauenshaftung kommt daher auch in Betracht, wenn P niemals als Prokurist eingetragen war. Entscheidend ist allein, dass das eintragungspflichtige Erlöschen der Prokura nicht eingetragen war (→ § 4 Rn. 27 ff.). H hätte also die Anwendbarkeit des § 15 I HGB nur dadurch ausschließen können, dass er P als Prokurist ein- und sogleich wieder austragen lässt. Nur dann ist das Erlöschen im Handelsregister eingetragen.

Hinweis: In Fall Nr. 11 kann man über § 171 BGB nicht zum gleichen Ergebnis gelangen, weil diese bürgerlichrechtliche Vorschrift nur Anwendung findet, wenn positiv eine „öffentliche Bekanntmachung" erfolgt ist. Einen Tatbestand der negativen Publizität gibt es im allgemeinen Zivilrecht nicht.

Fall Nr. 12 – „Rosinentheorie"

Die X-KG besteht aus den Komplementären A und B und dem Kommanditisten C. Im Gesellschaftsvertrag ist bestimmt, dass A und B nur gemeinsam zur Vertretung berechtigt sind. Dies ist auch in das Handelsregister eingetragen. B scheidet aus der Gesellschaft aus, was weder in das Handelsregister eingetragen noch bekanntgemacht wird. Danach bestellt A im Namen der X-KG Waren bei V. Diesem ist das Ausscheiden des B aus der X-KG nicht bekannt. Kann V Zahlung des Kaufpreises von der X-KG, von A und/oder von B verlangen?

Lösung

1. Anspruch des V gegen die X-KG

V kann einen Anspruch aus § 433 II BGB auf Zahlung des Kaufpreises gegen die X-KG haben. Voraussetzung ist ein Kaufvertrag zwischen V und der X-KG. Eine auf

---

[715] Dazu RGZ 133, 229, 233.
[716] Staub/*Joost*, § 52 Rn. 16; auf eine Spezialität des § 15 III HGB hinweisend Staudinger/*Schilken*, § 171 Rn. 8; MüKoBGB/*Schubert*, § 171 Rn. 12.

den Abschluss eines solchen Kaufvertrages gerichtete Willenserklärung des V kann nach dem Sachverhalt angenommen werden. Eine korrespondierende Willenserklärung der X-KG kann A in **Stellvertretung** für diese abgegeben haben. Zu prüfen ist also, ob die Voraussetzungen der §§ 164 ff. BGB vorliegen.

a) A hat die Waren bestellt und damit eine **eigene Willenserklärung** abgegeben.

b) Die Bestellung der Ware erfolgte im Namen der X-KG. A hat somit dem **Offenkundigkeitsprinzip** Rechnung getragen.

c) Fraglich ist, ob A auch **Vertretungsmacht** hatte. Nach § 161 II HGB finden die Vorschriften über die oHG grundsätzlich auch auf die KG Anwendung. Dies gilt bei den Komplementären einer KG insbesondere auch für § 125 HGB. Nach § 125 I HGB ist grundsätzlich jeder Gesellschafter zur Vertretung der Gesellschaft ermächtigt.[717] Zwar kann diese Vertretungsmacht gemäß § 125 II HGB im Gesellschaftsvertrag auf eine Gesamtvertretungsmacht zusammen mit anderen Gesellschaftern beschränkt werden, was nach §§ 106, 107 HGB zur Eintragung in das Handelsregister angemeldet werden muss. Jedoch ergeben sich daraus für den vorliegenden Fall keine Einschränkungen. B ist schon vor der Bestellung der Waren durch den A aus der X-KG ausgeschieden, womit die ursprünglich vereinbarte Gesamtvertretungsmacht des A zusammen mit B zu einer Einzelvertretungsmacht des A geworden ist. Nicht vertretbar wäre es anzunehmen, dass die KG nach dem Ausscheiden des B überhaupt nicht mehr organschaftlich vertreten werden kann und damit handlungsunfähig wird, weil B nicht mehr Gesellschafter ist, A aber nur mit diesem zusammen die KG vertreten könne. A hatte deshalb ab dem Zeitpunkt des Ausscheidens des B alleine Vertretungsmacht.

Folglich besteht der Anspruch gegen die X-KG.

2. Anspruch des V gegen A

V kann auch gegen A einen Anspruch auf Zahlung des Kaufpreises haben. Als Anspruchsgrundlage kommt § 433 II BGB i.V.m. §§ 161 II, 128 HGB in Betracht.[718] Da der Kaufpreisanspruch des V zu den Gesellschaftsverbindlichkeiten der X-KG gehört und A Komplementär der X-KG ist, liegen die Voraussetzungen des Anspruchs vor. Der Anspruch gegen A besteht.

3. Anspruch des V gegen B

Zu prüfen ist schließlich, ob V auch gegen B einen Anspruch auf Zahlung des Kaufpreises hat. Er kann sich wiederum aus § 433 II BGB i.V.m. §§ 161 II, 128 HGB ergeben.

a) Gesellschaftereigenschaft des B

Erforderlich ist dafür im Grundsatz, dass auch B persönlich haftender Gesellschafter (Komplementär) der X-KG ist. Im Verhältnis zur Prüfung des Anspruchs gegen A (oben 2.) ergibt sich insofern allerdings die Besonderheit, dass B bei Entstehung der Kaufpreisforderung des V gegen die X-KG bereits aus der Gesellschaft ausgeschieden war. Mangels Gesellschafterstellung lässt sich folglich seine Haftung nicht allein auf § 128 HGB stützen.

---

[717] Zur Vertretung (und Geschäftsführung) der oHG und KG siehe *Bitter/Heim*, GesR, § 6 Rn. 31 ff., § 7 Rn. 29 f.

[718] Zur Gesellschafterhaftung aus § 128 HGB siehe *Bitter/Heim*, GesR, § 6 Rn. 13 ff.

b) Rechtsschein einer Gesellschafterstellung des B (§ 15 I HGB)

Fraglich ist allerdings, ob sich B in Anwendung des § 15 I HGB so behandeln lassen muss, als ob er noch Gesellschafter sei, weil sein Ausscheiden nicht im Handelsregister eingetragen und bekanntgemacht wurde.

aa) Voraussetzungen des § 15 I HGB

Zu prüfen sind die Voraussetzungen des Rechtsscheintatbestandes in § 15 I HGB:

aaa) Erforderlich ist dafür zunächst, dass es sich bei dem Ausscheiden eines Komplementärs aus einer KG um eine **eintragungspflichtige Tatsache** handelt. Die ist gemäß §§ 161 II, 143 II HGB der Fall.

bbb) Jene Tatsache ist im Handelsregister **nicht eingetragen und bekanntgemacht** worden.

ccc) Das Ausscheiden war zudem in den Angelegenheiten des B einzutragen. Warum die Eintragung unterblieben ist, kann dahinstehen. Die **Zurechnung** im Verhältnis zu B ist nämlich in jedem Fall möglich, weil er sich um die Eintragung hätte kümmern müssen (→ § 4 Rn. 33 f.).

ddd) Ein **Handeln im Geschäfts- oder Prozessverkehr** ist ebenfalls festzustellen, weil es um den Abschluss eines Kaufvertrages geht. Das fehlerhafte Handelsregister kann sich zumindest abstrakt vertrauensbildend ausgewirkt haben. Ob V das Register vor dem Vertragsschluss eingesehen hat oder nicht, ist dabei unerheblich.

eee) Schließlich ist von einer **Gutgläubigkeit** des V auszugehen. Es ergeben sich keine Anhaltspunkte aus dem Sachverhalt, dass dieser vom Ausscheiden des B positive Kenntnis gehabt hätte. Dafür spricht insbesondere nicht, dass V den Vertrag mit A als alleinigem Vertreter der X-KG geschlossen hat. Dies kann nämlich auch darauf beruhen, dass dem V die Gesamtvertretungsregelung im Gesellschaftsvertrag nicht bekannt war, weil er vor dem Vertragsschluss keine Einsicht ins Handelsregister genommen hat. Eine darin eventuell liegende (ggf. grobe) Pflichtwidrigkeit wäre unerheblich, weil im Rahmen des § 15 I HGB nur Kenntnis schadet, nicht hingegen (grobe) Fahrlässigkeit.

fff) Als Zwischenergebnis lässt sich damit festhalten, dass im Grundsatz sämtliche Voraussetzungen des § 15 I HGB erfüllt sind.

bb) Einschränkung der Anwendbarkeit des § 15 I HGB

Gleichwohl ist umstritten, ob § 15 I HGB in einem Fall wie dem vorliegenden angewendet werden kann (→ § 4 Rn. 38 ff.).

aaa) Zum Teil wird die Frage verneint. V müsse sich zwischen dem wirklichen (B ist aus der X-KG ausgeschieden) und dem gemäß § 15 I HGB fingierten (B ist noch Gesellschafter der X-KG) Sachverhalt entscheiden. Zu Gunsten des V sei in einer Situation wie der vorliegenden grundsätzlich davon auszugehen, dass dieser sich für den wirklichen Sachverhalt entscheide. Dann habe er zumindest die Ansprüche gegen die Gesellschaft und den verbleibenden persönlich haftenden Gesellschafter. Hingegen stünde er bei Zugrundelegung des fiktiven Sachverhalts ganz ohne Anspruch auf Kaufpreiszahlung da; dann scheitere nämlich schon ein wirksamer Vertragsschluss an der Fiktion fortbestehender Gesamtvertretungsmacht, bei welcher A nicht ohne B wirksam hätte handeln können.

Für diese Ansicht wird vorgebracht, ein Fall schutzwürdigen Vertrauens könne gar nicht vorliegen. Wisse der Vertragspartner nämlich von der Mitgliedschaft des früheren Komplementärs – sei es durch Einblick in das Register oder aus anderen Gründen –, dann habe er im Zweifel auch die Gesamtvertretungsmacht gekannt oder müsse diese zumindest nach § 15 II HGB gegen sich gelten lassen. Auf der Basis des scheinbaren Sachverhaltes könne der Dritte daher nicht von einem wirksamen Vertragsschluss und in der Folge auch nicht von einer Haftung des ausgeschiedenen Komplementärs ausgegangen sein.[719]

Folgte man dieser Ansicht, hätte V keinen Kaufpreisanspruch gegen B.

bbb) Die h.M. spricht sich hingegen für die Anwendung des § 15 I HGB aus. Die Voraussetzungen des § 15 I HGB lägen vor. Eine Pflicht, sich allgemein zwischen dem wirklichen und dem fingierten Sachverhalt zu entscheiden, sei der Norm nicht zu entnehmen. Vielmehr sei darin allein bestimmt, dass sich derjenige, welcher nicht für die Eintragung einer eintragungspflichtigen Tatsache gesorgt habe, diese einem Dritten nicht entgegenhalten könne.

Im hier zu beurteilenden Fall könnte folglich B gemäß § 15 I HGB isoliert sein Ausscheiden dem V nicht entgegenhalten, während es für den Vertragsschluss – wie oben dargelegt – schlicht auf den wirklichen Sachverhalt ankommt und A danach Einzelvertretungsmacht hatte. Folglich könnte V den B auf der Basis der h.M. gemäß § 128 HGB auf Kaufpreiszahlung in Anspruch nehmen (Gesamtschuld neben der X-KG und A).

ccc) Der zuletzt genannten Auffassung ist zuzustimmen. In der Tat findet die Ausgangsthese der Gegenansicht von einer Wahlpflicht zwischen den beiden Sachverhaltsvarianten im Gesetz keine Stütze. Die Publizität des Handelsregisters knüpft gar nicht an ein aktuelles Vertrauen auf eine bestimmte (scheinbare) Sachlage an, sondern es geht um abstrakten Vertrauensschutz (→ § 4 Rn. 35). Folglich kommt es auch nicht darauf an, welche Vorstellungen sich V im Moment des Vertragsschlusses gemacht hat. Der Geschäftsgegner kann sich, soweit es ihm nützlich ist, auf die im Handelsregister publizierte Rechtslage berufen, weil derjenige, in dessen Angelegenheiten eine Tatsache einzutragen war, ihm (insoweit) die wahre Sachlage nicht entgegenhalten kann (→ § 4 Rn. 37). Die Vorschrift des § 15 HGB bezweckt also einen umfassenden Schutz des Rechtsverkehrs. Deshalb ist in schlichter Anwendung des Gesetzes der h.M. zu folgen.

Der Anspruch besteht also.

§ 14. Fälle zur Haftung bei Übertragung eines kaufmännischen Unternehmens

Fall Nr. 13 – Partyservice

Peter P aus Porz betrieb einen Partyservice für den Köln/Bonner Raum unter der Bezeichnung „Partyservice Porz". Zum 1. Januar veräußerte er das inzwischen recht umsatzstarke Unternehmen für € 75.000 an den Koch Kevin K aus Köln. K benutzte in der Folgezeit die bei den Kunden gut eingeführte Geschäftsbezeichnung „Partyservice Porz" ebenso weiter wie die Briefbögen des P. Anfang Dezember hatte P noch einen mobilen Bierstand für € 5.000 beim Hersteller H in Auftrag gegeben. Die Lieferung erfolgte vereinbarungsgemäß vier Monate später, also Anfang April, zum Lager des inzwischen von K übernommenen Partyservice in Porz. H möchte wissen, ob er von P und/oder K Zahlung des Bierstandes verlangen kann.

---

[719] In diesem Sinne *Canaris*, HandelsR, § 5 Rn. 26.

Lösung

1. Fraglich ist, ob H von P Zahlung des Bierstandes in Höhe von € 5.000 verlangen kann.

Anspruchsgrundlage kann §§ 650, 433 II BGB sein, wonach der Werklieferungsbesteller verpflichtet ist, dem Werklieferungsunternehmer den vereinbarten Preis zu zahlen. Ein Werklieferungsvertrag über den Bierstand ist zwischen H und P (als damaligem Inhaber des „Partyservice Porz") zustande gekommen. Aus diesem Vertrag ist P daher zur Zahlung des vereinbarten Preises verpflichtet. Eine Enthaftung des P gemäß § 26 HGB kommt von vornherein nicht in Betracht, da jedenfalls die 5-Jahres-Frist noch nicht abgelaufen ist.

2. Zu prüfen ist weiterhin, ob H auch von K Zahlung in Höhe von € 5.000 verlangen kann.

Anspruchsgrundlage kann insoweit §§ 650, 433 II BGB i.V.m. **§ 25 I 1 HGB** sein. Gemäß § 25 I 1 HGB haftet derjenige, der ein unter Lebenden erworbenes Handelsgeschäft unter der bisherigen Firma fortführt, für alle im Betrieb des Geschäfts begründeten Verbindlichkeiten.

a) Da der „Partyservice Porz" als recht umsatzstarkes Unternehmen beschrieben wird, kann davon ausgegangen werden, dass es sich um ein vollkaufmännisches **Handelsgewerbe** i.S.v. § 1 II HGB handelt. Jedenfalls müsste K wegen der Beweislastverteilungsregel des § 1 II HGB (vgl. den Wortlaut „es sei denn") das Gegenteil beweisen, was ihm bei einem recht umsatzstarken Unternehmen kaum gelingen kann.

b) Dieses Unternehmen wurde **unter Lebenden**, nämlich durch Vertrag zwischen P und K, veräußert.

c) Weiterhin liegt auch eine **Firmenfortführung** durch K vor, da er nach der Übernahme die gut eingeführte Geschäftsbezeichnung „Partyservice Porz" weiterführt und im Geschäftsverkehr auch die entsprechenden Geschäftsbögen des P verwendet hat. Es kommt daher im hier zu beurteilenden Fall nicht auf die Streitfrage an, ob eine Firmenfortführung in jedem Fall notwendige Voraussetzung der Haftung aus § 25 HGB ist (dazu → § 5 Rn. 11 ff.).

d) Schließlich greift auch kein **Haftungsausschlussgrund** wie etwa § 25 II HGB ein. K hat daher als Firmenerwerber für die Altverbindlichkeiten einzustehen.

Im Ergebnis kann daher H auch von K Zahlung verlangen, wobei K und P Gesamtschuldner i.S.v. § 421 BGB sind. H kann die Leistung also von jedem, insgesamt aber nur einmal fordern.

Fall Nr. 14 – Metallwarenfabrik

Das unter der Bezeichnung „K.R.-Metallwarenfabrik GmbH" firmierende Unternehmen war finanziell zusammengebrochen, die Eröffnung des Insolvenzverfahrens mangels Masse abgelehnt und das Erlöschen der GmbH ins Handelsregister eingetragen worden. Nunmehr entschloss sich die „K.R. KG", die diese Firma schon vorher führte und sich bisher nur als Grundstücksgesellschaft betätigte, den früheren Geschäftsbetrieb der GmbH fortzuführen. Sie benutzte die an die frühere GmbH vermieteten Geschäftsräume weiter, übernahm einen Teil des Personals, verwendete weiterhin Maschinen und Einrichtungsgegenstände und behielt Postfach,

Telefonanschluss und Firmenemblem bei. Ihrer eigenen Firma fügte sie den zuvor von der GmbH geführten Zusatz „Metallwarenfabrik" hinzu. Ein Gläubiger der GmbH verlangte daraufhin Zahlung einer ausstehenden Kaufpreisforderung von der KG. Zu Recht?

Rechtsprechungshinweis: *BGH* NJW 1992, 911

Lösung

Fraglich ist, ob G von der KG Zahlung der Kaufpreisforderung verlangen kann. Anspruchsgrundlage kann § 433 II BGB i.V.m. **§ 25 I 1 HGB** sein, denn gemäß § 25 I 1 HGB haftet derjenige, der ein unter Lebenden erworbenes Handelsgeschäft unter der bisherigen Firma fortführt, für alle im Betrieb des Geschäfts begründeten Verbindlichkeiten. Zu prüfen ist, ob eine derartige Unternehmensfortführung vorliegt.

1. Voraussetzung ist zunächst, dass es sich bei dem übernommenen Betrieb um ein **Handelsgeschäft** handelt. Dies ist bei dem Unternehmen einer Metallwarenfabrik der Fall, das als GmbH bereits nach § 13 III GmbHG i.V.m. § 6 I HGB Kaufmann ist. Im Übrigen liegt nahe, dass die Metallwarenfabrik auch die Voraussetzungen des § 1 HGB erfüllt.

2. Zu prüfen ist weiterhin ein **Erwerb des Unternehmens unter Lebenden.** Die K.R. KG hat alle wesentlichen Produktionsmittel des bisher von der GmbH betriebenen Unternehmens übernommen und daher das Unternehmen von dieser „erworben". Der „Erwerb" setzt nicht zwingend einen Unternehmenskaufvertrag mit dem Veräußerer voraus, sondern entscheidend ist, dass das bisher von einem Rechtsträger (hier der GmbH) betriebene Unternehmen (die Metallwarenfabrik) auf einen anderen Unternehmensträger (hier die KG) übergegangen ist.

3. Fraglich ist jedoch, ob auch eine **Firmenfortführung** vorliegt. Die bisherige Firma (= der Name des Kaufmanns) lautete nämlich „K.R.-Metallwarenfabrik GmbH" und diese Bezeichnung wurde nicht komplett fortgeführt. Entsprechend der Rechtsform des fortführenden Unternehmens wurde vielmehr der Zusatz „KG" statt „GmbH" geführt. Für die Firmenfortführung kommt es jedoch nicht darauf an, dass der Name komplett übernommen wird, sondern dass der sog. **Firmenkern** **fortgeführt** wird. Der Rechtsverkehr orientiert sich nicht an den auf eine Gesellschaftsform hindeutenden Zusätzen, sondern an den prägnanten Teilen des Namens. Da das übernehmende Unternehmen die insoweit entscheidende Bezeichnung „K.R.-Metallwarenfabrik" weitergeführt hat, liegt eine Firmenfortführung vor.

4. Die von der Rechtsprechung anerkannte **Ausnahme von § 25 I 1 HGB** im Fall des Erwerbs vom Insolvenzverwalter liegt nicht vor, da ein Insolvenzverfahren mangels Masse nicht eröffnet worden war. Der Sinn der Ausnahme liegt allein darin, dem Insolvenzverwalter die Verwertung der Masse durch Veräußerung des ganzen Unternehmens zu ermöglichen, was bei einer Forthaftung des Erwerbers für alle Verbindlichkeiten nicht gelingen könnte. Ist aber gar kein Verfahren eröffnet worden, greift dieser Gedanke nicht ein.

Gegen die Haftung des „Erwerbers" bei der Übernahme von Unternehmen aus einer masselosen Insolvenz wird zwar vorgebracht, den Gläubigern werde dann ein unverdientes Geschenk gemacht, indem sie einen neuen zahlungskräftigen Schuldner erhalten (→ § 5 Rn. 12). Doch führt eine Einschränkung des gesetzlichen Tatbestands über den von der h.M. anerkannten Fall des Erwerbs vom Insolvenzverwalter hinaus zu großer Rechtsunsicherheit, weil die Vermögenslage des Erwerbers in jedem Fall eine andere sein kann als die des Veräußerers und dann jeweils im Einzelfall abgegrenzt werden müsste, wie groß das „Geschenk an die Gläubiger" ist. Sogar bei einer masselosen Insolvenz ist ja nicht zwingend gesagt, dass überhaupt keine Vermögenswerte mehr vorhanden sind, sondern nur, dass das vorhandene Vermögen des Schuldners voraussichtlich nicht ausreichen wird, um die Kosten des Verfahrens, insbesondere die Gerichtskosten und die Gebühren des Insolvenzverwalters, zu decken (vgl. § 26 InsO). Um nicht in jedem Einzelfall feststellen zu müssen, in welchem Maße sich die Befriedigungschancen nach dem Unternehmensträgerwechsel verbessert haben, sollte man keine weiteren ungeschriebenen Ausnahmen vom Grundsatz des § 25 I HGB anerkennen, zumal es der Erwerber jedenfalls nach dem Wortlaut des Gesetzes selbst in der Hand hat, die Haftung zu vermeiden, indem er die Firma nicht fortführt oder einen Haftungsausschluss (§ 25 II HGB) eintragen lässt.[720]

Daher ist die KG dem G zur Zahlung für die im Betrieb der Metallwarenfabrik begründete Verbindlichkeit verpflichtet.

Fall Nr. 15 – Der ratlose Schuldner

V betrieb lange Jahre einen Malerbetrieb, der unter der Firma „S&G Malerei e.K." in das Handelsregister eingetragen war. Nun hat V das Unternehmen an E verkauft, welcher dasselbe mit Einwilligung des V unter der bisherigen Firma fortführt. Die in dem Unternehmen begründeten Forderungen wurden im Rahmen der Unternehmensübertragung nicht an E abgetreten. Noch vor der Unternehmensübertragung hatte S die Dienste des Malerbetriebs in Anspruch genommen. Den vereinbarten Malerlohn in Höhe von € 15.000 hat S noch nicht bezahlt. Nun machen sowohl V als auch E die unbezahlte Forderung gegenüber S geltend und drohen ihm an, ihn vor Gericht zu verklagen. S möchte wissen, ob er sich mit Aussicht auf Erfolg gegen die Klagen verteidigen könnte, und, falls das nicht der Fall ist, ob er an V und/oder an E mit befreiender Wirkung leisten kann.

Lösung

1. Aktivlegitimation

Zu prüfen ist zunächst, ob S sich gegen eine Klage des V und/oder gegen eine Klage des E auf Zahlung von € 15.000 mit Erfolg verteidigen könnte. Das wäre dann der Fall, wenn V bzw. E der geltend gemachte Anspruch nicht zustünde.

a) Anspruchsinhaberschaft des V

Ein Anspruch des V gegen S auf Zahlung von € 15.000 kann sich aus § 631 I BGB ergeben.

aa) Nach dem Sachverhalt ist davon auszugehen, dass V und S einen Vertrag über Malerarbeiten abgeschlossen haben. Ein solcher Vertrag ist als **Werkvertrag i.S.v. §§ 631 ff. BGB** zu qualifizieren, so dass S nach § 631 I BGB zur Entrichtung der vereinbarten Vergütung verpflichtet ist. Diese beträgt € 15.000.

---

[720] Siehe dazu MüKoHGB/*Thiessen*, § 25 Rn. 97: Eine einseitige Erklärung genügt, wenn eine Vereinbarung mangels rechtsgeschäftlichen Kontakts nicht möglich ist.

bb) Da die Forderung im Rahmen der Übertragung des Malerbetriebes **nicht von V an E abgetreten** wurde, hat V die Forderung nicht nach § 398 S. 2 BGB an E verloren.

cc) Fraglich ist aber, ob die Forderung nach **§ 25 I 2 HGB** von V auf E übergegangen ist. Ob § 25 I 2 HGB überhaupt einen solchen Forderungsübergang bewirken kann, ist umstritten (→ § 5 Rn. 11 ff., 35 ff.). Die jedenfalls früher h.L. verneint diese Frage. § 25 I 2 HGB sei eine reine Schuldnerschutzvorschrift und habe dementsprechend auf die Aktivlegitimation keinen Einfluss. Die in jüngerer Zeit zunehmende Gegenansicht widerspricht dem. § 25 I 2 HGB bewirke, wenn seine Voraussetzungen vorliegen, einen Forderungsübergang, ja sogar einen Übergang ganzer Rechtsverhältnisse vom Unternehmensveräußerer auf den Erwerber.

Für die traditionelle Ansicht spricht vor allem der Wortlaut des § 25 I 2 HGB („gelten den Schuldnern gegenüber"), der die Annahme einer Schuldnerschutzvorschrift stützt. Dem entspricht es, § 25 I 2 HGB nicht die Wirkung eines Forderungsübergangs vom Unternehmensveräußerer auf den Erwerber beizumessen, da ein solcher Forderungsübergang in erster Linie nicht dem Schuldner, sondern dem Unternehmenserwerber und seinen Gläubigern zugutekäme. Folglich kommt es im vorliegenden Zusammenhang nicht darauf an, ob die Voraussetzungen des § 25 I 2 HGB vorliegen. Vielmehr steht davon unabhängig fest, dass die Forderung des V gegen S nicht nach § 25 I 2 HGB auf den E übergegangen ist.

Hinweis: Allein aus taktischen Gründen wird in dieser Falllösung der traditionellen Ansicht gefolgt. Diese lässt sich von Studierenden in einer Klausur leichter begründen. Für die inhaltlich durchaus überzeugende Gegenansicht (→ § 5 Rn. 15 ff., 39) muss hingegen stark historisch argumentiert werden, was in einer Klausur schwer fallen dürfte.

V hat also einen Anspruch auf Zahlung von € 15.000 gegen S aus § 631 I BGB; S könnte sich nicht mit Erfolg gegen eine entsprechende Klage des V verteidigen.

b) Anspruchsinhaberschaft des E

Ein Anspruch des E gegen S auf Zahlung von € 15.000 besteht hingegen nicht. Der Anspruch ergibt sich nicht aus § 631 I BGB, weil V, nicht E, Vertragspartner des S ist. Eine Abtretung des vertraglichen Anspruchs des V an E hat nicht stattgefunden. Ein Forderungsübergang auf E konnte auch nicht nach § 25 I 2 HGB erfolgen (vgl. oben Ziff. 1 lit. a).

E hat mithin keinen Anspruch auf Zahlung von € 15.000 gegen S. Gegen eine Klage des E könnte sich S deshalb mit Aussicht auf Erfolg verteidigen.

2. Möglichkeit der Leistung mit befreiender Wirkung

Da eine Verteidigung des S gegen eine Klage des V keine Erfolgsaussichten hätte, möchte S wissen, ob er an V und/oder an E mit befreiender Wirkung Zahlung leisten kann.

a) Leistung des S an V

Eine Zahlung des S an V hätte nach § 362 I BGB Erfüllungswirkung, da V Inhaber der Zahlungsforderung ist.

b) Leistung des S an E

Fraglich ist, ob auch eine Zahlung des S an E zum Erlöschen der Zahlungsforderung des V führen würde. Das wäre dann der Fall, wenn nach § 362 I BGB i.V.m. § 25 I 2 HGB Erfüllungswirkung eintreten würde. Dafür sind die Voraussetzungen des § 25 I 2 HGB zu prüfen (→ § 5 Rn. 43 ff.).

aa) Der Malerbetrieb des V ist ein **Handelsgewerbe** i.S.v. § 25 I HGB, da V aufgrund der Eintragung des Betriebs in das Handelsregister jedenfalls nach § 2 HGB Kaufmann ist.

bb) Der Malerbetrieb des V wurde von E unter Lebenden **erworben**, da dieser den Betrieb nach einem Unternehmenskauf fortgeführt hat.

cc) Die Fortführung des Betriebes durch E erfolgt unter **Fortführung der bisherigen Firma** „S&G Malerei e.K.".

dd) V hat in die Firmenfortführung **eingewilligt**.

ee) Ausschlussgründe, die § 25 I 2 HGB entgegenstehen könnten, liegen nicht vor. Die Voraussetzungen des § 25 II HGB sind nicht erfüllt. Dafür, dass S positive Kenntnis vom Fehlen der Forderungsabtretung von V an E hat, bietet der Sachverhalt keinen Anhaltspunkt. Ebenso wenig ist ersichtlich, warum die Forderung einem Abtretungsverbot unterliegen oder ihre Abtretung formbedürftig sein sollte.

Auch eine Zahlung des S an E hätte nach § 362 I BGB i.V.m. § 25 I 2 HGB deshalb das Erlöschen der Forderung zur Folge. S kann deshalb sowohl an V als auch an E mit schuldbefreiender Wirkung leisten.

Fall Nr. 16 – Syntec KG

Der Informatiker I hatte mit ca. 30 Mitarbeitern unter der im Handelsregister eingetragenen Bezeichnung „Wolfgang Immekeppel Softwarehaus" über viele Jahre (zuletzt mit dem Zusatz „e.K.") ein Unternehmen betrieben, das sich mit der Entwicklung und dem Verkauf von Software sowie mit dem Vertrieb von Hardware beschäftigte. Da er die Kapazitäten des Unternehmens ausweiten wollte, suchte er sich einen finanzstarken Partner, den Fabrikanten F. Dieser war bereit, sich als Kommanditist mit einer Einlage von € 5 Mio. an dem Unternehmen des I zu beteiligen. Für die neue Gesellschaft sollte ein schlagkräftiger neuer Name gefunden werden. Die von I und F gegründete Gesellschaft wurde deshalb mit dem Namen „Syntec KG" zum Handelsregister Bonn angemeldet und nahm ihre Geschäfte am 1. Januar auf. Im März meldete sich ein Kunde K, der im November des Vorjahres von I einen speziellen Server zum Preis von € 10.000 bezogen hatte, bei der KG und verlangte Ersatzlieferung oder Reparatur, weil der von I gelieferte Server mangelhaft war. Besteht ein Nacherfüllungsanspruch gegen die KG?

Lösung

Fraglich ist, ob K von der Syntec KG Nacherfüllung (Ersatzlieferung oder Reparatur) verlangen kann.

Anspruchsgrundlage können §§ 437 Nr. 1, 434, 439 BGB i.V.m. § 28 I 1 HGB sein. Gemäß § 28 I 1 HGB haftet eine Gesellschaft, die durch Eintritt eines persönlich haftenden Gesellschafters oder Kommanditisten in das Geschäft eines Einzelkaufmanns entstanden ist, für alle in diesem Geschäft begründeten Verbindlichkeiten fort, auch wenn die frühere Firma nicht fortgeführt wird.

1. Verbindlichkeit des Einzelkaufmanns

Zu prüfen ist zunächst, ob eine Verbindlichkeit des früher einzelkaufmännisch betriebenen Geschäfts vorliegt. Diese kann sich aus einem **Nacherfüllungsanspruch** gemäß §§ 437 Nr. 1, 434, 439 BGB ergeben.

a) Die erste Voraussetzung für diesen Anspruch, ein **wirksamer Kaufvertrag**, ist zwischen I und K gegeben.

b) Weiterhin muss ein **Sachmangel** i.S.v. § 434 BGB vorliegen. Dies ist bei dem Server der Fall.

c) Dieser Sachmangel war auch bereits **bei Gefahrübergang** (= Übergabe; vgl. § 446 BGB) vorhanden.

Daher hat K aus dem mit I geschlossenen Kaufvertrag einen Anspruch auf Nacherfüllung.

2. Haftung der KG für die Altverbindlichkeit (§ 28 HGB)

Fraglich ist, ob die Syntec KG für diesen Anspruch gemäß **§ 28 I 1 HGB** haftet.

a) Erste Voraussetzung hierfür ist, dass es sich bei dem „Wolfgang Immekeppel Softwarehaus" um ein einzelkaufmännisches Unternehmen i.S.v. §§ 1 ff. HGB handelte. Da das Unternehmen im Handelsregister eingetragen war, muss nicht gesondert festgestellt werden, dass das Unternehmen vollkaufmännisch i.S.v. § 1 II HGB war, denn auch dann, wenn es sich – was bei 30 Mitarbeitern wenig naheliegt – um ein Kleingewerbe gehandelt haben sollte, wäre die Kaufmannseigenschaft jedenfalls gemäß § 2 HGB begründet.

b) In dieses Unternehmen ist F im Sinne des § 28 I HGB „als Kommanditist eingetreten". Es ist also eine neue KG gegründet worden.

c) In diese KG hat I sein bisher einzelkaufmännisch geführtes Unternehmen eingebracht.

d) Gründe für den Ausschluss der Haftung, insbesondere ein vereinbarter und im Handelsregister eingetragener Haftungsausschluss i.S.v. § 28 II HGB, sind nicht ersichtlich.

Da § 28 I 1 HGB – anders als § 25 I 1 HGB – eine Firmenfortführung nicht voraussetzt, ist für die Haftung der KG unerheblich, dass der ursprüngliche Name des Kaufmanns I (= Firma i.S.v. § 17 HGB) nicht fortgeführt, vielmehr durch „Syntec KG" ersetzt wurde. Die KG haftet daher für den im Betrieb des I begründeten Nacherfüllungsanspruch des K. Dieser kann (auch) von der KG Ersatzlieferung oder Reparatur verlangen.

§ 15. Fälle zu Stellvertretung und Hilfspersonen

Fall Nr. 17 – Restkaufgeldgrundschuld

P ist als Prokurist für den „Bauhandel Kurt Kübler e.K." tätig. Im August erwirbt P in einem notariellen Kaufvertrag im Namen des Bauhandels ein Grundstück des Eigentümers E zum Preis von € 1 Mio. Es wird vereinbart, dass eine Hälfte des Kaufpreises sofort, die andere Hälfte erst zum 1. August des Folgejahres gezahlt werden soll. Zur Sicherung der zweiten Kaufpreisrate wird eine Restkaufpreisgrundschuld in Höhe von € 500.000 vereinbart und deren Eintragung auf dem Grundstück durch P bewilligt. Als K von dem Geschäft hört, will er es nicht gelten lassen, was er E sofort mitteilt. Kann E dennoch Erfüllung des Vertrags verlangen?

Lösung

Fraglich ist, ob E von K Erfüllung des Vertrages verlangen kann. Das kann nur dann der Fall sein, wenn der Vertrag wirksam zwischen E und K zustande gekommen ist, was zwei korrespondierende Willenserklärungen, Angebot und Annahme, voraussetzt (§§ 145 ff. BGB).

1. Eine auf den Vertragsschluss mit K gerichtete **Willenserklärung des E** liegt vor.

2. K hat das in dieser Willenserklärung liegende Angebot nicht durch eine eigene Willenserklärung angenommen. Jedoch muss er sich möglicherweise eine Willenserklärung des P im Wege der **Stellvertretung** gemäß §§ 164 ff. BGB zurechnen lassen.

a) P hat eine **eigene Willenserklärung** abgegeben, mit der das Angebot des E angenommen wird.

b) Dabei hat P **im Namen des K** gehandelt.

c) P muss darüber hinaus auch mit **Vertretungsmacht** für K gehandelt haben, wobei sich die Vertretungsmacht aus der dem P durch K erteilten Prokura ergeben kann (§§ 48 ff. HGB).

aa) Davon, dass K dem P wirksam **Prokura erteilt** hat, darf nach dem Sachverhalt ausgegangen werden. Insbesondere ist der Vorschrift des § 48 I HGB genügt, nach der nur Kaufleute i.S.v. §§ 1 ff. HGB (und ihre gesetzlichen Vertreter) Prokura erteilen können, da der Bauhandel des K in das Handelsregister eingetragen und K deshalb zumindest „Kann-Kaufmann" nach § 2 HGB ist.

bb) Fraglich ist, ob das von P getätigte Geschäft vom **Umfang der Prokura** gedeckt ist (§ 49 HGB). Nach dem in § 49 I HGB normierten Grundsatz umfasst die Prokura alle Geschäfte und Rechtshandlungen, die der Betrieb eines Handelsgewerbes mit sich bringt. Eine Ausnahme zu diesem Grundsatz ist in § 49 II HGB normiert, wonach der Prokurist zur „**Veräußerung**" und „**Belastung**" von Grundstücken nur dann ermächtigt ist, wenn ihm diese Befugnis besonders erteilt wurde. Dabei ist mit „Veräußerung" und „Belastung" nicht nur das dingliche Verfügungsgeschäft gemeint, sondern auch das hierauf gerichtete **schuldrechtliche Verpflichtungsgeschäft** (→ § 6 Rn. 16). Wendete man das bisher Ausgeführte auf den vorliegenden Fall an, so ergäbe sich, dass P aufgrund der Prokura den K zwar zum Erwerb des Grundstücks, nicht aber zur Belastung desselben mit einer Grundschuld verpflichten konnte. Die Verpflichtung zur Grundschuldbestellung wäre also nach § 177 BGB zunächst schwebend unwirksam gewesen und dadurch, dass K gegenüber E die Genehmigung des Geschäfts verweigert hat, endgültig unwirksam geworden. Dies würde in Anwendung des § 139 BGB zur Gesamtunwirksamkeit des Vertrages führen, so dass E gegen K keinen Anspruch auf Vertragserfüllung hätte.

Fraglich ist jedoch, ob dieses Ergebnis mit dem Sinn und Zweck des § 49 II HGB zu vereinbaren ist. Dieser besteht darin, den von einem Prokuristen vertretenen Geschäftsherrn davor zu schützen, dass der vorhandene Bestand seines Grundstückseigentums durch Rechtsgeschäfte des Prokuristen beeinträchtigt wird. Diesem Sinn und Zweck entspricht es, § 49 II HGB im Wege der **teleologischen Reduktion**[721] auf solche Fälle nicht anzuwenden, in denen die Belastung eines Grundstücks mit dem Erwerb desselben zusammenfällt, wie insbesondere bei der Vereinbarung einer **Grundschuld zur Sicherung des Restkaufpreises**. Für diese teleologische Reduktion spricht auch, dass in solchen Fällen der Prokurist und der Eigentümer des Grund-

---

[721] Zur teleologischen Reduktion siehe *Bitter/Rauhut*, JuS 2009, 289, 294 f.

stücks das mit dem Geschäft verfolgte Ergebnis (Erwerb des Grundstücks durch den Geschäftsherrn und Belastung des Grundstücks mit einer Grundschuld zugunsten des Eigentümers) ohnehin problemlos erreichen könnten. Der Eigentümer könnte nämlich zunächst eine Eigentümergrundschuld bestellen (§§ 1191, 1196 I BGB) und erst dann den Kaufvertrag mit dem Prokuristen (der für seinen Geschäftsherrn handelt) schließen. Den Eigentümer und den Prokuristen wegen § 49 II HGB auf diesen Weg zu verweisen, wäre bloßer Formalismus, welcher durch die teleologische Reduktion der Vorschrift vermieden wird. Deshalb ist im Ergebnis davon auszugehen, dass § 49 II HGB aufgrund einer teleologischen Reduktion in Fallkonstellationen wie der vorliegenden nicht eingreift, so dass die Vertretungsmacht des P nicht nur die Verpflichtung zum Erwerb, sondern auch die Verpflichtung zur Belastung des Grundstücks umfasst.

P hat den K bei der Annahme des Angebots also wirksam vertreten. Folglich hat E einen Anspruch gegen K auf Vertragserfüllung.

Fall Nr. 18 – Missbrauch der Vertretungsmacht

Prokurist P war in der Altstadtkneipe „Zum letzten Schluck" ein gern gesehener Gast. S, ebenfalls dortiger Stammgast, wusste von erheblichen privaten finanziellen Problemen des P, die dieser regelmäßig im Suff zu ertränken suchte. Er wusste auch, dass P als Prokurist für die G-GmbH tätig war. Eines Abends bot P dem S einen Mercedes 230 E aus dem Fuhrpark der G-GmbH zum „Freundschaftspreis für meinen Kumpel S" von nur € 10.000 zum Kauf an, obwohl dies dem P von der G-GmbH nicht gestattet worden war. S griff sogleich zu, da P den Marktwert des Fahrzeugs mit € 17.000 angegeben hatte und dies, wie S erkannt hatte, durchaus realistisch war. Den Kaufpreis überwies S auf das Privatkonto des P, wobei P ihm zusicherte, er werde das Geld an seine Firma weiterleiten. Als der Geschäftsführer G der G-GmbH von dem Geschäft erfährt, verlangt er von S Herausgabe des Fahrzeugs. Zu Recht?

Lösung

Zu prüfen ist, ob die G-GmbH von S die Herausgabe des Fahrzeugs verlangen kann.

I. Anspruch aus § 985 BGB

Als Anspruchsgrundlage kommt § 985 BGB in Betracht. Diese Vorschrift setzt voraus, dass (1) der Anspruchsteller Eigentümer und (2) der Anspruchsgegner Besitzer ist sowie (3) der Anspruchsgegner kein Recht zum Besitz hat.

1. Eigentum der G-GmbH

Voraussetzung ist zunächst, dass die G-GmbH Eigentümerin des Fahrzeugs ist. Ursprünglich stand das Fahrzeug im Eigentum der G-GmbH. Das Eigentum kann jedoch nach § 929 S. 1 BGB auf S übergegangen sein. Das wäre nur dann der Fall, wenn es zu einer wirksamen Einigung über den Eigentumsübergang zwischen S und der G-GmbH gekommen wäre.

Eine entsprechende Willenserklärung des S darf nach dem Sachverhalt angenommen werden. Eine Einigungserklärung für die G-GmbH könnte P in Stellvertretung für diese abgegeben haben (§§ 164 ff. BGB).

a) Wirksame Vertretung der G-GmbH durch P?

Eine eigene Willenserklärung des P darf nach dem Sachverhalt ebenso angenommen werden, wie dass P diese im Namen der G-GmbH abgegeben hat. Fraglich ist, ob P mit Vertretungsmacht handelte.

aa) Vertretungsmacht aus Prokura

Die Vertretungsmacht des P kann sich aus der ihm erteilten Prokura ergeben (§§ 48 ff. HGB).

Davon, dass dem P wirksam **Prokura erteilt** worden ist, darf ausgegangen werden. Insbesondere ist der Vorschrift des § 48 I HGB genügt, nach der nur Kaufleute i.S.v. §§ 1 ff. HGB (und ihre gesetzlichen Vertreter) Prokura erteilen können, da die G-GmbH nach § 13 III GmbHG i.V.m. § 6 I HGB Formkauffrau ist.

Das von P getätigte Geschäft, die Veräußerung des Fahrzeugs an S, ist auch vom **Umfang der Prokura** gedeckt (§ 49 HGB).

bb) Missbrauch der Vertretungsmacht

Möglicherweise ist die G-GmbH wegen eines Missbrauchs der Vertretungsmacht gleichwohl ausnahmsweise nicht an die Willenserklärung des P gebunden, wenn P mit dem Abschluss des Geschäfts seine Befugnisse gegenüber der G-GmbH überschritten hat.

Ein solcher Verstoß des P gegen seine **Pflichten im Innenverhältnis** liegt vor. P wäre in Anbetracht seiner dienstvertraglichen Pflicht, die Interessen seines Geschäftsherrn – der G-GmbH – zu wahren, nur dann dazu berechtigt gewesen, das Fahrzeug zu derart günstigen Konditionen weit unter Marktwert zu veräußern, wenn ihm dies von der G-GmbH besonders gestattet worden wäre. Dies war indes nach dem Sachverhalt nicht der Fall. Dieser **Pflichtenverstoß bezieht sich** nicht allein auf das schuldrechtliche Geschäft, also den Kaufvertrag zu einem deutlich zu niedrigen Preis, sondern auch **auf das sachenrechtliche Erfüllungsgeschäft**. Ist das zugrundeliegende Kaufgeschäft pflichtwidrig, so setzt sich der Pflichtenverstoß in der nachfolgenden Übereignung fort, weil die Interessen des Geschäftsherrn durch die Übereignung ebenfalls beeinträchtigt werden, die Pflichtverletzung geradezu vertieft wird.

Überschreitet ein Prokurist beim Abschluss eines Geschäfts seine Befugnisse im Innenverhältnis, so hat dies nach § 50 I HGB grundsätzlich keine Auswirkung auf die Wirksamkeit des Geschäfts im Außenverhältnis. Zu diesem Grundsatz sind jedoch zwei Ausnahmen anerkannt, die Kollusion und der offenkundige Missbrauch der Vertretungsmacht.

aaa) Kollusion. Ein Fall der Kollusion liegt vor, wenn sowohl der Prokurist als auch der Dritte wissen, dass der Abschluss des Geschäfts außerhalb der Innenbefugnisse des Prokuristen liegt und sie das Geschäft dennoch und bewusst zum Nachteil des Vertretenen abschließen. Ein solches Geschäft ist nach § 138 I BGB wegen Verstoßes gegen die guten Sitten nichtig. Allerdings bietet der Sachverhalt keine hinreichenden Anhaltspunkte dafür, dass S positiv wusste, dass P zur Veräußerung des Fahrzeugs zu den vereinbarten Konditionen nicht befugt war. S mag vor Gericht vortragen, dass seines Erachtens für die Veräußerung zum Freundschaftspreis und die Überweisung des Kaufpreises auf das Privatkonto des P andere, redliche Gründe maßgebend waren. Dann wird es schwer fallen, die Kollusion, insbesondere das bewusste Zusammenwirken zum Nachteil des Vertretenen, nachzuweisen.

bbb) Offenkundiger Missbrauch der Vertretungsmacht. Eine Beschränkung aus dem Innenverhältnis kann jedoch nicht nur bei kollusivem Zusammenwirken, also bei positiver Kenntnis des Dritten von der Befugnisüberschreitung durch den Prokuristen ins Außenverhältnis durchschlagen, sondern bereits bei einem offenkundigen Missbrauch der Vertretungsmacht, wenn also der Missbrauch aus der Perspektive des Dritten objektiv evident ist. Dabei ist **objektive Evidenz des Missbrauchs** in etwa gleichbedeutend mit grob fahrlässiger Unkenntnis auf Seiten des Dritten. Voraussetzung ist also, dass der Dritte die im Verkehr erforderliche Sorgfalt (§ 276 II BGB) in besonders schwerem Maße außer Acht gelassen hat. Dies ist der Fall, wenn der Vertreter – hier P – **in ersichtlich verdächtiger Weise vorgegangen** ist, sodass sich dem Dritten – hier S – der Missbrauch der Vertretungsmacht geradezu aufdrängen musste.

Für S ergaben sich deutliche Anhaltspunkte, dass P mit der Veräußerung (Verkauf und Übereignung) seine Befugnisse im Innenverhältnis überschritt. S wusste von den erheblichen privaten finanziellen Problemen des P. Ihm war auch bewusst, dass P das Fahrzeug deutlich unter dem Marktwert verkaufte, obwohl dieser dem P bekannt war. P hatte den S zudem gebeten, den Kaufpreis auf sein Privatkonto zu überweisen. Aus einer Gesamtschau dieser Anhaltspunkte hätte S klar und deutlich schließen müssen, dass P das Fahrzeug unter Verstoß gegen seine Pflichten im Innenverhältnis zur G-GmbH veräußerte. Auch insoweit ist unerheblich, dass die Höhe des Kaufpreises und die Art seiner Zahlung nicht Gegenstand des dinglichen Übereignungsgeschäfts sind, sondern nur das schuldrechtliche Kaufgeschäft betreffen. Das Institut des Missbrauchs der Vertretungsmacht soll den Vertretenen davor schützen, gegen seine – ausdrückliche oder sich aus der Interessenlage ergebende – Weisung im Innenverhältnis an ein Rechtsgeschäft gebunden zu sein, auf dessen Gültigkeit der Geschäftspartner redlicherweise nicht vertrauen durfte. Für die Frage, ob das Rechtsinstitut Platz greift, ist demnach entscheidend, wie weit die Schutzwürdigkeit des Geschäftspartners reicht. Diese endet jedoch schon dann, wenn das Gesamtgeschäft bestehend aus dem schuldrechtlichen Verpflichtungsgeschäft und dem dazugehörigen dinglichen Übereignungsgeschäft erkennbar nicht von den Befugnissen des Vertreters im Innenverhältnis gedeckt ist. In diesem Fall fehlt dem Geschäftspartner nicht nur im Hinblick auf das schuldrechtliche Verpflichtungsgeschäft, sondern auch im Hinblick auf das dazugehörige dingliche Erfüllungsgeschäft die Schutzwürdigkeit (Fehleridentität). So verhält es sich bei S.

Welche **Rechtsfolge** mit dem Rechtsinstitut **des Missbrauchs der Vertretungsmacht** verknüpft ist, ist **umstritten** (→ § 6 Rn. 33). Die h.L. geht davon aus, dass sich die Rechtsfolge analog §§ 177 ff. BGB bestimmt. Danach war die von P ausgesprochene Einigungserklärung nach § 177 BGB zunächst schwebend unwirksam. Dadurch, dass die G-GmbH von S die Herausgabe des Fahrzeugs verlangt und damit konkludent die Genehmigung des Geschäfts verweigert hat, ist die Einigungserklärung endgültig unwirksam geworden. Folgt man der Auffassung der Rechtsprechung, die die Rechtsfolge zwar im Ausgangspunkt aus § 242 BGB ableiten will, indes gleichwohl § 177 BGB entsprechend anwendet, ändert sich daran nichts. Die Frage, ob dieses Ergebnis wegen eines eventuellen Mitverschuldens von Seiten der G-GmbH zu modifizieren ist und wie eine solche Modifizierung erfolgen könnte (§ 254 BGB analog, Gegenanspruch aus §§ 280 I, 241 II, 311 II, III BGB; → § 6 Rn. 34), braucht nicht beantwortet zu werden, da keine Anhaltspunkte für ein Mitverschulden der G-GmbH gegeben sind.

b) Zwischenergebnis

Als Zwischenergebnis ist somit festzuhalten, dass die zwischen S und P erzielte Einigung unwirksam und das Eigentum am Fahrzeug somit nicht von der G-GmbH auf den S übergegangen ist.

2. Besitz des S

Nach dem Sachverhalt ist davon auszugehen, dass S unmittelbaren Besitz durch eigene Sachherrschaft i.S.v. § 854 BGB am Fahrzeug hat.

3. Kein Recht zum Besitz des S

Ein Recht zum Besitz (§ 986 BGB) steht S nicht zu. Dieses könnte sich im konkreten Fall nur aus einem wirksamen Kaufvertrag ergeben, doch scheitert die Wirksamkeit des schuldrechtlichen Geschäfts – wie gesagt – aus den gleichen Gründen wie das dingliche Geschäft (Fehleridentität). Auch in Bezug auf den Kaufvertrag liegt ein Missbrauch der Vertretungsmacht vor.

Die G-GmbH kann somit nach § 985 BGB von S die Herausgabe des Fahrzeugs verlangen.

II. Anspruch aus § 812 I 1 Alt. 1 BGB

Als weitere Anspruchsgrundlage kommt § 812 I 1 Alt. 1 BGB in Betracht. S hat den Besitz am Fahrzeug ohne Rechtsgrund erlangt, da der Kaufvertrag – wie soeben festgestellt – ebenfalls nach den Grundsätzen über den Missbrauch der Vertretungsmacht unwirksam ist.

Fall Nr. 19 – Handlungsvollmacht

Die P-AG vertreibt in ganz Deutschland persische Teppiche. F ist Filialleiter des Mannheimer Geschäfts der P-AG. Im Namen des Geschäfts bestellt F bei dem Lieferanten L eine neue Ladeneinrichtung für € 30.000. Als der Vorstand der P-AG davon hört, ist er nicht begeistert, weil es Planungen im Unternehmen gab, die Ladeneinrichtungen in allen Filialen der P-AG einheitlich zu erneuern. Die P-AG will daher das Geschäft mit L nicht gelten lassen und „storniert" den Auftrag des L unter Verweis auf dessen fehlende Vertretungsmacht. Kann L dennoch Zahlung von der P-AG verlangen?

Lösung

Fraglich ist, ob L von der P-AG Zahlung von € 30.000 verlangen kann. Der Anspruch des L würde sich aus § 433 II BGB ergeben, wenn zwischen L und der P-AG ein wirksamer Kaufvertrag zustande gekommen wäre.

1. Eine entsprechende **Willenserklärung des L** kann ohne weiteres angenommen werden.

2. Zu prüfen ist, ob die Bestellung des F der P-AG nach den Regeln über die **Stellvertretung** zugerechnet werden kann (§§ 164 ff. BGB).

a) Die Bestellung des F ist eine auf den Abschluss des Kaufvertrages mit L gerichtete **Willenserklärung**. Diese hat F **im Namen der P-AG** abgegeben.

b) Die P-AG wäre jedoch nur an die Erklärung gebunden, wenn F mit **Vertretungsmacht** gehandelt hätte. Die Vertretungsmacht des F kann sich aus der ihm erteilten Handlungsvollmacht ergeben (§§ 167 BGB, 54 HGB).

aa) Zweifel an der Wirksamkeit der **Erteilung der Handlungsvollmacht** durch die P-AG bestehen nicht. Insbesondere ist der Vorschrift des § 54 I HGB genügt, nach der die Handlungsvollmacht nur für ein Handelsgewerbe erteilt werden kann, da die P-AG nach § 6 I, II HGB i.V.m. § 3 I AktG Formkauffrau ist. Auf die analoge Anwendbarkeit des § 54 HGB auf Nichtkaufleute kommt es folglich nicht an. Die dem F als Filialleiter erteilte Handlungsvollmacht ist ihrer Art nach eine General-handlungsvollmacht.

bb) Fraglich ist, ob der Kauf der Ladeneinrichtung vom **Umfang der General-handlungsvollmacht** des F gedeckt ist. Eine Generalhandlungsvollmacht erstreckt sich auf alle Geschäfte und Rechtshandlungen, die der Betrieb des jeweiligen Handelsgewerbes gewöhnlich mit sich bringt. Bei der Bestimmung, welche Geschäfte für das konkrete Handelsgewerbe *gewöhnlich* sind, spielen Branche, Art und Größe des Unternehmens eine entscheidende Rolle. Bei einem Großunternehmen kommt es zudem darauf an, wie die Aufgabenverteilung innerhalb eines solchen Unternehmens üblicherweise erfolgt. Da bei einem Großunternehmen die Einrichtung der verschiedenen Filialen nach dem Willen der Unternehmensleitung typischerweise einheitlich gestaltet sein soll, erfolgt die Bestellung einer neuen Ladeneinrichtung üblicherweise zentral durch die Unternehmensleitung selbst. Folglich gehört die Bestellung einer neuen Ladeneinrichtung nicht zu den Geschäften, die für den Leiter einer Filiale gewöhnlich sind. Das von F getätigte Geschäft war somit vom Umfang seiner Generalhandlungsvollmacht nicht gedeckt.

F handelte mithin ohne Vertretungsmacht.

Folglich kam zwischen L und der P-AG kein wirksamer Kaufvertrag zustande, so dass L von der P-AG nicht Zahlung von € 30.000 verlangen kann.

Fall Nr. 20 – Ladenangestellter

V ist als Verkäufer im Mannheimer Geschäft der P-AG tätig. Die P-AG hatte allen Filialen intern mitgeteilt, dass auf die ausgezeichneten Preise der Teppiche Nachlässe bis zu 10 % gewährt werden dürfen. Ein Kunde K, der einen sehr wertvollen, mit € 50.000 ausgezeichneten Teppich erwerben wollte, feilschte lange mit V herum, der mit dem Preis zunächst nur bis auf € 45.000 heruntergegangen war. Als K schließlich anbot, den Teppich für € 40.000 in bar sofort mitzunehmen, erklärte sich V mit dem Geschäft einverstanden. Als der Filialleiter F von dem Geschäft erfährt, ist er nicht begeistert. Er möchte wissen, ob er namens der P-AG Rückgabe des Teppichs gegen Erstattung der gezahlten € 40.000 verlangen kann.

Lösung

Es ist zu prüfen, ob die P-AG einen Anspruch gegen den K auf Rückgabe des Teppichs gegen Rückzahlung der € 40.000 hat. Dabei kommen zwei Anspruchsgrundlagen in Betracht.

1. Anspruch aus § 985 BGB

Der Anspruch der P-AG kann sich zunächst aus § 985 BGB ergeben. Voraussetzung ist, dass der Teppich im Eigentum der P-AG steht. Ursprünglich gehörte der Teppich zum Eigentum der P-AG. Das Eigentum am Teppich kann jedoch nach § 929 S. 1 BGB auf den K übergegangen sein.

a) Wirksame Einigung zwischen K und der P-AG

Voraussetzung ist zunächst eine Einigung zwischen K und der P-AG über den Eigentumsübergang. Eine entsprechende **Willenserklärung des K** liegt vor. Die P-AG kann durch V vertreten worden sein. Es müssen die Voraussetzungen einer wirksamen **Stellvertretung** vorliegen (§§ 164 ff. BGB).

aa) V hat eine **eigene Willenserklärung** abgegeben.

bb) Dabei hat V zumindest konkludent **im Namen der P-AG** gehandelt, da er das Geschäft offenkundig als Angestellter der P-AG abschloss (vgl. § 164 I 2 BGB).

cc) V muss mit **Vertretungsmacht** gehandelt haben. Die Vertretungsmacht des V ergibt sich nicht aus der ihm erteilten **Vollmacht** (§ 167 I BGB). Denn diese umfasste nur solche Geschäfte, bei denen höchstens 10 % Nachlass gewährt wird und somit nicht das Geschäft mit K, dem V 20 % Rabatt zugestand. Die Vertretungsmacht des V kann sich aber aus § 56 HGB ergeben.[722]

Die **Voraussetzungen** einer Vertretungsmacht aus § 56 HGB liegen vor: Die P-AG ist nach § 6 I HGB i.V.m. § 3 I AktG Formkauffrau; sie betreibt mit ihrem Mannheimer Geschäft einen Laden; V ist in dem Laden angestellt und das Geschäft mit K wurde in dem Laden abgeschlossen.

Der **Umfang** der Vertretungsmacht erstreckt sich nach dem Wortlaut des § 56 HGB insbesondere auf „Verkäufe", die in dem Geschäftslokal *gewöhnlich* geschehen. Dabei sind mit „Verkäufe" nicht nur schuldrechtliche Kaufverträge, sondern auch die entsprechenden dinglichen Übereignungsgeschäfte gemeint. Insoweit deckt § 56 HGB nur solche Übereignungsgeschäfte, die auch unter Einbeziehung des zugrunde liegenden schuldrechtlichen Verpflichtungsgeschäfts in dem Geschäftslokal gewöhnlich geschehen. Die Notwendigkeit der Einbeziehung des schuldrechtlichen Verpflichtungsgeschäfts in die Gewöhnlichkeitsprüfung des dinglichen Geschäfts ergibt sich vor allem aus folgenden Überlegungen: Die Übereignung einer Ware, die in einem bestimmten Geschäftslokal angeboten wird, ist in diesem Geschäftslokal stets gewöhnlich. Würde man die Vertretungsmacht aus § 56 HGB für eine Übereignung schon dann bejahen, wenn die Übereignung für sich betrachtet in dem Geschäftslokal gewöhnlich geschieht, so müsste man deshalb stets von einem Eigentumserwerb durch den Käufer ausgehen, insbesondere auch dann, wenn der schuldrechtliche Kaufvertrag im Einzelfall durchaus ungewöhnlich ist. So weit reicht jedoch die Schutzwürdigkeit des Käufers nicht. Er ist nur dann schutzwürdig, wenn das Gesamtgeschäft bestehend aus dem schuldrechtlichen Verpflichtungsgeschäft und dem dinglichen Übereignungsgeschäft für das Geschäftslokal gewöhnlich ist. Im vorliegenden Fall bestehen an der Gewöhnlichkeit des Geschäfts zwischen V und K allenfalls insofern Zweifel, als dass dem K in dem schuldrechtlichen Kaufvertrag 20 % auf den ursprünglichen Kaufpreis nachgelassen wurden. Gerade im Teppichhandel sind Preisnachlässe auch in dieser Höhe jedoch nicht außergewöhnlich. Vielmehr geschehen Geschäfte wie das zwischen V und K regelmäßig. Das Geschäft wird deshalb vom Umfang der Vertretungsmacht aus § 56 HGB gedeckt.

Da K auch keinerlei Anhaltspunkte dafür hatte, dass die Vertretungsmacht des V beschränkt ist, er folglich nicht bösgläubig war (§ 54 III HGB analog), ist die sachenrechtliche Einigung zwischen der P-AG und K im Wege der Stellvertretung durch V zustande gekommen.

---

[722] Man kann auch formulieren: „Die P-AG muss sich aber möglicherweise nach § 56 HGB so behandeln lassen, als ob V Vertretungsmacht gehabt hätte."

b) Sonstige Voraussetzungen des § 929 S. 1 BGB

Auch die weiteren Voraussetzungen des § 929 S. 1 BGB liegen vor. Eine Übergabe des Teppichs an K hat stattgefunden, weil K in Vollziehung der Einigung der unmittelbare Besitz daran verschafft wurde und zugleich die P-AG ihren bisherigen Besitz verloren hat.

Die P-AG war zur Übereignung berechtigt, weil der Teppich in ihrem Eigentum stand.

c) Ergebnis zum Eigentumsübergang

Die P-AG hat ihr Eigentum an dem Teppich also nach § 929 S. 1 BGB an K verloren. Folglich hat sie keinen Anspruch gegen K auf Herausgabe des Teppichs gegen Rückzahlung der € 40.000 aus § 985 BGB.

2. Anspruch aus § 812 I 1 Alt. 1 BGB

Der Anspruch der P-AG ergibt sich auch nicht aus § 812 I 1 Alt. 1 BGB, weil die P-AG aufgrund von § 56 HGB an den von V mit K geschlossenen Kaufvertrag gebunden ist und der Eigentumserwerb des K somit nicht rechtsgrundlos erfolgte.

Hinweis: Dieser Fall lässt sich ebenso auch über § 54 HGB lösen, weil die Einstellung als Verkäufer eine entsprechende Arthandlungsvollmacht begründet. Die Regel, dass Nachlässe nur bis 10 % erlaubt sind, ist eine „sonstige Beschränkung" i.S.v. § 54 III HGB, die K nicht gegen sich gelten lassen muss, weil er sie nicht kannte oder kennen musste. Im Grunde ist § 56 HGB nur ein Spezialfall der Arthandlungsvollmacht für in Läden und offenen Warenlagern angestellte Verkäufer (→ § 6 Rn. 66).

§ 16. Fälle zu allgemeinen Vorschriften über Handelsgeschäfte

Fall Nr. 21 – Pommes frites

Grundfall: B betreibt einen Großhandel mit Pommes frites. Am 19. August erkundigte er sich telefonisch bei K, der einen Großbetrieb zur Herstellung von Pommes frites unterhält, nach Preis, Warenart, Lieferzeit und Verpackung einer von ihm – B – allmonatlich benötigten Menge Pommes frites. Der weitere Inhalt des Ferngesprächs ist streitig. Fest steht allein, dass K dem B nach dem Ferngespräch folgendes Schreiben sandte:

Tag: 19. August; Auftragsbestätigung; Bezug: Telefongespräch vom heutigen 19. August; Menge: 3500-4000 kg wöchentlich; Warenart: Pommes frites; Lieferzeit: erstmalig am 1. September; Preis: € 0,95 pro kg; Zahlung: netto Kasse innerhalb von 10 Tagen nach Erhalt der Ware.

B widersprach diesem Schreiben nicht. Als K von B Anfang September Abnahme und Bezahlung verlangt, weigert sich B. Entgegen der Behauptung des K habe er sich nicht für mehrere Monate zur Abnahme größerer Mengen verpflichtet, sondern sich lediglich über die Lieferbedingungen des K erkundigt. Dabei sei zwar über konkrete Liefermengen, Preise und Zahlungsweisen gesprochen worden. Eine Bestellung habe er letzten Endes aber nicht ausgesprochen. Wie ist die Rechtslage?

Abwandlung: K hat das Schreiben nicht schon am 19. August, sondern erst am 5. September an B verschickt.

Lösung zum Grundfall

Fraglich ist, ob K einen Anspruch gegen B auf Abnahme und Bezahlung der Pommes frites hat. Dieser Anspruch ergibt sich aus § 433 II BGB, wenn zwischen K und B ein wirksamer Kaufvertrag zustande gekommen ist.

1. Es kann zum **Abschluss eines Kaufvertrages während des Telefonats am 19. August** gekommen sein. Der Inhalt des Ferngesprächs lässt sich jedoch nicht mehr aufklären. Es ist deshalb darauf abzustellen, wer die Beweislast für das Bestehen eines Vertrages zu tragen hat. Dies ist K, weil er aus dem Vertrag einen Anspruch herleiten will. Folglich ist nicht davon auszugehen, dass es während des Telefonats zu einem Vertragsschluss gekommen ist.

2. Es kann jedoch dadurch zum Abschluss eines Kaufvertrages gekommen sein, dass K dem B das Schreiben zusandte und B sich darauf nicht bei K meldete. Die Annahme eines solchen Vertragsschlusses ist allerdings nur unter den Voraussetzungen der **Lehre vom kaufmännischen Bestätigungsschreiben** möglich. Dabei handelt es sich um ein gewohnheitsrechtlich anerkanntes Rechtsinstitut, nach dem gilt, dass der Empfänger eines Schreibens, in dem ein Anderer seine Auffassung über das Zustandekommen und den Inhalt eines (angeblich) geschlossenen Vertrages kundtut, unter bestimmten Voraussetzungen diesem Schreiben unverzüglich widersprechen muss, wenn er den Inhalt des Schreibens nicht gegen sich gelten lassen will. Diese Voraussetzungen sind zu prüfen (→ § 7 Rn. 17 ff.).

a) Die Beteiligten müssen **Kaufleute i.S.v. §§ 1 ff. HGB oder sonstige Unternehmer** sein. K ist Pommes-frites-Produzent, B ist Pommes-frites-Großhändler. Es spricht deshalb viel dafür, dass sowohl K als auch B „Ist-Kaufmann" nach § 1 HGB sind. Zumindest nehmen sie aber unternehmerisch am Wirtschaftsverkehr teil und sind somit Unternehmer.

b) Es müssen **Vertragsverhandlungen** zwischen K und B stattgefunden haben. Dies ist der Fall, wenn über konkrete Konditionen eines zu schließenden Vertrags gesprochen worden ist.

Diese Voraussetzung ist im vorliegenden Fall gegeben, da während des Telefonats am 19. August über Liefermengen, Preise und Zahlungsweise gesprochen wurde, also Vertragsverhandlungen stattfanden.

c) Da bislang keine schriftliche Zusammenfassung der Vertragsverhandlungen vorliegt, besteht auch das erforderliche **Klarstellungsbedürfnis**.

d) Ein **echtes Bestätigungsschreiben** stellt die Auftragsbestätigung des K dar, wenn es den Inhalt eines aus Sicht des Versenders bereits geschlossenen Vertrags wiedergibt. Erforderlich ist insoweit nur, dass derjenige Teil, der das Bestätigungsschreiben verschickt, nach dem Inhalt des Schreibens an den Abschluss eines Vertrages während der Vertragsverhandlungen glaubt. In diesem Fall hilft dann das unwidersprochen gebliebene Bestätigungsschreiben darüber hinweg, dass der (angeblich) geschlossene Vertrag tatsächlich noch nicht zustande gekommen war.

Ein solches echtes Bestätigungsschreiben hat K verschickt, da es Liefermenge, Preis und Zahlungsweise nennt und somit den wesentlichen Inhalt des (angeblich) bereits geschlossenen Vertrages wiedergibt. Die Absendung erfolgte im unmittelbaren Anschluss an die Vertragsverhandlungen.

e) Das Schreiben ist dem B unstreitig **zugegangen** und B hat ihm **nicht unverzüglich widersprochen**.

Die Voraussetzungen der Lehre vom kaufmännischen Bestätigungsschreiben liegen mithin vor. Ausnahmetatbestände wie eine – vom Empfänger zu beweisende – gravierende Abweichung vom Vorbesprochenen oder eine Unredlichkeit des Versenders sind nicht erkennbar. Folglich ist zwischen K und B ein Vertrag mit dem Inhalt des Schreibens des K zustande gekommen. K hat deshalb einen Anspruch auf Abnahme und Bezahlung der Pommes frites aus § 433 II BGB.

Lösung zur Abwandlung

Von einem echten Bestätigungsschreiben ist nur auszugehen, wenn es alsbald nach den Vertragsverhandlungen, also im unmittelbaren zeitlichen Zusammenhang mit diesen verschickt wird (→ § 7 Rn. 20). Wird das Schreiben hingegen – wie in der Abwandlung – erst mehr als zwei Wochen nach den Verhandlungen abgesendet, fehlt dieser Zusammenhang und der Empfänger kann das Schreiben nicht mehr als Zusammenfassung eines bereits geschlossenen Vertrags verstehen. Vielmehr stellt die Übersendung in diesem Fall allenfalls ein Angebot des K auf Abschluss eines Vertrags mit den genannten Konditionen dar, welches B aber nicht angenommen hat. Mangels Kaufvertrag besteht daher kein Anspruch auf Abnahme und Zahlung.

Fall Nr. 22 – Partnerschaftsvermittlung

Die P-GmbH betreibt eine Partnerschaftsvermittlung im Internet. Sie kauft beim Computerhändler C zwei leistungsstarke Spezialserver für jeweils € 6.000. Dabei verpflichtet sich C in dem Kaufvertrag zu einem 24-Stunden-Gewährleistungsservice, sagt also zu, bei einem Ausfall eines der Geräte innerhalb von 24 Stunden für eine Nacherfüllung (Reparatur oder Austausch) zu sorgen. Da die P-GmbH sicher gehen will, bei möglichen Gewährleistungsfällen einen zahlungskräftigen Schuldner zu haben, verlangt sie von C, einen Bürgen beizubringen. C spricht den ihm bekannten Apotheker A an, ob er zu einer Bürgschaftsübernahme bereit sei. Daraufhin schickt A der P-GmbH auf einem Briefbogen seiner Apotheke ein Telefax mit folgendem Inhalt:

> „Hiermit übernehme ich Ihnen gegenüber zeitlich unbefristet für sämtliche Gewährleistungsansprüche aus dem Kaufvertrag zwischen Ihnen und C die persönliche Bürgschaft bis zur Höhe von € 50.000."

Das Telefax wird bei der P-GmbH zu den Akten genommen. Einige Zeit nachdem der Server bei der P-GmbH ans Netz gegangen ist, fällt er aufgrund eines bis dahin nicht erkennbaren Konstruktionsfehlers der Festplatte plötzlich aus. Als die P-GmbH den C kontaktiert, weigert sich dieser strikt, den Server zu reparieren oder auszutauschen. Daraufhin lässt die P-GmbH die defekte Festplatte von einem anderen Computerhändler zum Preis von € 1.000 austauschen. Kann die P-GmbH diese € 1.000 von A ersetzt verlangen?

Rechtsprechungshinweis: *BGH* NJW 1997, 2233 = JuS 1997, 1041 (zum Zustandekommen des Bürgschaftsvertrags)

Lösung

Zu prüfen ist, ob die P-GmbH einen Anspruch auf Zahlung von € 1.000 gegen A hat. Der Anspruch kann sich aus § 765 I BGB i.V.m. §§ 437 Nr. 3, 434, 280 I 1, III, 281 I 1 BGB ergeben.

Die Entstehung des Anspruchs aus der Bürgschaft setzt zweierlei voraus: erstens eine Hauptschuld eines Dritten und zweitens eine wirksame vertragliche Verpflichtung des Bürgen, für die Erfüllung der Hauptschuld einzustehen (vgl. §§ 765 I, 767 I 1 BGB).

1. Hauptschuld des C

Die Hauptschuld des C, d.h. der **Zahlungsanspruch der P-GmbH gegen C**, kann sich aus §§ 437 Nr. 3, 434, 280 I 1, III, 281 I 1 BGB ergeben.

a) Die P-GmbH und C haben einen **Kaufvertrag** über die Server abgeschlossen.

b) Einer der Server wies einen Konstruktionsfehler in der Festplatte auf und war somit schon bei Gefahrübergang nach § 434 I 2 Nr. 2 BGB **sachmangelhaft**.

c) Für eine **Entlastung des C** von der Schadensersatzpflicht nach § 280 I 2 BGB ist nichts ersichtlich.

d) Die nach § 281 I 1 BGB grundsätzlich erforderliche **Nachfristsetzung** war wegen der ernsthaften und endgültigen Weigerung des C, den Server zu reparieren oder auszutauschen, nach § 281 II Alt. 1 BGB entbehrlich.

Die P-GmbH hat also einen Anspruch auf Zahlung von € 1.000 gegen C aus §§ 437 Nr. 3, 434, 280 I 1, III, 281 I 1 BGB. Die Hauptschuld existiert damit.

2. Wirksamer Bürgschaftsvertrag zwischen P-GmbH und A

Weiter muss zwischen der P-GmbH und A ein wirksamer Bürgschaftsvertrag i.S.v. §§ 765 ff. BGB bestehen, in dem sich A verpflichtet, für jene Hauptschuld einstehen zu wollen.

a) X hat durch sein Telefax an die P-GmbH eine **Bürgschaftserklärung** abgegeben.

b) Nach **§ 766 S. 1 BGB** muss die Bürgschaftserklärung grundsätzlich schriftlich erteilt werden. Anderenfalls ist sie nach § 125 S. 1 BGB nichtig. Schriftlichkeit setzt nach § 126 I BGB eine eigenhändige Unterschrift voraus.

Das von A unterschriebene Exemplar seiner Bürgschaftserklärung ist der P-GmbH aber nicht zugegangen und deshalb nicht i.S.v. § 130 I 1 BGB wirksam geworden. Zugegangen ist nur das Telefax, das aber nur eine Kopie der eigenhändigen Unterschrift, nicht hingegen die Unterschrift selbst enthält. Das Telefax genügt deshalb den Anforderungen des § 126 I BGB nicht.[723]

c) Die Bürgschaftserklärung des A wäre deshalb nur dann formwirksam, wenn sie dem Schriftformerfordernis des § 766 S. 1 BGB nicht unterliegen würde. Die Unanwendbarkeit des § 766 S. 1 BGB kann sich aus **§ 350 HGB** ergeben. Voraussetzung ist, dass die Bürgschaft für den A ein Handelsgeschäft i.S.v. § 343 I HGB ist.

aa) A muss Kaufmann i.S.v. §§ 1 ff. HGB sein. Die Kaufmannseigenschaft des A kann sich aus § 1 HGB ergeben. Zu prüfen ist dafür, ob A ein Gewerbe i.S.v. § 1 I HGB betreibt und der Gewerbebetrieb des A einen in kaufmännischer Weise eingerichteten Geschäftsbetrieb i.S.v. § 1 II HGB erfordert. A ist Apotheker. Als solcher ist er Gewerbetreibender, insbesondere ist er im Gegensatz beispielsweise zu einem Arzt nicht freiberuflich tätig. Da eine Apotheke schon allein wegen der Vielzahl der angebotenen Produkte regelmäßig einen in kaufmännischer Weise eingerichteten Geschäftsbetrieb erfordert, darf davon ausgegangen werden, dass A **Kaufmann** i.S.v. § 1 HGB ist.

---

[723] Siehe dazu *Bitter/Röder*, BGB AT, § 6 Rn. 7 mit Fall Nr. 26 – Papas Bester.

bb) Die Bürgschaftserklärung gegenüber der P-GmbH gehört auch **zum Betrieb des Handelsgewerbes.** Insofern ist die Sicht des Erklärungsempfängers maßgeblich. Da der A die Bürgschaftserklärung unter Verwendung seines Briefbogens abgab, erscheint die Bürgschaftserteilung aus Sicht der P-GmbH als zum Handelsgeschäft des A gehörig. Außerdem spricht auch die Zweifelsregelung des § 344 I HGB für die Annahme eines Handelsgeschäfts.

Somit ist § 766 S. 1 BGB nach § 350 HGB nicht anwendbar. Die Bürgschaftserklärung des A ist also formwirksam.

d) Erforderlich ist weiter, dass die Bürgschaftserklärung des A von der P-GmbH angenommen wurde. Die P-GmbH hat die **Annahme** nicht ausdrücklich erklärt. Dadurch, dass sie die Bürgschaftserklärung zu ihren Akten genommen hat, hat sie sie jedoch konkludent angenommen. Diese konkludente Annahmeerklärung ist auch ohne Zugang bei A als wirksam anzusehen, da auf den Zugang der Annahme einer Bürgschaftserklärung nach § 151 BGB regelmäßig verzichtet werden kann.[724]

Ein wirksamer Bürgschaftsvertrag liegt also vor.

3. Einrede der Vorausklage

Zu prüfen ist schließlich, ob der Bürgschaft irgendwelche Einwendungen entgegenstehen. Zu denken ist an die Einrede der Vorausklage gemäß § 771 BGB. Insoweit besteht jedoch wiederum für Handelsgeschäfte eine **Sonderregelung in § 349 HGB,** wonach die Einrede der Vorausklage ausgeschlossen ist. A kann also, da die Bürgschaftserteilung für ihn ein Handelsgeschäft ist (oben 2 c), die P-GmbH nicht vorrangig an den C verweisen. Er haftet vielmehr selbstschuldnerisch neben diesem.

Der Anspruch der P-GmbH gegen A in Höhe von € 1.000 ist daher begründet und durchsetzbar.

Fall Nr. 23 – Der eigenmächtige Einzelhändler

V ist Fahrradeinzelhändler. Sein Betrieb ist unter der Firma „Fahrrad V e.K." in das Handelsregister eingetragen. Der Fahrradhersteller X beliefert den V unter Eigentumsvorbehalt, wobei V von X ermächtigt ist, die Fahrräder schon vor der vollständigen Bezahlung im ordnungsgemäßen Geschäftsbetrieb an seine Kunden zu veräußern. Als V in eine finanzielle Krise gerät und sich seine Verbindlichkeiten gegenüber X mehr und mehr aufaddieren, widerruft X schließlich die Ermächtigung des V zur Veräußerung der unter Eigentumsvorbehalt gelieferten Fahrräder und verlangt von V die Herausgabe derselben. Dessen ungeachtet veräußert V im eigenen Namen eines der Fahrräder an A. A war früher Mitarbeiter im Laden des V und weiß deshalb davon, dass X den V gewöhnlich unter Eigentumsvorbehalt beliefert, V aber zur Veräußerung befugt ist. Dass V inzwischen in einer finanziellen Krise steckt und X deshalb die Veräußerungsermächtigung widerrufen hat, weiß A hingegen nicht. Als X von dem Geschäft zwischen V und A erfährt, verlangt er von A Herausgabe des Zweirades. Zu Recht?

Lösung

Fraglich ist, ob X einen Anspruch gegen A auf Herausgabe des Fahrrades hat. Der Anspruch kann sich aus § 985 BGB oder aus § 812 I 1 BGB ergeben.

---

[724] Vgl. *Bitter/Röder*, BGB AT, § 5 Rn. 29 mit Fall Nr. 8 – Das Ölgemälde.

1. Anspruch auf Herausgabe aus § 985 BGB

Ein Anspruch des X gegen A auf Herausgabe des Fahrrades aus § 985 BGB kann nur bestehen, wenn X Eigentümer des Fahrrades ist.

a) Ursprüngliches Eigentum des X

Ursprünglich stand das Fahrrad im Eigentum des X.

b) Verlust des Eigentums durch Übereignung von X an V (§ 929 BGB)

X hat das Eigentum aber möglicherweise an V verloren, als er das Fahrrad an diesen auslieferte. Der Eigentumswechsel kann sich nach § 929 S. 1 BGB vollzogen haben. Dafür ist eine Einigung über den Eigentumsübergang zwischen X und V notwendig. X hat das Fahrrad unter Eigentumsvorbehalt an V geliefert. Bei der Lieferung unter Eigentumsvorbehalt kommt es zwischen dem Liefernden und dem die Lieferung Empfangenden zu einer Einigung über den Eigentumsübergang. Allerdings ist die Wirkung dieser Einigung – wie sich aus § 449 I BGB ergibt – nach dem Willen der Parteien im Zweifel aufschiebend bedingt i.S.v. § 158 I BGB. Sie soll erst mit der vollständigen Zahlung des Kaufpreises für die gelieferte Ware eintreten. Da nach dem Sachverhalt nicht davon auszugehen ist, dass V den Kaufpreis für das Fahrrad an X geleistet hat, ist die Wirkung der Einigung über den Eigentumswechsel nicht eingetreten. Ein Übergang des Eigentums auf den V nach § 929 S. 1 BGB hat folglich nicht stattgefunden.

c) Verlust des Eigentums durch Übereignung von V an A (§ 929 BGB)

Möglicherweise hat X das Eigentum am Fahrrad aber an A verloren, wenn A das Eigentum wirksam gemäß § 929 BGB von V erworben hat.

aa) Erforderlich ist für einen solchen Eigentumserwerb eine wirksame sachenrechtliche **Einigung** zwischen V und A. Die dafür erforderliche Erklärung des V, das Eigentum am Fahrrad übertragen zu wollen, kann konkludent in dessen Übergabe gesehen werden.

bb) Die **Übergabe** ist gleichwohl von der Einigung zu trennen. Sie liegt in dem Realakt, mit dem der (unmittelbare) Besitz des V am Fahrrad auf A übergeht.

cc) Fraglich ist aber, ob A das Fahrrad durch das Geschäft mit dem **Nichteigentümer** V erwerben konnte.

Ein Erwerb gemäß § 929 BGB ist für den Fall, dass der Veräußerer – wie hier – nicht Eigentümer ist, nur dann möglich, wenn der Veräußerer mit einer **Ermächtigung** des Eigentümers i.S.v. **§ 185 BGB** handelt. Die ursprünglich dem V erteilte Veräußerungsermächtigung hatte X jedoch schon vor dem Geschäft zwischen V und A widerrufen, so dass die Veräußerung des V an A nicht nach § 185 I BGB wirksam ist.

d) Verlust des Eigentums an A gemäß §§ 929, 932 BGB

Ist der Veräußerer weder Eigentümer noch vom Eigentümer zur Verfügung ermächtigt, kommt nur ein gutgläubiger Eigentumserwerb gemäß §§ 929, 932 BGB in Betracht. Zu fragen ist deshalb, ob A nach diesen Vorschriften das Eigentum von V erworben und X es dadurch verloren hat.

aa) Verkehrsgeschäft

Da es beim gutgläubigen Erwerb um die Lösung eines Konfliktes geht zwischen dem Interesse des Eigentümers am Erhalt seines Rechts (Bestandsschutzinteresse) und dem Interesse des Erwerbers am rechtsbeständigen Erhalt des Gegenstandes, für den er dem Veräußerer zahlt (Verkehrsschutzinteresse), wird ein gutgläubiger Erwerb ausgeschlossen, wenn es an einem Verkehrsgeschäft fehlt, also bei wirtschaftlicher Betrachtung gar kein Transfer von einem Veräußerer hin in den – zu schützenden – Rechtsverkehr stattgefunden hat. Kein Verkehrsgeschäft liegt danach vor, wenn Veräußerer und Erwerber zwar formaljuristisch zwei Personen, wirtschaftlich aber identisch sind.

Für einen derartigen Ausnahmetatbestand ist jedoch nichts ersichtlich, weil V und A nicht nur formaljuristisch, sondern auch wirtschaftlich verschieden sind.

bb) Rechtsscheinsträger

Ein gutgläubiger Erwerb setzt weiterhin einen Rechtsscheinsträger voraus, auf den sich der – anschließend zu prüfende – gute Glaube stützen kann. Dies ist bei beweglichen Sachen gemäß § 1006 I BGB der Besitz. Vom Besitzer wird nämlich vermutet, dass er Eigentümer der Sache ist. V befindet sich im Besitz des Fahrrades, sodass der Rechtsschein im Grundsatz für ihn spricht.

cc) Gutgläubigkeit

Problematisch erscheint insoweit jedoch die Gutgläubigkeit des A.

aaa) Anforderungen nach § 932 II BGB

Gemäß § 932 II BGB ist der Erwerber nicht im guten Glauben, wenn ihm bekannt ist oder infolge grober Fahrlässigkeit unbekannt ist, dass die Sache nicht dem Veräußerer gehört. Im bürgerlichen Recht wird folglich nur der gute Glaube an das Eigentum des Veräußerers geschützt, nicht hingegen der gute Glaube an seine Verfügungsbefugnis als Nichteigentümer. A wusste als ehemaliger Mitarbeiter des V aber, dass dieser die Fahrräder des X stets unter Eigentumsvorbehalt geliefert bekommt. Somit war A hinsichtlich des fehlenden Eigentums des V nicht gutgläubig, so dass die Voraussetzungen eines Erwerbs nach § 932 BGB nicht vorliegen.

bbb) Anforderungen nach § 366 HGB

Die Anforderungen an den guten Glauben können jedoch gemäß **§ 366 I HGB** modifiziert sein, wenn die Voraussetzungen dieser handelsrechtlichen Vorschrift vorliegen.

(1) § 366 I HGB verlangt zunächst, dass der Veräußerer **Kaufmann i.S.v. §§ 1 ff. HGB** ist. V ist als eingetragener Gewerbetreibender jedenfalls Kaufmann nach § 2 HGB.

(2) § 366 I HGB setzt weiter voraus, dass der Kaufmann **im Betrieb seines Handelsgewerbes eine fremde bewegliche Sache veräußert**. Da das Fahrrad im Eigentum des X stand und V es im Betrieb seines Fahrradhandels an A veräußert hat, ist diese Voraussetzung erfüllt.

(3) Nach § 366 I HGB kommen die Vorschriften des gutgläubigen Erwerbs mit der Maßgabe zur Anwendung, dass auch der gute Glaube an die Verfügungsbefugnis des Veräußerers geschützt ist. Dafür muss A das Geschäft mit V in entsprechender Anwendung des § 932 BGB also im **guten Glauben an die Veräußerungsbefugnis** des V abgeschlossen haben. Da A nichts von der finanziellen Krise des V und dem daraus resultierenden Widerruf der Verfügungsermächtigung durch X wusste, konnte er davon ausgehen, dass V weiterhin zur Veräußerung der von X unter Eigentumsvorbehalt gelieferten Fahrräder ermächtigt war. Er war somit gutgläubig hinsichtlich der Verfügungsbefugnis des V (vgl. § 932 II BGB: weder Kenntnis noch grob fahrlässige Unkenntnis).

dd) Kein Abhandenkommen

Der Verweis des § 366 I HGB auf die Vorschriften über den gutgläubigen Erwerb bezieht insbesondere auch § 935 BGB mit ein. Der gutgläubige Erwerb nach § 366 I HGB kommt also – wie auch der gewöhnliche gutgläubige Erwerb nach § 932 BGB – dann nicht in Betracht, wenn die Sache dem Eigentümer **abhanden gekommen** ist, wenn er also den unmittelbaren Besitz an der Sache unfreiwillig verloren hat. Da X das Fahrrad jedoch (freiwillig) an V geliefert hat, ist es ihm nicht abhanden gekommen, so dass § 935 BGB dem gutgläubigen Erwerb des A nicht entgegensteht.

Mithin hat A das Eigentum am Fahrrad nach §§ 929, 932 BGB, 366 I HGB gutgläubig von V erworben und X sein Eigentum damit verloren.

Somit hat X keinen Anspruch auf Herausgabe des Fahrrads gegen A aus § 985 BGB.

2. Anspruch auf Herausgabe aus § 812 I 1 BGB

Ein Herausgabeanspruch des X gegen A kann sich aber aus § 812 I 1 BGB ergeben.

a) Leistungskondiktion

Ein Anspruch des X aus § 812 I 1 Alt. 1 BGB (Leistungskondiktion) besteht nur, wenn X das Fahrrad an A geleistet hat. Hier hat aber V, nicht X, das Fahrrad an A übereignet und damit i.S.v. § 812 I 1 Alt. 1 BGB geleistet. X hat deshalb keinen Anspruch gegen A aus § 812 I 1 Alt. 1 BGB.

b) Nichtleistungskondiktion

Ein Herausgabeanspruch des X gegen A aus § 812 I 1 Alt. 2 BGB (Nichtleistungskondiktion) setzt voraus, dass A das Fahrrad in sonstiger Weise auf Kosten des X erlangt hat. Ein Erlangen in sonstiger Weise liegt jedoch grundsätzlich nur vor, wenn das Erlangte gerade nicht durch eine Leistung i.S.v. § 812 I 1 Alt. 1 BGB von dritter Seite erlangt wurde. Besteht eine Leistungsbeziehung zu einem Dritten, hat diese Vorrang und eine Nichtleistungskondiktion des Eigentümers ist nicht möglich. Durch diese Anerkennung des **Vorrangs der Leistungsbeziehung** wird sichergestellt, dass der gutgläubige Erwerber nicht nur vorläufig das Eigentum erwirbt, sondern er es im Verhältnis zum Eigentümer auch endgültig behalten darf.[725]

A hat das Fahrrad durch die Leistung des V erlangt, so dass ein Anspruch des X aus § 812 I 1 Alt. 2 BGB nicht besteht.

X hat somit keinen Anspruch auf Herausgabe des Fahrrads gegen A, weder aus § 985 BGB, noch aus § 812 I 1 BGB.

Fall Nr. 24 – Der eigenmächtige Vermittlungsvertreter

H ist Handelsvertreter für Orientteppiche. Sein Betrieb ist unter „Orientteppiche H e.Kfm." in das Handelsregister eintragen. Der Teppichproduzent Y hatte den H mit Teppichen beliefert und ihn damit betraut, die von Y produzierten Teppiche im Namen des Y zu veräußern. Aufgrund schlechter Erfahrungen mit dieser Vertriebsform änderte Y seine Geschäftspolitik und teilte dem H mit, dass dieser die von Y gelieferten Teppiche nun nicht mehr im Namen des Y veräußern dürfe. Er solle

---

[725] Eine Leistungskondiktion im Verhältnis zwischen Veräußerer und Erwerber bei Unwirksamkeit des zwischen diesen geschlossenen schuldrechtlichen Geschäfts ist aber selbstverständlich möglich.

stattdessen von ihm gefundene Kaufinteressenten an Y verweisen. Y schließe die Geschäfte mit den Interessenten dann selbst ab. Trotz dieser Anweisung veräußert H einen der Teppiche im Namen des Y an einen seiner Stammkunden, den B. Dieser hatte in der Zeit, bevor Y seine Geschäftspolitik geändert hat, schon öfter Teppiche bei H erstanden. Als Y von dem Geschäft mit B hört, wendet er sich sofort an diesen und verlangt Herausgabe des Teppichs. Zu Recht?

Lösung

Zu prüfen ist, ob Y einen Anspruch gegen B auf Herausgabe des Teppichs hat. Als Anspruchsgrundlagen kommen § 985 BGB und § 812 I 1 BGB in Betracht.

1. Anspruch auf Herausgabe aus § 985 BGB

Ein Anspruch des Y aus § 985 BGB setzt voraus, dass er Eigentümer des Teppichs ist.

a) Ursprüngliches Eigentum des Y

Y war ursprünglich Eigentümer des Teppichs.

b) Verlust des Eigentums durch Übereignung von Y an H (§ 929 BGB)

Das Eigentum kann gemäß § 929 S. 1 BGB auf H übergegangen sein, als dieser den Teppich von Y geliefert bekam. Erforderlich ist dafür eine sachenrechtliche Einigung zwischen Y und H über den Übergang des Eigentums am Teppich. Davon ist nach dem Sachverhalt jedoch nicht auszugehen, weil H den Teppich geliefert bekam, um ihn für Y und in dessen Namen zu veräußern. Das Eigentum ist also nicht auf H übergegangen.

c) Verlust des Eigentums durch Übereignung von Y an B (§ 929 BGB)

Y kann das Eigentum an dem Teppich aber gemäß § 929 S. 1 BGB an B verloren haben, als H dem B den Teppich im Namen des Y angeboten hat.

aa) Einigung zwischen Y und B

Voraussetzung für die Übereignung nach § 929 S. 1 BGB ist zunächst eine Einigung über den Eigentumsübergang zwischen Y und B.

Y selbst hat keine dahingehende Willenserklärung abgegeben. Möglicherweise muss er sich jedoch eine auf Übereignung gerichtete Willenserklärung des H gemäß §§ 164 ff. BGB zurechnen lassen. Dafür sind die Voraussetzungen einer wirksamen **Stellvertretung** zu prüfen:

aaa) Vertretung des Y durch H

H hat eine eigene Willenserklärung abgegeben. Diese Erklärung erfolgte im Namen des Y. Zweifelhaft ist allein, ob H mit Vertretungsmacht gehandelt hat.

(1) **Vollmacht.** Eine Vollmacht i.S.v. § 167 I BGB lag im Zeitpunkt des Geschäfts mit B nicht mehr vor, da die ursprünglich erteilte Vollmacht von Y bereits widerrufen war (vgl. § 167 S. 2 BGB).

(2) **Vertretungsmacht analog § 366 I HGB.** Die Vertretungsmacht des H kann sich jedoch aus § 366 I HGB ergeben, weil B hinsichtlich des Bestehens einer Vollmacht möglicherweise gutgläubig war.

(a) Fraglich ist zunächst, ob § 366 I HGB überhaupt den guten Glauben an das Bestehen einer Vertretungsmacht schützt, oder ob **Schutzobjekt des § 366 I HGB** lediglich der gute Glaube an die Verfügungsbefugnis ist. Die Frage ist umstritten (→ § 7 Rn. 44). Nach der überwiegenden Meinung schützt § 366 I HGB auch den guten Glauben an die Vertretungsmacht. Dem ist zuzustimmen, weil der gute Glaube an die Vertretungsmacht unter den Voraussetzungen des § 366 I HGB nicht weniger schutzwürdig erscheint als der gute Glaube an die Verfügungsbefugnis. Das HGB unterscheidet ohnehin nicht klar zwischen Ermächtigung und Vollmacht (vgl. den Wortlaut der §§ 49 I, 54 I, 56, 125 I HGB) und in der Praxis verschwimmen oft die Grenzen zwischen Verfügungs- und Vertretungsbefugnis. Eine unterschiedliche Behandlung beider Fälle unter dem Gesichtspunkt des Verkehrsschutzes erscheint daher nicht gerechtfertigt.

(b) Zu prüfen ist also, ob die **Voraussetzungen des § 366 I HGB** vorliegen. H ist als eingetragener Gewerbetreibender Kaufmann nach § 2 HGB. Er hat den Teppich des Y, also eine fremde bewegliche Sache, im Betrieb seines Handelsgewerbes veräußert. Da B keine Kenntnis von der Änderung der Geschäftspolitik des Y hatte, konnte er davon ausgehen, dass H immer noch von diesem zur Veräußerung im Namen des Y ermächtigt war. B war also gutgläubig hinsichtlich der Vertretungsmacht des H (vgl. § 932 I 1, II BGB).

(c) Zusätzlich müssen auch die weiteren Voraussetzungen des gutgläubigen Erwerbs gemäß §§ 929, 932 BGB erfüllt sein, weil § 366 I HGB darauf verweist.

Die Übereignung ist ein **Verkehrsgeschäft**, wobei offen bleiben kann, ob bei der analogen Anwendung des § 366 I HGB auf das Verhältnis zwischen dem Vertretenen und dem Dritten (Y und B) oder auf das Verhältnis zwischen dem Vertreter und dem Dritten (H und B) abzustellen ist.

H befand sich im **Besitz** des Teppichs, woraus bei analoger Anwendung des § 366 I HGB auf seine Befugnis zur Vertretung geschlossen wird (Rechtsscheinsträger).

Schließlich ist der Teppich dem Y auch nicht i.S.v. § 935 I BGB **abhanden gekommen**, weil er ihn (freiwillig) an H geliefert hat. Die Voraussetzungen der §§ 929 BGB, 366 I HGB in analoger Anwendung liegen also vor.

bbb) Ergebnis zur Stellvertretung

H handelte deshalb mit Vertretungsmacht für Y. Eine wirksame Einigung zwischen Y und B über den Übergang des Eigentums am Teppich liegt folglich vor.

bb) Übergabe von Y an B

Der Teppich wurde dem B von H ausgehändigt, worin die erforderliche Übergabe von Y an B zu sehen ist. Y hat dadurch nämlich jeglichen (mittelbaren) Besitz verloren, B hat neuen (unmittelbaren) Besitz erworben und dieser Besitzwechsel geschah auf Veranlassung des Veräußerers in Vollziehung der Übereignung. Die tatsächliche Handlung des Vertreters H (s.o.) wird dem Y insoweit – obwohl es sich bei der Übergabe um einen Realakt handelt – zugerechnet.

cc) Berechtigung des Y

Da die Verfügung über den Teppich kraft wirksamer Stellvertretung für Y erfolgte, kommt es auf seine Verfügungsberechtigung an. Da Y Eigentümer des Teppichs war, war er auch verfügungsberechtigt.

Da die Voraussetzungen des § 929 S. 1 BGB somit vorliegen, hat Y das Eigentum am Teppich an B verloren. Er hat folglich keinen Herausgabeanspruch gegen B aus § 985 BGB.

2. Anspruch auf Herausgabe aus § 812 I 1 BGB

Ein Herausgabeanspruch des Y kann sich jedoch aus § 812 I 1 BGB ergeben. Wäre das der Fall, so wäre der Schutz des guten Glaubens in die Vertretungsmacht nach § 366 I HGB insofern unvollständig, als dass das kraft des guten Glaubens erworbene Eigentum wieder zurück übertragen werden müsste. Dieses Ergebnis widerspräche jedoch dem Gedanken, dass der gute Glaube an die Vertretungsmacht in der Situation des § 366 I HGB ebenso schutzwürdig ist wie der gute Glaube an die Verfügungsbefugnis. Deshalb ist der Erwerb kraft § 366 I HGB als Behaltensgrund anzusehen, der einer Rückabwicklung nach §§ 812 ff. BGB entgegensteht (→ § 7 Rn. 44).

Y hat somit keinen Anspruch gegen B auf Herausgabe des Teppichs, weder aus § 985 BGB, noch aus § 812 I 1 BGB.

§ 17. Fälle zum Handelskauf

Fall Nr. 25a – Erbsen

G ist Großhändler für Konserven und bestellt beim Gemüsekonservenhersteller H 5 Tonnen Erbsen in Dosen. Die von H gelieferte Ware lagert G zunächst in einem seiner Lager ein. Erst zwei Monate nach der Lieferung, als G die Ware weiterverkaufen will, weist G einen seiner Mitarbeiter an, zu überprüfen, ob „mit den Erbsen alles in Ordnung" sei. Der Mitarbeiter stellt fest, dass in etwa die Hälfte aller von H gelieferten Konserven innen von Schimmel befallen ist. Der Schimmelbefall ist dabei derart gravierend, dass er bereits bei der Lieferung vorhanden gewesen sein muss und nicht erst anschließend entstanden sein kann, zumal die Ware bei G auch in jeder Hinsicht ordnungsgemäß gelagert wurde. G ist empört und verlangt von H, dieser solle für die schimmeligen Konserven einwandfreie Ware liefern. Zu Recht?

Lösung

Zu prüfen ist, ob G von H verlangen kann, dieser solle für die schimmeligen Konserven einwandfreie Ware liefern. Als Anspruchsgrundlage kommen die §§ 437 Nr. 1, 439 I, 434 BGB in Betracht.

1. G und H haben über die Konserven einen **Kaufvertrag** geschlossen.

2. Die von G beanstandeten Konserven sind schimmelig und somit **sachmangelhaft** i.S.v. § 434 I 2 Nr. 2 BGB. Da nicht zu erkennen ist, wie der Schimmel erst nach dem Gefahrübergang in die Konservendosen gekommen sein könnte, ist davon auszugehen, dass die Sachmangelhaftigkeit schon **im Moment des Gefahrübergangs** vorlag.

3. Fraglich ist, ob § 377 II HGB einem Nacherfüllungsanspruch des G entgegensteht. Nach dieser Vorschrift gilt die Ware im Grundsatz als genehmigt, wenn der Käufer eine nach § 377 I HGB erforderliche Anzeige unterlässt. Die Voraussetzungen jener Regelung sind also zu prüfen.

a) Zunächst muss das Kaufgeschäft zwischen G und H ein **beiderseitiges Handelsgeschäft** i.S.v. § 343 HGB sein. Es darf davon ausgegangen werden, dass sowohl der Konservengroßhändler G als auch der Gemüsekonservenhersteller H Kaufleute i.S.v. § 1 HGB sind. Für ein Kleingewerbe ist jedenfalls nichts ersichtlich. Der zwischen ihnen abgeschlossene Kaufvertrag gehört für beide zum Betrieb ihres Handelsgewerbes. Das Kaufgeschäft zwischen G und H ist also ein beiderseitiges Handelsgeschäft.

b) Die verkaufte Ware, die Konserven, wurden von H bei G **abgeliefert**.

c) Die von G beanstandeten Konserven sind **sachmangelhaft** (oben 2.).

d) Es kommt somit darauf an, ob G eine nach § 377 HGB **gebotene Rüge des Sachmangels unterlassen** hat.

aa) Zu prüfen ist zunächst, ab welchem Zeitpunkt die Rüge des Sachmangels geboten war. Diesbezüglich ist zwischen erkennbaren und verdeckten Mängeln zu unterscheiden. Erkennbare Mängel sind solche, die bei einer Untersuchung, die den Anforderungen des § 377 I HGB entspricht, zutage treten. Verdeckte Mängel sind solche, die bei einer § 377 I HGB entsprechenden Untersuchung nicht festzustellen sind. § 377 I HGB verlangt, dass der Käufer die gelieferte Ware unverzüglich nach deren Ablieferung untersucht, soweit dies nach ordnungsgemäßem Geschäftsgang tunlich ist. Dabei ist davon auszugehen, dass bei der Lieferung größerer Warenmengen Stichproben regelmäßig ausreichend aber auch erforderlich sind. Hätte G solche Stichproben vorgenommen, hätte ihm auffallen müssen, dass die Konserven zur Hälfte verschimmelt waren. Der Schimmelbefall war nämlich derart gravierend, dass er sich auch schon zum Zeitpunkt der Ablieferung bei einer dann durchgeführten Untersuchung gezeigt hätte. Der Mangel war also erkennbar, so dass er nach § 377 I HGB unverzüglich nach der gedachten Untersuchung hätte gerügt werden müssen.

bb) Da G den Mangel aber erst nach zwei Monaten rügte, hat er diese Rügefrist nicht eingehalten.

Folglich gilt die Ware nach § 377 II HGB als genehmigt. G hat deshalb keinen Anspruch gegen H aus §§ 437 Nr. 1, 439 I, 434 BGB.

Fall Nr. 25b – Kaviar

F ist Feinkosthändler und hat sein Geschäft unter der Firma „Feinkost F e.K." in das Handelsregister eintragen lassen. Er kauft bei dem Importhändler I, dessen Firma ebenfalls in das Handelsregister eingetragen ist, drei 125-g-Dosen Royal Beluga Kaviar aus Iran, das Stück zu € 180. Rund einen Monat nach der Lieferung beschließt F, eine der Dosen aus dem Verkauf zu nehmen und sie privat zu verbrauchen. Als er die Dose öffnet, muss er feststellen, dass es sich bei dem Kaviar nicht um den echten Royal Beluga handelt, sondern um eine andere Sorte von weit geringerer Qualität. Dies gilt auch für die übrigen zwei Dosen. Hat F einen Anspruch gegen I auf Nacherfüllung?

Lösung

Fraglich ist, ob F einen Anspruch gegen I auf Nacherfüllung hat. Der Anspruch könnte sich aus den §§ 437 Nr. 1, 439 I, 434 BGB ergeben.

1. Ein **Kaufvertrag** zwischen F und I liegt vor.

2. Bei dem von I gelieferten Kaviar handelte es sich entgegen der Vereinbarung zwischen F und I nicht um Royal Beluga, sondern um eine andere, minderwertige Sorte. Der gelieferte Kaviar ist somit **sachmangelhaft** i.S.v. § 434 I 1 BGB oder – wenn man nicht Kaviar im Allgemeinen, sondern die konkrete Sorte als geschuldete Gattung ansieht – gemäß § 434 III BGB (Aliud-Lieferung).

3. Dem Nacherfüllungsanspruch des F könnte aber **§ 377 II HGB** entgegenstehen. Nach dieser Vorschrift gilt die Ware im Grundsatz als genehmigt, wenn der Käufer eine nach § 377 I HGB erforderliche Anzeige unterlässt. Die Voraussetzungen jener Regelung sind also zu prüfen:

a) Der zwischen F und I abgeschlossene Kaufvertrag ist ein **beiderseitiges Handelsgeschäft** i.S.v. § 343 HGB, da sowohl F als auch I zumindest nach § 2 HGB – wenn nicht schon gemäß § 1 HGB – Kaufleute sind und sie den Vertrag im Rahmen ihres jeweiligen Handelsbetriebes abgeschlossen haben. Wenn F nachträglich beschlossen hat, eine Dose aus dem Verkauf zu nehmen und sie privat zu verbrauchen, ändert dies nichts. Auch diese Dose war nämlich zu dem allein maßgeblichen Zeitpunkt des Kaufvertragsschlusses noch für den Handelsbetrieb bestimmt.

b) I hat die Kaviardosen bei F **abgeliefert**.

c) Der gelieferte Kaviar ist **sachmangelhaft** (oben Ziff. 2).

d) Entscheidend ist somit, ob F die **Rügefrist des § 377 HGB versäumt** hat.

aa) Zunächst ist zu bestimmen, ab welchem Zeitpunkt die Rüge des Sachmangels geboten war. Dies hängt davon ab, ob der Mangel bei einer Untersuchung, die den Anforderungen des § 377 I HGB entspricht, erkannt worden wäre. § 377 I HGB verlangt, dass der Käufer die gelieferte Ware unverzüglich nach deren Ablieferung untersucht, soweit dies nach ordnungsgemäßem Geschäftsgang tunlich ist. Im vorliegenden Fall stellt sich also die Frage, ob F die Dosen, oder zumindest eine davon, gleich nach der Ablieferung hätte öffnen und die Ware kontrollieren müssen. Berücksichtigt man, dass das Öffnen einer Dose zu ihrer Unverkäuflichkeit führt und dass das Öffnen nur einer Dose den F mithin € 180 gekostet hätte, also ein Drittel des Gesamtkaufpreises, so ergibt sich, dass von F nicht verlangt werden konnte, den Kaviar durch das Öffnen einer Dose zu kontrollieren. Folglich war der Mangel nicht erkennbar, sondern verdeckt, so dass § 377 III HGB Anwendung findet. Die Rüge war also erst unverzüglich nach der Entdeckung des Mangels erforderlich.

bb) Daraus folgt, dass dem F die rechtzeitige Erhebung der Rüge (noch) möglich ist.

F hat also einen Anspruch auf Nacherfüllung gegen I aus den §§ 437 Nr. 1, 439 I, 434 BGB, der gemäß § 438 BGB erst in zwei Jahren verjährt. Da aufgrund der Art des Mangels (nicht Royal Beluga, sondern geringere Qualität) Nacherfüllung nicht in Gestalt der Beseitigung des Mangels (Nachbesserung, § 439 I Alt. 1 BGB), sondern allein in Gestalt der Lieferung einer mangelfreien Sache (Nachlieferung, § 439 I Alt. 2 BGB) in Betracht kommt, finden gemäß § 439 V BGB die §§ 346 bis 348 BGB Anwendung, so dass F die ihm gelieferten Kaviardosen dem I Zug um Zug gegen die Nachlieferung mangelfreien Kaviars zurückzugewähren hat (§§ 346 I, 348 BGB). Darüber hinausgehenden Wertersatz wegen des Öffnens einer Dose und der dadurch eingetretenen Verschlechterung (§ 346 II 1 Nr. 3 BGB) schuldet F nicht, da eine Pflicht zum Wertersatz in Anwendung von § 346 III 1 Nr. 1 BGB nicht besteht, wenn sich – wie hier – der Mangel erst während des bestimmungsgemäßen Verbrauchs zeigt.[726]

---

[726] MüKoBGB/*Gaier*, § 346 Rn. 49.

Fall Nr. 25c – Computer

Die MG-GmbH kauft beim Computerhändler C-GmbH neue Rechner für die Mitarbeiter ihres Büros in München. Die Rechner werden von der C-GmbH geliefert und installiert. Vier Monate nach der Inbetriebnahme der Rechner fällt die Hälfte von ihnen aus. Auf der Suche nach dem Grund für den Ausfall stellt ein Mitarbeiter der MG-GmbH fest, dass in die Rechner zu kleine Ventilatoren eingebaut sind, so dass die Rechner überhitzen und ausfallen können. Kann die MG-GmbH Mangelrechtsbehelfe gegen die C-GmbH geltend machen?

Lösung

Zu prüfen ist, ob die MG-GmbH Mangelrechtsbehelfe aus § 437 BGB gegen die C-GmbH geltend machen kann. Dafür wäre neben einem Kaufvertrag erforderlich, dass die Kaufsache mangelhaft ist und kein allgemeiner Ausschlussgrund eingreift, der der Geltendmachung von Mangelrechtsbehelfen entgegensteht.

1. Die MG-GmbH hat mit der C-GmbH einen **Kaufvertrag** über die Rechner abgeschlossen.

2. Die Rechner sind mit zu kleinen Ventilatoren ausgestattet und somit **sachmangelhaft** i.S.v. § 434 I 2 Nr. 2 BGB.

3. Die Mangelrechtsbehelfe könnten jedoch nach **§ 377 II HGB** ausgeschlossen sein. Nach dieser Vorschrift gilt die Ware im Grundsatz als genehmigt, wenn der Käufer eine nach § 377 I HGB erforderliche Anzeige unterlässt. Die Voraussetzungen jener Regelung sind also zu prüfen:

a) Der zwischen der MG-GmbH und der C-GmbH abgeschlossene Kaufvertrag ist ein **beiderseitiges Handelsgeschäft** i.S.v. § 343 HGB, da beide Gesellschaften Kaufleute nach § 6 I HGB i.V.m. § 13 III GmbHG sind und sie den Vertrag im Rahmen ihres jeweiligen Handelsbetriebes abgeschlossen haben. Privatgeschäfte gibt es bei Handelsgesellschaften ohnehin nicht (→ § 7 Rn. 5).

b) Die Rechner wurden von der C-GmbH an die MG-GmbH geliefert und dort installiert. Die **Ablieferung** der Rechner ist also erfolgt.

c) Die Rechner sind aufgrund der zu kleinen Ventilatoren **sachmangelhaft** (oben 2).

d) Für die Frage, ob § 377 HGB den Mangelrechtsbehelfen der MG-GmbH gegenüber der C-GmbH entgegensteht, kommt es mithin entscheidend darauf an, ob die MG-GmbH ihre **Rügeobliegenheit verletzt** hat.

aa) Fraglich ist, wann die Rügeobliegenheit der MG-GmbH entstand. Dies richtet sich danach, ob der Einbau der unzureichenden Ventilatoren bei einer Untersuchung der Rechner nach § 377 I HGB zu erkennen war. § 377 I HGB verlangt, dass der Käufer die gelieferte Ware unverzüglich nach deren Ablieferung untersucht, soweit dies nach ordnungsgemäßem Geschäftsgang tunlich ist. Beim Kauf eines Rechners ist es dementsprechend erforderlich, den Rechner unverzüglich nach der Lieferung in Betrieb zu nehmen und zumindest seine Grundfunktionen zu überprüfen. Es kann aber nicht erwartet werden, dass ein technisch nicht versierter Käufer den Rechner aufschraubt und nachprüft, ob die eingebauten Einzelteile den Anforderungen entsprechen. Folglich war der Einbau der unzureichenden Ventilatoren bei einer Untersuchung der Rechner nach § 377 I HGB nicht zu erkennen, so dass die Rügeobliegenheit der MG-GmbH nach § 377 III HGB erst mit der Entdeckung des Mangels entstand.

bb) Deshalb ist die rechtzeitige Erhebung der Rüge (noch) möglich.

Folglich steht es der MG-GmbH weiterhin offen, Mangelrechtsbehelfe gegen die C-GmbH geltend zu machen, die erst nach zwei Jahren verjähren (§ 438 BGB).

Fall Nr. 26 – Betonpumpe

Die Karlsruher Bau-AG (B-AG) ist im Hochhausbau spezialisiert. Für ein neues Projekt, ein 30-stöckiges Hochhaus, benötigt sie eine Spezialpumpe, um den Beton bis in die oberen Stockwerke pumpen zu können. Einkäufer E der B-AG wendet sich am 1. August an die Mannheimer Spezialpumpenfabrik GmbH (S-GmbH). Deren Geschäftsführer G bietet dem E die Pumpe PS 100 zum Preis von € 5.000 an, die der B-AG am 15. August geliefert wird. Nachdem sie am 15. September erstmals zum Einsatz gekommen ist, läuft sie zunächst bis zum November problemlos. Als jedoch am 4. Dezember die Außentemperaturen erstmals unter 5 Grad Celsius fallen, funktioniert die Pumpe plötzlich nicht mehr und die Baustelle der B-AG steht erst einmal still. Der Bauleiter der B-AG ruft sogleich bei der S-GmbH an und erreicht dort den G. Dieser sorgt für eine Ersatzlieferung am 6. Dezember. Der B-AG entsteht durch den zweitägigen Stillstand der Baustelle ein Schaden von € 3.000, weil sie ihre Arbeiter weiter bezahlen und an diesen Tagen auch nicht anderweitig einsetzen kann. Diesen verlangt sie nun von der S-GmbH ersetzt. Sie bezieht sich dabei auf die Auskunft eines Sachverständigen, der ihr mitgeteilt hat, dass die Pumpen anderer Hersteller auch zwischen 0 und 5 Grad Celsius sicher arbeiten (bei Frost wird ohnehin nicht betoniert). Bei den Pumpen der S-GmbH komme es hingegen bei 1 % der Geräte zu einem Ausfall unter 5 Grad Celsius, weil den Geräten ein seit 2 Jahren auf dem Markt befindliches Spezialbauteil fehle. Dies sei im Kreis der Pumpenhersteller und im Fachhandel auch bekannt. G tritt dem Schadensersatzbegehren der B-AG mit dem Argument entgegen, die B-AG habe die Pumpe zu spät erstmals in Betrieb genommen und vorher nicht getestet, weshalb jegliche Ansprüche verfristet seien. Hat die B-AG Anspruch auf Schadensersatz i.H.v. € 3.000?

Lösung

Der B-AG kann gegen die S-GmbH ein Anspruch auf Ersatz von Mangelfolgeschäden aus §§ 437 Nr. 3, 280 BGB zustehen.

1. Kaufvertrag zwischen B-AG und S-GmbH

Zu prüfen ist zunächst ein wirksamer Kaufvertrag zwischen B-AG und S-GmbH. Maßgeblich ist hierfür jeweils, ob beide Gesellschaften wirksam i.S.v. § 164 BGB vertreten wurden.

a) Auf Seiten der B-AG hat E eine eigene Willenserklärung abgegeben. Er handelte dabei – zumindest nach den Umständen (§ 164 I 2 BGB) – im Namen der B-AG. Als Einkäufer ergab sich seine Vertretungsmacht aus einer Handlungsvollmacht in Gestalt der Arthandlungsvollmacht (§§ 54 HGB, 167 BGB, dazu → § 6 Rn. 45).

b) Die S-GmbH wurde wirksam durch ihren Geschäftsführer G vertreten, der gemäß § 35 GmbHG umfassende organschaftliche Vertretungsmacht besitzt.

2. Sachmangel und darin liegende Pflichtverletzung der S-GmbH

Zu prüfen ist, ob die gelieferte Pumpe PS 100 mangelhaft i.S.v. § 434 BGB ist.

In Ermangelung besonderer Vereinbarungen der Vertragsparteien in Bezug auf die Verwendbarkeit und Haltbarkeit der Pumpe ist die Sache i.S.v. § 434 I 2 Nr. 2 BGB frei von Sachmängeln, wenn sie sich für die *gewöhnliche Verwendung* eignet und eine Beschaffenheit aufweist, die bei Sachen der gleichen Art üblich ist.

Gemäß dem Sachverhalt wird (nur) bei Frost nicht mehr betoniert, bei Temperaturen darüber aber schon. Eine Betonpumpe hat daher nur dann die gewöhnliche Beschaffenheit, wenn sie sich zu einer solchen Verwendung eignet und dabei nicht ausfällt, zumal die Pumpen anderer Hersteller bis 0 Grad Celsius sicher arbeiten. Da es jedoch bei der konkret gelieferten Pumpe zu einem Ausfall gekommen ist, weist sie nicht die gewöhnliche Beschaffenheit auf und ist daher sachmangelhaft i.S.v. § 434 I 2 Nr. 2 BGB.

3. Keine Entlastung hinsichtlich des Vertretenmüssens (§§ 280 I 2, 276 BGB)

Das Vertretenmüssen wird im Bereich der vertraglichen Schadensersatzansprüche gemäß § 280 I BGB grundsätzlich vermutet. Gründe für eine Entlastung der S-GmbH sind nicht ersichtlich, zumal Spezialbauteile im Markt verfügbar sind, die einen zuverlässigen Betrieb bis 0 Grad Celsius ermöglichen. Zu den Gründen, warum die S-GmbH jene Bauteile in ihren Pumpen nicht verwendet, hat sie nichts vorgetragen. Es ist deshalb zumindest von Fahrlässigkeit i.S.v. § 276 BGB auszugehen.

4. Kein Ausschluss der Gewährleistung

Die Gewährleistungsrechte der B-AG dürfen nicht ausgeschlossen sein, wobei zwischen allgemeinen Ausschlussgründen des BGB und der besonderen handelsrechtlichen Regel des § 377 HGB zu trennen ist.

a) Kenntnis des Käufers vom Mangel (§ 442 BGB)

Die B-AG hat keine Kenntnis davon gehabt, dass die konkret verkaufte Pumpe nicht die gewöhnliche Halt- und Verwendbarkeit hat. Ferner hatte sie auch keine Kenntnis von der entsprechenden Ausfallwahrscheinlichkeit i.H.v. 1 % aller von der S-GmbH hergestellten Pumpen. Es ist insoweit auch keine grobe Fahrlässigkeit i.S.v. § 442 I 2 BGB ersichtlich, weil die besondere Beschaffenheit der Pumpen der S-GmbH nur im Kreis der Pumpenhersteller und im Fachhandel bekannt war. Ob die S-GmbH den Mangel arglistig verschwiegen hat, kann deshalb offen bleiben.

b) Ausschluss wegen Rügeversäumnis gemäß § 377 II HGB

Die Gewährleistungsrechte der B-AG sind möglicherweise nach § 377 II HGB ausgeschlossen. Nach dieser Vorschrift gilt die Ware im Grundsatz als genehmigt, wenn der Käufer eine nach § 377 I HGB erforderliche Anzeige unterlässt. Die Voraussetzungen jener Regelung sind also zu prüfen:

aa) Das Kaufgeschäft zwischen B-AG und S-GmbH muss ein **beiderseitiges Handelsgeschäft** sein. Handelsgeschäfte sind gemäß § 343 I HGB alle Geschäfte eines Kaufmanns, die zum Betrieb seines Handelsgewerbes gehören. Die S-GmbH ist Formkaufmann gemäß § 13 III GmbHG. Die B-AG ist Formkaufmann gemäß § 3 I AktG. Sowohl für die B-AG wie auch für die S-GmbH gehört das konkret abgeschlossene Geschäft zum Betrieb ihres jeweiligen Handelsgewerbes, zumal bei Handelsgesellschaften ohnehin keine „Privatgeschäfte" denkbar sind (→ § 7 Rn. 5). Ein beiderseitiges Handelsgeschäft i.S.v. § 343 I HGB liegt damit vor.

bb) Die verkaufte Ware, die Pumpe, wurde bei der B-AG am 15. August i.S.v. § 377 I HGB **abgeliefert**, also in ihre Verfügungsgewalt gebracht.

cc) Die Pumpe ist – wie unter 2. dargelegt – **sachmangelhaft**.

dd) Es kommt somit darauf an, ob die B-AG eine nach § 377 I HGB gebotene **Rüge des Sachmangels unterlassen** hat.

Zu prüfen ist, ab welchem Zeitpunkt die Rüge des Sachmangels geboten war. Diesbezüglich ist **zwischen erkennbaren und verdeckten Mängeln zu unterscheiden**. Erkennbare Mängel sind solche, die bei einer Untersuchung, die den Anforderungen des § 377 I HGB entspricht, zutage treten. Sind sie im Rahmen dieser Untersuchung nicht erkennbar, handelt es sich um einen verdeckten Mangel, bei dem die Ware gemäß § 377 II HGB nicht als genehmigt gilt („es sei denn …").

Die B-AG hat die Pumpe erst einen Monat nach der Lieferung erstmals in Betrieb genommen. Dies wäre als Testlauf i.S.v. § 377 I 1 HGB nicht mehr unverzüglich. Wie sich später herausgestellt hat, war der Mangel jedoch bei einem Testlauf, der im Rahmen des „ordnungsgemäßen Geschäftsgangs" geboten sein mag, ohnehin nicht erkennbar, weil der Ausfall erst bei Außentemperaturen zwischen 0 und 5 Grad Celsius auftritt. Mangels Erkennbarkeit im Rahmen der gebotenen Untersuchung tritt aber die Fiktionswirkung des § 377 II HGB („gilt als genehmigt") nicht ein. Wenig überzeugend wäre es, dem Käufer seine Gewährleistungsrechte in einem solchen Fall nur deshalb abzusprechen, weil er einen Testlauf unterlassen hat, der im Hochsommer (15. August) ohnehin unter keinen Umständen den konkreten Mangel hätte zutage fördern können. Das Verkäuferinteresse an einer raschen Klarstellung kann eine solche Folge nicht rechtfertigen, weil die erstrebte frühzeitige Klärung bei einem derart versteckten Mangel gar nicht erreichbar ist.

Zeigt sich später ein solcher verdeckter Mangel, muss allerdings zu diesem späteren Zeitpunkt gerügt werden, um nicht gemäß § 377 III Hs. 2 HGB die Gewährleistungsrechte zu verlieren. Die B-AG hat allerdings den Mangel im Sinne des § 377 II Hs. 1 HGB unverzüglich nach der Entdeckung angezeigt, weil sich ihr Bauleiter unmittelbar nach dem Stillstand der Baustelle bei der S-GmbH gemeldet hat.

Im Ergebnis erfolgte die Rüge folglich rechtzeitig und die Gewährleistungsrechte der B-AG sind nicht gemäß § 377 HGB ausgeschlossen.

5. Keine Verjährung

Die Gewährleistungsansprüche sind auch noch nicht verjährt (§ 438 BGB).

6. Rechtsfolge: Schadensersatz

In der Rechtsfolge ist der Anspruch aus §§ 437 Nr. 3, 280 BGB auf Ersatz derjenigen Schäden gerichtet, die durch eine Nacherfüllung nicht mehr beseitigt werden können (insbesondere Mangelfolgeschäden). Um einen derartigen Schaden handelt es sich bei dem der B-AG entstandenen Betriebsausfallschaden. Obwohl inzwischen eine neue Pumpe geliefert ist, wird dadurch der Umstand nicht ungeschehen gemacht, dass die B-AG ihre Mitarbeiter für zwei Tage nicht einsetzen und gleichwohl bezahlen musste.

Ein Anspruch der B-AG gegen die S-GmbH i.H.v. € 3.000 besteht deshalb.

Fall Nr. 27 – Solarmodul

Grundfall: E aus Mannheim betätigt sich als innovativer Erfinder im Solar-Bereich und betreibt unter dem Namen „Innovation e.Kfm." ein im Handelsregister nicht eingetragenes Unternehmen mit 20 Mitarbeitern und einem Jahresumsatz von € 5 Mio. Da er gehört hat, dass die *China Solar* aus China günstige Silicium-Bausteine für Solaranlagen anbietet, sucht er im Internet nach einem Verkäufer dieser Bausteine in Deutschland und stößt dabei auf die Solar-Import-Export GmbH (S-GmbH) in Hamburg. Bei dieser bestellt E nach telefonischen Verhandlungen mit dem Prokuristen P am 1. September per Email 500 Silicium-Bausteine, Marke *China Solar*, für je € 20. Die Bestellung bestätigt P sogleich per Email und sagt, da die Bausteine noch per Schiff auf dem Weg von China sind, Lieferung für Mitte Oktober zu. Entsprechend trifft die Ware in 10 Kartons je 50 Stück mit 4 Wochen Zahlungsziel am 13. Oktober bei E ein. Am 21. Oktober entnimmt E aus jedem der 10 Kartons je einen Silicium-Baustein und testet diese 10 Stück erfolgreich in einer Versuchsapparatur. E ist daher zunächst sehr zufrieden. Zwei Wochen später werden erstmals 100 Bausteine zu einem großen Solarmodul zusammengebaut, das E sodann für eine Woche im Außenbereich testet. Der Stromertrag bleibt dabei um 50 % hinter den Erwartungen zurück. Die sogleich angestellte Ursachenforschung des E ergibt am 11. November, dass etwa jeder zwanzigste Baustein einen Fehler im elektronischen Kontakt aufweist und dadurch die Elektronik des Komplettmoduls gestört wird. E wendet sich einen Tag später an den Geschäftsführer G der S-GmbH, erzählt diesem den ganzen Sachverhalt und verlangt neue Lieferung für die 25 schadhaften Bausteine. Dieses Ansinnen weist G jedoch zurück, weil sich E gleich nach der Lieferung habe melden müssen. Einen Monat nach der Lieferung sei eindeutig zu spät. E müsse deshalb jetzt die vollen € 10.000 bezahlen. Daraufhin erwidert E, er trete partiell vom Kaufvertrag zurück und ziehe 25 x € 20 = € 500 von der Rechnung ab. Kann die S-GmbH von E gleichwohl Zahlung in voller Höhe von € 10.000 verlangen?

Abwandlung 1: E hat nicht erst am 21. Oktober, sondern schon eine Woche früher die 10 Bausteine getestet.

Abwandlung 2: Nicht nur jeder zwanzigste, sondern jeder fünfte Baustein weist einen Fehler im elektronischen Kontakt auf. Gleichwohl wird in einer **a)** am 21. Oktober bzw. **b)** am 14. Oktober durchgeführten Untersuchung der Stichprobe von 10 Bausteinen keines der fehlerhaften Stücke gefunden.

Zusatzfrage: Ist die Firmierung des E als „Innovation e.Kfm." rechtlich zulässig?

Lösung zum Grundfall

Ein Anspruch der S-GmbH gegen E auf Zahlung von € 10.000 kann sich aus **§ 433 II BGB** ergeben.

I. Anspruch entstanden durch Abschluss des Kaufvertrags

Voraussetzung für die Entstehung des Anspruchs ist ein wirksamer Kaufvertrag zwischen E und der S-GmbH.

a) Das **Angebot** geht von E aus, indem er die Bestellung der 500 Silicium-Bausteine tätigt.

b) Bei der **Annahme** auf Seiten der S-GmbH ist zu prüfen, ob diese sich die Willenserklärung des P gemäß § 164 I BGB zurechnen lassen muss.

aa) Eine **eigene Willenserklärung** hat P abgegeben, weil er die Verhandlungen mit E im Rahmen eines Entscheidungsspielraums geführt hat. Eine Botenschaft unmittelbar für die S-GmbH wäre ohnehin nicht möglich, da diese als juristische Person selbst keinen Willen bilden kann.

bb) P handelte dabei **im Namen der S-GmbH**, sei es ausdrücklich oder aus den Umständen sich ergebend.

cc) Die **Vertretungsmacht des P** folgt aus einer Vollmacht (§ 167 BGB) in Gestalt der Prokura (§§ 48 ff. HGB; dazu → § 6 Rn. 4 ff.). Die S-GmbH kann als Kaufmann (vgl. § 13 III GmbHG) Prokuristen bestellen. Das Geschäft ist vom Umfang der Prokura i.S.v. § 49 I HGB gedeckt. Eine Ausnahme nach § 49 II HGB liegt nicht vor.
Folglich hat die S-GmbH das Angebot des E wirksam angenommen und dadurch ist der Kaufvertrag zwischen der S-GmbH und E als Grundlage des Anspruchs aus § 433 II BGB entstanden.

II. Anspruch i.H.v. € 500 erloschen durch (Teil-)Rücktritt

Eine **Rücktrittserklärung** hat E zwar abgegeben.
Fraglich ist jedoch, ob es auch einen **Rücktrittsgrund** gibt. Dieser kann sich gemäß §§ 437 Nr. 2, 434, 323 BGB aus dem Sachmängelrecht ergeben.

1. Ein **Kaufvertrag** zwischen S-GmbH und E ist zustande gekommen (s.o. I.).

2. Ein **Sachmangel** i.S.v. § 434 I 2 Nr. 2 BGB zur Zeit des Gefahrübergangs liegt ebenfalls vor. Die Silicium-Bausteine eignen sich, soweit sie Fehler im elektronischen Kontakt aufweisen, nicht für die gewöhnliche Verwendung. Das betrifft 25 Bausteine.

3. Eine **Nachfrist** i.S.v. § 323 I BGB hat E nicht gesetzt, sondern nur Nachlieferung verlangt. Diese hat G als Vertreter der S-GmbH (§ 35 GmbHG) jedoch verweigert. Fraglich ist daher, ob diese Verweigerung als *ernsthaft und endgültig* anzusehen ist mit der Folge, dass die Fristsetzung gemäß § 323 II Nr. 1 BGB entbehrlich ist.
Da G jegliche Nachlieferung verweigert, lässt sich dies mit guten Gründen vertreten. Es ließe sich jedoch auch argumentieren, die Verweigerung beruhe nur auf der Annahme, die Gewährleistungsrechte seien wegen unterlassener rechtzeitiger Rüge ausgeschlossen. E müsse daher dem G zunächst noch erläutern, dass diese Ansicht nach seiner Einschätzung nicht zutrifft und dann schauen, ob G bei seiner Verweigerungshaltung bleibt. Derartige Anforderungen dürften jedoch überspannt sein. Wenn G definitiv erklärt, nicht liefern zu wollen, ist dies als Verweigerung i.S.v. § 323 II Nr. 1 BGB anzusehen. Die Fristsetzung war entbehrlich (a.A. gut vertretbar).

Hinweis: Wer die Möglichkeit des Rücktritts wegen fehlender Entbehrlichkeit der Fristsetzung verneint, muss unter einem zusätzlichen Gliederungspunkt „III. Anspruch durchsetzbar" die Einrede des nichterfüllten Vertrags gemäß § 320 BGB im Hinblick auf einen ggf. fortbestehenden Nachlieferungsanspruch des E prüfen.

4. Zu erwägen ist jedoch ein **Ausschluss der Gewährleistungsrechte gemäß § 377 II HGB**. Nach dieser Vorschrift gilt die Ware im Grundsatz als genehmigt, wenn der Käufer eine nach § 377 I HGB erforderliche Anzeige unterlässt. Die Voraussetzungen jener Regelung sind also zu prüfen:

a) Das Kaufgeschäft zwischen E und der S-GmbH muss ein **beiderseitiges Handelsgeschäft** sein. Handelsgeschäfte sind gemäß § 343 I HGB alle Geschäfte eines Kaufmanns, die zum Betrieb seines Handelsgewerbes gehören.

Die S-GmbH ist Kaufmann gemäß § 13 III GmbHG (s.o.). E ist gemäß § 1 HGB Kaufmann, weil er mit seinem als „Innovation e.Kfm." firmierenden Unternehmen ein Handelsgewerbe i.S.v. § 1 I HGB betreibt. Anhaltspunkte, durch die die Vermutung aus § 1 II HGB widerlegt würde, sind aus dem Sachverhalt nicht ersichtlich. Im Gegenteil dürfte bei einem Unternehmen mit 20 Mitarbeitern und einem Jahresumsatz von € 5 Mio. von einem vollkaufmännischen Umfang auszugehen sein. Daher kommt es nicht mehr darauf an, dass sich E aufgrund der Firmierung mit „e.Kfm." auch als Scheinkaufmann behandeln lassen muss. Sowohl für E wie auch für die S-GmbH gehört das konkret abgeschlossene Geschäft auch zum Betrieb ihres jeweiligen Handelsgewerbes, ist also kein Privatgeschäft. Ein beiderseitiges Handelsgeschäft i.S.v. § 343 I HGB liegt damit vor.

b) Die verkaufte Ware, die Silicium-Bausteine, wurde am 13. Oktober bei E i.S.v. § 377 I HGB **abgeliefert**, also in seine Verfügungsgewalt gebracht.

c) Die von E beanstandeten Bauteile sind – wie dargelegt – **sachmangelhaft**.

d) Es kommt somit darauf an, ob E eine nach § 377 HGB gebotene **Rüge des Sachmangels unterlassen** hat.

Zu prüfen ist, ab welchem Zeitpunkt die Rüge des Sachmangels geboten war. Diesbezüglich ist **zwischen offenen und verdeckten Mängeln zu unterscheiden**. Offene bzw. erkennbare Mängel sind solche, die bei einer Untersuchung, die den Anforderungen des § 377 I HGB entspricht, zutage treten. Sind sie im Rahmen dieser Untersuchung nicht erkennbar, handelt es sich um einen verdeckten Mangel, bei dem die Ware gemäß § 377 II HGB nicht als genehmigt gilt („es sei denn …").

E hat die Bauteile zwar erst gut eine Woche nach der Lieferung getestet und dies wäre i.S.v. § 377 I 1 HGB nicht mehr unverzüglich. Wie die spätere Untersuchung gezeigt hat, war der Mangel jedoch im Rahmen der – eigentlich früher – gebotenen Untersuchung auch nicht unbedingt erkennbar, weil der Test erfolgreich verlaufen ist. Mehr als eine solche stichprobenartige Untersuchung, bei der aus jedem Karton ein Baustein entnommen wird, war von E im Rahmen des „ordnungsgemäßen Geschäftsgangs" nicht zu erwarten. Mangels Erkennbarkeit im Rahmen der gebotenen Untersuchung könnte man deshalb geneigt sein, die Fiktionswirkung des § 377 II HGB („gilt als genehmigt") nach dem Wortlaut der Regelung („Mangel …, der bei der Untersuchung nicht erkennbar war") nicht eintreten zu lassen.

Allerdings gilt es zu berücksichtigen, dass der Mangel in dem hier diskutierten Sachverhalt – im Gegensatz zum Fall Nr. 26 – Betonpumpe (s.o.) – nicht so angelegt ist, dass er im Rahmen der gebotenen Untersuchung keinesfalls erkennbar war. Vielmehr war immerhin etwa jeder zwanzigste Baustein schadhaft. Geht man davon aus, dass die tatsächlich später durchgeführte Untersuchung einer Stichprobe von 10 der 500 Bausteine die „nach ordnungsgemäßem Geschäftsgang tunliche" i.S.v. § 377 I HGB war, so bestand zwar keine überwiegende, aber doch auch keine ganz unerhebliche Wahrscheinlichkeit, dass unter diesen 10 Bausteinen mindestens ein mangelhafter zu finden war.[727] Damit lässt sich auch nicht sagen, der Mangel sei bei der gebotenen Untersuchung wegen seiner Seltenheit „mit an Sicherheit grenzender

---

[727] Die Wahrscheinlichkeit liegt bei ca. 40 %. Bezieht man die Fehlerhaftigkeit von 5 % auf eine gesamte (unendliche) Grundmenge, so sind es 40,13 %. Geht man hingegen davon aus, dass von den 500 gelieferten Stück genau 25 (5 %) fehlerhaft sind, so erhöht sich die Wahrscheinlichkeit leicht auf 40,413 %.

Wahrscheinlichkeit" nicht entdeckt worden.[728] In dem hier zu beurteilenden Fall liegt es durchaus in dem von § 377 HGB verfolgten Interesse des Verkäufers an einer raschen Klärung der Sachlage, wenn der Käufer zur unverzüglichen Durchführung der stichprobenartigen Untersuchung angehalten wird, weil doch immerhin die keineswegs zu vernachlässigende Möglichkeit bestand, dass hierbei ein mangelhafter Baustein entdeckt worden wäre. Dies hätte sodann dem Käufer oder dem Verkäufer Anlass gegeben, die ganze Charge einer näheren Untersuchung zu unterziehen. Folglich ist davon auszugehen, dass es sich nicht um einen verdeckten, sondern um einen offenen Mangel handelt.

E hat damit seine Rügeobliegenheit aus § 377 I HGB gegenüber der S-GmbH versäumt. Seine Gewährleistungsrechte sind folglich ausgeschlossen und deshalb besteht kein Rücktrittsgrund aus §§ 437 Nr. 2, 434, 323 BGB. Im Ergebnis hat also die S-GmbH gegen E Anspruch auf Zahlung in voller Höhe von € 10.000.

Lösung zur Abwandlung 1

Hat E die Bausteine am 14. Oktober, also schon einen Tag nach der Lieferung getestet, so ist diese Untersuchung in jedem Fall als „unverzüglich" i.S.v. § 377 I HGB anzusehen. Eine Rügeobliegenheit besteht in diesem Fall nur, wenn sich im Rahmen der gebotenen Untersuchung ein Mangel zeigt (vgl. den Wortlaut des § 377 I HGB). Da dies nicht der Fall war, hat E seine Rügeobliegenheit nicht verletzt. Unerheblich ist insoweit, dass es sich – wie im Grundfall – insoweit um einen offenen Mangel handelte, als immerhin eine gewisse Wahrscheinlichkeit bestand, mindestens einen fehlerhaften Baustein im Rahmen der gezogenen Stichprobe zu entdecken. Hat nämlich der Käufer die von ihm im „ordnungsgemäßen Geschäftsgang" erwartbare Untersuchung durchgeführt, kann es nicht zu seinen Lasten gehen, wenn er in seiner stichprobenartigen Prüfung nicht auf ein mangelhaftes Exemplar stößt.

Zeigt sich allerdings später ein zunächst nicht entdeckter Mangel, muss E zu diesem späteren Zeitpunkt rügen, um nicht gemäß § 377 III Hs. 2 HGB seine Gewährleistungsrechte zu verlieren. Jedoch hat er den Mangel nur einen Tag nach der Feststellung des Fehlers und damit „unverzüglich" i.S.v. § 377 III Hs. 1 HGB bei der S-GmbH gemeldet. Die Rüge erfolgte also rechtzeitig und die Gewährleistungsrechte sind nicht gemäß § 377 HGB ausgeschlossen.

Hinsichtlich der 25 schadhaften Bauteile liegt folglich ein Rücktrittsgrund vor, zumal die Gewährleistungsrechte erst nach zwei Jahren verjähren (§ 438 BGB). Aufgrund des von E erklärten Teilrücktritts ist somit der Kaufpreisanspruch der S-GmbH i.H.v. € 500 erloschen. Die Restforderung beträgt € 9.500. Einreden hiergegen sind nicht ersichtlich. Im Ergebnis hat daher die S-GmbH gegen E (nur) einen Anspruch auf Zahlung von € 9.500.

Lösung zur Abwandlung 2

Weist sogar jeder fünfte Baustein einen Fehler im elektronischen Kontakt auf, ändern sich die zuvor aufgezeigten Ergebnisse nicht.

Bei einer verspäteten Untersuchung am 21. Oktober [Alternative a)] ist hier allerdings noch eindeutiger von einer Rügeversäumnis auszugehen. Ist nämlich jeder

---

[728] So der Maßstab bei MüKoHGB/*Grunewald*, § 377 Rn. 77; *Grunewald*, NJW 1995, 1777, 1780.

fünfte Baustein fehlerhaft und wird eine Stichprobe von zehn Bausteinen gezogen, bestand eine klar überwiegende Wahrscheinlichkeit, dass hierunter mindestens ein fehlerhafter Baustein zu finden ist.[729] Wird eine solche erfolgversprechende Untersuchung nicht durchgeführt und deshalb nicht gerügt, ist von einer Obliegenheitsverletzung i.S.v. § 377 I HGB auszugehen.

Wird die Untersuchung rechtzeitig am 14. Oktober durchgeführt [Alternative b)], der Fehler aber entgegen den Grundsätzen der Wahrscheinlichkeit nicht gefunden, weil in der Stichprobe zufällig nur mangelfreie Exemplare herausgegriffen werden, ist – wie in Variante 1 – nicht von einer Verletzung der Rügeobliegenheit auszugehen. Letztlich ist völlig unerheblich, wie hoch die Entdeckungswahrscheinlichkeit war, wenn der Käufer die gebotene stichprobenartige Untersuchung durchgeführt, in diesem Rahmen aber kein fehlerhaftes Stück entdeckt hat.

Lösung der Zusatzfrage

Die Kennzeichnungsfähigkeit und Unterscheidungskraft i.S.v. § 18 I HGB fehlt hier, weil „Innovation" ein zu farbloser, für sich allein nicht einprägsamer Begriff ist. Insoweit gilt nichts anderes als bei den reinen Gattungsbezeichnungen wie „Malerbetrieb" oder „Lebensmittelmarkt", die ohne weitere Zusätze firmenrechtlich ebenfalls nicht zulässig sind (→ § 3 Rn. 10).

Es könnte zudem ein Verstoß gegen § 18 II HGB vorliegen, weil E als „e.Kfm." firmiert. Diese Firmierung trotz fehlender Eintragung ist nach dem – allein auf die Kaufmannseigenschaft abstellenden – Wortlaut des § 19 I Nr. 1 HGB geboten. Fraglich ist jedoch, ob dies auch für einen Kaufmann gilt, der entgegen § 29 HGB seine Eintragung unterlassen hat. Die Frage ist umstritten.[730] Jedenfalls der Zusatz „Kaufmann" oder „Einzelkaufmann" wäre geboten, weil E per Gesetz Kaufmann ist. Dafür gibt es aber keine Abkürzung. Durch „e.Kfm." wird der Rechtsverkehr letztlich nicht in wesentlicher Hinsicht irregeführt, weil die Vorschriften des HGB ja tatsächlich auf E anwendbar sind. Im Ergebnis liegt daher keine relevante Irreführung i.S.v. § 18 II HGB vor (a.A. gut vertretbar).

Fall Nr. 28 – Lieferkette

Im Hinblick auf den bevorstehenden Sommer bestellte das technische Kaufhaus K-GmbH schon im März bei der Import-GmbH (I-GmbH) 50 Ventilatoren zum Preis von € 30 pro Stück. Diese lagerte die K-GmbH zunächst ein. Erst als die Temperaturen im Juni zu steigen begannen, stellte die K-GmbH die Geräte in ihrem Laden zum Verkauf aus. Als das Thermometer eines Tages erstmals die 35-Grad-Marke überschritt, verkaufte die K-GmbH innerhalb weniger Stunden zu einem Stückpreis von € 39,90 alle 50 Ventilatoren an ihre Kunden. Schon am nächsten Tag wurden die Geräte ausnahmslos reklamiert. Sie waren mit einem Netzstecker für Indonesien versehen, der nicht in deutsche Steckdosen passte. Die K-GmbH versah die reklamierten Ventilatoren fachgerecht mit passenden Netzsteckern, wofür ihr

---

[729] Die Wahrscheinlichkeit liegt bei knapp 90 %. Bezieht man die Fehlerhaftigkeit von 20 % auf eine gesamte (unendliche) Grundmenge, so sind es 89,26 %. Geht man hingegen davon aus, dass von den 500 gelieferten Stück genau 100 (20 %) fehlerhaft sind, so erhöht sich die Wahrscheinlichkeit leicht auf 89,5049 %.

[730] Dazu MüKoHGB/*Heidinger*, § 19 Rn. 11.

Kosten in Höhe von € 5 pro Stück entstanden. Kann die K-GmbH die entstandenen Nachbesserungskosten in der Gesamthöhe von € 250 (50 x € 5) von der I-GmbH ersetzt verlangen?

Lösung

Fraglich ist, ob die K-GmbH die entstandenen Nachbesserungskosten in Höhe von € 250 von der I-GmbH ersetzt verlangen kann. Der Anspruch kann sich aus § 445a I BGB ergeben.

1. Kaufverträge über neu hergestellte Sachen

Voraussetzung ist zunächst ein Kaufvertrag zwischen dem Anspruchsteller (hier: I-GmbH) und dem Anspruchsgegner (hier: K-GmbH) über neu hergestellte Sachen (vgl. § 445a I BGB). Die K-GmbH und die I-GmbH haben einen Kaufvertrag abgeschlossen. Der Kauf bezog sich auf neuwertige Ventilatoren, also auf neu hergestellte Sachen. Ein Kaufvertrag zwischen dem Anspruchsteller und dem Anspruchsgegner über neu hergestellte Sachen liegt also vor.

Weiter muss der Anspruchsteller (hier: I-GmbH) die neu hergestellten Sachen weiterverkauft haben. Auch diese Voraussetzung ist erfüllt, da die I-GmbH die Ventilatoren an ihre Kunden veräußert hat.

Hinweis: Der Regressanspruch gemäß § 445a I BGB war bis zum 31.12.2017 in § 478 II BGB a.F., also im Untertitel 3 betreffend den Verbrauchsgüterkauf geregelt. Sie enthielt bisher eine Sondervorschrift für Lieferketten, in denen auf der Letztverkaufsebene ein Verbrauchsgüterkauf vorlag. Da in diesem Fall die – seinerzeit von sechs Monaten auf zwei Jahre ausgedehnten (vgl. § 438 BGB) – Gewährleistungsrechte des Letztkäufers (Verbraucher) nicht abdingbar sind und der Handel dadurch belastet wird, wollte man diesem die Möglichkeit schaffen, die Kosten nach oben in der Kette weiterzureichen. Mit Wirkung zum 1.1.2018 wurde diese Regelung nun allerdings durch das Gesetz zur Reform des Bauvertragsrechts, zur Änderung der kaufrechtlichen Mängelhaftung, zur Stärkung des zivilprozessualen Rechtsschutzes und zum maschinellen Siegel im Grundbuch- und Schiffregisterverfahren (BGBl. I Nr. 23 v. 4.5.2017, S. 969 ff.) durch die im allgemeinen Kaufrecht stehende Vorschrift des § 445a I BGB ersetzt. Die besonderen Regressmöglichkeiten in der aufsteigenden Lieferkette bestehen seither auch in Fällen, in denen der Letztkäufer ein Unternehmer ist. Es kommt deshalb im vorliegenden Fall nicht darauf an, ob die Kunden der I-GmbH Verbraucher oder Unternehmer sind.

2. Aufwendungen zum Zwecke der Nacherfüllung

Ein Anspruch aus § 445a I BGB besteht nur, wenn der Anspruchsteller Aufwendungen auf die Kaufsache getätigt hat, die er im Verhältnis zu seinem Käufer (Abnehmer) nach §§ 439 II, III, 475 IV, VI BGB zu tragen hatte. Der Abnehmer muss also einen Nacherfüllungsanspruch aus den §§ 439 I, 437 Nr. 1, 434 BGB gehabt haben. Im vorliegenden Fall hatten die Kunden der K-GmbH einen solchen Nacherfüllungsanspruch, weil die Ventilatoren nach § 434 I 2 Nr. 1 BGB sachmangelhaft waren. Eine Unverhältnismäßigkeit der durch die K-GmbH gemachten Aufwendungen, die einem Anspruch aus § 445a I BGB möglicherweise entgegenstehen könnte, ist bei Nacherfüllungskosten von € 5 bei einem Verkaufspreis von € 39,90 nicht anzunehmen.

3. Mangel schon bei Gefahrübergang im Verhältnis I-GmbH – K-GmbH

Die Ventilatoren waren schon im Moment des Gefahrübergangs von der I-GmbH auf die K-GmbH mangelhaft.

4. Ausschluss des Anspruchs nach §§ 445a IV BGB, 377 HGB

Fraglich ist, ob der Rückgriffsanspruch der K-GmbH nach den §§ 445a IV BGB, 377 HGB ausgeschlossen ist. Denn nach § 445a IV BGB bleibt § 377 HGB durch die Regelungen des § 445a BGB unberührt.

a) Der Kaufvertrag zwischen der K-GmbH und der I-GmbH stellt ein **beiderseitiges Handelsgeschäft** dar, da beide Gesellschaften Kaufleute nach § 6 I HGB i.V.m. § 13 III GmbHG sind und sie den Kaufvertrag im Rahmen ihres Handelsgewerbes abgeschlossen haben.

b) Die I-GmbH hat die Ventilatoren bei der K-GmbH **abgeliefert.**

c) Die Ventilatoren waren im Moment des Gefahrübergangs **sachmangelhaft** (oben Ziff. 2 und 3).

d) Fraglich ist somit, ob die K-GmbH der **Rügeobliegenheit aus § 377 HGB** genügt hat.

aa) Zu prüfen ist zunächst, ab welchem Zeitpunkt die Rüge des Sachmangels geboten war. Dies hängt davon ab, ob der Mangel bei einer Untersuchung, die den Anforderungen des § 377 I HGB entspricht, erkannt worden wäre. § 377 I HGB verlangt, dass der Käufer die gelieferte Ware unverzüglich nach deren Ablieferung untersucht, soweit dies nach ordnungsgemäßem Geschäftsgang tunlich ist. Dementsprechend hätte die K-GmbH im vorliegenden Fall unverzüglich nach der Ablieferung zumindest einige der Ventilatoren auspacken und in Betrieb nehmen müssen. Dabei wäre sofort entdeckt worden, dass die Netzstecker für deutsche Steckdosen nicht passten. Deshalb entstand die Rügeobliegenheit der K-GmbH unverzüglich nach der gedachten Untersuchung der Ventilatoren (§ 377 I HGB).

bb) Diese Rügefrist hat die K-GmbH nicht eingehalten, da sie die Mängel erst nach etwa drei Monaten rügte.

Folglich ist der Rückgriffsanspruch der K-GmbH gegen die I-GmbH aus § 445a I BGB nach den §§ 445a IV BGB, 377 HGB ausgeschlossen.

5. Ergebnis

Die K-GmbH hat keinen Anspruch auf Zahlung von € 250.

Fall Nr. 29 – Doppelmangel

Die R-GmbH betreibt ein Fitnessstudio. Im September bestellt sie beim Fitnessgeräthersteller F-AG ein Laufbandgerät des Typs VX 1200. Kurz darauf kommt es im Fitnessstudio der R-GmbH zu einem Wasserrohrbruch, so dass umfangreiche Renovierungsmaßnahmen erforderlich werden. Die Renovierungsarbeiten sind noch in vollem Gange, als die F-AG das Gerät im Oktober liefert. Deshalb wird das Gerät, das zur Vermeidung von Kratzern und anderen Transportschäden großzügig mit Schutzfolie umwickelt ist, vorerst in den Keller des Fitnessstudios verbracht. Als das Gerät dann nach Ende der Renovierungsarbeiten im November für die Kunden im Studio aufgestellt wird, stellt die R-GmbH fest, dass das von der F-AG gelieferte Geräte nicht vom Typ VX 1200, sondern vom weniger weit entwickelten Typ VX 1100 ist. Die R-GmbH verlangt deshalb von der F-AG, sie solle das Gerät austauschen, nimmt es aber trotzdem in Betrieb, um ihren Kunden schon vor dem Austausch ein neuwertiges Laufbandgerät anbieten zu können. Ein Austausch des Geräts durch die F-AG erfolgt nicht. Nach einem halben Jahr, im Mai des Folgejahres, als einer der Kunden der R-GmbH auf dem Laufbandgerät trainiert, bricht eine der Rollen durch, auf denen das Laufband angebracht ist. Grund dafür ist ein Materialfehler. Die R-GmbH wendet sich wiederum an die F-AG. Diese solle nun endlich das Gerät austauschen. Die R-GmbH setze ihr dafür eine letzte Frist von zwei Wochen. Die F-AG bleibt weiter untätig. Kann die R-GmbH nun vom Vertrag zurücktreten?

Zusatzfrage: Hätte die R-GmbH vor dem Rücktritt die Neulieferung eines Gerätes vom Typ VX 1200 oder nur vom Typ VX 1100 verlangen können?

Lösung

Zu prüfen ist, ob die R-GmbH vom Vertrag zurücktreten kann, also ob sie ein Rücktrittsrecht hat. Ein Rücktrittsrecht der R-GmbH könnte sich aus §§ 437 Nr. 2 Alt. 1, 434, 323 BGB ergeben.

1. Die R-GmbH hat mit der F-AG einen **Kaufvertrag** über das Laufbandgerät abgeschlossen.

2. Das Gerät war im Moment des Gefahrübergangs in zweierlei Hinsicht **sachmangelhaft.** Zum einen war das Gerät nicht von dem vereinbarten Typ, so dass ein Sachmangel i.S.v. § 434 III BGB vorlag. Zum anderen wies eine der Rollen, auf denen das Laufband angebracht war, einen Materialfehler auf, was einen Sachmangel i.S.v. § 434 I 2 Nr. 2 BGB begründet.

3. Nachdem die Rolle für das Laufband durchgebrochen war, hatte die R-GmbH der F-AG eine zweiwöchige und damit **angemessene Frist zur Nacherfüllung** gesetzt.

4. Diese Frist ist **erfolglos abgelaufen.**

5. Zu prüfen ist, ob **§ 377 HGB** einem Rücktrittsrecht der R-GmbH entgegensteht.

a) Der Kaufvertrag zwischen der R-GmbH und der F-AG stellt ein **beiderseitiges Handelsgeschäft** dar, da die R-GmbH nach § 6 I HGB i.V.m. § 13 III GmbHG und die F-AG nach § 6 I HGB i.V.m. § 3 I AktG Kaufleute sind und da sie den Kaufvertrag im Rahmen ihrer Handelsgewerbe abgeschlossen haben.

b) Die F-AG hat das Laufbandgerät bei der R-GmbH **abgeliefert.**

c) Das Gerät war (in doppelter Hinsicht) **sachmangelhaft** (oben Ziff. 2).

d) Fraglich ist, ob die R-GmbH gegen die **Rügeobliegenheit** des § 377 HGB verstoßen hat.

aa) Nach § 377 II, III Hs. 2 HGB „gilt die Ware als genehmigt", wenn ein Verstoß gegen die Rügeobliegenheit des § 377 HGB vorliegt. Damit ist gemeint, dass der **Mangel als geheilt gilt,** der nicht rechtzeitig gerügt wurde. Deshalb ist beim Vorliegen mehrerer Mängel für jeden von ihnen getrennt zu prüfen, ob die Rügeobliegenheit des § 377 HGB beachtet wurde.

bb) Bei der Lieferung einer Kaufsache ist es nach ordnungsgemäßem Geschäftsgang regelmäßig tunlich, unverzüglich zumindest zu überprüfen, ob die Sache ihrem Typ nach den Anforderungen des Kaufvertrags entspricht. Dies gilt auch im vorliegenden Fall, denn die Renovierungsarbeiten hinderten nicht die gebotene Untersuchung. Der **Falschlieferungsmangel** i.S.v. § 434 III BGB war somit erkennbar i.S.v.

§ 377 I HGB und somit unverzüglich nach der Lieferung zu rügen. Da die R-GmbH dies unterlassen hat, gilt die Falschlieferung nach § 377 II HGB als geheilt.

cc) Anders verhält es sich hinsichtlich des **Materialfehlers**. Dieser war durch eine ordnungsgemäße Untersuchung des Laufbandgeräts nicht erkennbar i.S.v. § 377 I HGB und muss nach § 377 III HGB deshalb erst unverzüglich nach seiner Entdeckung gerügt werden. Die Rüge des Materialfehlers erfolgte durch das zweite Austauschbegehren der R-GmbH und damit direkt nach der Entdeckung des Mangels. Der Materialfehler gilt folglich nicht nach § 377 III Hs. 2 HGB als geheilt.

Der R-GmbH steht mithin ein Rücktrittsrecht aus §§ 437 Nr. 2 Alt. 1, 434, 323 BGB zu.

Lösung der Zusatzfrage

Fraglich ist, ob die R-GmbH vor dem Rücktritt im Rahmen ihres Anspruchs aus § 439 BGB die Neulieferung eines Gerätes vom Typ VX 1200 oder nur des weniger weit entwickelten Typs VX 1100 hätte verlangen können.

Da der in der Falschlieferung liegende Mangel als geheilt gilt und Gewährleistungsrechte nur noch aus dem im Materialfehler der Rolle liegenden Mangel hergeleitet werden können, ist nur ein Anspruch auf Lieferung eines Gerätes vom Typ VX 1100 zu befürworten, freilich mit einer funktionstüchtigen Rolle für das Laufband. In Rechtsprechung und Lehre wird zwar recht allgemein der Rechtssatz vertreten, dass bei der Nachlieferung (§ 439 BGB) auch Mängel gerügt werden könnten, die bereits bei der ersten Lieferung vorlagen und dort nicht gerügt wurden.[731] Doch kann dies u.E. dann nicht gelten, wenn der nicht gerügte Mangel ein offener und der später gerügte ein verdeckter ist. Vielmehr greift jener Rechtssatz nur ein, wenn im Rahmen der ordnungsgemäßen Untersuchung ein offener Mangel entdeckt und sogleich gerügt wurde und ein oder mehrere andere offene Mängel nicht. Der Käufer hat nämlich, nachdem er bereits einen Mangel gefunden und auf dieser Basis Nachlieferung verlangt hat, keinen Anlass, das Gut noch auf weitere (offene) Mängel zu untersuchen. Deshalb darf (und muss) er die nachgelieferte Ware, welche den ersten gerügten Mangel nicht mehr aufweist, sodann auf weitere (ggf. auch schon bei der Erstlieferung vorhandene) Mängel untersuchen und diese nunmehr rügen. Tut er dies, kann er erneut Nachlieferung verlangen, nunmehr aufgrund des zweiten, bei der Erstlieferung noch nicht gerügten Mangels. Untersucht er hingegen die Ware – wie in dem hier zu beurteilenden Fall – nicht und rügt deshalb einen offenen Mangel nicht, kann er nicht später bei einer Neulieferung, die aufgrund eines nachträglich entdeckten verdeckten Mangels erfolgt, nun auch die Mangelfreiheit in Bezug auf den ersten, nicht gerügten offenen Mangel verlangen. Ansonsten würden die Konsequenzen seiner Rügeversäumnis in Bezug auf den offenen Mangel nur deshalb nachträglich beseitigt, weil sich – gleichsam zufällig – noch ein zweiter verdeckter Mangel findet. Dafür gibt es keinen sachlich einleuchtenden Grund.

Da die R-GmbH folglich auch nach Entdeckung des zweiten Mangels (Materialfehler) weiter die Konsequenzen der Rügeversäumnis in Bezug auf den ersten Mangel (Falschlieferung) zu tragen hat, hätte sie vor dem Rücktritt nur Neulieferung eines Gerätes vom Typ VX 1100 verlangen können.

---

[731] *OLG Düsseldorf* NJW-RR 2005, 832; MüKoHGB/*Grunewald*, § 377 Rn. 95 m.w.N.

Hinweis zu den Fällen und Lösungen in der Download-Datei

Die Fälle Nr. 30 bis Nr. 61 zum Kontokorrent, Vertriebsrecht und UN-Kaufrecht (Seiten 243 bis 342) sind nicht hier im gedruckten Buch, sondern in einer Datei wiedergegeben, die zum kostenlosen Download bereitsteht (vgl. den Hinweis im Buchdeckel). Es handelt sich um folgende Abschnitte des Buches:

§ 18. Fälle zum Kontokorrent

§ 19. Fälle zum Handelsvertreter und Vertragshändler

§ 20. Fälle zum Kommissionär

§ 21. Fälle zu Anwendbarkeit und Regelungsbereich des UN-Kaufrechts

§ 22. Fälle zu den Vertragsschlussregeln des UN-Kaufrechts

§ 23. Fälle zu Rechten und Pflichten der Parteien im UN-Kaufrecht

Stichwortverzeichnis

Paragraphen in **Fettdruck**, Randnummern in magerem Druck
F = **Fall in Fettdruck**, Fallnummer in magerem Druck

Abschlussvertreter 9 23
Abtretungsverbot
– Kontokorrent **F** 30
– Wirkungsbegrenzung **7** 45 ff.
ADHGB, siehe *Allgemeines Deutsches Handelsgesetzbuch*
AG, siehe *Aktiengesellschaft*
AGB-Banken 8 44, siehe auch *Allgemeine Geschäftsbedingungen*
Aktiengesellschaft
– Formkaufmann **1** 30 ff.
– Rechtsformzusatz bei Firmenbildung **3** 13 ff.
Alleinvertriebsrecht 9 92 f., **F** 38
Allgemeine Geschäftsbedingungen (AGB)
– AGB-Banken **8** 44
– Ausschluss der Rügeobliegenheit **7** 99
– Battle of forms **F** 50
– Besonderheiten bei der Anwendung **7** 63
– Einbeziehung durch Schweigen auf kaufmännisches Bestätigungsschreiben **7** 23
– Haftungsausschluss beim Leasingvertrag **7** 94
– Handelsvertretervertrag **9** 26 ff.
– Verlängerter Eigentumsvorbehalt **F** 30
– Vertragsstrafe **7** 57
Allgemeines Deutsches Handelsgesetzbuch 1 10 f.
Annahmeverzug 7 67
Anscheinsvollmacht 6 62
Anteilskauf,
siehe *Unternehmenserwerb*
Arthandlungsvollmacht, siehe *Handlungsvollmacht*
Ausgleichsanspruch
– des Franchisenehmers **9** 102
– des Handelsvertreters **9** 67 ff., **F** 37
– des Vertragshändlers **9** 94 ff., **F** 38
Außenprivatrecht der Unternehmen 1 4 f.

Bestätigungsschreiben, siehe *kaufmännisches Bestätigungsschreiben*
Bürgerliches Recht
– Bedeutung für die handelsrechtliche Falllösung **1** 8
– Verhältnis zum Handelsrecht **1** 2 f.
Bürgschaft 7 32 ff., **F** 2, 3, 22

CISG, siehe *UN-Kaufrecht*
culpa in contrahendo
– bei Missbrauch der Vertretungsmacht **6** 34
– bei Provisionsanspruch des Handelsvertreters **9** 39

Delkredereprovision 9 33, **F** 34
Drittschadensliquidation F 44
Drittwiderspruchsklage 9 114, 127 ff., **F** 41, **F** 42

Eigentumsvorbehalt 8 21, **F** 23, **F** 30, **F** 32
Einbringung eines Unternehmens in eine Personenhandelsgesellschaft **5** 54 ff., **F** 16
Einzelkaufmann
– Kaufmannseigenschaft **2** 2 ff., **F** 1–**F** 3
– Rechtsformzusatz bei Firmenbildung **3** 13
Erwerb eines Handelsgeschäfts, siehe *Unternehmenserwerb*

Fälligkeitszinsen, siehe *Zinsen*
Filialprokura, siehe *Prokura*
Firma
– Angaben auf Geschäftsbriefen **3** 20
– Firmenausschließlichkeit **3** 18
– Firmenbegriff **3** 5
– Firmenbeständigkeit **3** 21
– Firmengrundsätze **3** 9 ff.
– Firmenschutz **3** 19
– Firmenwahrheit **3** 11 f.
– Kennzeichnungsfähigkeit **3** 10, **F** 6
– Personalfirma **3** 8
– Phantasiefirma **3** 8
– Rechtsformzusatz **3** 13 ff.
– Rechtsschein **3** 15 ff., **F** 7
– Sachfirma **3** 8
– Unterscheidungskraft **3** 10, **F** 6
Fixhandelskauf 7 69 f.
Formfreiheit 7 58
Formkaufmann, siehe *Kaufmann*
Frachtgeschäft 7 12
Franchise 9 2 f., 82 ff., 100 ff.
Freie Berufe 1 4 f., **2** 7 ff.

Generalhandlungsvollmacht, siehe *Handlungsvollmacht*
Geschäftsbetrieb, siehe *kaufmännisch eingerichteter Geschäftsbetrieb*
Geschäftsübernahme, siehe *Unternehmenserwerb*

Gesellschaft mit beschränkter Haftung
– Formkaufmann **2** 30 ff.
– Rechtsformzusatz bei Firmenbildung
  3 13
Gewerbebegriff 2 4 ff.
Gewinnerzielungsabsicht 2 11
GmbH, siehe *Gesellschaft mit beschränkter Haftung*
Gutgläubiger Erwerb 7 39 ff., F 23, F 24
Gutgläubigkeit
– bei § 15 HGB **4** 23, 36
– beim Rechtsschein unbeschränkter Haftung **3** 17b
– beim Scheinkaufmann **2** 42, F 5

Handelsbrauch 7 50, **10** 34 f.
Handelsgeschäfte 7 1 ff., F 21–F 24, siehe auch *Handelskauf*
– Abtretungsverbote **7** 45 ff.
– Begriff **7** 3 ff.
– Bürgschaft **7** 32 ff.
– Fälligkeitszinsen **7** 59, F 4
– gutgläubiger Erwerb **7** 39 ff.
– Kontokorrent, siehe dort
– Sorgfaltsanforderungen **7** 51 f.
– Vertragsschluss durch Schweigen **7** 9 ff.
– Zinssatz, gesetzlicher **7** 59
– Zurückbehaltungsrecht **7** 61 f.
Handelsgewerbe
– Betreiber des Handelsgewerbes **2** 17
– Handelsgewerbebegriff **2** 4 ff., 14 ff.
– Kaufmann kraft Handelsgewerbe **2** 2 ff., F 1
– kaufmännisch eingerichteter Geschäftsbetrieb, siehe dort
Handelskauf 7 64 ff.
– Begriff **7** 64 ff.
– Fixhandelskauf **7** 69 f.
– grenzüberschreitender Handelskauf **10** 1 ff., F 45–F 61
– Rügeobliegenheit **7** 72 ff., F 25a–F 29
Handelsmakler 9 4 ff.
Handelsrecht
– Begriff und Funktion **1** 2 ff.
– Fallprüfung **1** 8
– Geschichte **1** 9 ff.
Handelsregister 4 1 ff.
– eintragungsfähige/-pflichtige Tatsachen **4** 2 ff.
– Eintragungswirkung, deklaratorische/konstitutive **4** 5 f.
– negative Publizität **4** 24 ff., F 10–F 12
– Öffentlichkeit **4** 8
– positive Publizität **4** 14 ff., F 9
Handelsvertreter 9 5 ff., 22 ff., F 34–F 37
– Ausgleichsanspruch **9** 67, F 37
– Handelsvertretervertrag **9** 26 ff.
– Kündigung **9** 60 ff., F 35-37

– Provisionsanspruch **9** 34 ff., F 34, F 36
– Wettbewerbsverbot **9** 56ff., F 35, F 36
Handlungsgehilfen, siehe *Hilfspersonen*
Handlungsvollmacht 6 40 ff., F 19
– Arthandlungsvollmacht **6** 45, 50 f.
– Generalhandlungsvollmacht **6** 45, 47 ff., F 19
– Spezialhandlungsvollmacht **6** 45, 52 f.
Hilfspersonen, kaufmännische 6 70 f.

Incoterms 10 3 ff.
Insolvenz
– Kommittentenschutz **9** 114, F 41
– Kontokorrent **8** 21, 33, 57 f., F 30, F 32, F 33
– Unternehmenserwerb vom Insolvenzverwalter **5** 30, F 14

Juristische Person, siehe *Kaufmann*

Kaufmann 2 1 ff., F 1–F 5
– Fiktivkaufmann **2** 35 ff.
– Formkaufmann **2** 30 ff., F 4
– Gesellschafter **2** 17, **2** 34a, **7** 37a
– „Ist-Kaufmann" **2** 3 ff., F 1
– juristische Personen **2** 30 ff., F 4
– „Kann-Kaufmann" **2** 20 ff., F 2, F 3
– Scheinkaufmann **2** 38 ff., F 5
Kaufmännisch eingerichteter Geschäftsbetrieb 2 14 ff., F 1
Kaufmännisches Bestätigungsschreiben 7 17 ff., F 21
– als internationaler Handelsbrauch **10** 35
KG, siehe *Kommanditgesellschaft*
Kleingewerbetreibende 2 21 ff., F 2, F 3
Kommanditgesellschaft
– Formkaufmann **2** 29
– Rechtsformzusatz bei Firmenbildung **3** 13 f.
Kommission 9 103 ff., F 39–F 44
– Aufrechnung des Dritten **9** 115 ff., F 43
– Aufrechnung des Kommissionärs **9** 120 ff., F 43
– Aufwendungsersatz **9** 113
– Drittschadensliquidation F 44
– Eigentumserwerb bei Einkaufskommission **9** 130 ff., F 44
– Insolvenz des Kommissionärs **9** 114
– Kommissionsagent **9** 139 ff.
– Kommissionsvertrag **9** 106 ff.
– Pfändung beim Kommissionär **9** 114, 127 ff., F 41, F 42
– Provisionsanspruch des Kommissionärs **9** 110 ff., F 39, 40
– treuwidrige Verfügungen des Kommissionärs **9** 123 ff.
Kontokorrent 8 1 ff., F 30–33
– Beendigung **8** 57
– Eigentumsvorbehalt, verlängerter **8** 21

– Girokonto **8** 2
– Kontokorrentabrede **8** 12 ff.
– Kontokorrentkredit, Pfändung **8** 47 ff.
– Lähmung der Einzelforderungen **8** 18 ff.,
  F 30, **F** 31
– Mosaiktheorie **8** 24 ff., **F** 31
– Novationstheorie **8** 32 f., **F** 32, **F** 33
– Pfändung **8** 34 ff.
– Saldoanerkenntnis **8** 29 ff., **F** 32, **F** 33
– Sicherheiten **8** 32 f., **F** 32, **F** 33
– Verrechnung **8** 24 ff., **F** 31
– Voraussetzungen **8** 6 ff.

Ladenangestellter 6 61 ff., **F** 20

Missbrauch der Vertretungsmacht 6 29 ff.,
  F 18

Offene Handelsgesellschaft
– Formkaufmann **2** 29
– Rechtsformzusatz bei Firmenbildung
  3 13 f.

Prokura 6 4 ff., **F** 10, **F** 11, **F** 17, **F** 18
– Beschränkungen **6** 16 ff., **F** 17
– Erlöschen **6** 35 ff.
– Erteilung **6** 5 ff.
– Filialprokura **6** 19
– Gesamtprokura **6** 20 ff.
– Missbrauch der Vertretungsmacht **6** 29 ff.,
  F 18
– Restkaufgeldgrundschuld **6** 16, **F** 17
– Umfang **6** 12 ff., **F** 17
Provisionsanspruch, siehe *Handelsvertreter,*
  Kommissionär
Prüfungsrecht des Registergerichts 2 12

Rechtsscheinhaftung
– bei fehlendem Hinweis auf Haftungsbeschränkung **3** 15 ff., **F** 7
– Scheinkaufmann **2** 38 ff., **F** 5
Registergericht 2 12, **3** 19 f., **4** 2, 8, 22, **F** 12
Rosinentheorie 4 39 ff., **F** 12
Rügeobliegenheit
– beim nationalen Handelskauf 72 ff.,
  F 25a–**F** 29
– im internationalen UN-Kaufrecht **10**
  59 ff., **F** 52, **F** 53

Scheinkaufmann, siehe *Kaufmann*
Schlussnote des Handelsmaklers 9 18 ff.
Schuldnerverzug
– beim Fixhandelskauf **7** 69 f.
– beim Kontokorrent **8** 22
– Verzugszins **F** 4
Schweigen
– Anfechtbarkeit **7** 28 ff.
– auf Angebot **7** 9 ff.

– auf kaufmännisches Bestätigungsschreiben
  7 17 ff.
Sonderprivatrecht der Kaufleute 1 2 ff.
Stellvertretung 6 2 ff., **F** 17–**F** 20

UN-Kaufrecht (CISG) 10 6 ff., **F** 45–**F** 61
– Anwendungsvoraussetzungen **10** 12 ff.,
  F 45–**F** 47
– Aufrechnung **10** 29a
– Auslegung **10** 31, 33
– Erhaltung der Ware **10** 127 ff.
– Kaufvertrag über Ware **10** 13 ff., **F** 45
– Lieferort **10** 50
– Lieferzeit **10** 51
– Minderung **10** 91 ff.
– (Nach-)Erfüllung **10** 69 ff., **F** 55
– Rechtsbehelfe des Käufers **10** 46 ff.,
  F 51–**F** 61
– Rechtsbehelfe des Verkäufers **10** 125 f.
– Regelungsbereich **10** 26 ff., **F** 48
– Rügeobliegenheit **10** 59, **F** 52, **F** 53
– Schadensersatz **10** 94 ff., **F** 61
– vertraglicher Ausschluss **10** 25, **F** 47
– Vertragsaufhebung **10** 84 ff., **F** 56–**F** 60
– Vertragsmäßigkeit der Ware **10** 52 ff., **F** 51
– Vertragsschluss **10** 38 ff., **F** 49, **F** 50
– wesentliche Vertragsverletzung **10** 72 ff.,
  86 f., **F** 55–**F** 60
– Zinsen **10** 125 f.
Unternehmen
– Außenprivatrecht der **1** 4 f.
– Begriff **3** 3
– Haftung bei Einbringung in eine Perso-
  nenhandelsgesellschaft **5** 54 ff.
– Haftung bei Erwerb, siehe *Unternehmens-*
  erwerb
– land- oder forstwirtschaftliches Unter-
  nehmen **2** 24 ff.
Unternehmensbezogenes Rechtsgeschäft F 7
Unternehmenserwerb
– Anteilskauf **5** 5
– Anwendbarkeit des UN-Kaufrechts
  (CISG) **10** 14
– asset deal **5** 4
– Forderungsübergang auf Erwerber **5** 34 ff.,
  F 15
– Haftung des Erwerbers **5** 21 ff., **F** 13,
  F 14
– share deal **5** 5
– Vertragsübernahme **5** 37 ff.
Unternehmensgesetzbuch 1 7
Unternehmenskontinuität 5 13
Unternehmensträger
– Begriff **3** 4
– Übertragung des Unternehmensträgers
  5 5 ff.
– Wechsel des Unternehmensträgers **5** 11 ff.
  (allgemein), **5** 47 ff. (von Todes wegen)

Vermittlungsvertreter 9 23
Verschulden bei Vertragsschluss, siehe *culpa in contrahendo*
Vertragshändler 9 86 ff.
– Ausgleichsanspruch analog § 89b HGB 9 94 ff., F 38
– Vertragshändlervertrag 9 90 ff.
– Wettbewerbsverbot 9 92 f.
Vertragsstrafe 7 53 ff.
Vertragsübernahme, siehe *Unternehmenserwerb*
Verzug, siehe *Annahmeverzug, Schuldnerverzug*
– Handelsvertreter 9 56 ff., F 35, F 36
– Vertragshändler 9 92 f.

Wahlrecht bei Rechtsschein
– negative Handelsregisterpublizität 4 37
– positive Handelsregisterpublizität 4 23a
– Scheinkaufmann 2 43
Wiener UN-Kaufrecht, siehe *UN-Kaufrecht (CISG)*

Zinsen
– Fälligkeitszinsen 7 59 ff., F 4
– gesetzlicher Zinssatz 7 59, F 4
– Verzugszinsen F 4
Zurückbehaltungsrecht, kaufmännisches 7 61 f